李祖革★编著

超越

经济日报出版社

图书在版编目（CIP）数据

超越 / 李祖革编著. —北京：经济日报出版社，2019.4
ISBN 978-7-5196-0515-5

Ⅰ. ①超… Ⅱ. ①李… Ⅲ. ①反腐倡廉-研究Ⅳ. ①D523.4

中国版本图书馆 CIP 数据核字（2019）第 059913 号

书　　名：超越
作　　者：李祖革
责任编辑：王　含
责任校对：力　杨
出版发行：经济日报出版社
地　　址：北京市西城区白纸坊东街 2 号（邮编：100054）
电　　话：010-63567690（编辑部）　010-63567687（邮购部）
010-63516959　63559665　83558469（发行部）
网　　址：www.edpbook.com.cn
E - mail：edpbook@sina.com
经　　销：全国新华书店
印　　刷：成都勤德印务有限公司
开　　本：787mm×1092mm　1/16
印　　张：24
字　　数：480 千字
版　　次：2019 年 4 月第一版
印　　次：2021 年 4 月第二次印刷
书　　号：ISBN 978-7-5196-0515-5
定　　价：120.00 元

超越目录

CONTENTS

菜单五：反腐败的对策精粹

菜单六：反腐败的观点荟萃

序　言

陕西省经济学学会会员、汉中市纪检监察学会理事、汉中市第二届社科联代表李祖革同志刻苦钻研，不断探索，超越自我，在工作的同时，勤奋努力，编著了《超越》一书，全书近40万字，本书主要阐述了反腐败的理论综述、特点特征汇集、原因集合、危害展示、对策精粹、观点荟萃、国外反腐败借鉴、地方社会经济发展等，对各级基层领导干部、社科理论研究者、党员干部、教职工、学生、群众学习贯彻党的十九大精神及十九届二中、三中等全会精神有重要参考价值。

李国平：西安交通大学教授，现任西安交通大学应用经济学博士后流动站站长，陕西经济研究中心主任，全国外国经济学说研究会理事，陕西区域经济学会副会长，中国环境科学学会环境经济学分会委员。

朱晓悦：陕西省社科联原副主席、党组成员。

内容简介

超越的几种解释：高远；高超。【出处】：三国 魏 刘劭《人物志·体别》“休动之人，志慕超越。”宋 叶适《胡罍名说》：“思致超越，学而不倦”。超过；胜过。【出处】：《三国志·魏志·管宁传》：“圣敬日跻，超越周成。”宋 叶适《与赵丞相书》：盖前日之忝窃科第，视其等伦，已超越甚矣。跨过；越出。【出处】：《三国志·魏志·蒋济传》：“常有超越江湖吞吴会之志。”《法苑珠林》卷九五：“除去烦恼垢，超越生死海。”跳越；跳跃。常用以谓习武。【出处】：汉桓宽《盐铁论·和亲》：“丁壮弧弦而出斗，老者超越而入葆。”唐康骈《剧谈录·田膨郎》：“勇力过人，且善超越。”轻疾貌。【出处】：《文选·谢灵运〈游赤石进帆海〉诗》：“溟涨无端倪，虚舟有超越。”李周翰 注：“超越，轻疾貌。”越级提升。【出处】：晋袁宏《后汉纪·灵帝纪中》：“惟陛下绝慢游之戏，念官人之重，割超越之恩，慎贯鱼之次，以慰遐迩愤怨之望。”晋葛洪《抱朴子·刺骄》：“低眉屈膝，奉附权豪，因缘运会，超越不次。”

人应该进行超越能力的攀登，否则天空的存在又有何意义？——勃朗宁

机器人在工作强度、运算速度和记忆功能方面可以超越人类，但在意识、推理等方面不可能超越人类。——周海中

只有在不仅消灭了阶级对立，而且在实际生活中也忘却了这种对立的社会发展阶段上，超越阶级对立和超越这种对立的回忆的、真正人的道德才成为可能。——恩格斯

本书主要阐述了反腐败的理论综述、特点特征汇集、原因集合、危害展示、对策精粹、观点荟萃、国外反腐败借鉴、地方社会经济发展等，为进一步贯彻落实党的十九大精神及十九届二中、三中等全会精神，可供各级领导、公务员、党员干部、社科理论工作者、教职工、学生、群众学习参考。

菜单一

反腐败的理论综述

1. 中国古代反腐败理论

古往今来，腐败现象与政治权力相伴而生，存在于人类社会不同的发展阶段和不同的政治体制中，腐败与反腐败是人类政治文明产生以来普遍的历史现象。纵观中国古代社会，两千余年的专制主义中央集权制封建国家的政治史，也是一部腐败与反腐败斗争的历史。历史上的反腐败机制在澄清吏治、惩恶扬善等方面发挥了重要作用，也成为当今构建反腐败机制的宝贵资源。

建立权力监督制约体系，监察机制相对独立并与行政权力相互制衡。

中国古代从有国家开始，就已存在着廉政监察活动，《周礼》中已经有执行监察职能的官名——“宰”，以“六廉”的方法考核官吏。春秋中期到战国，国君主要依靠御史监察臣下，又设谏官匡正国君的过失，萌生了御史制度与谏官制度两大权力监督体系。秦朝初步建立了一套从中央到地方的监察体制，把上至丞相、下至郡守县令的各级官吏都置于监察体系中，对防止吏治腐败起到了一定的作用。

汉承秦制，构建起较为完整的多维监察网络。两汉监察机制最大的变化是出现了专门的中央监察机构御史台，对官吏的监察从行政系统中独立出来，强化了对权力行使的制约。这是历史上正式出现的相对独立的专门监察机构，体现出监察机构独立性和监察官员专职化的趋势。汉武帝在查禁“巫蛊之祸”中，设置司隶校尉察举百官及京师附近的百官违失，并可直接弹劾三公。事后，司隶校尉作为皇帝特设监察官保留下来，构建起区域性的监察网络。汉代将全国地方划分为十三州部监察区，设固定的十三州部刺史，负责对地方巡视监察。刺史制度的确立，表明两汉地方分级监察格局已经建立。

隋唐时期，建立起以三省六部为核心的中央政府机构，形成高度集权和行政规范化基础上的反腐败机制。唐代中期，御史台下属分置台院、殿院、察院，内部分工相当明确，“三院”制的形成和地方巡察制度的发展，表明封建监察制度日渐成熟。唐高宗时，宰相李义府恃武后之势，滥用权力，贪污受贿，并纵容其家人买官卖官，百官忌惮其位高权重，高宗也无可奈何。后被参军杨行颖告发，经过御史台会同刑部、大理寺三司会审，终于被免职流放，御史台维护国家纲纪法度的监察效能得到较好的发挥。

宋代监察制度更为完善，形成了御史、谏官和封驳系统三位一体的体制，监察权进一步独立出来。中央设置专职的言谏御史，地方各级行政机构设置互不统属的三大“监司”分工监察，建立了纵横交错的监察网，反映了监察体制向多元化、严密化的方向发展。当时，监察官不仅敢于规谏皇帝“以私害公、以恩挠法”的行为，甚至喊出了天下“非陛下之天下”的呼声。包拯“反复数百言，音吐激愤，唾溅帝面”，就是对君主错误行为进行谏诤与匡正的典型事例。

通过严格的考试制度防范选官腐败，强化对各级监察官的选任和管理。

在反腐败机制构建过程中，监察制度建设固然极为重要，但各级官僚的智力、知识和认识水平，以及反腐败监察官员的政治素养，也发挥着相当重要的作用。通过严格的考试制度限制选官权，防范选官腐败，注重对包括监察官在内的整个官僚系统的选拔和管理，是传统社会反腐败机制的重要组成部分。

汉代实行察举制，选官权掌控在地方郡国守相之手，守相凭借个人意志操纵选举，任人为亲、权门请托的现象极为普遍。魏晋南北朝时期的九品中正制，被世族豪门操纵，垄断选举，以致出现“上品无寒门，下品无势族”的局面。通过门第关系或行贿等不正当手段进入各级政府的官吏们，不仅素质低劣，而且容易形成权贵利益集团，选官腐败成为导致政治黑暗、腐败盛行的重要原因。隋唐实行科举制以后，使以前不受制约的选官权走上制度化的轨道，否定了历史上始终无法解决的贵族世袭做官的特权，有力地促进了国家的廉政建设。

宋代科举制不断发展和完善，担任国家公职不再以出身门第为选择的标准，而是通过公开公平公正的考试，入仕官员丧失了贵族政治时代特权的庇护。科举考试出身的官员，其个人品行和政治素质大为提高，在约束自身行为、维护统治秩序方面发挥了积极的作用。宋徽宗时，蔡京、童贯败乱朝政，监察官陈禾不畏权势，在朝堂上拉住徽宗衣服直言进谏，由于用力过猛，竟将徽宗的衣服扯破。陈禾敢于同贪腐行为作斗争，人们称其“引裾尽言，有古谏臣之风”，蔡京等人也最终因御史的弹劾而被罢免。

到了明代，对监察官的选任和管理更加严格，他们往往具有极高的知识水平和政治修养，忠直敢言，秉公执法，对国家廉政建设起到了积极的作用。与此相配套的，是有严格考核标准和法律程序的监察官考核制度，并把监察系统自身的互相监督也贯穿其中。在考核结果运用上也更加严厉，突出表现就是监察官的职务犯罪行为不仅要从重处罚，还要追责问责。明世宗时，工部尚书赵文华依附权贵，索贿行贿，贪得无厌。由于负责纠举弹劾的礼科给事中没有及时履行监察职责，于是六名监察官被处分。明代严格的监察官管理制度，极大地维护了国家的监察纪律，充分激发了监察体系对于振风肃纪、反腐倡廉的重要作用。

重视监察法制建设，以严密的监察法制作为反腐败斗争的有力武器。

从古至今的腐败，都是权力运行失控、失衡所致。反腐败斗争具有极强的政治性，因而建立和完善反腐败监察法制体系，秉承法治原则和精神，贯彻权力监督制约的价值理念，成为反腐败斗争的必然选择。中国古代的监察法制建设，突出强调了用法律武器约束权力行使的法制理念。

汉代刺史以“六条”问事，是封建监察体制制度化、法制化的开端。隋唐时期，出现首部专门的监察法规《监察六法》。唐代监察立法在保障监察职能发挥的同时，规定独立行使的监察权本身也受到监察，有力地防范和惩治了各级官员的职务犯罪行为。宋代把“上下相维”“内外相制”当作创制立法的根本原则，作为权力制衡重要力量的监察制度得到了充分重视，从而建立起台谏官员互相监督的体制。宋代监察最大的特色就是颁布《监司互监法》，不仅把各级监察机构和官员置于严密的监察之列，而且把监察官自身也纳入严密的监察之中。南宋叶适论道：国家本来担心州县官员的过失不会被上级所知，所以设置监司以监察州县，如今对于监司自身的监察之法，比对州县官员的监察还要更加严厉。

明清时期，是封建监察立法走向严密完备的时期。明代颁布的监察法律汇编《宪纲事类》，已成为一部所定宪例甚备的监察法典了。明宣宗时，五朝元老刘观任左都御史，虽官至高位，却是一个徇私枉法之徒，伙同朝中各部郎中、主事等人形成贪腐集团，在其影响下，整个朝廷充满贪腐之风。经过河南道御史张循理等人持续上奏弹劾，终于将刘观治罪下狱，贪腐集团土崩瓦解，国家纲纪大振。

清代更加重视监察法规的制定，其颁布的监察法典《钦定台规》，是我国封建社会最完整、最系统的一部监察法典，涉及监察机制的方方面面。乾隆年间甘肃的“折监冒赈”案，几乎使整个甘肃省官场全部坍塌，前后有五名督抚高官被依法严惩，受处罚官员多达二百余人，有力地打击了贪腐集团，巩固了统治秩序。

中国古代监察机制建设取得了很多成就，它确认的监察制度架构、多元的监察体系、严格的监察官管理制度、广泛的监察法规等，都鲜明地表达出运用法律约束权力、规范权力运行的法治思维，对当今社会的反腐机制建设极具借鉴意义。

2. 国内外主流反腐败理论

目前学界已形成了多学科、多视角、多领域的反腐败理论成果，通过分析和梳理，辨析各种主流理论观点在我国反腐败实践中的解释力和本土化契合度，具有一定的理论和实践意义。

公共选择理论

公共选择理论用交易的观点看待政治过程，把政治过程看作是市场过程。在公共选择理论学派的学者看来，市场过程是进入市场的人们自由达成契约的过程。市场上的每一个人都有各自的效用函数，这些效用函数或价值判断之间没有高下优劣之分，只要交易成功，就意味着交易双方的福利状态得到了促进，或至少任何一方的福利不会受损。同样，政治也是一种复杂的交易过程，在那里，人们建立起契约关系，一切活动都以起码的个人成本——收益计算为基础。该理论从理性“经济人”的视角对政府行政人员在行使权力过程中的价值偏好和行为选择进行了比较全面而深入的阐释，为我们深入分析政府官员包括腐败行为在内的各种行为提供了理论工具。

对处于社会转型时期的中国而言，由于全社会经济理性的膨胀是引发腐败行为大量滋生和蔓延的重要原因，推动社会发展的动力往往也会从另一方面成为行政不端行为大量滋生的重要因素。

概括地看，公共选择理论从经济利益的角度分析权力的滥用、腐败的横行和政治监督的必要性，尤其贴近客观现实，具有更深刻的解释力。因此，这一理论对于我国从主体层面分析腐败行为的成因及治理对策具有重要的借鉴意义。

现代化理论

现代化理论认为，公共行政权力腐化乃是缺乏有效的政治制度化的一种表征。特别是对处于现代化进程中的国家，考察腐败的预防和治理，需要从这一特定背景中寻找依据。现代化过程中，一个内涵复杂性的动态过程，其中政治现代化是其重要特征和主体内容。现代化滋生腐败的原因主要有：首先，现代化涉及社会基本价值观的转变，腐败行为背离了公认的规范、公认的行为方式；其次，现代化开辟了新的财富和权力来源，从而进一步助长了腐化行为。第三，现代化通过它在政治体制输出方面所造成的变革来加剧腐化。

当前，中国正处于改革开放这么一个现代化进程之中，分析我国公共权力运行情况，必须置于社会转型这一特殊历史阶段进行考察，并揭示其内在的联系。而塞缪尔·亨廷顿在《变化社会中的政治秩序》一书中所阐述的“现代化与腐化（败）”关系的理论，正好为我们提供了一个很好的理论解释工具。

委托——代理理论

兴起于20世纪60年代末70年代初的委托代理理论，一个重要的应用领域，就是对政治腐败等公共行政权力非公共化运行进行分析。按照这个理论，公民与官员之间存在一种隐含的契约关系。在这种模型里，公民是委托人，政府官员是代理人，官员是廉洁奉公还是贪污腐化，就是其行动类型。对官员来说，如果他们能够不折不扣地按民意行使公共行政权力，就能廉洁奉公；如果他们不按民意行使公共行政权力，从而导致这种隐含的公共行政权力委托代理关系运行失灵，就会导致公共行政权力的变异并进而产生腐败。

当下中国正处在转型时期，由于制度的不健全，法治尚未最终形成，政府机构改革还在进行之中，委托人对代理人的监督，制度对官员约束还留有很多空隙，尤其是缺乏信息反馈的有效途径。在信息不对称的公共权力运行过程中，委托代理双方都只具有有限理性和计算能力，可以把委托代理理论与博弈论结合起来，把腐败（代理方）与反腐败（委托方）看成是在特定制度条件下的一种博弈事件，强调动态互动博弈。这样的研究有助于制定我国最优的反腐败策略。

新制度经济学理论

新制度经济学家诺斯等人建立了制度——个人选择——经济和社会结果的分析框架，在这一个框架中，制度约束和塑造个人选择，而经济和社会结果则是无数的个人行为汇合起来的结果。制度通过影响人们对各种行动方案的成本和收益的计算而最终影响个人选择。它为个人行为提供了激励机制、机会结构和约束机制。个人选择就是在制度这只既有有形又无形的手的指引下完成的。而长期的经济和社会绩效乃是无数的个人行为聚焦的结果。

新制度经济学的上述分析框架为当下中国制度反腐败提供了两种思路：一种是从激励机制、机会结构和约束机制等方面分析现行制度结构导致腐败产生的内生因素；另一种是从具体制度安排上，应用微观和中观分析的方法分门别类地研究各种不同类型腐败产生和蔓延的诱因，进而探求防治对策。

潜规则理论

历史学者吴思先生提出了“潜规则”概念，并将这一概念运用于政治领域，在其著作中对中国封建官场中的实际运行规则进行了深度剖析，这也为我们研究反腐败提供了一个崭新的视角。在此后的一本著作《血酬定律：中国历史中的生存游戏》中指出，通过这种潜规则，当事人将正式规则的代表屏蔽于局部互动之外，或者，将代表拉入私下交易之中，凭借这种私下的规则替换，获取正式规则所不能提供的利益。

中国的公共行政权力腐败问题很大程度上就归因于“潜规则”的泛滥，一切都处于一种“无可无不可”的状态之中，官场生态严重恶化，它扭曲了正式制度的规定，使得失范行为方式成为一种习惯。因此，潜规则的相关研究理论对于我们分析公共行政中存在的腐败，预防和治理腐败提供了有益的借鉴。

监督与控权理论

监督理论认为防止公共行政权力运行畸变，克制腐败现象的关键，是要在改革和完善已有的监督机制的基础上，对公共行政权力的运行过程实现全面而有效的监督。就我国而言，改革开放以来，我国政治生活中权力腐败现象比较严重，庞大而看似有利的监督体系并不能有效地遏制腐败现象的滋生蔓延，这足以说明我国现行的监督体系需要强化和发展。

控权理论认为限制政府权力、保障公民权力才能遏制腐败，主要包括三种观点：第一，以权力控制权力。认为“以多元社会权力来平衡和制约国家权力，只有这样，权力扩张和腐化才能得到有效控制”。第二，以权力制衡权力。我们国家实行的是三种权力相互分工制度，由于权力分工不明确在实践中常常出现“侵权”现象，特别是存在“司法权侵犯立法权”“行政权侵犯司法权、立法权”的现象。因此，该理论在我国达不到预期的目的。第三，以法律制约权力。

3. 中国特色反腐败理论体系

中国特色反腐败理论体系，是我们党在改革开放和发展社会主义市场经济条件下，以中国特色社会主义理论体系指导党风廉政建设和反腐败斗争实践取得的重要理论成果。回答遏制腐败的战略问题，是中国特色反腐败理论体系的基本问题之一。党的十四大特别是1993年以来，党中央作出了加大反腐败斗争力度重大决策，始终强调反腐败形势依然严峻，在与各种不正之风和腐败现象的较量中，越来越清晰地认识到，“坚决遏制腐败蔓延势头”是现阶段我国反腐败斗争的重要任务和工作目标。这丰富了中国特色反腐败理论体系，体现了我们党对反腐败实践认识的深化。

努力遏制腐败蔓延势头的“五个时间段”

党的十四大以来，面对大案要案呈上升势头、以权谋私的消极腐败现象滋生蔓延，1993年，党中央果断作出了加大反腐败力度的重大决策。在党中央的领导下，各地区各部门以“不入虎穴，焉得虎子”的精神，采取了一系列遏制腐败现象蔓延势头的有力措施，坚决把腐败的嚣张气焰打下去。从党的十四大到十九大，在遏制腐败蔓延上主要经历了“五个时间段”。

第一个时间段（从党的十四大到十五大），作出加大反腐力度决策、侧重遏制和打击腐败。党的十四大确立了社会主义市场经济体制的改革目标。在建立社会主义市场经济体制的初期，消极腐败现象一时呈滋生蔓延之势。以江泽民同志为核心的中央第三代领导集体，实事求是地估计当时的反腐败斗争形势，指出如果我们掉以轻心，任其泛滥，就会葬送我们的党，葬送我们的人民政权，葬送我们的社会主义现代化大业。要求全党采取有力措施，坚决遏制腐败现象蔓延的势头，把突出的问题解决好。从1993年开始，每年党中央对党风廉政建设和反腐败工作专门进行研究，通过中央纪委全会向全党作出部署，并及时解决反腐败工作中的重大问题。在开展反腐败斗争中，党中央确定了领导干部廉洁自律、查处违纪违法案件、纠正部门和行业不正之风的反腐败三项工作格局，注意从群众反映强烈、干扰改革开放、阻碍社会主义市场经济健康发展、政策界限比较清楚和经过努力能够取得成果的问题入手，提出明确、具体的阶段性要求和目标，集中力量进行整治。

第二个时间段（从党的十五大到十六大），明确工作任务、致力于遏制腐败。在跨越新世纪的征途中，党中央深入分析现阶段腐败现象滋生蔓延的原因，清醒地认识到我国还处在腐败现象多发期，作出了军队、武警部队和政法机关不再从事经商活动的决定，颁发了《中国共产党党员领导干部廉洁从政若干准则（试行）》、《关于实行党风廉政建设责任制的规定》、《关于党政机关厉行节约　制止奢侈浪费行为的若干规定》等，作出了一系列反对腐败的决策部署。在党中央坚强有力领导下，各级党委、政府认真执行党风廉政建设责任制，在狠抓反腐败三项工作、筑起思想道德和党纪国法两道防线的同时，针对腐败现象多发的部位和环节，改革体制机制制度，努力铲除滋生腐败的土壤。

第三个时间段（从党的十六大到十七大），继续加大力度，不懈遏制腐败。党的十六大后，随着我国社会主义市场经济体制初步建立，正式加入世界贸易组织，我国改革开放的步伐加快，经济体制、社会结构、利益格局、思想观念发生了深刻变化。腐败存量在减少的同时，大量的新情况新问题又激发了腐败增量，消极腐败现象仍然比较严重，反腐败形势仍然严峻。以胡锦涛同志为总书记的党中央深刻认识做好党风廉政建设和反腐败工作的极端重要性，指出如果不坚决遏制和克服腐败现象，任其滋长蔓延，就会严重损害党的形象和威信，严重破坏党同人民群众的血肉联系，严重动摇党的执政地位。党中央作出了建立健全惩治和预防腐败体系的战略决策，始终保持惩治腐败的高压态势，坚决查办大案要案、深挖腐败分子，集中整治群众反映强烈的问题，建立巡视机构，加大对领导干部的监督力度，推进体制改革和制度创新，坚决克服腐败现象和不正之风。

第四个时间段（从党的十七大到十八大），推进惩治和预防腐败体系建设，努力遏制腐败。党的十七大强调，党领导的改革开放既给党注入巨大活力，也使党面临许多前所未有的新课题新考验。反对腐败是新课题新考验很重要的一个方面。在党中央领导下，各地区各部门严格执行党风廉政建设责任制，大力加强以保持党同人民群众血肉联系为重点的作风建设，大力加强以完善惩治和预防腐败体系为重点的反腐倡廉建设，深入推进党风廉政建设和反腐败斗争长期性、基础性工作，重点查办领导机关和领导干部中滥用职权、贪污贿赂、腐化堕落、失职渎职案件，涉案人员职级不高但数额巨大、影响恶劣的案件，以及发生在群众身边的腐败案件，着力解决反腐倡廉建设中人民群众反映强烈的突出问题，严肃组织人事工作纪律，严厉整治跑官要官、买官卖官、拉票贿选和换届前突击提拔干部等问题，扎实推进教育、制度、监督、改革、纠风、惩治等各项工作，对腐败分子和消极腐败现象进行坚决斗争。

第五个时间段（从党的十八大到十九大）党的十八大以来，以前所未有的力度坚决遏制腐败蔓延势头。以党的十八大为标志，我国进入全面建成小康社会决定性阶段。“四大考验”“四种危险”更加尖锐地摆在全党面前。以习近平同志为核心的党中央，根据新形势对党风廉政建设和反腐败斗争形势作出依然严峻复杂的判断，以前所未有的力度坚决遏制腐败蔓延势头，主要体现了以下思路和特点。

一是提出遏制腐败的目标任务。习近平总书记在十八届中央纪委二次全会上强调，从严治党，惩治这一手决不能放松。进攻是最好的防守，惩治是最有效的预防。遏制腐败现象滋生蔓延势头，必须加大惩治腐败力度。因而，在《建立健全惩治和预防腐败体系2013—2017年工作规划》中，中央明确提出，经过今后5年不懈努力，坚决遏制腐败蔓延势头，取得人民群众比较满意的进展和成效。王岐山同志强调，坚持标本兼治，当前要以治标为主，为治本赢得时间。要把惩治腐败作为重要任务，保持高压态势，遏制腐败蔓延势头。

二是增强反腐败力量，加大腐败行为成本。各级纪检监察机关转职能、转方式、转作风，聚焦监督执纪问责，对内设机构和职能进行调整，大幅度增设纪检监察室，整合了办案力量。同时，提高腐败问题揭露、发现和查处的几率，加大惩戒问责力度。比如，通过加强和改进巡视工作，发现了一大批领导干部涉嫌违纪违法的问题线索；通过加大案件审查力度，严肃查处违纪违法行为；通过点名道姓通报曝光，发挥群众和媒体监督的正能量等，这些使腐败者付出了更高的风险和代价。代价越高，腐败者顾虑越多，腐败行为就会越少。十八大以来，周永康、徐才厚、苏荣、李春城、李崇禧、蒋洁敏、刘铁男等一大批位高权重的高级领导干部受到了严厉查处，显示了党中央严厉惩治腐败的决心和意志，极大地震慑了腐败分子。著名作家二月河说：“我们党的反腐力度，读遍二十四史，没有像现在这么强的。”

三是追查“存量”，重查“增量”，减少“总量”。追查“存量”，在态度上，即凡是滋生在党的健康肌体上的毒瘤都要坚决祛除；在行动上，即不对党的十八大之前发生的腐败案件搞“赦免”，坚持有案必查、有腐必惩，决不让有问题者心存侥幸，不让腐败者逃脱制裁。重查“增量”，就是重点查处党的十八大后、中央八项规定出台和开展教育实践活动后的顶风违纪行为，查处不收敛不收手、问题线索反映集中、群众反映强烈、现在重要岗位且可能还要提拔使用的党员干部，形成有力震慑。减少“总量”，就是在追查“存量”、重查“增量”的过程中，通过形成不敢腐、不能腐、不想腐的有效机制，不断压缩腐败空间、减少腐败数量，将腐败蔓延势头一步一步地遏制住。

四是坚决遏制腐败蔓延势头。党的十九提出，把制度建设贯穿其中，深入推进反腐败斗争，不断提高党的建设质量。在市县党委建立巡察制度，加大整治群众身边腐败问题力度。不管腐败分子逃到哪里，都要缉拿归案、绳之以法。推进反腐败国家立法，建设覆盖纪检监察系统的检举举报平台。强化不敢腐的震慑，扎牢不能腐的笼子，增强不想腐的自觉，通过不懈努力换来海晏河清、朗朗乾坤。制定国家监察法，依法赋予监察委员会职责权限和调查手段，用留置取代“两规”措施。

我国的腐败问题既严重又复杂，解决起来需要一个长期的过程。1993 年以来，遏制腐败的“五个时间段”和当前的反腐败工作都表明，我国的腐败现象还处于多发期，遏制腐败蔓延势头的任务仍然艰巨繁重。毛泽东在《矛盾论》中指出：“被根本矛盾所规定或影响的许多大小矛盾中，有些是激化了，有些是暂时地或局部地解决了，或者缓和了，又有些是发生了，因此，过程就显出阶段性来。如果人们不去注意事物发展过程中的阶段性，人们就不能适当地处理事物的矛盾。”这些年来，我国腐败现象呈现的阶段性表现为：在一些地方和单位，“四风”问题越积越多，党内和社会上潜规则越来越盛行，政治生态和社会环境受到污染，腐败案件呈多发之势，腐败仍然是一个十分尖锐和严重的问题。顽疾需猛药，重病需重治。必须以重典治乱的决心和壮士断腕的勇气，坚决遏制腐败蔓延势头，才能成功度过腐败多发期，为建设廉洁政治夯实基础。

从不少国家的发展进程看，当一个国家处在经济快速增长、社会激烈变革的阶段，往往是腐败现象的多发期。十八世纪的英国，十九世纪的美国，二十世纪中叶的新加坡，都出现过腐败多发的情况。我国的改革开放才进行了 40 多年的时间，从党的十四大提出建设社会主义市场经济体制到十八大提出加快完善社会主义市场经济体制才 20 多年。用了短短的 40 多年，我国已成世界第二大经济体，工业化、城镇化、市场化、信息化、国际化步伐加快，走过了西方国家上百年的发展之路。我国腐败的多发期是在这样的背景下出现的。在改革的时间短、进程快、制度和管理漏洞多的同时，由于一些地方和单位长期管党治党不严，制约反腐败因素还大量存在，不敢腐、不能腐、不想腐的有效机制还未形成等原因，决定了度过腐败多发期需经过较长的时间。

走中国特色反腐败道路，是一项前无古人的伟大事业。无任何经验可循，不能简单与英美、日韩或别的国家相比对。在反腐败问题上，借鉴归借鉴，吸取归吸取，决不可妄自菲薄，削足适履，必须志存高远、自信自励，坚定走自己的道路。全体党员领导干部要继续把人民对我们党的“考试”、把我们党正在经受和将要经受各种考验的“考试”考好，努力交出优异的答卷。

4. 网络反腐思想理论

网络反腐是一把双刃剑。近年来，由网络举报查处的腐败案件屡见不鲜。网络反腐方式之便捷、舆论之关切、办理之高效，引起了人们高度重视。同时，因其监管不力产生的负面影响，也为人们所诟病。网络反腐是一把双刃剑，与传统举报相比，网络举报方法简单灵活，举报人不受时间、地点限制，只要有一台能够上网的电脑或手机就可举报，免除了以往到纪检或相关单位上访的不便和麻烦。网络举报材料可在短时间送达领导案头，同时，按照实名举报优先受理的原则，相关部门会立即介入调查。人们注意到，如果举报事件受到转载，就会呈几何级数增长，极短时间内就会炒得沸沸扬扬、满城风雨，其舆论压力和社会影响不可低估。因此，在群众雪亮的眼睛下，那些抱有“睁一只眼、闭一只眼”的幻想被彻底打破了，被举报人受到的处分则更为严厉、更显公允，经得起民众拷问。据报道称，重庆的权力高层对雷政富的劣迹实际上早有耳闻，但是放任自流，直至网上爆出雷政富不雅视频时，才明白捂是捂不住了，于是严肃处理，在短短63个小时后就免去了其职务。为了及时回应社会关切，对于那些还没有完全办结的举报件，相关部门也会在网上及时公布案件进展情况，以掌控舆论。在查处网络举报时，同样会拔出萝卜带出泥，得到一些“意外收获”，为查办其他案件提供线索。在网上，人们甚至可以利用广大网民掌握的信息，及时、广泛地收集案件线索。当然，随着网络举报数量增加，新闻发布会、案件通报会等随之增多，无形中也提高了相关部门应对媒体的能力。

可见，网络反腐的优点是毋庸置疑的，但缺点也不容忽视，就像一把刀的两面，对立统一，喜忧参半。概括起来，网络反腐的缺点主要有这么几点：虚假举报的存在。网络举报并非都是署实名举报，反映的问题也并非都属实，只有逐一核实后才能确定，这往往牵扯和浪费了纪检等相关部门大量的时间和精力。同时，虚假举报也可能成为诽谤污蔑他人的手段，给当事人身心造成巨大伤害。高调的网络实名公开举报可能会打草惊蛇，造成被举报人隐匿销毁证据或外逃，给纪检等相关部门的调查、取证造成被动。对举报人的保护工作亟待加强。网上举报是举报人在公开了姓名和身份的同时，也就表明了与被举报人之间以往不为人知、非同寻常的关系急剧公开化、恶劣化，因此，举报人的生命、财产随时会受到打击和威胁，并且，这种威胁会持续到案件办结，甚至更长一段时间。工作中，要最大限度发挥网络反腐优点，限制其缺点，扬长避短。首先，健全相关法律规定，保障网络反腐有法可依。其次，完善举报人保护机制，对举报人实施24小时全天候保护，切实保障举报人的生命和财产安全免受侵害。再次，健全网络反腐直查快办机制，对于网络实名举报的重大案情，要集中人力、物力和财力，尽快突破。同时，建立防逃追逃机制，构建更大、更全、更密的“天网”，让被举报人无处遁形。最后，建立奖惩制度，对已经查实的腐败问题，可按照涉案金额或挽回经济损失给予举报人一定比例的奖励，同时，对那些虚假举报要依纪依法严厉打击，以维持正常的网络反腐秩序，营造良好的网络反腐环境，促进网络反腐健康运行。

5. 金融领域反腐败理论

腐败问题是全球性问题，反腐败是世界性难题。腐败的滋生蔓延既有制度不完善的原因，也有监督不到位的原因，当然还有经济上的诱惑。几百年来金融体系演进表明，全球金融发展既是一部大胆创新的历史，又是一部充满波动的历史，充斥着大量腐败问题和大案要案，令人触目惊心。金融体系作为现代市场体系中资源配置最集中和最重要的场所，其各个金融子市场具有高度关联性，金融杠杆的运用和金融机构倒闭的多米诺骨牌效应，使得金融风险的爆发往往会危及经济安全和社会稳定。2008

年，美国金融危机给全球经济带来的巨大冲击至今仍未结束。尤其要警惕带来新的风险和灾难。

金融腐败有着其他行业腐败行为所不具备的特殊性。金融行业的跨期交易性使金融腐败租金支付更具隐蔽性。金融行业的“三高”特征决定了金融腐败行为发生的冒险性。金融行业的资源配置功能决定了金融腐败问题影响的外溢性。

金融领域反腐败工作有两个维度：一是降低腐败预期收益，即减少腐败租金和寻租机会；二是提高腐败预期成本，即加大查处和惩治力度。与其他领域的腐败相比，金融腐败有其特殊性，如果基于一般腐败概念规定金融腐败的定义，难以全面准确反映金融腐败特点。世界银行认为，金融腐败主要包括三种情况：一是公共部门的官员接受或索取贿赂；二是私人部门积极行贿，以规避公共政策和程序，从而获取竞争优势和利润；三是公权力的滥用可能没有明显的贿赂体现，而是由赞助或裙带关系、盗取国家资产或转移国家财政收入而产生的腐败。这个定义涵盖了世界银行所碰到的绝大部分腐败问题，为学术界广泛采纳。金融腐败的内涵极为广泛，包括银行业、证券业、保险业和监管当局相关方面的非规范行为。

腐败的根源在于对权力的滥用，权力过度干预经济是腐败之源。“寻租的本质在于‘权力搅买卖’”从改革开放初期的商品差价寻租，到近年来的要素寻租，包括土地批租和公司上市过程中出现的腐败等，均存在权力腐败的踪迹。金融腐败的根源在于对货币资金这一稀缺资源垄断性配置权的滥用。由于资金在一国经济发展过程中的重要性，金融腐败对经济增长的影响更加直接。金融机构通过寻租制造稀缺，提高融资成本，从而扭曲资源价格，导致资源错误配置，由此造成金融资源使用效率低下。金融腐败本质上是由于金融资源的垄断性所带来的权力寻租行为及其现象。在我国经济体制转轨过程中，金融资源一直是市场稀缺资源，这使得金融领域相对于其他领域发生腐败的可能性增大。从金融监管体制机制角度审视，还应从其中所包含的道德风险来定义金融腐败。

由于金融行业的独特性，金融腐败有其不容忽视的特点。一是金融行业的跨期交易特点决定了金融腐败租金支付的隐蔽性。跨期交易是金融活动的基本特点，而跨期交易方式使得金融腐败行为具有不同于其他腐败行为的复杂特点，具体表现为腐败租金的支付与非规范金融交易时间上的不一致性。一方面，金融腐败交易呈现长期性，如干股受贿、期权腐败等腐败形式，往往时间跨度较长；另一方面，金融腐败行为更加隐蔽，延长了腐败证据链条，加大了腐败行为因果关系判定难度，进而也加强了反腐败工作难度。随着经济全球化加深，金融业信息化程度提高，犯罪分子借助计算机网络跨国境划转资金，使犯罪行为越来越难以察觉；而有的犯罪分子在达到犯罪目的或罪行即将败露时携款外逃，躲避法律制裁。在这一背景下，腐败往往时间跨度较长；腐败现象“高智能化”“国际化”特征愈来愈明显。

金融行业的“三高”特征决定了金融腐败行为的冒险性。“三高”特征即金融资产价格的高波动性、金融资产的高流动性、金融体系的高信息不对称性，这些特性使其容易成为产生腐败活动的温床。第一，金融资产价格波动幅度较大。金融腐败行为正是利用了这一特点，通过滥用监管权、泄露内幕信息等方式在资产价格波动中谋取利益，从而加大了金融行业发生腐败的风险。第二，由于金融市场工具丰富多样、金融创新层出不穷，银行、保险、信托、证券、基金等机构推出越来越多的金融创新产品，使得金融资产流动性不断提升，为腐败行为及其非法所得提供了快速、隐蔽的变现渠道，使腐败获利得以迅速转移、洗白。第三，金融体系所特有的专业性和复杂性，导致局外人很难准确理解金融业务与工具属性，产品风险与收益不对称，投资信息披露不健全和不透明，外部监督者和金融机构之间存在着严重信息不对称。

金融行业的资源配置功能决定了金融腐败影响的外溢性。金融行业具有调节和调度社会资源配置职能，直接影响宏观经济运行和发展。一方面，如果金融监管人员利用监管权进行寻租、偏离监管目标，就会导致金融政策和监管措施失灵，破坏市场交易规则，扰乱市场秩序，引发严重的金融和经济后果。另一方面，掌握金融资金配置权的从业人员如出现腐败问题，很可能错误引导金融资源的流向，导致金融机构的经营陷入困境甚至倒闭。在更严重的情况下，还可能发生系统性金融风险乃至经济危机，使宏观经济运行出现偏差。

借鉴有关理论文献，结合我国反腐和司法实践，我们将金融腐败界定为：金融监管和金融机构行为主体在现行不完善的金融体制机制下的道德风险行为，即金融监管和金融机构行为主体以掌握某种垄断权（行政权或资源配置权）为基础，不按行政规则或交易规则办事，以损害公共利益或其他主体正当利益为代价，以实现自我利益或关联主体利益为目的的。

金融安全是国家安全的重要组成部分。2017 年 4 月 26 日，习近平总书记在中央政治局第 40 次集体学习时深刻指出，维护金融安全，是关系我国经济社会发展全局的一件带有战略性、根本性的大事。7 月 14 日，习近平总书记在全国金融工作会议上再次指出，防止发生系统性金融风险是金融工作的永恒主题。金融兴，经济兴；金融稳，经济稳。落实好习近平总书记这一重要要求，必须坚定不移地开展金融反腐。金融腐败对于金融体系稳健运行有着巨大危害，而金融反腐对保障金融体系安全运行，有效执行国家发展战略和平稳渡过经济转型意义重大。

6. 腐败现象的经济学分析

腐败的表现是对权力的滥用。腐败既是权力的伴生物，也是一种经济现象。尽管其表现形式多样，难以准确衡量，但在一定程度上可以通过现代经济学工具进行分析，并在不同地区、不同部门或不同所有制之间进行横向比较，以还原腐败问题产生的根源。从经济学角度看，产生腐败的主观原因是公职人员的经济理性，客观原因是腐败被发现的概率和被惩处的力度较小。亚当·斯密在《国富论》中认为，每个人都追求自身利益最大化，其“私人利润的打算，是决定资本用途的唯一动机”。一些利己分子往往利用经济制度漏洞，借助市场分割、信息不对称、资源垄断、公共物品等导致市场失灵因素，攫取自身利益，扭曲资源配置，甚至导致经济危机周期性爆发。

腐败发生的相关因素。从经济学角度对腐败进行解析，发现腐败的发生与以下几个因素密切相关。

公职人员社会角色的双重性。一般而言，公职人员是腐败的主体，因此，分析腐败要从公职人员的特点入手。公职人员同时具有双重的社会属性，一方面，公职人员是政府机构的公务员，代表政府行使公共权力，这是公职人员的“政治人”属性。另一方面，公职人员也有其物质、生理和精神方面的需求，这是公职人员的“经济人”属性。“政治人”属性集中表现为“为公众谋福利”；“经济人”属性集中表现为“为个人谋私利”。对一般公职人员来说，经济倾向往往更为现实，一旦时机合适，他们便极有可能摒弃“政治人”属性，采取腐败行为。

混合经济是腐败的客观基础。现代经济的一般形态为混合经济，即政府干预下的市场经济。政府干预是克服市场失灵的必要措施，但同时也为腐败提供了机会。当政治领域与经济领域直接接触并交叉运行时，由于公职人员社会角色的双重性和人类自利的本性，腐败行为的发生便难以避免了。混合经济的特征越明显，即政府干预经济的程度越深，则公职人员腐败的可能性就越大。

“政府产品”是腐败的载体。腐败实质上就是以权谋私，表现为权钱交易、权权交易、权色交易、挪用或贪污公款及占有使用公物等。以权谋私并不是权力和私利的直接交换，因为权力本身是无形的，它需要借助一定的载体，这个载体就是“政府产品”。在这里，“政府产品”并不是宏观经济学意义上的公共物品，而是指政府颁布的各种资格证书和证件（例如进出口许可证、营业执照、通行证和合格证等）以及各种信息、服务和人事任免，还有政府制定的各种有关经济的法规制度、优先发展计划、行业保护政策以及奖励评估和授权。这些均是微观经济主体需要或被迫购买的“商品”。政府产品的种类越多，公职人员腐败的机会就越多。

制度的缺失是腐败的根本原因。在计划经济向市场经济转型的过程中，旧制度体系因不适应新形势的发展而在很大程度上被废弃了，而取代它的新体系还必须经过不断的摸索实验才能建立起来。在此过程中，对公共权力监督的真空地带就产生了，公职人员利用这个机会为自己谋私利而被发现的概率较小，从而增加了公职人员采取腐败行为的动机。同时，在市场经济发展的过程中，经济的飞速发展产生了新的财源和权力渠道。新的财源往往具有产权不清晰的特点，而新的权力渠道往往缺乏完善的法律制度和行政体系的约束或者监督。通过缺乏监督的权力来侵占产权不明晰的财富只需很小的成本，于是，具有双重属性的公职人员在权衡了收益和成本之后，就更偏向选择腐败作为自身效用最大化的手段。

腐败的成本—收益分析。上述只是腐败发生的各个相关因素，它是否真实发生还要依赖于公职人员对其成本收益所做的分析。这是因为，从经济学的角度看，腐败其实是一种基于理性选择的经济行为。

腐败的成本。从个人角度看，腐败成本包括腐败的现实成本和机会成本。腐败的现实成本指腐败一旦暴露所付出的代价，可以分为：腐败的惩罚成本，包括罚金、没收财产、开除公职、判刑和剥夺政治权利等；腐败的道德成本，包括腐败实施后的心理负担和暴露后的舆论攻击；腐败的对策成本，包括收买执法人员、转移赃款赃物和给上级送礼等对付“反腐”的费用。腐败的机会成本指腐败的公职人员由于实施了腐败行为而可能失去的正常情况下的最大收益。这包括：政治成本，即失去的升官机会及其社会地位所带来的利益；经济成本，即失去的正常职位的收入及各种各样的福利。

腐败的收益。腐败的收益指公职人员由于实施了腐败行为而得到的种种好处，包括非正常收入、各种福利等。腐败的收益并不是创造出来的新价值，而是现有社会财富的不正当分配。所以，腐败的收益对腐败者来说是有利的，对社会来说则是有害的，这也是惩治腐败的重要原因之一。

腐败实施者的成本与收益比较。理性的公职人员在面临腐败的诱惑时，自然会进行效益评估和可行性研究。只有在他认为预期收益大于预期成本时，腐败才会发生；在他认为成本超过收益时，他可能会放弃腐败。这说明，预期收益越大，预期成本越小，腐败发生的可能性就越大。在此，预期收益是个变量，在犯罪人的自我选择下，总希望其尽可能的大，以便“值得”犯罪。所以，防止腐败的重点应放在提高预期成本上，使之尽可能大于预期收益，让犯罪者觉得成本太大而终止犯罪。当然，公职人员的比较分析往往是主观的，并无精确的数理计算。在他们的主观预期中，腐败的暴露率是关键因素。如果没有暴露，腐败的各项成本就等于零；如果被侦破抓获，腐败成本中的惩罚成本就是一个由党纪国法来衡量的量，即法定惩罚成本。所以，腐败的暴露率和法定惩罚成本大小是预期成本的两个决定性因素。

遏制、削化腐败的几种经济学途径：

一、“制度创新说”

一些学者认为，现行中国社会腐败是与市场经济转型过程相关的，包括制度缺陷、体系变动、法制不完善等，当腐败成为社会的普遍现象时，必须以制度创新铲除滋生腐败的温床和土壤。所谓“制度创新”，就是建立现代市场经济制度；创造公平竞争的市场经济环境，包括取消价格双轨制，取消经济特权，取消经济垄断，促进要素自由流动和贸易自由，限制特殊利益，纠正政府过度干预，减少政府失效程度。通过堵塞经济体制中的漏洞，铲除滋生腐败现象的温床。因此，从这个意义上看，反腐败与市场化改革并不是相互矛盾、相互对立，而是相互依存、相互促进的。

二、“标本兼治，综合治理”说

持这种观点的学者认为，所谓“标”就是已经形成的腐败现象，所谓“本”就是腐败现象产生的主要原因。体制、机制、法制、思想、世界观问题，是带有根本性的原因。治标就是惩治腐败现象，治本就是消除腐败现象产生的基本原因，铲除其得以滋生的土壤。治标和治本，二者相辅相成、互为促进。而在治标与治本的着力点上，又存在着几种不同的观点：一种认为，应加大治本力度，以“预防为主”；第二种观点认为，应根据腐败现象的特点与反腐败斗争的形势，确定治标与治本的对策以及各工作机构的任务，做到各有侧重；第三种观点认为，在当前腐败还没有得到根治及治本措施力度不够的情况下，要继续着重治标，同时，要加大治本力度，并使两者紧密结合。

三、“国际反腐败协议公约”说

由于腐败问题正在国际化，所以一些人士指出，要在国际上采取有力的反腐败措施，达成国际反腐败协议，对成员国国内企业贿赂外国政府官员也要进行惩罚。而持反对观点的学者则认为，虽然谁都明白腐败在全世界造成的有害后果，但国际社会难以采取共同行动，因为在国际性腐败中存着一种经济学家所说的“囚徒困境”，所有有关方面都可以从没有腐败的世界得到好处，但是，促使一个国家单方面采取反腐败措施的刺激却非常小。

追本溯源，中国社会现阶段寻租活动的出现，从制度上讲，主要是源于资源分配权掌握在各级政府手中。与真正的市场经济体制相比，资源配置不是由市场这只“看不见的手”来承担，而是由各级政府代行市场功能来进行资源配置，从而使权力这只严重变形的手介入国家资源配置，导致腐败现象丛生，寻租活动蔓延。

基于此，应当通过“制度创新”途径来遏制、削化腐败。这里的“制度创新”包含五个层面：一是经济制度创新，即推进市场化改革，创造机会均等、公平竞争的经济环境；二是政府行为改革，即政治权力从经济活动中退却，或者社会与国家应分开；三是法律体系的健全与完善，即加强法制建设，真正朝“依法治国”方向迈步；四是构建强有力的权力制衡机制和新闻监督体系，对寻租活动说“不”；五是国民意识创新，即全力提高民族整体素质，树立、倡导国民“纳税人”意识、民主意识、忧患意识。作为现代化与现代市场经济的后来者，中国可以学习和借鉴发达国家花费上百年时间，付出巨大代价不断发展完善的制度创新经验，包括制度框架、经济体系和法律规范，为我所用，发挥所谓的“后发优势”。

7. 理论微故事——反腐与破窗效应

“勿以善小而不为，勿以恶小而为之。”习近平总书记表示，如果开始就咬耳朵、扯袖子，在执纪方面抓得很紧，可以让多少人避免违法？正是之前积累的一点点恶才让腐败的毒瘤侵蚀了我党的肌体。“新松恨不高千尺，恶竹应须斩万竿。”如果不除恶务尽，一有风吹草动就会死灰复燃、卷土重来，不仅恶化政治生态，更会严重损害党心民心。

在心理学上有一个著名的效应，叫做破窗效应。讲的是一个房子如果窗户破了，没有人去修补，隔不久，其他的窗户也会莫名其妙地被人打破；一面墙，如果出现一些涂鸦没有被清洗掉，很快的，墙上就布满了乱七八糟、不堪入目的东西；一个很干净的地方，人们不好意思丢垃圾，但是一旦地上有垃圾出现之后，人就会毫不犹豫地抛，丝毫不觉羞愧。此理论认为，环境中的不良现象如果被放任存在，会诱使人们仿效，甚至变本加厉。而这个理论的来源是美国斯坦福大学心理学家菲利普·辛巴杜于1969年进行了一项实验，他找来两辆一模一样的汽车，把其中的一辆停在加州帕洛阿尔托的中产阶级社区，而另一辆停在相对杂乱的纽约布朗克斯区。停在布朗克斯的那辆，他把车牌摘掉，把顶棚打开，结果当天就被偷走了。而放在帕洛阿尔托的那一辆，一个星期也无人理睬。后来，辛巴杜用锤子把那辆车的玻璃敲了个大洞。结果呢，仅仅过了几个小时，它就不见了。

从“破窗效应”中，我们可以得到这样一个道理：任何一种不良现象的存在，都在传递着一种信息，这种信息会导致不良现象的无限扩展，同时，必须高度警觉那些看起来是偶然的、个别的、轻微的“过错”，如果对这种行为不闻不问、熟视无睹、反应迟钝或纠正不力，就会纵容更多的人“去打烂更多的窗户玻璃”，就极有可能演变成“千里之堤，溃于蚁穴”的恶果。反腐工作也是如此，如果对于腐败现象，我们仍然保持听之任之的态度，那么，我们党我们政府将会走上一条极其危险的道路。故要着力净化政治生态，营造廉洁从政良好环境。要深入推进反腐败斗争，下大气力拔“烂树”、治“病树”、正“歪树”，使领导干部受到警醒、警示、警戒。要加强对干部特别是党员领导干部的监督管理，彻底改变对干部失之于宽、失之于软现象。

8. 几种错误的反腐败理论和做法

反腐败——“汤圆理论”行不通

煮汤圆，大家都很熟悉，把生的汤圆放到沸水中，熟的汤圆会浮起来，生的汤圆会继续待在锅底，直到熟了才会浮到水面。但却听到一种反腐败的“汤圆理论”，大致意思是：反腐败是出力不讨好、得罪人的事，纪检机关和纪检干部工作一定要学会圆滑，对待腐败分子，要像捞汤圆一样，漂在上面的要捞起来，不要让它那么“显眼”，不然说不过去；而沉在锅底的，就让它继续沉下去，一定不要主动动它，少惹麻烦。

其实，这种反腐败的“汤圆理论”表面上是在保护自己、保护干部，于己于他都有利。但实际上却是一种“为官不为”、不敢担当的表现，严重违背了党惩前毖后、治病救人的原则，更是与当前全面把握运用监督执纪“四种形态”的要求格格不入。试想，对于“沉在下面”的违纪党员干部，纪检机关如果是放任自流、不管不问，其结果不言而喻，违纪党员必定会犯下更大的错误，最终滑向违法犯罪的深渊。

当前，我们的一些党员干部为什么要么是“好同志”、要么是“阶下囚”？总有一个共同轨迹可以找寻，那就是一个从无到有、从小到大、从轻到重、从量变到质变的过程。腐败分子大多经历从“小偷针”到“大偷牛”、从小错到大错、从“破纪”到“破法”的演变。

诚然，腐败分子自身因素是导致其出现违纪违法问题的根源。但不得不承认，不少走进“高墙”内的党员干部，曾经很优秀，有的还当过劳模、获得过荣誉称号，为党和人民的事业做出过贡献。这说明，即便“阶下囚”也不是“出生第一声啼哭就是那么邪恶的”，没有人生来就是腐败分子。

要避免这种要么“好同志”，要么“阶下囚”悲剧的发生，作为党内专司纪律检查的监督机构，纪检机关要坚决摒弃“违纪只是小节、违法才去处理”的“惯性思维”，不能只盯着查办大案要案、片面追求案值大，更不能满脑子都是线索和案件，要充分认识查办大案要案是政绩，抓纪律、纠小错同样是政绩，将“监督执纪问责都要冲着纪律去”固化为工作思路，上升为行动自觉。纪检干部要敢于担当、敢于负责，瞪大眼睛、拉长耳朵，勤打听“张家长、李家短”，及时发现违纪苗头，及时跟进，把违纪苗头遏制在萌芽状态，而不是掂量问题的大小、轻重、难易程度，做到纪律面前人人平等，触犯了纪律，就要及时处理，绝不姑息迁就。

反腐报道娱乐化之忧

一些媒体将反腐报道娱乐化，“腥星性”味足，迎合了某些人“窥视癖”心理，暴露出个别媒体职业伦理的丧失。为此，需要媒体瞄准“意义”靶心，做“度”的把握。一要有担当，二要勤修习，三要存敬畏，四要善作为。

中共十八大以来，中央出台严厉举措，反腐高压之下“大老虎”“小苍蝇”纷纷落马，反腐报道也成为新的看点。这些报道将政坛上违法违纪、损害公益的行为公之于众，有益于净化政治环境，推动廉政建设。但是，贪腐曝光不可避免地要涉及到一些人物行为表现，甚至细节详情，这就需要报道做分寸上的把握。什么东西适宜公开传播？应该如何呈现？报道边界在哪儿、有无禁忌？这都成为检验媒体能力的重要指标。就现实来看，一些媒体的答卷不能令人满意，常见的一个问题是将反腐报道娱乐化，“腥星性”味足，严肃报道硬是做成了地道的八卦新闻。

八卦式反腐报道在传统媒体和新媒体上屡见不鲜，分而观之可曰几类：第一类聚焦香艳韵事，专以官员“桃色”为噱头，如《某市委副书记用MBA管理情妇》；第二类是隐私大起底，重点揭秘低俗生活，如以色相谋权、迷信风水；第三类借题发挥、穿凿附会，将事实与传闻、猜疑和道听途说杂糅起来，编撰“情景剧”，如《某某案法外情权力是最好的春药》；第四类无限放大话题，报道浮想联翩、活色生香，如《官员家属与纪委签订责任书　管好配偶八小时之外》。这些报道角度不同，载体也有差别，但都表现出一些共同特质——一改政治话题的严肃与沉重，标题党、惊悚奇闻、艳照PK大行其道，对人、事、物的实质分析不见踪影或表述泛泛，有的官话套话一笔带过，有的抛开人物成长兑变经历“一棒子拍扁”……所谓的警示作用远比不上“八卦”的“炫”与“趣”，似乎只有如此表现，方能显示出反腐的“重要”。

反腐报道娱乐化，其结果绝非自娱娱人、让人一笑了之那么简单，其成因与流弊值得检讨与深思。首先，反映出导向的偏离。在戏说中，个别媒体远离事实及其本质，回避对腐败问题的深层次追问，违背了舆论监督促进真实、公正的本意，一味猎奇、畸形的新闻价值观疯涨。

其次，迎合某些人“窥视癖”心理，暴露出媒体职业伦理的丧失。媒体若津津乐道于此，短期内可能获得片刻轰动，但久而久之，必将招致公众的反感，从而大大损害媒体公信力。公众也容易产生见怪不怪的麻木，甚至将这一“媒介现实”认作“社会现实”，降低对官员整体的社会评价和反腐信心。

再次，是过度商业化和经济利益追求的结果。“利”字当前，新闻如果抛却文化功能沦为单纯的娱乐消费品，其蕴含的丰富的精神意义就会消解；而白热化竞争中过度追求卖点与过分强调技术的极端倾向，也往往使媒体撞开原则底线，使专业操守遭遇贬值。结果，其人其群素养不修，其文其形必然涣散。

最后，容易误导舆论。失真和不准确信息刺激了公众的亢奋情绪，以至于以“报道内容”取代“法律事实”，干扰司法的状况时有发生，其惨痛教训尤需记取。

腐化堕落能否揭露？回答是肯定的。这需要媒体把“社会公益”置于心口，无论何时都不能放松导向要求；要提高政治、文化、专业素养，练就围绕中心工作表达党和人民意志，抓焦点、寻重点、找难点、破难题的真功夫；要以敬畏的态度对待社会生活和公共空间，抨击时弊要探究事实真相，匡扶正义增进社会福祉；要全面提升素养、能力和技巧，践行职责使命，能够引导舆论正能量，促进实际问题的解决。

菜单二

腐败的特点特征汇集

一、腐败的特点

1. 关于腐败的定义

从腐败的实质定义。从一系列大案、要案中可以发现若干共性因素，其中，行政官员（公共权利行使人）等运用手中掌握的公共职权，为自身、亲戚朋友、相关部门等牟取了大量财富和其他形式的利益。运用公共权力为己谋私，已成为腐败的主要目的和实质性要素。这些私利包括物质经济利益、权利利益、名誉利益及其他形式的利益。权力沦为腐败者个人化的工具。从这个角度，我们可以把腐败定义为权力主体非法运用公共权力为己谋取私人利益的行为。

从腐败的根源定义。在官员的腐败犯罪行为中，公共权力作为牟取私利的工具，在被腐败分子行使过程中，已严重违背了国家和人民将其赋予各级权力行使主体时的初衷，严重背离了权以民为本、权为民谋利的为人民服务的宗旨，公共权力严重个人化、利益化、非法化，公共权力的异化成为腐败的根源。从这个角度可定义腐败为权力主体对公共权力滥用的行为。

从腐败的行为方式及其性质定义。腐败作为一种犯罪之前的前期形态和之后的高级形式，已不单纯局限于简单的契约式的“权钱交易”，政策措施的规制及反腐力量的存在与力度的不断增强，使得利益的注入已经不再能确保权力结果的产出，导致了出现行政该作为而消极不作为，不该作为而“积极”乱作为的怪现象。而从这种行为方式的性质来看，腐败已将权力以及行使的庄严性、依法性、善意性破坏的面目全非，导致行政行为及其他权力职能行为不合理化、不合法化，使其违背了社会规范、伦理道德，甚至抵触法律权威，威胁国家尊严和公信力。从这个角度上，腐败可以定义为权力主体在行使权力过程中非法作为和消极不作为的行为。

综上所述，腐败的定义可以这样阐释：腐败是权力及职能主体，为了谋取自身及其所在群体的私利滥用公共权力的非法行为。其实质是为己谋私，根源是权力的异化，形式是不合理甚至非法的权力行为。

2. 腐败的基本特点

当前腐败的特点。现在，腐败活动减少了，但并没有绝迹；腐败分子被震慑住了，但还在窥测方向，甚至困兽犹斗；反腐败体制机制建立了，但还不够完善；思想教育加强了，但思想防线还没有筑牢。减少腐败存量、遏制腐败增量、重构政治生态的工作艰巨繁重。腐败的基本特点如下。

特点一：从腐败分子的职务看，高中级领导干部特别是“一把手”腐败犯罪的上升速度快。可以把改革开放40多年划分为三个阶段：第一个10年，20世纪80年代，全国查处省级贪官只有两人；第二个10年，20世纪90年代，查处省级贪官15人；第三个阶段，从2000年至今，查处省级贪官达一百多人。这是从人数来讲。从犯罪金额来看，增长也非常快。20世纪80年代，进监狱的省级贪官，一个是两万多元，一个是5000多元；现在，抓出的省级贪官都是贪污几百万、几千万、几个亿。在查处的县处级以上贪官中，一把手占三分之一以上，这个比例非常高。

特点二：从腐败直接目的看，正在从消费型、享乐型向资本积累型发展。20世纪50、60年代，收两包果子、两瓶酒，就腐败了；20世纪80年代，收电视机、洗衣机、电冰箱，是腐败；现在，主要是钱，也有东西，但东西是辅助性的。很多高级干部以权谋私搞腐败，目的是给家人的企业搞资本积累。吃喝玩乐有够的时候，可是，资本积累有够的时候吗？

特点三：从腐败分子的行为方式看，正在从被动腐败向主动腐败发展。这些年，在这方面，我们发现一些带有规律性的东西，有两种类型的腐败行为很值得注意，一种类型是为提拔干部设局；另一种类型是搞工程建设项目设局。

特点四：从腐败主体的范围看，正在从个体向集团发展。过去，搞腐败多是一个人偷偷摸摸地干，现在，这种情况很难找到了，特别是查处的县处级以上腐败案件，只要抓住一个，就会带出一窝、一伙团体性腐败。还有集体腐败，就是单位用红头文件形式，以领导班子名义以权谋私。更为严重的是，腐败问题和政治问题相互渗透，有些人搞官商勾结、上下勾连，利用权力设租寻租，又利用权力保租护租，结果导致在政治上搞阴谋诡计，严重危害党的领导和党的团结统一。

特点五：从腐败的基本形态看，表现为四个方面，权钱交易、权权交易、权色交易、挥霍浪费。

特点六：从腐败的种类看，对社会危害最严重的是用人腐败。用人腐败是一个基础性腐败，用了一个腐败分子会带出一串腐败分子，用了一个腐败分子会带出一系列不正之风和腐败现象发生。

特点七：从腐败的作案手段看，更加迂回隐蔽，表现出各种各样的方式。诸如：以权谋私期权化；获利敛财间接化；对抗调查智能化；腐败案件涉外化。

3. 党的十八大以来的反腐败制度建设显著特点

党的十八大以来，以习近平同志为核心的党中央始终坚持将马克思主义普遍原理同中国具体实际相结合，把全面从严治党纳入“四个全面”战略布局，注重运用法治思维和法治方式来审视反腐败工作，高度重视并科学谋划中国特色社会主义反腐败制度建设，着力推动反腐败“标本兼治”朝着纵深方向不断发展，制度反腐的强大力量不断释放，反腐败压倒性态势已经形成，赢得了党心民心军心以及国际社会普遍称赞。

一是强化顶层设计。这些年，我国的反腐败过程经历了从运动反腐到制度反腐的关键转变。特别是党的十八大以来，党中央不断强化顶层设计，为制度反腐构建系统性的战略规划，通过深入调研、充分论证，逐渐明晰了反腐败制度建设的终极目标、近期目标、时间进程、方法与手段，绘制出反腐败制度建设路线图，明确推进路径，使公众了解具体举措与长远战略，权宜之计与根本制度变革之间的关系。避免了过去反腐败工作中出现的“头疼医头，脚疼医脚”现象，避免了反腐败工作的方向和思路随着问题浮现的程度而起伏，随着社会公众不断变化的注意力而变化，保证了反腐败工作的统一性、长效性和有序性。

二是结合中国实际。我国反腐败制度建设注重结合中国实际，这主要有三大体现。其一是在反腐败制度构成上，中国特色社会主义反腐败制度体系是由国家法律和党规党纪所构成，突出党规党纪在反腐败制度建设中的重要地位。其二是在反腐败工作开展上，将坚持党的领导作为统筹协调反腐执纪与反腐司法工作的前提。党的十八届四中全会通过的《中共中央关于全面推进依法治国若干重大问题的决定》为使国家法律体系和党内法规制度统一起来发挥最大效能，特别强调党的领导和社会主义法治是一致的，社会主义法治必须坚持党的领导，党的领导必须依靠社会主义法治。其三是对当前腐败的从严治理上，十八大之后的反腐败制度建设结合中国实际，着眼当前更隐秘、更复杂的腐败问题，以刑法修正案（九），以及《关于新形势下党内政治生活的若干准则》《中国共产党党内监督条例》的党内法规，从法律层面降低了入罪门槛，将现行由纪律规制的部分腐败问题上升为由法律规制，以增加财产刑加大对腐败犯罪的经济处罚，以增加终身监禁制度确保腐败分子难逃法律制裁；从党纪层面，将相关道德规范上升为纪律规范，加重党员特别是国家工作人员的纪律义务，并且严格细化了党的中央组织、各级党委、纪委以及基层组织和党员的监督职责，使党内法规更加完善，能够更好地发挥预防腐败作用。

三是党纪国法互联。宪法是我国根本大法，赋予了中国共产党执政地位，这就要求依法治国的同时，也要依党内法规从严治党。因此，要建设社会主义法治国家，就必须加强党纪国法互联，必须形成国家法律法规和党内法规制度相辅相成、相互促进、相互保障的格局落到实处。首先，党纪国法互联是必要的。在理论上，国家法律和党规党纪都是人民意志的体现，其本质是一致的。在实践上，社会主义法治体系已经形成，是一个完整的法治体系结构，包括完备的法律规范体系、高效的法律实施体系、严密的法律监督体系、有力的法律保障体系、完善的党内法规体系。因此，国家法律和党规党纪互联是符合我国国家治理体系的，其目标上一致、内容上统一、适用上依存，二者相辅相成，互为补充。其次，党纪国法互联是可行的。必须充分认识到，党纪和国法都有着同样的法治思维，依法治国需要严厉党纪的示范和引领，依规治党需要在国法的框架下规范进行，只有严格党纪、公正司法，才能在党内法规建设和反腐败立法方面做到有效衔接和收效显著。最后，党纪国法互联是有界限的。必须看到，国家法律与党内法规在制定机关、制定程序、调整对象、适用范围、实施方式等方面是有差别的，不能把二者完全混同起来。在反腐实践中，适用党纪或适用国法必须做到界线分明，违反党纪就按党纪处理，违反法律就要严格依法处罚。

四是借鉴国际经验。十八大以来的反腐败制度建设呈现了许多亮点，这也是对国际有益经验的科学借鉴。首先，“把权力关进制度的笼子”的提出，推动了中国特色社会主义反腐败制度体系从刑事立法和党内法规两个层面的进一步完善，做到反腐败斗争制度严密、有据可依。在国际社会上，以健全的反腐败制度体系约束权力的例子并不少见。以新加坡为例，新加坡预防和治理腐败的法律体系主要由《防止贪污法》《没收贪污所得利益法》《公务员纪律条例》《公务员惩戒规则》等法律法规组成，分别对严厉惩治腐败、贪污所得的认定和没收、公务员的严格管理等作出了明确规定，这些法规与刑法、刑事诉讼法等相得益彰，互为补充，构筑起惩腐反贪的制度铁笼。其次，是“实现权力在阳光下运行”。“让权力在阳光下运行”是当今世界反腐成绩突出的国家普遍选择的一条路径。例如，瑞典、美国等国的财产申报制度、新加坡等国的《财产申报法》以及瑞典确立“政务公开”原则使得任何一位瑞典公民都可以到政府部门要求查阅该部门的文件等，都是很好的反腐败经验，对我国完善现有公务员财产申报制度，完善政府信息公开等均起到很好的借鉴作用。

五是注重操作可行。无论是国法还是党纪，其效能都必须通过有效的执行体现出来。在反腐败实践中，能否有效地遏制住腐败的高发势头，关键在于国法和党纪能否真正得到有效落实。十八大以来的反腐败制度建设显然将落实具体规定，注重操作可行作为关键，这主要表现在两个方面。其一是党纪方面，明确了党纪严于国法的要求。王岐山同志曾撰文指出：“党的先锋队性质和先进性要求决定了党规党纪严于国家法律。国法是所有公民的行为底线，党纪是对组织和党员立的规矩。”2014 年 6 月 5 日，中央纪委监察部网站发布消息：中国出口信用保险公司原副总经理戴春宁因严重违纪违法，被开除党籍。在违纪情况通报中，出现“与他人通奸”的措辞，引起舆论的广泛关注。该起案例首次以道德范畴的措辞作为党纪处分的表述内容，体现了严格执行党纪的要求。此外，如中央纪委监察部网站还通报各地党员干部违反中央八项规定精神大操大办婚丧嫁娶等诸多案例，也进一步印证了党纪严于国法和中央坚决落实执行的决心。其二是国法方面，首先，我国社会主义法治国家的性质决定了反腐败斗争必须依法开展，尽管党纪严于国法，但并不是说党纪可以凌驾于国法之上或游离于国法之外。针对党纪与国法的执行范围，2013 年 5 月关于党内法规制定条例规定，制定党内法规“遵守党必须在宪法和法律范围内活动的规定”；审核党内法规时要着重审查“是否同宪法和法律不一致”。这些规定均明确了党纪与国法在运用于反腐败问题时的范围，使反腐败斗争有据可依、操作可行。其次，刑法修正案（九）对于已不符合当前经济发展规律的腐败犯罪量刑标准作出调整，将过去具体数额的量刑标准改为不同档次的概括性标准和犯罪情节相结合，更加科学合理，便于当前反腐败斗争的开展。

4. 腐败现象的新特点

自党的十八大以来，党和国家反腐败斗争与时俱进，利剑高悬，刮骨疗毒，频频出手，打出了一系列组合拳，一批批贪腐官员频频落马，党风和社会风气有所好转。但我们应居安思危，未雨绸缪，防患未然，必须清醒看到，当前我国反腐败斗争形势依然严峻、任务依然艰巨，党风廉政建设仍然任重道远。当下腐败现象主要呈现“五大新特点”：

一是“一把手腐败突出”。从以往查处的大案要案来看，各级“一把手”占比较高。中央首轮巡视发现，“一把手”违纪违法案件不仅数量多、危害大，而且呈现上升趋势。一些“书记”“市长”“董事长”“总经理”，或利用手中大权设租寻租谋取私利，或借职务之便非法侵占国有资产，或在干部选拔任用中受贿卖官，与一般的腐败案件相比，往往性质更恶劣、危害更大。由于民主决策机制不健全，权力运行机制不透明，对“一把手”的监督机制还存在缺陷，近年来，“一把手”频频出现腐败问题，其中也不乏所谓的“能人”。从根本上说，这和权力过度集中、“一把手”权力过大有关。

二是“苍蝇式腐败多发”。从目前情况看，“苍蝇式腐败”点多、线长、面广、多发，其危害不亚于“虎患”。中央首轮巡视曾发现，一些地方乡村干部腐败问题凸显，“小官巨腐”问题严重，“苍蝇式腐败”比较突出，并且相当普遍，涉及半数以上被巡视地区。如秦皇岛市一科级干部涉嫌受贿、贪污、挪用公款，从其家中搜出现金上亿元，黄金 37 公斤，房产手续 68 套。

三是“山头腐败走高”。一些官员热衷拉山头、搞宗派、划地域、攀老乡，由此组成利益共同体，导致扎堆腐败、团体腐败走高。实际情况犹如中央巡视组第二轮“巡视清单”指出的那样，当前，有的领导干部信奉拉帮结派，搞“圈子文化”，整天琢磨拉关系、找门路，看能抱上谁的大腿。上级对下级颐指气使，下级对上级阿谀奉承，弄得党内生活很不正常，把上下级之间的关系搞成了旧社会那种君臣父子关系或帮派关系。

这种“山头主义”“圈子文化”不仅涣散了组织，而且滋生了腐败，往往造成“窝案”“串案”“塌方式系统性腐败”。为此，中央巡视组专门向有关地方提出了严格党内生活，坚决抵制政治上的自由主义、“山头主义”，有针对性地整顿软弱涣散党组织的建议。

四是“新型腐败增生”。一直以来，党和国家反腐败斗争与时俱进，新型腐败也在不断增生，“一家两制”就是一种新花样。所谓“一家两制”主要指家庭成员中一方在“体制内”的行政部门、党政机关，另一方经商、办企业，工作类别属于“体制外”，一些领导干部靠“一家两制”进行利益输送，以家庭为“权钱共同体”，“一人当官，全家发财”。“一家两制”是中央巡视组在巡视浙江时发现的问题。巡视组反馈称，浙江“一些领导干部插手土地出让、工程建设、房地产开发问题反映集中，领导干部‘一家两制’、利益输送出现新的表现形式，手段隐蔽”。2014 年中央第一轮巡视发现，14 个省市和单位中有 7 个存在干部亲属子女违规经商办企业现象，个别地方问题突出。第二轮巡视反馈同样指出了干部亲属利用职权经商牟利的问题。

五是“军队腐败凸显”。环球时报曾发表题为《军队反腐必须走在前头》的文章称，“前些年军队和地方一样，虽然年年喊反腐，但上上下下隐蔽存在着权钱交易、行贿受贿、拉帮结派、蝇营狗苟、违法乱纪等现象，大有前‘腐’后继之势。从王守业到谷俊山案及其背后所涉肮脏丑陋，让世人惊骇，说明军队腐败现象已达前所未有的危重程度。”如中央军委原副主席徐才厚利用职务便利，为他人晋升职务提供帮助，直接和通过家人收受贿赂，数额特别巨大；利用职务影响为他人牟利，其和家人收受他人贿赂，数额特别巨大。中共中央已决定开除徐才厚党籍，中央军委已决定开除徐才厚军籍、取消其上将军衔。

腐败现象的新特点还有一些，诸如，高官腐败多发，自十八大以来，截至目前已有多名省部级以上官员落马；一些干部权钱权色交易问题突出，“凡贪多色成定律”；“拉票贿选”“买官卖官”暗流涌动，时有发生；部分领导把分管领域当成“私人领地”，把下属变成自己的“家臣”；领导亲属、司机、秘书等“身边人”腐败频发等。这些都说明，反腐败斗争的形势还比较严峻，应保持清醒头脑，有的放矢，对症下药，进一步优化反腐机制体制，以取得更大成效，为实现中国梦保驾护航。

5. 经济腐败案件的新特点

从需求型向贪婪型、攫取型发展。他们攫取的猎物，早已从生活资料转向生产资料。有些典型的腐败分子，他们对收取人民币、外币、别墅到黄金已感到腻味，因为这些钱花起来太显眼，还得经过“洗钱”程序，比较麻烦，所以转而直接攫取能够“下蛋”的资本——公司股权与对公司的实际控制权。他们自己虽然不能直接持股，但可以妻子、子女或和自己很靠的人设个人账户达到目的。这样设这两权到手，就等于有了自己的“摇钱树”。

向集体腐败和团伙腐败方向发展。有的团伙案件涉案人员少则几人，多则十几人、几十人，有的多达四五百人，而且涉及政府高级官员，甚至还牵涉到公安、海关、纪检官员，个别的案件已是成套班子一窝腐败。

向控制政界头面人物、寻找政治代言人、保护伞方向发展。他们运用钱、色、黑道手段，拉目标下水。然后再让被拉下水者充当了他们的代言人和实际头面人物。这些代言人然后再用手中权力，给黑道人物头上罩上光环，或者让他们当上人民代表，或者是当个政协委员，从而让黑道人物成为名副其实的“地下×委书记”“地下关长”和“地下组织部长”或者“公安局长”。

向权力资本方向发展。一些手中握有财权、项目审批权的官员，通过权力寻租，用本来是只能为人民服务的权力来为自己谋取好处，进行权钱、权色、权权交易，使自己逐步演变成为名副其实的官僚资本家。有一大批腐败犯罪分子，就是因为这个原因落马的。

6. 吏治腐败的特点

在与腐败犯罪斗争过程中我们可以发现，腐败分子善于打通各种关节，让他们被带“病”提拔上来。如广西玉林市连续有三任市委书记因腐败被判刑：头一个是徐秉松，提司级干部后被发现，判无期徒刑；后一个是李乘龙，被判死刑；第三个是于龙林，也判了重刑，大有“前腐后继”之势。在腐败犯罪案件中，为党政一把手的占42.1%。党内一把手犯错误乃至犯罪，都有一个特点，就是有很强的“老板意识”和个人的绝对权威，不讲民主，搞个人专断。许多会议，仅是把个人私货转化成“合法”的“集体决议”的一个徒有其名的程序。在这种情况下，“集体决议”可以办一切坏事，可以达到个人的任何目的。一把手出问题，他（她）主管的那个地方，吏治必然腐败。凡属这类地区，跑官往往会跑出各种名堂：

一曰“短跑”，即在换届之时，盯准关键人物“公关”跑。二曰“长跑”，即从长计议，进行长期感情投资积累，到关键时再启动使用。三曰“接力跑”，也就是人托人进行跑。四曰“跨栏跑”，就是托退下来的老干部跑，用他们的余威与影响达到目的。各种跑官，都是用钱“通关”，个别也有用“色”通关的。过去某一段时期内，中纪委查办的行贿案件，有三分之一是为了买官。有的为了当官，甚至不择手段，换届选举或是成批调整干部时花钱拉选票搞“贿选”，买官、贿选不成就杀官、毁容，甚至出现二把手杀一把手的现象。

7. 国有资产领域腐败特点

在被处理的腐败犯罪分子中，有很大一部分是因为掏空国有资产而落马的。他们为达到个人能够少花钱，甚至不花钱地在改制中无偿占有更多的国有资产，把国有资产流进个人腰包，就上下串通，不择手段地将被改制国有企业中的国有资产“缩水”或掏空。

将国有资产投资收益、经营利润收入等虚列为“负债”，挂在“应付款”账上进行隐匿，造成国有资产评估严重失实。

加大“成本”和“亏损”。原本经营状况较好的国有企业，在临改制之机，以库存积压、市场竞争激烈等为借口，将产品大幅度降价，甚至低于成本价格销售；有的大肆挥霍浪费，增加企业成本和亏损，达到减少净资产的目的。还有的将产品高价销售低价入账，截流的那块资金就揣进了个人腰包。

不全面清理固定资产与存货。清查资产时，一味要求核销“不良资产”与“坏账”，却对账外资产或账物不清的资产不认真清查入账，将应该或能够盘盈的实物资产游离账外，使之成为“埋在碗里”的他们可以随时独吞的肥肉。

加速折旧，人为缩短固定资产的折旧年限。为了使国有资产“缩水”，抢在企业改制前，加速固定资产的折旧，将厂房、机械设备等固定资产账面净值降为零，以图日后产权“置换”，再无偿的占有使用，从而使国有资产成了部分改制企业的厂长经理们一夜暴富的“盛宴”。

不如实记收应收款，多头挂账，甚至伪造往来款增加企业的负债。将经营活动中应当双方结清或能够轧抵的往来款，故意只记应付款，不记应收款；对无法或已无须付出的应付款仍照挂不误，不按规定如实冲销，使之成为日后自己的一个“外块”。

隐匿小金库资产。设立小金库已属违规，但在企业改制中仍将其游离于企业资产外，是一种更加严重的侵害国家利益的行为。这无异于是对国家财富的巧取豪夺。

对外投资、开办三产企业等资产不纳入企业净资产。如某厂投资开办下属两个独立的法人实体，改制时，这两个企业已各有100多万元的净资产，却不将其投资企业资产纳入申报。有的企业，利用设立二级公司的把戏，将多经实体的经营利润用作职工分红（自然是经营者们拿大头了），将发生的经营成本拿出很大一部分由母厂报销，以这种蝎子繁殖后代“子吃母”的方式大肆转移和侵吞国有资产。他们为了得到“靠山”保护，有的还拿出一块向主管官员行贿，名之曰也给领导一份“与我们职工一样的福利”。

已转变价值形态的固定资产，在改制中不评估，仍以账面价值申报。转化价值形态的资产，在改制中应以实际价值形态申报评估，但有些改制国有企业，对可能贬值的固定资产提出核销损失要求，对已经增值或可能增值的固定资产，却仍以账面数额申报评估。

不应列入资产核销的损失，骗取核销国家所有者权益。改制中将早已收回投资的项目，仍以坏账损失名义，要求有关部门帮助核销国家贷款。有的民营独资企业（无限责任公司）不应该享受企业破产政策，但是地方官员出于不可告人的目的，强行支持其破产，赖掉银行贷款，而与此同时，该企业的业主在一夜之间奇迹般地成为了这个地区的暴发户。

暗箱操作，未公正审计与评估，未正确证明和界定资产属性。一些改制企业的经营者或与上级主管部门，或与中介机构串通一气，故意将评估价值远远低于实际价值，将本应属于国家的资产证明为集体，将应属于集体的资产证明为个人。

利用行政手段，把国有资产缩水“打折”。由职工或经营者买断，明曰卖，实为送。无偿缩水量化国有资产，尤其是让少数经营者“合法”地获取极大比例的国有资产，其实质是严重损害国家作为出资人的权益。

瞒天过海，假招商，招假商，使巨额国有资产流失。如将资产数额巨大的国资企业资产进行人为缩水评估，让子虚乌有的“外国公司”“投资”“控股”，再支持其以虚假资本“注册”新的公司，再利用这个新公司以虚开增值税票的办法疯狂进行偷税，直接掏空国家国库。

国企的腐败厂长或经理能够用上述手段牟利得逞，往往与支持他们的政府官员密不可分。支持他们的政府官员也不白尽义务，而是从中捞取更多好处，借此机会聚集权力资本。

8. 腐败犯罪的十二个新动向

综观形形色色的腐败案件，除了上述特点外，我们似乎可以看到他们的发展新动向。主要包括：“贪官年轻化”现象；“串案窝案”现象；“贪内助”现象；“官帽批发”现象；“司法腐败”现象；“吏治腐败”现象；“建筑腐败”现象；“村官腐败”现象；“权力寻租”现象；“高智商犯罪”现象；“公费出国旅游”现象；“脏钱外逃”现象。腐败分子最怕被置于众目睽睽之下。人民群众应该擦亮眼睛，随时注意观察、发现一切腐败犯罪活动的蛛丝马脚，配合纪检、检察与司法机关，斩断他们的黑手，曝光他们的严重罪行，让他们的阴谋完全落败，及时受到法律的严惩，保障中国特色社会主义事业顺利进行。

9. 反腐败国际合作的新特点

防止腐败分子通过移民等方式逃脱我国法律的制裁，就必须实现和加强制度化的国际反腐败合作机制。党的十八大以来，我国反腐败国际合作在近年来取得了长足的进步，主要体现出五大特点。

合作理念不断开放。我国反腐败的国际合作对象主要是一些西方发达国家，这就要求我国在反腐败国际合作领域至少要具备两个理念创新点。

其一，构建完整的法制体系的理念创新。缔结国际性的公约或者双边条约时，各参与者自身的司法制度都应当通过审查。审查内容在反腐败领域主要是法院的审判是否具有独立性、刑法相关罪名的定罪要件和量刑裁量方式、刑事诉讼法的程序正当性评估以及与司法相关的人权问题调查。这就要求我们必须加大开放，学习和借鉴西方发达国家有益的法治经验，积极改良我国当下立法和司法水平，促使国际公约和双边条约甚至更加具体的合作成为可能。

其二，国家机关面对涉外案件的理念创新。以前的国家机关在行使自身职权时，其对象往往都是国内的案件。但是随着我国反腐败国际合作的发展，未来我国的国家机关不得不更多地和域外的国家机关或者国际组织“打交道”，这就要求我国相关职能部门更好地与外国沟通协调。不能完全像以前那样“埋头苦干”，而是应当把眼光和战略提升到国际化视野，并且借助有涉外经验的相关人才，更好地利用国际化的创新理念去解决具体的问题。

合作角色开始转变。我国在国际反腐败领域从“观察者”逐步走向“参与者”，已经成为“重要的参与者”。今后，我国必须结合自身的需要，在国际领域以领导者的姿态参与制定一些双边规则和国际规则，并且，在反腐败的国际领域体现出自身的领导力。这样，我国才能更加有力地结合自身需要，以国际反腐败的舞台作为依托，实现自身反腐败在立法司法甚至政策导向上的需要。如果说加入“公约”是我国反腐败国际化合作的第一步，那么《北京反腐败宣言》就是我国对于反腐败国际化和合作角色转变的开始。《北京反腐败宣言》的签署证明我国反腐败进入了全新时期，证明全世界对反腐败问题进入了一个新的认识阶段，也证明全世界很多国家都已经在反腐败问题方面尽量做到有法可依、便于操作。《北京反腐败宣言》体现了亚太经合组织各国对于预防和惩治腐败的共同愿望；通过现代科技构建反腐败国际合作网络平台，尤其是做好对于涉及腐败犯罪的“前端预警”，通过信息网络平台的搭建，可以更快速更广泛地整合信息；各国对于反腐败的国内法逐渐寻找共同点，在理论上也逐渐趋于统一和同质化，如此一来，引渡的协商和司法协助的执行以及相关判决的执行更加顺利，既坚持了司法的独立性、维护了审判权的独立，同时，也解决了国际法律合作时存在的一系列问题，填补了我国相关领域的空白。

合作方法更加多样。全球反腐的国际合作按照合作范围和区域划分为两个层面：国际合作组织、区域合作组织。国际合作组织通过各种区域性组织以及全球性组织通过的各项公约、协议、条约以及会议决议等，使全球反腐的国际合作已经形成了一个层次性的基本框架，《联合国反腐败公约》建立和完善了境外追逃追赃的引渡制度和资产追回机制，为各缔约国构建开展追赃协作的平台，为打击犯罪、弥补资产流出奠定了基础。我国多次参加全球反腐倡廉论坛、政府改革全球论坛、国际反贪污大会等国际性反腐败会议。不仅有效打击了跨国的腐败案件，更为重要的是，给许多潜在的腐败分子以巨大的威慑力，使其不敢腐败、不能腐败。

合作格局愈加宽阔。我国已经加入《联合国反腐败公约》以及《联合国打击有组织跨国犯罪公约》，我国的反腐败合作逐渐上升到联合国的高度。主要体现在我国加入了反腐败公约以及打击跨国有组织犯罪公约上，同时，在国际政治经济组织当中，我国发挥着越来越重要的作用。我国纪检监察机关、公安机关和检察机关也积极参与跨国腐败案件的侦办。我国政府与世界银行、亚洲开发银行以及联合国发展计划署等部门积极开展合作，拓宽反腐败格局，开展多种形式的交流和合作。虽然反腐败的国际合作具有一定的主权属性，这必定伴随着部分不稳定性。但是从整体的格局上看，我国已经从国与国的单边走向了我国与联合国的多边合作。这种“走出去”战略格局的变化为反腐败国际合作提供了有效的战略支持。

合作成果逐步深入。我国反腐败国际合作成果正在逐步深入。其一，国内腐败趋势得以有效压制。反腐败国际合作的加强使得犯罪分子不敢贪、不能贪，是一种反腐败釜底抽薪的有效手段。其二，我国在国际反腐败领域的威望空前提高。我国的反腐败工作在国际上逐步从“幕后”走向“台前”，我国对于反腐败的重大成果已经得到国际范围内的认同。其三，人民对于政府反腐败决心的拥护以及政府诚信度的提高，使得我国人民对于政府治理和反对腐败的决心更加坚定。

10. 金融腐败的新特点

近几年来，我国金融业改革成绩斐然，不断取得新的成果。但是，我们也应清楚地看到，随着市场经济的迅猛发展，金融领域里的腐败案件一直居高不下，给国家财产造成了巨大损失，也给金融系统的声誉造成了极坏的影响。

职务犯罪居高不下。从全国发生的金融腐败情况看，职务犯罪已渗透到信贷、计划、会计、出纳、储蓄、国际业务等各个部门，涉及到从吸收存款到票据结算、发放贷款、出具信用证等各个环节，既有一般职工，又有分支行干部，更有总行级领导。值得关注的是，“一把手”及重点岗位工作人员实施犯罪现象突出。建行原董事长张恩照，收受美方一家商业公司贿送的100万美元，严重败坏了我国的对外形象。建行原行长王雪冰、光大集团原董事长朱小华等都有海外任职经历，他们的丑行在国际上的负面影响极大。中国银行原副行长、中银（香港）行政总裁刘金宝原在上海工作期间接受重金贿赂后，越权限、逆程序向万泰集团违规放贷15亿元，其中不良贷款高达10亿元。一些分行、支行行长，利用手中权力疯狂捞钱的案件频频发生。如在温州中银大厦腐败窝案中，国家损失3500万元，牵出了43名违法违纪人员。原中银温州支行行长叶征、副行长卢明顺、符加蝶、鲁荣华，以及其他案件牵扯出来的交行苏州分行总经理蔡涵刚、工行四川乐山分行行长朱雪纯、工行河南驻马店分行行长孟凤岭及乐山路支行行长张学勤等腐败分子，都是被权钱交易拉下水的。在金融腐败案中的职务犯罪比例达到了80%以上。因在我国金融系统中，不管是高级管理官员，还是一般员工，都拥有较大的权力和权力异化的便利。面对银行的巨额资金，一旦思想防线被物欲的“洪水”冲毁，就是“汪洋”一片，四周不见边，水深不见底。

涉案金额越来越大。涉案金额分为三种类型：

一是作假骗贷。中国社会科学院金融发展研究室原主任易宪容说："产生骗贷案的原因，首先是商业银行的内部金融腐败，其次是银行监管的缺失。"的确，由于"内鬼外贼"的相互勾结，动辄几个亿、十几个亿，甚至上百亿元的骗贷大案，就不可避免地接连发生。如广东佛山南海人冯明昌创造的"骗贷之最"是105亿元。

二是监守自盗。中国银行广东开平支行前后三任行长许国俊、余振东、许超凡联手盗窃银行资金4.83亿美元。步其后尘，哈尔滨河淞街中行原行长高山在"外贼"李东哲的掩护下，狂卷银行10亿元机构存款潜逃加拿大。接着，湖南株洲市商业银行原行长黄石山与其情人王湘妮"风卷残云"7个亿后出逃菲律宾。

三是贪污受贿。国有重点金融机构监事会主席胡楚寿被查实的受贿款是635万元，农发行副行长于大路受贿金额是800多万元、挪用公款410万元。中国银行原副行长、中银（香港）行政总裁刘金宝被查实的受贿款是140多万元，贪污752万元，另有1451万元不能说明合法来源。被判处死刑的农行北京分行科技处处长温梦杰，索贿受贿1073万元、贪污432万元。这些金融贪官与工行南海支行原行长林裕行比，又是"小巫见大巫"。林裕行个人先后收受冯明昌等人贿赂3500多万元，单位非法收受冯明昌等人贿赂7080万元。

作案手段隐蔽且技术含量高。一些金融系统的腐败分子在内部结成了利益团伙，他们官官相护，互相掩盖，作案的隐蔽性不断增强，以致长期不被发现。开平支行前后三任行长许国俊、余振东、许超凡联手盗窃银行资金4.83亿美元，时间长达8年之久，可一直无人知晓，直到2001年12月12日全行电脑联网时，才发现巨额资金被盗，而在10天之前他们就经香港出逃到了加拿大，接着又去了美国。株洲市商业银行原行长黄石山也是在出逃菲律宾后，才被发现他们捅出的7亿元惊天"大窟窿"的。而据四川省银监局介绍，所属银行基层网点发生的犯罪案件，一般的隐匿期也有两年之久。发生的金融腐败案件，相当一部分在第一次作案时，就具有窃取巨额银行资金潜逃的明确动机，有的还早已准备好出国护照。如余振东在美国提出永久居留申请就达7年之久，而高山在作案的3年时间内，先后18次进入加拿大作实地"考察"。令人难以想象的是，这些都无人察觉。金融机构是专业性很强的领域，近年来，通过微机联网又溶入了很强的技术性。金融系统的职务犯罪有的就是利用计算机作案，而监管机制又不健全。这也在一定程度上凸现了我国金融系统在预防犯罪上的"短腿"困局。

11. 扶贫领域腐败的特点

扶贫领域腐败呈现三大特点：首先是类型明晰。此类腐败问题没有特别复杂的情节和类型，大多数是贪污、侵占、私自截留、挥霍浪费等类型，抓起来相对来说是有重点的，是容易去突破的；其次，看似简单的背后却因为其发生在基层而比较顽固，在基层扶贫领域工作中，确实有少数人已经形成了一些不好的习惯和作风，而且，在基层治理过程中禁而不绝、屡次反弹，蔓延态势比较明显；再次，这些问题的存在对群众的切身利益会带来特别巨大的危害。党的十九大报告和十九届中央纪委二次、三次全会都提到要坚持“老虎”“苍蝇”一起打，“苍蝇乱飞”在基层体现得比较明显，其对群众利益的影响和侵害也比较明显。

弄虚作假阻碍脱贫工作。2017 年 12 月 23 日上午，审计署审计长胡泽君向十二届全国人大常委会报告 2016 年度中央预算执行和其他财政收支审计查出问题的整改情况。对于扶贫资金问题，胡泽君提到，被审计的各县共剔除和清退不符合建档立卡贫困人口 10.18 万人，重新识别补录贫困人口 9.51 万人。剔除和清退不符合建档立卡贫困人口，直指扶贫造假。这也是 2018 年中央一号文件中直接点名的数字脱贫问题。数字作假对脱贫工作的影响是非常严重的；给脱贫工作带来的阻碍在一定程度上是非常大的。数字脱贫的本质与形式主义、官僚主义紧密相关，它使得真实的情况和汇报的情况完全不一致，只是从数字上、形式上脱贫了，但是，实质上并没有让群众实实在在地走出贫困，这个问题对基层治理工作的挑战比较大。扶贫领域出现腐败和造假现象，反映的是部分地方官员的不作为。所以，打击扶贫腐败和造假，就该以铁腕打击和查处责任缺失、监管弱化、履职不力等失职渎职现象。

阳光管理严肃查处并行。严肃查处，是 2018 年中央一号文件治理扶贫领域腐败的要求。贪污侵占、冒领挪用、挥霍浪费、吃拿卡要等在扶贫领域中广泛存在的不正之风和腐败问题，都可能是查处的重点。要想行之有效地查处，地方党委、政府要充分发挥主体责任，要层层传导，不能出现层层减弱的情况。纪委也要发挥好监督责任。同时，在制度层面则要建立起一个更加完善的、科学的制度体系，减少腐败行为存在的可能性，要使得贪污侵占、冒领挪用、挥霍浪费、吃拿卡要等不正之风在农村、在扶贫领域没有可以生存的土壤。在不少业内专家看来，这套完善、科学的制度体系，应当包括扶贫资金阳光化管理机制。要向群众公开所有资金的审批流程、监管方式、使用的去向；对“阳光”的过程也要进行审计，包括对资金的审计、对政策落地的督查。此外，中央纪委2017年通报关于扶贫腐败问题的特点时提到，一些基层干部对扶贫资金打“歪主意”，他们的手段已经不限于简单的吃拿卡要，还盯上了扶贫项目。扶贫项目和精准扶贫是配套的，但是项目涉及的环节更多、资金可能更大，对这个领域的监管任务也更重。对扶贫项目的监管，既要有纪委监委的监督，也要畅通群众举报途径，对于群众举报的一些问题，有关部门要进行及时查处。

12. 司法腐败的主要特点

领导干部、“一把手”犯罪严重。从90年代开始，领导干部犯罪越来越多。从查处的司法腐败案件看，属于“一把手”犯罪的，占有相当比例。如在查处的要案中，最典型的是公安部副部长李纪周受贿案。自1994年下半年至1997年8月间，李纪周利用其担任公安部部长助理、副部长的职务便利，多次收受贿赂，干预下级司法机关查处不法分子的走私犯罪活动。2001年10月22日被北京市第一中级人民法院以受贿罪、玩忽职守罪数罪并罚，判处其死刑，缓期二年执行，剥夺政治权利终身，并处没收个人全部财产。省高院院长、副院长违法犯罪在我国已经普遍化，如河北、云南、广东、辽宁、黑龙江、湖南、湖北、广西、海南、重庆等省高院院长、副院长都曾因犯有受贿罪等罪行而被查处，他们中还有的因犯罪性质严重而被判无期徒刑或死缓。同样普遍的还有市中级法院院长、副院长的违法犯罪。2010年1月14日，河北廊坊中院开庭审理了最高法院原大法官、副院长黄松有受贿、贪污案。五天后即19日，廊坊中院对被告人黄松有作出一审判决，认定黄松有犯受贿罪，判处无期徒刑，剥夺政治权利终身，没收个人全部财产；犯贪污罪，判处有期徒刑十五年，没收个人财产人民币 50 万元，两罪并罚，决定执行无期徒刑，剥夺政治权利终身，没收个人全部财产。2010 年 3 月 17 日，河北省高院驳回了黄松有的全部上诉意见，维持原判。2011 年 1 月 26 日，贵州省遵义市中级人民法院 26 日一审宣判张弢受贿、纵容黑社会性质组织一案，认定原重庆市第一中级人民法院副院长、重庆市高级人民法院副院长张弢犯受贿罪，判处死刑，缓期二年执行，剥夺政治权利终身，并处没收个人全部财产。

犯罪形式趋于群体化，窝案、串案、案中案增多。腐败犯罪由单个作案为主向内外勾结、里应外合的共同犯罪、群体犯罪发展。如：原成都铁路司法处成都车站派出所警贼勾结案案发后，共审查了 42 人，立案侦查 17 人，其中 11 人被捕，6 人监视居住。17 人中有警务队、刑侦队队长 4 人，警长 6 人，党员 14 人。涉案的 11 名警员分别被人民法院以徇私枉法罪判处有期徒刑或缓刑。原成都车站派出所所长蒲烈彬、教导员白锡文又被人民法院以玩忽职守罪判处有期徒刑三年、缓刑三年。比较典型的有湖南法院系统窝案，包括湖南省高院院长吴振汉在内的百余名法官被立案查处；宁夏法院系统窝案，宁夏高院民二庭副庭长徐福荣、宁夏石嘴山中院院长魏兰芬等 25 人涉案。还有如安徽阜阳中院窝案。武汉中院因爆发“腐败窝案”而震惊中国司法界，涉案人员中，不仅包括当时的武汉中院常务副院长柯昌信和副院长胡昌尤，还包括副庭长 3 名、审判员 7 名、书记员 1 名和 44 名律师。

犯罪部位日趋集中。权重位高部门腐败多。

犯罪手段趋于多样化。犯罪方式多样化尤其贪污贿赂犯罪，呈现利用现代技术作案；利用“合法”形式掩盖受贿实质；规避法律，混淆是非；隐蔽作案等，给反腐败工作增加了难度。如温州市公安局鹿城分局局长王天义通过“卖”官敛财不少，而且其“卖”官敛财的手法“高明”。

一人多罪、一案多罪现象突出。

二、腐败的特征

1. 腐败的基本特征

腐败具有垄断性特征。从经济学原理进行分析，垄断性强、公权力过大容易产生腐败。垄断和公权力使得寻租变得格外便捷且收益巨大，导致收益与成本的天平向收益一方倾斜，进而大大增加腐败发生的概率。权力具有天然的扩张性。当权力与人的欲望相结合，欲望的膨胀与权力的增长成正比；权力越大，欲望所受限制越少，即权力为掌权者提供了不断扩张欲望的空间。

在公权力较大和严格的审批制度下，腐败现象尤为普遍。由于审批权过大、过于集中，审批公章几乎成为一些政府官员手中的摇钱树，“拿钱好办事，没钱等着办”，审批权沦为待价而沽的“商品”。不少震惊全国的“大贪”“巨贪”就是因为滥用行政审批权而落马。研究表明，公共部门规模越大、管辖范围越广，发生腐败的概率就越大。由审批权滋生腐败较为典型的是国土领域。一方面，地方政府是土地供应的源头，诸如棚屋拆迁、农地征用和工业园区开发等，往往由政府说了算，政府是整个“游戏规则”的制定者和仲裁者；另一方面，地方政府财政大量依赖卖地收入。房地产及相关领域已经成为中国地方政府财政收入最主要的来源。而这种“权力密集”和“资本密集”的“双密集”地带最容易滋生腐败，权力与资本结成腐败利益同盟，使少数人攫取了巨额财产，严重侵害了公众利益。

行业垄断则是带有权力垄断背景的利益垄断，本质上是行政权力垄断造成的。以银行业为例，20 世纪 80 年代，我国国有商业银行几乎垄断了企业所需资金供给，可以直接分配信贷，一些腐败活动也随之产生。

腐败具有隐蔽性特征。在监督机制缺位、透明度低、隐蔽性高的行业和领域，腐败行为被发现的概率较低，由此也降低了违纪违法者对应当承担的成本的预期，从而有更大的动机进行腐败活动。

一般说来，腐败分子进行腐败活动，总是力求“神不知鬼不觉”。早期的腐败活动主要表现为非法占有公共财物即贪污，腐败活动的主体有不少是直接掌管财务的人员，他们通常采取收入不入账、伪造账单、涂改账单等手段，在账目上做文章，窃取公共财产。但贪污很难在账面上做到天衣无缝，总会留下蛛丝马迹，容易取证，安全系数不是很高。随着惩治腐败力度加大，一些狡猾的腐败分子越来越趋向于采取更为安全隐蔽的方式捞取不义之财，使腐败行为更具隐蔽性和欺骗性，腐败活动的主体也往往具有较高的文化水平和社会地位，他们总是想方设法隐瞒腐败行为以逃避法律制裁。《钱商》一书中有一个很重要的观点：“别相信显而易见的东西。”实际是说，显而易见的东西往往是假象。从近年来查处的一些典型案例可以看出，腐败行为隐蔽性和欺骗性很大。有的腐败分子边腐败边升官，手段隐蔽，一般难以从正面侦破，很多案件是由于其他原因的涉案或者是由知情者的举报才被发现。同时，腐败分子打着各种旗号，以种种借口中饱私囊。有学者从腐败活动、腐败主体和腐败所得三个方面揭示了腐败的隐蔽性：从腐败活动的隐蔽性来说，主要表现为受贿、集体腐败、收取“红包”、暗箱操作等方式；从腐败主体的隐蔽性来说，主要表现为腐败分子对腐败所得采取藏于家中、分散转移、洗钱等各种隐蔽措施。特别是一些腐败分子的以权谋私活动，现货交易少了，期货交易多了，不再攫取当期利益，而是等到多年以后甚至退休以后，再连本带利收取好处。还有的腐败分子通过不法手段攫取“第一桶金”后，以此为资本，在权力合法或不过分违法“关照”下，通过办公司、境外投资、回国投资等形式，使之不断增值，把不法收入变成合法收入。

腐败具有地域特性。通常情况下，经济发展水平较高的国家和地区，市场经济体系较为完善，市场运行规则较为清晰，腐败发生的概率和收益都相对较低，而腐败行为的成本相对较高。法制健全程度与腐败发生概率直接相关。成熟的市场经济体系和法制环境，惩治和预防腐败的法律制度比较完备，社会法制意识较强，对贪腐行为容忍度低，监督力度也较大，有利于防止腐败滋生和蔓延。

腐败具有阶段性特征。我国社会转型期腐败发展可以分为四个阶段：腐败萌生发展期、腐败泛滥高峰期、腐败分子开始受审高峰期和腐败得到根本遏制阶段。21 世纪中期，我国将进入根本遏制腐败的阶段。从世界上许多国家发展进程看，当一个国家处于经济结构转型和快速增长的变革阶段，往往是该国腐败高发期。联合国对世界上 100 多个国家和地区发展情况研究发现，虽然各国各地区大小或制度有别，但有一点是共同的，即从传统经济结构向现代经济结构过渡的最迅速时期，也是各种社会问题包括腐败大量产生的时期。

广义的腐败行为需要三个必要条件：第一，腐败群体掌握某种稀缺资源，由此可以追求市场实现；第二，掌握稀缺资源的群体必须具有某种垄断性，可以用侵占消费者剩余以实现供给者剩余的最大化；第三，文化上的接受性，即公众对于腐败交易的认同程度。

2. 当前腐败的特征

腐败的表现特征。随着反腐败力度的加强，腐败的生存空间在不断缩小。腐败者为规避被惩治和逃脱法律责任，不断变换腐败形式，使当前的腐败现象呈现以下特征。

其一，群体化。目前，不少地方的犯罪分子结伙营私，许多案件往往都是因查处一个腐败分子而“拔出萝卜带出泥”。串案、窝案犬牙交织错综复杂，是这几年中央和各地反腐败斗争中遇到的一个新问题。如果将这种群体化案件加以简单分类的话，大致可分为四种。一是地区性群体化腐败。二是单位性群体化腐败。三是家庭性群体腐败。四是综合性群体腐败。

其二，高位化。《财经》杂志2010年第22期曾刊文分析了1987～2010年来120名省部级高官的腐败样本。就年龄阶段看，在这些高官中，既有意气风发的中年，也有垂垂老矣的暮年；就罪名而言，既有常见的受贿罪、贪污罪、巨额财产来源不明罪，也有鲜见的爆炸罪、重婚罪等；就出身而言，他们之中绝大多数出身平常人家，也有少数是高干之后；就涉案金额而言，他们犯罪多因涉案金额巨大，巨额财产来路不明，其中受贿额最高者近2亿元人民币，并创下单笔受贿1.6亿元人民币的贪腐纪录（陈同海案）；就生活作风而言，他们中近半数人生活腐化，包养情妇或有婚外恋情。这一高官腐败样本涵盖了除西藏、内蒙古之外的30个省级行政区（不含港、澳）要害部门的许多重要职位，包括党政系统官员61名，人大、政协官员35名，司法机关官员10名，国企和大型金融企业官员13名，另有解放军系统高级将领1人。

其三，落势化。腐败的落势化是指腐败逐步由中高层向基层渗透，由领导干部向非领导干部渗透的趋势。近年来，腐败落势化使一些“官场小人物”成为“贪腐的硕鼠”，由腐败舞台的配角变成主角。根据《南方周末》统计，10年里出现在媒体视野中涉案上千万的贪腐案例，科级（及以下）官员至少有17个，6个涉案金额近亿元或上亿元。科级以及科级以下的官员腐败呈现不断增大的趋势，甚至出现了一些村官利用土地转让搞腐败的情况。

其四，低龄化。2009年，香港《文汇报》指出，官员腐败开始由“59岁现象”演变成“35岁现象”，原河北省国家税务局局长李真被“双规”时年仅38岁。经查，李真从1990年11月担任河北省政府办公厅秘书始到2000年3月接受审查止，先后收受贿赂折合人民币868.04万元、礼金48万元，非法占有公私财物19.95万元，收受450余件贵重物品，价值115.1万元，以上共计人民币1051.09万元。针对这一形势，清华大学廉政建设研究中心主任、博士生导师程文浩曾指出，反腐也要从娃娃抓起。在孩子刚刚懂事的时候，就应告诉他什么可以做，什么不可以做。幼儿园、小学、中学、大学，每个时期都该进行相关教育，对于大学生也应在走出校园前进行一次警示教育，让他们平安度过26岁、29岁、59岁，最终实现自己的完美人生。腐败低龄化是干部年轻化的伴随现象。年龄、学历与腐败或抗腐败能力并不成正比。一方面，并非干部年轻、学历高就能保证权力的廉洁性；另一方面，也并非干部年轻、学历高就会导致腐败率的提高。即使是年轻的、高学历的干部队伍，依然需要加强廉政建设教育。

其五，期权化。期权本是建立在期货基础上的经济学概念，将“期权”引进到“有权人”和“有钱人”进行的权钱交易中，是基于腐败发展的新态势。腐败的期权化是权力场上的“期货交易”，这种交易不是当场兑现，而是为多年以后，甚至退休以后，再连本带利收取好处。这种期权化的体现是多样的，可以在离职前安插亲信或选定“接班人”，也可以是在位时为企业牟利，等退休以后再通过到企业“打工”享受权力的回报，利用自己在位时积累下的“活动能量”来换取企业的股权，甚至还可以将这种股权转让给自己的下一代，如广东省原高级法院院长麦崇楷就为其子换取了数百万的企业股权。期权化腐败的出现本身就说明了反腐败斗争的威慑力。因为，当社会进入制度反腐阶段后，监督力量越来越强大、越来越体系化，腐败分子也不得不考虑腐败成本。为了增强腐败的保险系数，不得不改变当场兑现的方式，而改成“期权”交易。期权化腐败没有改变腐败的本质，而是使腐败更大地呈现出隐匿性和时空跨度性，伤害的是社会公平、公正、社会的利益和官员的廉洁，必须采取有效措施加以预防和整饬。

其六，隐蔽化。所谓腐败的隐蔽化是指腐败隐藏较深，不易被发现，也很难留下作案痕迹的趋势。随着我国法制的健全、监督力量的增强、监督体系的完善，腐败将越来越趋于隐蔽化。如果从历史原因分析，腐败的隐蔽化还与中国传统文化中消极成分如潜规则、圈子文化等方面有关。潜规则文化在官场中流行，会影响制度的执行，消解现有制度的有效性，如一些地方搞“上有政策，下有对策”。圈子文化则主要影响到选人用人的公正性与公平性。社会上流传着这样一句话，比较鲜活地刻画出圈子文化的负面性：“进了班子还要进圈子，进班子不进圈子等于没进班子，进了班子不如进圈子，进了圈子不进班子等于进了班子。”腐败隐蔽化也是腐败者善于伪装的结果，不少腐败者被发现前拥有很多荣誉，这无形中成为他们腐败的挡箭牌。《人民论坛》曾刊文指出，从1978年至20世纪90年代中期，贪官的平均潜伏期在2至3年，从20世纪90年代末至21世纪初期，腐败潜伏期大幅度攀升，达到了5至6年。近年被调查的省部级干部犯罪案件中，平均潜伏期为6.31年，最长的达14年。

其七，新型化。目前，我国出现腐败的新型化趋势主要体现为三个方面。一是与新兴领域相伴随的腐败。由于在银行、证券、保险、信托、拍卖、博彩、慈善等方面制度跟进不足，反腐败的具体举措还不甚完备，导致在这些领域涌现出一些新型腐败案件。中纪委研究室原副主任刘春锦也曾指出：受处分的厅局级干部中，90%都曾包养情人，而被天门人戏称为“梁山寨主”的张二江无疑具有很强的代表性。三是与封建迷信相关联的腐败。一些官员不仅不信马列信鬼神，还通过信仰鬼神的外衣搞出腐败的新品种。比如，有些官员看风水是商人来买单，并且利用风水来巧妙地促人脉、拉人缘，承上启下，左右逢源，形成了一张紧密的政商勾结的关系网。

其八，巨额化。腐败涉及的金额巨大，动则就是上千万甚至上亿元。原铁道部先后有刘志军等8位高官因腐败落马，职务最高的是时任铁道部部长的刘志军，据估计刘志军在位期间收受贿赂数以亿计，问题还不仅仅是他们贪污了多少，还在于还有多少没有查出的数额。

其九，国际化。全球化给腐败的治理带来严峻挑战。伴随全球化的发展，有些腐败分子利用资本跨地域、跨行业、跨国境流动的机会与地区外、行业外、境外的不法分子相互勾结、共同犯罪；有些腐败分子利用国际法律的差异性搞国内犯罪，国外洗钱；有些腐败分子则以境外商人为合作对象，在境外交易后将赃款赃物滞存境外；更有甚者“适应”全球化发展之需将身家老小输送到国外，自己成为一名“裸官”。这些“裸官”有的将国内捞到的钱财存入国外账户，有的自己也弄到国外的绿卡，还有的创造出外考察机会，直接滞留国外不归。根据2009年《中国的反腐败和廉政建设》，为推动反腐败国际交流与合作，中国于2005年批准加入了《联合国反腐败公约》，2003年批准加入《联合国打击跨国有组织犯罪公约》，2000年颁布了《中华人民共和国引渡法》。中国还依据《联合国反腐败公约》、《联合国打击跨国有组织犯罪公约》等国际公约，与世界100多个国家开展包括引渡在内的国际司法合作。

其十，渗透化。目前，腐败的渗透性有不断向更广泛领域蔓延之趋势。一是从易腐领域向其他领域渗透。腐败需要条件，它是与权力密切相关的，是权力的滥用导致的必然结果。传统上，权力主要与党政机关相联系，腐败多指发生在党政领域的权力滥用。而当前，腐败不仅仅局限于党政领域，企事业单位也渐成为腐败的重灾区，甚至高校与医疗领域也出现了重大腐败案件。二是从手握权力者向无权者渗透。腐败不仅存在由高层向基层渗透的趋势，还存在由领导干部向非领导干部渗透的趋势。三是从行为领域向思想领域渗透，清华大学孙立平教授在《腐败成为一种生活方式》一文中指出，腐败与腐败催生的潜规则具有很强的渗透性和扩散性，当腐败久治不愈时就会转化为一种人人都要去适应的生活方式。一旦腐败成为人们接受或默认的价值，它便影响到一代又一代人的健康发展。

3. 腐败的新变向

滥用权力，以权谋私，是腐败的典型表现和基本特征，也是国际社会的共识。中国作为世界上历史沉淀最为深厚的文明古国之一，在快速推进人类历史上最大规模的“五化”（工业化、信息化、城镇化、市场化、国际化）建设过程中，受本土化传统思想文化糟粕的潜在感染，受国际化腐败现象的传导感染，受转型期制度体制机制的缺陷感染，腐败客体呈现出新的变向和特征，突出表现为权力“有形之手”与市场“无形之手”勾兑演绎，攫取物质的和非物质的、动产和不动产、有形的和无形的利益，腐败现象逐渐向现代“三权交易”（权钱交易、权色交易、权权交易）演变，腐败手段智能化、腐败形式隐秘化、腐败收益虚拟化的特征日趋明显。

权力现值。权钱交易，即权钱互换的赤裸裸的现实性简单交易，是权力现值的交换体现。这是一种典型的显性腐败现象。根据经济学原理，现值是指产品现有的综合性能与购买成本之间的比值，主要反映商品的性价比。权力本是一种公器，并不是商品。随着改革的深入、开放的扩大，“有形之手”的权重过大，而“无形之手”的权重过小，在“寻租”的时间、空间、机会、条件不断增加的前提下，市场交换原则由经济领域被移植于政治、文化、社会领域，人民“委托之权”“授受之权”常常被少数腐败分子乱用、滥用甚至盗用。

在少数“精明”商人与贪腐官员的“性价”比对之下，腐败的手段和方式不断翻新，权力的交换介质及其价值不断更新和超越：汽车、电脑等现代工具替代了电视、手机等传统工具；字画、古玩等艺术商品替代了烟酒、服装等传统物质；土地、矿产、股份、资本等要素资源替代了衣食住行等生活资源等。

权钱交易为腐败的初级阶段所常用，其特征主要表现为：一是变现性。此类交易目的性明确，现买现卖，直接成交，“事”“钱”两清。特别是一些“59”式或“换岗”式腐败分子表现得更加突出。二是“比价”性。按“多大的事给多厚的钱、多厚的钱办多大的事”的潜规则，买卖双方一般心知肚明，权衡比价，有的甚至明码实价，“对等”交易。三是一次性。像单个小作坊一样，办事者和掌权者按“性价比”，一对一分散式交易、一次性完成，即便涉及多人，一般也是单线联系、单独成交，“钱”清“事”了。四是风险性。这种交易由于手法简单，变现性强，因而线索明显，事实清楚，证据确凿，风险较大，腐败分子不得不进行战略转移。

权力期值。这是一种典型的隐性腐败现象，也是一种新型腐败现象。它包括权力与色欲、情感、信息等非物质形态的复杂交易，是权力期值的持续体现。期值是经济学中的一个产出比指标，一般指产品将来的预期产出与购买成本之间的比值。其主要关注产品使用过程中所能产生的综合收益。当美色、信息、业绩等非物质形态与具有公共属性的权力勾兑时，便会形成几何级数的预期产出和潜在价值。

在市场化和全球化时代条件下，权色等非物质交易已成为反腐败客体的新形态：一是由传统的男女“授受不亲”向嫖娼、一夜情、包二奶、敛财兼收并蓄转变。广东省政协原主席陈绍基、浙江省原省委常委、纪委书记王华元不但收受巨额贿赂，还利用职权收受娼妓、出境赌博，并与多个“名花”有染。二是由权力与款物、值卡等实体交易向权力与信息、股份等虚拟交易转变。中山市原市长李启红涉嫌股票内幕交易，其丈夫、弟弟、弟媳、妹妹等家庭成员借助李启红的职务影响，通过相关上市公司透露的交易信息从股市牟利达几十亿。三是由权钱两清的现值交易向权力即时支付、回报未来领取的期值交易转变。如浙江省平湖市政协原主席郭跃荣、水利局原局长全保华利用职务便利，不但收受现金、低价店面房、“借款”等巨额现值贿赂，而且收受千万元的干股和“预期贿赂”，谋定退休以后将这笔“预期收益”再入股行贿者公司的好项目。四是女色、业绩、情感等由自然属性向权力场上的市场特性转变。如湖南第一女贪——蒋艳萍，通过性贿赂，击倒了湖南省计委原副主任陈某、湖南省邮电管理局原局长张某等各级干部达 40 多人。就连关押在看守所期间，该所副所长万江也被她色诱下水，迫使万多次为其传递信函纸条，帮助其与外界搞攻守同盟，进行一系列反侦查活动。与倒在她石榴裙下的权贵们所进行的一宗宗“权色交易”，不仅助她发迹于官场，使一个只有初中文化程度的“美女”在短短 13 年里由仓库保管员快升至副厅级干部；而且，她还换取了 10 亿多元的工程项目和各种荣誉，疯狂敛财千万元。案发后，她总结出自己的“经验”：“在男人当权的社会，只有懂得充分开发利用男人价值的女人，才能算是真正高明的女人。”

在物欲、权欲、色欲的躁动下，不仅女色成为某些人换取权力、谋取利益的介质，就连业绩、情感也带上市场交换的色彩频频上场。如江苏省盐城市人大常委会原主任祁崇岳在担任市委常委、宣传部长期间，一名干部并不直接给其送钱物，而是长期为其办许多私事，“甚至经常给他擦背”。结果这名干部来宣传部不到 5 年，就从非党员当上了正科长。

与权钱交易相比，这种非物质化交易属于腐败现象演变的第二个阶段，有其自身特点。此类交易是一种隐秘性腐败，隐藏较深，潜伏期长，不急于变现，不那么露骨，因而也不易被人发现。并且多属于一种渐变式的“温和腐败”，隐蔽性强，常常带着感情色彩和温和面纱，以温水煮青蛙式的渐变积累，使权力渐渐变异，谋取的是更长远更重大的利益。一旦被腐蚀，则涉案很深。一旦上钩，就被层层缠绕，环环紧扣，步步紧逼，次次中招，难以解脱。进行多次交易，预期收益更大，有的将收益分成若干份若干人，如秘书、子女、亲属等。此类交易具有炮弹延迟引信的特点，比权钱交易危害大，穿透后爆炸性和破坏性更大，且呈易发多发之势。从近些年来已查处的典型腐败案件来看，90%有“生活腐化”的定性。色案之多、危害之重，为中国反腐倡廉史所仅见。

权权交易。权权交易即权力与权力隐性互换，是权力借助虚拟手段无限放大并急剧升值的一种无形腐败现象。这种腐败现象，不仅隐蔽性更强，更是一种典型的政治蜕变现象。

政治学上的权力是一种公共权力，具有体现公共利益的社会功能，必须以明文规定为限。但是，随着反腐败力度的不断加大以及政治民主进程的加快，腐败分子也进行方法创新，以权换权的虚拟交易日渐见多，权权交易成为一种亟待高度关注和科学应对的新型腐败方式。主要体现在三个方面：一是从执行权领域的权权交易到决策权、监督权领域及其相互间的权权交易。从这些年来已查处的典型腐败案件来看，政府系统的规划建设、资源审批、资金管理等掌握行政审批权力的部门属腐败高发区，同时，党委、人大决策系统和执法执纪监督部门的腐败案件也明显增多。二是从经济、社会领域的权权交易到政治领域的权权交易。如由于“一把手”监督制度的缺失，在一些地方，实际上形成了以“一把手”为主导的“管理层内部控制”问题，逐渐实现了对区域内经济资源、文化资源、社会资源到政治资源的全面垄断和控制，“一把手”成为腐败的高发岗位。三是从财权、物权的权权交易到干部人事权的权权交易。如张书记提拔李局长的原任秘书，李局长提拔张书记的儿子，形成“官选官、大官选小官”的“小圈子”。“造假骗官”的石家庄团市委原副书记王亚丽就是靠交通局长、区委书记、市委副书记、市委宣传部副部长等一批官员的权力对接和运作，一路过关斩将，一路造假升迁，从一名普通农村女子跃升至团市委副书记。更令人深思的是，案发前，面对被害人的多次举报，相关监督部门累累失察失语。

与前两种交易形式相比，权权交易主要表现为一种以虚拟交易为手段，以更隐秘、更长远、更巩固的期权利益为目的的无形腐败，是腐败现象演变的第三个阶段。从一些典型的腐败案例可以看出，不同的权力“受托者”巧于权力资源的算计、运筹，实现权力之间的对接、整合，积聚、提升权力的内生价值，转化主要是无形权力的交换价值，以谋取其个人、家庭或利益集团的深层和长期利益需求。

权权交易还带有集团性。通过构建经济、社会、文化尤其是政治利益纽带，借以形成巩固联盟或既得利益集团，逐渐实现从对经济人、社会人、文化人控制到对政治人控制的转变，从经济利益集团到政治利益集团的转变，以谋求未来政治利益的最大化。这种以“权力”为主导形成的“管理层内部控制”问题，从表面上看，出现了让人诟病的“官二代”“知二代”“艺二代”“富二代”；从深层次上看，是造成一些地方政治生态恶化，党群干群关系疏离，显性冲突和隐性暴力积聚的主要诱因。

权权交易主要表现为权力市场上的一种虚拟交易，无需变现，但一旦时机成熟，权力对接耦合所实现的政治价值大大超过现值和一般期值，且具有发散性、膨胀性、选择性特点，以既得利益集团现有人员为骨干依托，有选择性地扩编收徒，不断强化政治上的依附性、组织上的紧密性和利益上的虚拟性。这种新型腐败形式借助权力的虚拟交易无限放大并急剧升值，对党和国家政权具有肢解性和动摇性，是一种隐秘性更强、危害性更烈、风险性更大的高级腐败方式。东欧剧变、苏联解体，与权权交易中所形成的各种既得利益集团有深刻关联，甚至至今俄罗斯的相当一部分核心权力仍然被这些既得利益集团所把持。

以上分析可以看出，“三权交易”是从简单到复杂、再到“管理层控制”的渐变性腐败交易；是从微观到中观、再到宏观层面的递进式腐败交易；是从一次性、单对性、单层性到多次性、多人性、多层性的集约型腐败交易；是从经济腐败到生活腐化、再到政治蜕变及融三者于一身的复合性腐败交易；是从显性化、隐蔽化到期权化、虚拟化的智能化腐败交易；是从物质所有权的一次性交易到非物质使用权的多次性交易，再到彼此都拿不属于自己的标的物（权力）进行的瓦解性腐败交易。对权力资源进行交易的三个阶段，隐蔽性越来越深，潜伏期越来越长，投机性越来越强，对政策法律的规避和肢解越来越大，社会危害性越来越烈，其实质体现了人性对权力的占有、放纵和滥用之本能。正如一位哲人所言：一旦人被定格在权力关系中，利益权衡就成为他们的本能。

4. 反腐败的逻辑特征

随着党风廉政建设和反腐败斗争持续推进，“老虎”“苍蝇”一起打，让“反腐败只是一阵风”“走走过场”等观点不攻自破。以习近平同志为核心的党中央高度重视反腐败工作，从历史经验、现实实际以及马克思主义思想精华中汲取智慧营养，并经过自我的融通与创造，使当前的反腐败大局呈现出新的逻辑特征。

辩证思维与科学反腐。将辩证思维运用到反腐过程中，站得高、看得远，不偏不倚、内外兼顾、科学有效。

以往，包括中国古代在内的反腐有一个显著特点，那就是一元化思维，最典型的例子是“宽政”与“严打”相分离：不是过于放纵腐败，就是“一阵风”进行严打。这也是长期以来反腐难以奏效的重要原因。相比之下，当前的反腐凸显辩证思维，收效颇大。党中央以“零容忍”态度进行反腐，这在中国乃至世界反腐史上都是罕见的。习近平总书记明确指出：“不论什么人，不论其职务多高，只要触犯了党纪国法，都要受到严肃追究和严厉惩处”，“腐败分子即使逃到天涯海角，也要把他们追回来绳之以法”。同时，习近平总书记强调“反腐永远在路上”，以制度机制制约腐败，靠提升广大干部的理想信念令其“不想腐”，让人民群众成为反腐的主体。反腐的辩证思维还体现在：一是“老虎”和“苍蝇”一起打，这是对中国古代“刑不上大夫”的超越；二是反腐既要重点打击显性腐败，又不能忽略反腐者本身腐败，即破除“灯下黑”；三是除了治理官员腐败，又要防止官员家属和身边人员贪腐；四是既要继承传统反腐经验，又要创新现代反腐方式。只有将辩证思维运用到反腐过程中，方能站得高、看得远，不偏不倚、内外兼顾、科学有效。

系统思维与结构性反腐。反腐是与国家的历史、现实、未来发展密切相关的，显示了立体反腐的广度、深度和整体布局。虽然腐败是世界性毒瘤，但真正实行全面反腐者并不多见，更不要说从根治角度进行结构性反腐了。而这一切都与反腐者的零散、碎片化的非理性思想直接相关。习近平总书记有着系统性思想，这是其治国理政的关键，也是其进行结构性反腐的要义所在。

首先，建立腐败治理内容的立体场域，这就从根本上改变了以往反腐的局部和个体性特征。这个立体场域具体而言表现在：从中央高官到地方官，再到乡村干部；从官场到军队，再到国企，还有学校、医院和文艺界；从显性腐败到隐性腐败；从政治到经济，再到思想作风，还有家风。所有这些都显示了立体反腐的广度、宽度与整体布局。其次，坚持腐败治理方式的多样性与灵活化，这就超越了以往的单一性与形式化。如在常规的反腐方式上，进一步加强了监督监察和巡视回头看功能，从而使腐败处于无地隐藏状态。最后，将反腐看成一个系统工程，更是整个国家发展与实现中国梦的一部分。既看到了反腐的重要性，也认识到其艰巨性。从此意义上说，当前的反腐大局绝非孤立现象，而是与国家的历史、现实、未来发展密切相关的。

落到实处与精准反腐。反腐，既要强调从大处着眼进行顶层设计，也要强调注意“合抱之树生于毫末”，抓好细节落实。

党的十八大以来，党中央十分强调将反腐落到实处，形成了精准反腐的鲜明特点。第一，让反腐有始有终，决不能半途而废。用习近平总书记的话说就是“开弓没有回头箭”，“反腐没有休止符”，“我们必须保持政治定力，以强烈的历史责任感、深沉的使命忧思感、顽强的意志品质，以抓铁有痕、踏石留印的劲头持续抓下去”。第二，从实事、小事、日常事抓起，让反腐建起预警机制。有些人对反腐总想速成，总希望一夜间见到实效，结果却往往相反。习近平总书记反复强调反腐既要有从大处着眼的顶层设计，也要注意“合抱之树生于毫末”，抓好细节落实。此外，不少反腐败实践往往过于注重腐败后的结果惩治，但忽略了腐败前的预警功能，于是让本该扼杀在幼小阶段的腐败“苗头”，变得不可收拾。习近平总书记提出，“强化党内监督，重在日常、贵在有恒”。第三，从人格修炼上提升干部队伍能力素养，这是将反腐落到实处的关键一环。因此，习近平总书记高度重视干部队伍的人品、素质和能力，尤其希望有更多像焦裕禄、杨善洲那样的人，他们忠诚有为、为人干净、勇于奉献。为此，习近平总书记提出，“实实在在做人做事，做到严以修身、严以用权、严以律己，谋事要实、创业要实、做人要实，堂堂正正、光明磊落，敢于担当责任，勇于直面矛盾，善于解决问题，不搞‘假大空’”。只有筑牢干部队伍这道堤坝，方能束缚住贪腐欲望的汹汹洪水，让腐败失去产生的土壤。

以情动人与形象反腐。反腐，一面强调法治，另一面又以情动人，用“知心语”影响世道人心。中国历朝历代反腐，往往都是以不容置疑的铁律见长，然而收效甚微。当前的反腐一面强调法治，另一面又以情动人，用“知心语”影响世道人心。

习近平总书记反腐重视“情”的内在力量，这个“情”字包括家国情怀、人情世故、乡土眷念，还有真诚善意，是一种蕴含于心、作用于外、感怀于人的情愫。如2014年3月，习近平总书记在兰考县委常委扩大会上的讲话中这样劝诫官员：“中央八项规定出台后，广大党员、干部从文山会海和接待应酬中解脱出来，工作方式和生活方式发生明显转变，大多数干部觉得解脱了、身心舒畅，家庭也有亲切感了。整天喝得醉醺醺的，舒服吗？同时，也有少数干部感到有些不适应了，有的快下班了还没有人邀约聚会就觉得心里有些空荡荡的，甚至发出了‘为官不易’的感叹，甚至还有人说‘官不聊生’了。看来，减少应酬要进一步提倡，健康的工作方式和生活方式要进一步提倡。”这样的反腐文本是一种富有深情、颇为委婉的软劝诫，是广大干部的知心语，读起来入情入理，也是令人信服的。

习近平总书记对一些事情的比喻也是反腐中耀人眼目的闪光点。其表述多是白话，却是一种基于生活、经验、常识、智慧的提炼，给人留下相当深刻的印象，从而达到劝善惩恶的强烈效果。较有代表性的有：“出出汗”“洗洗脸”“照照镜子”“灯下黑”“客里空”“迈过锅台上炕”“事后诸葛亮”“破窗效应”“脑袋长在屁股上”“程序空转”“带电的高压线”“猫鼠关系”“稻草人”“穿上马甲”“补精神之钙”“架设天线”等。这些遣词造句既形象生动，又自然贴切，比许多生硬的说教更能达到教育目的。

习近平总书记还形象地描绘了腐败官员的“百丑图”，以期达到更好的劝诫作用。他指出：“有的是搞‘仙人跳’，串通起来搞个美人计，套牢以后就要求给办事。”他还说，领导干部有点空闲时间，应该“陪伴家人、尽享亲情，清茶一杯、手捧一卷，操持雅好、神游物外，强身健体、锤炼意志”。这种反腐语言与方式可谓暖人心肺，不要说贪腐官员，就是一般读者读之，也会为之动容，生出许多感慨和对于风清气正美好生活的向往。

菜单三

反腐败的原因集合

1. 主客观方面看腐败的原因

对于腐败的具体成因，国内外学者从主观和客观方面对腐败的成因进行了概括：主观因素可概括为获取不正当利益，例如钱财、职务晋升、办事便利等；客观因素可概括为缺乏有效的制度及制度执行乏力、腐败成本低等。世界银行的报告认为，腐败问题出现在公共部门和私人部门的交合处，如果政策和管理体制的扭曲为腐败提供了活动范围，而且约束体制软弱无力，腐败行为就会泛滥。

对于腐败产生的条件，有学者研究认为，每个公职人员在实施腐败行为之时，都会明显或隐含地把他从公职上正当的既得收益与腐败受贿所可能得到的预期收益相比较。当从事腐败活动的效用超过从事其他活动所能带来的效用时，他就会从事腐败活动。换句话说，某些官员进行腐败，并不是因为基本动机与他人有何不同；某些国家之所以腐败泛滥，也不是因为它的国民喜好此道，而是由于在既定社会经济政治制度下，腐败的私人收益与社会收益、私人成本与社会成本之间存在巨大差距，以致腐败成了一种合乎经济理性的行为。

权力腐败主体

层次由低向高发展。权力腐败主体由低层次向高层次发展，其表现特征就是权力腐败主体职务越来越高，集政治蜕变、经济贪婪和生活腐化于一体。过去腐败现象主要发生于一般干部以及具体经手财物的办事人员中，中高级干部的腐败发生率多年来一直较低。到上世纪 80 年代中后期，开始有个别厅局级和省部级干部卷入腐败活动。进入 90 年代后，厅局级和省部级干部明显地以不断增加的趋势出现在腐败分子的群体中。从 90 年代中期以来，由检察院系统以贪污贿赂而立案侦查的厅局级干部每年都在百人以上；受到司法追究和党纪政纪处分的省部级干部也日益增多。

“一把手”腐败突出。近年来，“一把手”成了腐败的高发人群。尤其是在缺乏权力制约或制约不力的地区或单位，“一把手”滥用权力或偏离公共职责为己谋取私利的现象，乃至于利用职务上的便利侵占国家、集体或他人财物的行为时有发生。据统计，目前在领导干部违法犯罪的案件中，党政一把手的案件约占总数的三分之一甚至更高。在“一把手”的眼里和操作下，一些十分严密、严谨的制度、机制和规定，甚至是法律法规，都是不堪一击、形同虚设的。

向特定关系人蔓延。权力腐败主体的特定关系人，比如配偶、子女、情妇甚至秘书、司机、朋友等，往往成为权力腐败主体的共犯。从贿赂的实际接受人来看，已经不再仅仅局限于职务犯罪嫌疑人本人。一些职务犯罪嫌疑人，尤其是一些职务较高的职务犯罪嫌疑人利用职务上的便利为请托人谋取利益以后，往往不是其本人亲自收受请托人财物，而是授意请托人与其特定关系人以买卖房屋、汽车等物品的方式进行交易，有关财物也由其特定关系人收取；甚至于在退休以后，自己也不直接到请托人公司去任职，而是由其特定关系人代之。权力腐败主体向特定关系人蔓延，进一步增加了权钱交易的隐蔽性和复杂性。据中央纪委对落马贪官进行调查时所作的一项统计，受贿者80%的贿赂都是由妻子、儿女、情妇等代收的，由其自己亲收的不及20%。

群体、组织化严重。过去，公职人员的腐败行为绝大多数是个人行为，滥用的是单一职位的权力，具有分散性和偶发性的特点，造成的危害通常易于估量和计算，对其进行追查打击的手段也相对简单。但自上世纪90年代以来，有组织的团伙性腐败活动已经在一些地方和部门成为整个腐败活动的重要组成部分，“窝案”和“串案”日益增多，并已成为查处腐败案件的重点，腐败案件群体、组织化都非常严重。

权力腐败客体

贪腐的款项高额化。改革开放以来，腐败案件的涉案金额逐渐增大，贪污、受贿金额增长迅速。上世纪80年代，腐败案件中贪污、受贿金额一般为几千元、几万元，多的也只有几十万元。进入90年代以来，单个案件受贿金额开始增大，达到几百万元、几千万元甚至上亿元。

贿赂的标的多样化。从贿赂的标的物来看，已经超出了传统的“财物”界限和范围，开始向财产性利益和非财产性利益领域延伸。请托人给职务犯罪嫌疑人施以贿赂，提供有价证券、支付凭证、黄金、珠宝、笔记本电脑、手机、香烟、名牌西装、名贵花木等财物者依然有之，甚至包括大型推土机、地基、棺材等闻所未闻的财物，同时，提供免费劳务、住房装修、住房使用权、车辆使用权、出国出境旅游等财产性利益者也开始多起来，安排高消费娱乐、休闲、健身活动，帮助提职晋级、迁移户口、找工作，提供出国留学、性服务等非财产性利益者则与日俱增，有的还将其披上更加华丽的外衣，美其名曰什么“劳务费”“润笔费”“顾问费”“咨询费”等。

标的物转移期权化。首先，从贿赂的标的转移的时限上，一些职务犯罪嫌疑人不再明目张胆地以现权套现利，而是与请托人约定一定的延长期限，待该谋利行为的影响期过后或待该官员退休或者辞职从商后再予以套现。这就是人们通常所说的“期权腐败”。其次，在贿赂标的物交接的约定上，职务犯罪嫌疑人与请托人还有一种选择，那就是双方约定贿赂标的物暂由请托人存放、保管，职务犯罪嫌疑人何时需要，请托人随时交付供其享用。第三，从贿赂标的物所有权转移的情况来看，呈现出表面上虽未转移而实质上已经转移的趋势。以往职务犯罪嫌疑人利用职务上的便利为请托人谋取利益以后，请托人将贿赂标的物连同其所有权一次性地交付给职务犯罪嫌疑人。近年来，这种情况有所改变。职务犯罪嫌疑人收受房屋、汽车时，并不要求到登记机关办理权属变更手续，而是以“借用”的方式实际长期占用。

涉案的领域扩大化。权力腐败之风由个别领域蔓延到社会的全部领域。不仅铁道、民航、电力、电信、卫生等垄断行业和工商、税务、金融、保险、证券、土地批租、房地产开发等经济领域存在着严重腐败现象，而且在纪检监察、公检法司、海关、武警和军队等国家专政机构也存在着各种腐败现象，并且在科研、教育、高校等素来被认为非常圣洁的殿堂也出现了一批腐败分子，近年来，甚至政协领域、立法领域、新农村建设领域、环评领域等也未能幸免。

权力腐败行为

腐败利益牢固化。具有较强的预谋性。为规避风险，权力腐败主体在实施职务犯罪以前，通常都进行了精心、周密的谋划，在心理上和作案条件上做了充分准备，而且其预谋多是围绕反侦查这一核心展开的，意在逃避法律的追究。有的甚至不惜出重金，请“高人”指点。在当今的‘一把手’腐败案中，卷资外逃的不少，而且金额巨大，给国家造成了重大损失。有的是早就有所预谋，早就将自己的子女、妻子及其腐败款项转移向境外。

具有较强的纠合性。有些腐败案件犯罪嫌疑人一般数量较少，通常只有职务犯罪嫌疑人和不法请托人两个自然人构成。双方一般是战友、同学、老乡关系，是彼此之间最信得过、靠得住的"铁哥们"，情感深厚、彼此耦合、过往甚密、便于沟通，容易臭味相投、沆瀣一气，易于在主观上形成共同的犯罪故意，在犯罪目的、动机和手段上达成共识，结成紧密的利益共同体，订立宁死不招的攻守同盟，且在实施犯罪过程中彼此角色配合默契。即便是一方东窗事发、身陷囹圄，也自恃彼此之间的这种过硬关系，负隅顽抗。

具有较强的反"反腐"能力。有的权力腐败主体是位高权重的"一把手"，他们都是混迹于官场多年，很有权力斗争的经验，"关系网"密布，再加上串案、窝案腐败案件本身的"生死利益的同盟"，这就使反腐败斗争的难度大大增加，反腐败的成本随着"一把手"腐败的增加而大幅提高。有的权力腐败主体屡遭群众举报反映，却得不到及时查处，原因是小官与上级领导联系甚密，出了问题就有保护伞站出面说情，甚至干扰调查，对案件侦查设置障碍。有的权力腐败主体本身是执法者，知法、懂法、犯法，反调查、侦察能力更强。

腐败手段高智化

较多腐败分子曾经受过高等教育。随着近年来干部队伍知识化、专业化建设的要求，权力腐败主体一般都具有较高的智商，并对与其职务相关的专业知识和法律法规相当熟知。翻阅被查处"贪官"腐败案件资料，大多贪官都受过高等教育，而且有的还出过国留过学，有博士、教授之衔，高智商化的腐败现象是当前反腐工作呈现出来的一个新特点。

权力腐败动机

向奢侈、纵欲恶性转化。近年来，权力腐败主体的腐败动机从原来的生活所需，向奢侈、纵欲恶性转化。湖北天门市原市委书记张二江，因"吹、卖（官）、嫖、赌、贪"样样俱全，被人们称为"五毒书记"。湖南省郴州市原副市长雷渊利，在一封忏悔信中说："人家背后议论我是'玩权、玩钱、玩女人'的'三玩'干部，我认为名副其实。"另据报道，早在1999年广州、珠海、深圳公布的102宗官员贪污受贿案中，被查处官员100%包养了“二奶”。上述事例充分表明，一些党员干部腐败堕落、骄奢淫逸已经到了令人发指的程度。

追求更大的权力、利益。高层官员在第一次实施腐败行为后到案发前，被提拔升官重用的已经不是个别的现象。有的“一把手”虽然长时间作案，不但没能受到查处，却往往边作案、边提升，腐败的越多，资金越雄厚，为升迁源源不断地供给“养料”，而升迁越快，作案的胆子就越来越大，腐败就越来越严重。结果是钱越来越多，官越做越大，名义、实惠双丰收。这种“钱权循环”的活动诡秘难测，属当前腐败活动的“深水区”。

向资本积累转化。近年来，资本积累型腐败特征日益显露。一是为子女后代进行资本积累。受封建传统思想影响，一些领导干部不同程度地持有“一朝有权，福荫子孙”的想法。许多腐败者在忏悔录中均指出，为子女所累是他们走上腐败道路的重要原因之一。二是自身直接谋求资本积累。腐败分子从消费享乐型向资本积累型渐渐转化，有的直接收受投资股份，以获取投资收益；有的疯狂攫取非法所得，然后通过“洗钱”等手段将巨额非法所得用到经商办企业或有利可图的资本投资中去，以获取更加丰厚的利润回报。

向权贵阶层转化。国内某些地区或某些领域的“有权者”利用手中的公权，为自己及其家族与身边的小集团谋取私利，在“有权人”与“有权人”“有权人”与“有钱人”之间结成了“利益的共同体”——“腐败利益联盟”“既得利益联盟”“权力资本联盟”，在一些地区或领域甚至会形成腐败的权势阶层，如广东湛江腐败案、福建厦门远华案和沈阳慕马腐败案。原苏联历经斯大林、赫鲁晓夫、勃列日涅夫等几代领导人，培育了一个特权阶层。后据俄罗斯学者估计，直接享有特权的高级干部达70万人，连同他们的家属总计达400万之众，严重脱离了群众。这是原苏联解体的根本原因。

2. 由亲情文化看腐败原因

亲情文化是腐败产生和蔓延的文化温床。几千年自给自足的温饱农业经济和佛儒道合流的文化积淀共同形成了中国人的保守、自私、与世无争、逆来顺受、明哲保身、重友谊、重亲情、重邻里、讲礼仪、能忍耐、不逾规、避邪恶的立世保身思想，“狼从门前过不伤自家羊就行了”，这是他们祖辈奉之为座右铭的人生准则。这些文化积淀形成了中国产生腐败的亲情文化。亲情文化主要表现是感恩戴德，唯上司是从、唯长者是从，在同辈之间是哥们儿义气，为朋友两肋插刀。在这样的文化背景下，硬性的法律、法规、制度、条例都变成了弹性的东西了。清代杨乃武一案牵连那么多官员不就是因为亲情吗？一张无形且无边无际的关系网让公平、公正、正义、法律望而却步。大凡处理违法乱纪者时，总是说情者络绎不绝，有朋友、有亲戚、有领导、甚至有执法执纪的领导，一阵糖衣炮弹过后，结果是以权代法，以法代刑，党政纪处分代替司法追究，大事化小，小事化了。久而久之，关系网下的腐败分子愈来愈胆大，拉下水的人愈来愈多。纵观中国历史长河，像包公、海瑞这样的官员真是寥若晨星、凤毛麟角。这就形成了恶性循环、怂恿了违法乱纪、不法之徒有恃无恐。战胜亲情文化，推动法制社会的建设，提高行政效率，深化政治体制改革，这直接关系到我国社会经济全面发展的大局，也只有战胜亲情文化才能实现富国强民的根本目的。

3. 腐败原因探究

谈起反腐败的问题，有人认为就像我们灭蚊子、苍蝇一样，必须先找到根源，才能有效的根治。新中国的共产党干部一直都清廉为人民服务，腐败发展的时间并不长，就是80年代以后才有这样的现象。改革开放前的干部连人家送礼都不敢要，刚刚开始开放时的官员也不敢收人家的钱财，只是敢收别人送来的食物或小礼品。只是后来腐败才逐渐严重起来。腐败的流行有几个诱因：

改革开放刚开始时，一切都是从计划经济逐步向市场经济转变，那时社会生活条件最差的就是那些闲散人员和倒流回城的人员，这些人没有正当职业，只能从事小商小贩的行业。而这些小商贩的行业正好就是以后市场经济发展的主流。而小商贩们的经营都是在违规、不合法的景况下经营，他们一直都是冒着风险在做生意，因此，法制观念淡薄。恰恰是生产体制改革，使得这些小商贩成为了最先富起来的人。在这样的情况下，很多人就产生错觉认为冒风险、不守法才能赚钱。

打倒“四人帮”时，大量的揭发“四人帮”的腐败行为，这让很多为理想而奋斗的共产党员非常的迷茫，人生的理想也在政治斗争中消失了。随着市场经济的发展，人们从原来短缺的计划经济中转到了商品丰富的市场经济体系中，思想的空虚加剧了人们对物欲的追求。

在“文革”中大量老干部平反重新掌权后，他们对于无端受牵连的子女心有愧疚，想给予子女们补偿，放松了对这些子女的管教。由此而产生了初步的官商勾结，上行下效，全民一起向“钱”看，也不顾什么理想和原则了。原来计划体制里官员的管理权力，由于有很多的规则，经常的开会，上下沟通方便，也重视检举，人们不敢随便滥用手中的权力。可是在经济体制从计划经济朝市场经济转化时，官员们的权力开始能够有机会谋私利了。

多年的简单思维和性压抑造成了极度好奇的探索心理，丰富的物质、人性的抒发使得很多的人错以为找到了生活的真谛。人们以纵情享乐，以满足自己欲望为生活主旨。

思想的教育从极为严格转变为放任自流，人们思想认识退化到了低级的享乐阶段。国家、社会、环境、风气等都是别人事，自己多赚钱才是主要的。思想教育跟不上导致思想转变，使得官员们失去社会责任感是腐败的重要原因。

官员的升迁是由上级决定的，因此，官员们不怕下面的人有意见，关键是怎么取得上级的欢心。官员们腐败所损害的是社会和大众的利益，但就个案来讲与任何个人都没有直接的利害关系，人们犯不着去举报。官员们也就可大胆地贪污腐败，甚至出现了越腐败越升官这样的怪事。权力没有受到限制和监督，没有相应的思想教育机制，腐败由此而产生和扩散。

4. 不同视角看腐败的原因

经济学视角。主要基于理性经济人假设，涉及到成本——收益理论、委托代理理论等。现代经济学理论认为，政府官员也同市场经济条件下的个体一样，追求自身利益的最大化，拥有理性经济人的特性，前提是经济人假设。人们可以像分析经济活动那样分析犯罪行为。无论是否在经济领域，渎职犯罪的主体都在进行成本－收益的计算，都理性地追求自身利益的最大化。将腐败等同于贿赂，并运用委托－代理理论解释腐败为什么发生。有人指出，腐败是“一个第三方（相对于委托人和代理人而言）试图以额外支付来影响代理人决策，而且这笔支付代理人及第三方均未上报委托人”。

从宏观经济学视角看腐败原因的学者，主要观点争端在于腐败的根源是否来自于有无市场经济体制，市场经济体制的成熟程度，公权的范围过大以及公权与私权之间的界限等问题。我国学者张维迎将腐败现象的原因界定为，公权占领了本该归属为私权运作的范畴。有人认为，在公有制体制中，产生腐败和贿赂行为的客观基础相对较大。过多的政府权力干涉是腐败产生的原因。

政治权力视角。认为权力必然导致腐败，不加限制的权力导致绝对的腐败。孟德斯鸠认为一切有权力的人滥用权力的倾向性都很强。原俄国经济学家考夫曼认为，管制为公职人员利用公共权力寻租提供了机会，使之可以从事腐败行为。坦茨认为，许可证、执照等特定的文件凭证或授权、不透明的管制，会导致市民与政府官员打交道交易成本和交易时间提高，就会产生腐败行为。该理论倾向于从权力运行机制、权力的监督机制、激励机制等方面来探究腐败产生的原因。这种研究视角紧紧围绕公共权力这一中心展开，有其自身的合理性和科学性，同时也忽略了制度、文化、伦理等更宏观和更深入层次的分析。

制度和法律视角。艾克曼认为，国有企业在非公有化之后仍保留其垄断权，非公有化会导致腐败的发生。考夫曼和西格博姆基于前苏联和东欧各国转轨过程中的非公有化改革，利用契约理论和产权理论，探讨了不同的非公有化路径对腐败的影响。经过研究得出结论，腐败与政客和官僚对经济活动的控制权范围有关，他们的控制权越大，通过受贿的方式获得租金的机会就会增加。裴敏欣认为分权化改革与腐败之间密切相关。郎切和埃文斯通过对35个发展中国家的比较研究表明，一个国家的政治体系越稳定，政府官员未来的受益就越高，腐败的可能性也就越低；公务员的录用和提升越是很少按照其成绩来加以评判的国家，其腐败的程度就越高，即制度稳定与廉洁是紧密联系的。我国一部分学者认为一国的反腐败法律体系不够健全，甚至没有一套完整的反腐败法，会诱发腐败分子的犯罪动机，减小腐败分子被发现的概率、犯罪成本和机会成本，甚至带来负面的示范效应，影响社会风气。

社会学与历史文化视角。从社会学理论的视角看待腐败的成因问题，涉及到的社会理论包括社会交换理论、社会化理论、相对剥夺感理论、亚文化理论等。美国社会学家布劳的社会交换理论认为，“社会交换就是交换者期望得到回报并也确实得到了回报的交换过程，社会交换的范围要比经济交换更加宽广，权力与其他东西的交换应在社会交换的范畴之内”。诺贝尔经济学奖获得者诺斯认为，“从历史中存活下来的，表现在社会文化中的知识技能和行为规范，使制度变迁绝对是渐进的，并且是路径依赖的。”瑞典经济学家冈纳、缪尔达尔通过对南亚腐败问题的研究发现，这些国家在二战之后腐败现象盛行，原因是形成一种“庸俗的民俗学”。这种民俗学容易使人们认为，掌握权力的每一个人都可以为私人利益、家庭利益和团体利益而利用手中的权力。南京大学张硕、李永刚将我国影响腐败的历史文化因素归结为薄弱的道德感和盛行的关系网两方面。

其他视角。美国当代政治学家亨廷顿根据对美国19世纪和英国18世纪的腐败现象研究，认为腐败现象与国家的现代化进程有关。有学者认为，社会结构特别是政治结构可能对腐败产生影响，在一个国家的社会结构中，各方力量不均衡会导致腐败。例如“约翰斯顿提出，国家和公民社会无论哪一方力量过于强大，都会造成彼此力量失衡，都有可能造成腐败。”一些学者认为腐败与国家体制有关，例如特斯曼认为联邦制国家比一般国家更腐败。此外，还有从伦理、心理等角度出发来研究此问题的。

5. 领导干部腐败的原因

领导干部自身存在问题，部分领导干部个人私欲膨胀，权欲思想严重。一是腐朽思想侵蚀。在我国长达两千多年封建社会所造成的影响流毒甚深，特权思想、等级观念、裙带意识等封建积习远未肃清。“千里做官为钱来”“不为发财，做官何来”的腐朽思想意识依然存在。二是个人私欲膨胀，宗旨意识淡化。领导干部违法乱纪，主要是他们的价值观、利益观、权力观发生了偏差，个人主义、拜金主义、享乐主义恶性膨胀。没有树立正确的价值观、利益观和权力观，变“公仆”为主人，不是全心全意为人民服务，而是为个人、家庭或小集团谋私利，他们索贿受贿疯狂敛财。

反腐败体制机制不够完善。一是对党员干部的教育管理机制不够完善，教育管理的内容和方式不适应形势发展的要求和党员思想变化的实际，缺乏针对性和实效性。二是制度建设存在不足。一些领域腐败现象频发多发，多数与相关的法律法规和管理体制不健全不完善有关。据统计，1996 年以来，全国有多个省交通厅（局）的多名厅局级干部因经济问题被查处，有的甚至前“腐”后继，连续几任厅长出问题，这就明显与投融资体制、招投标制度、行政审批制度和干部人事制度等方面存在的漏洞和制度执行不力有关。三是监督机制不畅。监督的缺失和不到位，使得一些人有恃无恐。有的卖官鬻爵、收受贿赂长达数年，却长期未能发现。特别是领导干部权力过大，存在上级监督不到、下级监督不了、同级监督不好、群众无法监督的现状。

监督乏力，制约不够。从已经公布的领导干部违法乱纪案件来看，在对领导干部的管理检查上，存在着形式主义，打不开情面，监而不管，督而不查的现象，甚至有时忽视了管理和监督，导致有的领导干部已存在违法乱纪行为未被及时发现，使其越陷越深。一是现行地方纪检监察部门受双重领导，实际只受同级领导，当地党委政府可以决定纪检监察部门工作人员的升降去留，这对查处违法乱纪案件十分不利。特别是对“一把手”监督难以到位，导致“一把手”腐败问题非常突出，而“一把手”腐败往往带动了其他官员的腐败问题；二是干部人事制度缺乏公开、不民主。不良的竞争机制，为跑官要官、买官卖官提供了机会，同时又成为派生其他腐败的源头；三是财政管理体制不健全，资金监管不力。例如，“小金库”事实上成为腐败现象滋生的重要经济源头。

执行不严，惩处力度不够，执纪执法不严。少数单位执行纪律并没有真正落实，有失之于软、失之于宽的现象。少数单位领导在是非面前不是当铁匠、动真格，而是当木匠、当和事佬，和稀泥。还有的以“家丑不可外扬”“维护党和政府的形象”为借口，使犯错误的干部逃避追查。

6. 村干部腐败的原因

基层干部直接与群众联系，村级“两委”干部更是与群众生活在一起，村干部“官不大”，但是“管事”，每一项惠农政策的实施，每一笔民生资金的发放都要通过村干部经手才能落实到群众手中。结合近年来查处的农村基层干部腐败案件看，其主要原因：

党务村务不民主。有的村级“两委”议事决策没有坚决贯彻党的民主集中制原则，村“两委”干部民主意识弱，民主议事能力不强。村级重大事项如争取资金项目、经费支出、宅基地审批和工程建设等工作不经集体研究决定，书记或主任个人说了算，其他“两委”成员也不闻不问，有时更是睁只眼闭只眼，给村干部腐败有了可趁之机。有的村干部在书记或主任的岗位上“摸爬滚打”多年，知道监管上薄弱环节，就设法规避制度约束和监督，千方百计为自己谋取私利。

政绩观不端正。基层干部出现腐败，首先是思想上出了问题，“三观”发生了严重偏差。基层干部都是群众选出来的，应当成为“领头雁”，带领乡亲邻里致富奔小康。但有的基层干部在其位不谋其政，当了村干部后就忘了初心，不为群众谋福利，对群众利益不关心，群众反映强烈的问题得不到解决。有的村级组织软弱涣散，村级党建、党风廉政建设、村务公开等工作抓得不严不实。有的基层干部把权力当成个人发财、谋利的工具，只关心村里工程建设，以协调工作为名吃拿卡要、雁过拔毛，或者自己承包工程建设，从中谋利。有的以到上级部门协调经费、项目为名搞吃喝玩乐，侵害群众利益。

法纪意识淡薄。有的村干部觉悟不高，把自己等同于一般群众，律己不严。认为自己“官”小，经手的钱都是小钱，吃点、贪点算不了什么，没有意识到经手的每一分钱都是惠民资金，是群众的保命钱，是碰不得的“高压线”，完全没有把其行为与违纪违法联系在一起，一碰就成阶下囚。有的村干部自认为是当地的“能人”，在村里有一定群众基础，认识几个上级领导，村里的事少了他不行，组织不可能对他怎样，对党纪国法置若罔闻，铤而走险，最终“违纪”“破法”，走上了“不归路”。

监督制约缺失。乡（镇）相关部门及村级财务制度不健全，财务管理漏洞大，制度笼子织得不细不密。村务公开不规范、不彻底、不透明，“三公开”不及时、不全面现象突出。虽然建立了村级财务委托代管制度，成立了代管中心，实行村财乡（镇）管，但由于乡（镇）财政所要求各村报账要使用正规发票，而基层不可能都取得正规发票，就只能是先领取现金再开发票报账，或先开发票报账领取现金后再支出，资金使用监管出现脱节。财务收支由村书记或主任一人独揽，随意性大，特别是实行“一肩挑”的村，权力过于集中，财务监管出现“真空”，再加上监督不到位，更加纵容了基层干部贪污腐败行为。权力失去监督，必然出现腐败。

基层反腐弱化。反腐败压力层层传导不够，存在“上面九级风，下面纹丝不动”的情况，压力递减现象突出。基层反腐没有形成合力，从实际情况来看，基层惩治和预防腐败工作仍处于零散状态。基层反腐败力量较弱，乡（镇）纪检监察干部兼职较多，且人员变动快，业务不熟悉，不会办案现象突出。乡（镇）纪委兼职委员未享受纪检津贴，工作积极性不高，履行职责不到位。

7. 全方位看腐败的原因

原因是多方面的，概括起来，主要的是经济、政治、文化、体制、教育等。唯有对我国现阶段腐败现象产生的原因进行全面的研究，从中找出腐败现象发生、发展的深层原因，才能有针对性的对策和措施，实现反对和消除腐败的目的。

封建主义是腐败产生的社会历史原因。腐败是一种历史现象，它的产生发展是有其历史渊源的。马克思主义认为，一定社会占统治地位的意识形态，是一定社会占统治地位的经济、政治的反映，同时它又有着相对的独立性、历史继承性和不同步性。当某个社会的经济基础和政治统治发生根本变化之后，其意识形态不会立即消失，还会长期存在，并发生作用，在一定程度上阻碍着社会的发展。正如列宁所说的："旧社会灭亡的时候，它的尸体是不能装进棺材、迈入坟墓里。它在我们中间腐烂发臭并且毒害我们。"我国是一个封建统治长达2000余年的国家，创造过最完善的封建国家制度和最辉煌的封建思想文化。封建主义在我国有着深厚的历史土壤和思想基础。当前，腐败现象的诸多表现都与封建主义有着密切的联系。

等级观念、封妻荫子意识本身就是封建主义的重要内容；把是否做官以及官做的大小作为衡量一个人成就价值的主要标志。所谓"当官发财"，二者是紧密联系的。

权大于法、特权思想、裙带风、干部特殊化等是"皇权至上"思想的演化和延伸；由官本位思想衍生的权力本位思想，什么级别住什么样的房子，什么级别配什么档次的车子。

宗派主义、任人唯亲是封建宗法制度的沿袭和继承；如：华北某大型工业企业河北先锋机械厂原厂长刘谦光，就是一个善于利用任人唯亲、人身依附手段的行家里手。他通过裙带关系重用家人、培植亲信，罗织了一个大搞腐败的关系网。身为退休工人的刘妻，被聘为"先锋大酒店"的董事长，其儿子被聘为先锋厂副厂长，其女儿任总厂主管会计。刘氏父子还大搞拜把子、认干亲等封建活动，把先锋厂搞成了他们聚敛财富的"刘家天下"，全厂中层以上干部违法违纪23人。从中我们可以看出宗法观念和裙带关系对腐败问题的深远影响。

官僚主义、命令主义、家长作风则是"君臣父子、忠孝节义"封建伦理道德的反映和变种。其他诸如挥霍浪费、以权谋私、贪赃枉法等腐败现象，也与封建主义有着千丝万缕的联系。从这个角度看，封建主义无疑是现阶段腐败现象产生的社会历史根源。

拜金主义、享乐主义和极端个人主义是腐败现象产生的思想原因。拜金主义、享乐主义和极端个人主义，从本质上说是剥削制度的产物，是资产阶级世界观、人生观的集中反映。他们把金钱看得无所不能，从而迷信崇拜金钱；例：金钱拜物教。有些人特别是少数党员干部抵挡不住金钱的诱惑，成为金钱的俘虏。如原中建一局第四项目经理部经理罗汉斌，每年收入都在二三十万元，并不缺钱花。但他却贪污工程款88万余元，受贿20余万元，挪用公款600万元。他为什么这样贪得无厌呢？他交代说："为了钱，为了捞取更多的钱。”捞取金钱成为他生存和工作的动因。

它们把享乐看作人生的终极目标，贪图享受，追求灯红酒绿的生活方式；例如原中国土木建筑公司驻泰国负责人刘国修，是一位曾在中国西南铁路建筑史上立下汗马功劳的老爆破专家。改革开放后，他在去泰国任职期间，却沉醉于资本主义生活方式而不能自拔。他大肆贪污挥霍公款嫖娼，一共包养了十多名歌女和舞女，最后被判处死刑。陈希同纵容王宝森动用财政资金3000多万元，在八大处公园和雁栖湖畔修建两座豪华别墅，就是为了和情妇一起挥霍享乐。它们以自我为中心，一切为了自我，个人利益高于一切，追求物质享受和精神满足是它们一切行为的出发点和落脚点。如原江西省副省长胡长清每天平均收贿1.1万元，但对他老母亲却十分吝啬，每月才给20元。大贪官戚火贵共敛财1000余万元，可是当他的父亲让他代买房子时，他却从中吃了1万元“回扣”。贪官污吏之苛刻无情，起源于他们的贪婪与自私。他们都是极端个人主义者。

当前，腐败现象中的贪污挪用、索贿受贿、弄权渎职、以权谋私、贪赃枉法、挥霍浪费、腐化堕落等丑恶行为无不打有拜金主义的烙印，无一不与享乐主义和极端个人主义有着必然的内在的联系。例如北京首钢公司原总经理助理、首钢控股（香港）有限公司董事长周北方，就把拜金主义、享乐主义发挥到了极致。他腐化堕落，挥金如土可以说登峰造极，在香港和内地各有三套豪宅，仅香港半山富人区那一套就价值2800多万港币；他一人同时占有奔驰、宝马、奥斯莫比尔等5辆豪华型名牌轿车，其妻子也配有豪华专车；他用港币120万元的公款行贿，使其家属能在香港定居；他在北京常驻东湖别墅，一年内60余次的吃喝费用高达40万元，22天的住宿费花掉50多万元；在国外更是吃住在高档宾馆，连泡妞也要指定选美小姐。其挥金如土的“豪气”，令世界许多大富豪都为之咋舌。一位外国企业家幽默地说：“和周先生交往，会令你根本不敢相信中国是个发展中国家，中国应该是世界上最富裕的国家才对。”为了满足极度奢靡的生活，就要变本加厉地贪污腐败，终于掉进了腐败黑洞不能自拔。

公共权力的非规范运作是腐败产生的主观原因。任何腐败现象的产生都是国家工作人员非规范非公共运用公共权力实现私人目的或集团利益的结果。可见，公共权力的非规范非公共运用是腐败现象产生的关键。国家工作人员作为公共权力运用的主体，其思想素质、社会道德和个人修养的高低，直接决定着国家公共权力能否规范、公共运用，也就是决定着腐败现象的有无或多少。由于历史的原因，我国相当数量公务员的文化素养、敬业精神、公仆意识、法纪意识、社会道德意识、廉洁从政意识等方面的素质明显偏低。这不仅制约了国家机关工作效率的提高，更为公共权力的非规范运用埋下了隐患。客观地看，我国国家工作人员中的不廉洁行为历来就有，且为数不少。上个世纪50

年代初“发生贪污案件的单位，财政部门占百分之六十五，有些经济部门的工作人员的三分之一到半数有贪污行为”；60 年代初，“违法违纪案件急剧上升，这些案件的性质，占首位的是贪污案件”；90 年代初以来，消极腐败现象在有些方面呈蔓延发展趋势，形成愈演愈烈的局面。唯物辩证法认为外因是变化的条件，内因是变化的根据，外因通过内因而起作用。尽管造成腐败现象的因素很多，但内因即人的自身素质是最主要的因素。如果没有国家工作人员个人素质的普遍提高，消极腐败现象的彻底消除是难以实现的。

惩治不力是腐败产生的客观原因。任何一种社会现象的生灭猖衰，都与统治阶级的反对与提倡、限制与纵容密切相关。像我国猖獗的吸毒、卖淫、赌博等丑恶现象，在党和政府严令明法，坚决打击下，短短几年，三毒现象就从中国大地上绝迹了，这已成为世界公认的治理奇迹。又如韩国军政统治三十多年形成的政治、官员和企业腐败可谓根深蒂固，但金泳三总统上台后，反腐败的“浚源”运动先从权力顶端下手，光是将军级官员因腐败问题被摘下的星星就达六十多颗，仅半年时间，韩国蔓延的腐败问题就得到有力的遏制。

我国的腐败现象仍然比较突出，这与打击惩治不严不无关系。改革开放以来，腐败现象出现过几次比较严重的时期。第一时期是在改革开放之初，随着对外开放的扩大和经济的较快发展，国家工作人员以权谋私和收受回扣、“好处”等腐败行为逐渐增多。自从实行对外开放和对内搞活经济两个方面的政策以来，仅一两年时间，就有相当多的干部被腐蚀了。卷进经济犯罪活动的人不是少量的，而是大量。第二时期是在十二届三中全会提出有计划的商品经济并实行生产资料价格“双轨制”后，“官倒”之风大刮，有些党政军机关、党政军干部和干部子女，就蜂拥经商。其中一些人同违法分子互相勾结，钻改革的空子，买空卖空、倒买倒卖、行贿受贿、走私贩私、敲诈勒索、逃避关税等。第三时期是 1992 年以后，腐败现象的各种表现相继出现并呈愈演愈烈之势。在腐败现象严重的第一时期，不少有识之士疾呼过；第二时期，全国哗然，中央开始关注，但仍认识警惕不足，惩治打击风声大，雨点小；第三时期，来势猛、范围大，种类多，中央虽重视了，但积重难返。这三个时期严重的腐败现象形成的历史背景与客观环境足以说明高层领导对腐败现象认识警惕不足，惩治打击的力度不够，正如邓小平批评的：“腐败的事情，一抓就能抓到重要的案件，就是我们往往下不了手。”“为什么下不了手？思想上没有认识这个问题的严重性。”就是下了手，也是失之过轻，往往以“小节问题”为借口，群众有意见了换个单位，影响再大了换个地方，甚至还官越做越大。正是各级领导对腐败现象惩处打击不严在客观上助长了腐败现象的产生和蔓延，造成了腐败现象的有禁不止，以至愈演愈烈。

政策法规滞后和市场经济的副作用是腐败产生的制度原因。改革开放以来，我国正经历着由计划经济体制向市场经济体制转型的历史变革。在这个历史变革的前期，一切都带有试验、探索性质，任何变革都在“摸着石头过河”。因此，必然造成改革实践中的政策滞后，相应的法规制度、配套措施跟不上，形成经济活动和社会活动缺乏规范和约束，给非规范非公共运用经济管理权力提供了条件和借口。像价格体制改革中，既想放开物价，又不能完全放开，故而采取了生产资料价格的“双轨制”。价格“双轨制”出台后，必需的法规制度未跟上，购买计划内生产资料的资格、条件、办法、程序没有用法规作出明确规范，于是有些人就忙着找关系、走后门、批条子、炒计划，直到公开行贿换取计划内指标，甚至国家工作人员、国家机关凭借自己掌握的权力直接倒买倒卖，形成“官倒”，一夜暴富，造就出中国特色的腐败现象。

另外，随着市场经济体制的建立和完善，一些新的生产要素进入市场，人们经济活动的范围不断扩大，必须及时建立相应的经济制度和管理机构予以规范运行。但是，制度规范和防范机制总是被动和滞后的，常常落后于经济的发展，所以，随着一项改革措施的实施，都相应地出现一个缺乏制度规范或制度约束较为混乱的阶段。往往都是当新的问题引起人们的普遍关注，到了问题不得不解决的地步时，新的制度规范才呼之欲出，这就为腐败的产生提供了可能。从理论上讲，市场经济要求以市场为基础配置人、财、物，提倡“公平、公正、竞争、效率”原则，反对权力进入市场。所以说市场经济不会必然产生腐败现象。但也不能认为当前的腐败现象与市场经济不无关系。

其一，随着市场经济体制的（自发性）建立，人们的交换观念、物质利益观念、自我价值观念都在增强或浓化。与此同时，人们的爱国主义、集体主义和无私奉献精神却在减弱或淡化。人们价值观的这种偏离和错位，极易诱发拜金主义。其二，市场经济通行的等价交换原则具有二重性，在一定条件下容易产生副作用。似乎“权钱交易”符合等价交换原则也就无可指责，这就容易诱发国家工作人员以权谋私和权钱交易。其三，市场经济的（趋利性）条件下，所有经济活动的直接目的是为了获得利润，企业生产经营的目的就是为了追求利润最大化，这就容易诱发“一切向钱看”。其四，市场经济提倡效率与竞争（竞争性），有利于个人聪明才智的发挥，实现个人人生价值。这种社会现实极易催生个人奋斗和个人主义。上述副作用是刺激和诱发消极腐败现象的动力因素。

监督制约乏力是腐败产生的机制原因。法国政治活动家孟德斯鸠指出：失去监督的权力，必然走向腐败。1945 年，黄炎培先生问及中共如何跳出历代政权“其兴也盛，其亡也忽”周期率的支配时，毛泽东同志充满信心地答道：“我们能跳出这周期率，只有让人民来监督政府，才不会人亡政息。”根据“让人民来监督政府”的思路，共和国对公共权力的监督采取了“依靠人民监督，注重干部自律”的方针，建立了一个多层次、多渠道、全方位的监控系统。如党的监督、人大监督、政协监督、行政监督、群众监督、舆论监督等。多年以来，如果每个子系统都充分发挥了效能，可以肯定地说，现今反腐败的任务不会如此沉重。

改革开放以来对公共权力监督不力、制约不严是有目共睹的事实，主要表现在：其一，法规制度不健全。公共权力运用的规章不健全以至没有，使有些监督无法可依，事实上无法监督，影响了监督的整体效果。其二，机构不健全。行政监察和党内纪检机构，相当多的地方和单位长期建制不全或人员缺编，严重影响监督检查的开展。其三，体制不顺。行政监察和党内纪检在行政首长或同级党委领导下开展监督检查，受制于人，极大地限制了监督的独立性、强制性。其四，市场经济体制下厂长、经理及行政首长一人说了算的现状，无法兑现举报人不受责难与打击报复的承诺，极大影响了群众监督的有效实施。其五，舆论监督受政治气氛制约太强。现实中对高层领导干部及其子女腐败行为的揭露曝光难度较大，上世纪八、九十年代尤其如此，致使有些高层的腐败现象愈演愈烈，陈希同、王宝森一案就是明证。其六，人大、政协的监督名声大，效能小。其七，对执政党的监督不力，而其要害又是对党的主要领导干部监督不力。监督制约乏力的现状，已成为腐败现象产生、蔓延、久治不衰的重要原因。

教育的失误是腐败产生的直接原因。从人类生存与繁衍的角度看，人对物质金钱的追求是人的本能，是其生存与繁衍的需要。而人对物质与金钱的不适当以至贪婪追求，则是这种本能的扩张，是一种贪欲。这种贪欲人皆有之，只不过绝大部分人用公共道德、理想信念来约束控制自己；一小部分人慑于法规纪律的威严而不敢越雷池一步。总之，都是人的自制力在起作用。这种自制力，源于教育。这种教育包含两方面的内容：一是是非标准的教育，即何为是，何为非，标准是什么，依据是什么；二是提高自制力的教育，即用无产阶级世界观、人生观、价值观教育人，提高人的思想觉悟和道德水准，增强自制能力。如果教育跟不上或出现失误与偏差，必将直接导致人们分辨能力和自制能力的降低，这种后果若反映在国家工作人员身上就可能导致腐败行为的产生。

改革开放的前几年，经济有了较快发展，这时在强调经济建设的同时，也应强调用党的理想、目标、宗旨教育广大党员和干部，以保证国家工作人员恪尽职守、艰苦奋斗，预防腐败现象的滋生。然而，我们对这个问题认识得很不够，艰苦奋斗不提了，为人民服务不讲了，反腐防变不说了。十年过去了，经济建设有了可喜的发展，但腐败现象也趁机滋生蔓延了，党风、政风和社会风气不端正了。正如邓小平同志总结的："十年最大的失误是教育，不单纯是对学校、青年学生，是泛指对人民的教育。对于艰苦创业，对于中国是个什么样的国家，将要变成一个什么样的国家，这种教育都很少，这是我们很大的失误。"正是这个失误，导致了不少党员理想、目标、宗旨的淡忘，导致了相当一部分国家工作人员是非观念、价值观念的扭曲，才使腐败现象愈演愈烈。

党建削弱是腐败现象产生的组织原因。中国共产党是一个拥有 9000 多万名党员、460 多万个党组织的世界第一大党，这就决定了党和国家工作人员的绝大多数以及县处级以上干部的 90% 以上都由共产党员长期充任，所以，中国共产党的建设的加强与否，党风的端正与否，不仅关系到党的战斗力、凝聚力、号召力以及执政能力的强弱，也关系到国家政风和社会风气的好坏。思想建设的削弱，必然偏离"实事求是"的思想路线，造成中央权威的下降，导致有令不行、有禁不止，甚至不顾中央的三令五申而顶风违纪。组织建设的削弱，必然使入党动机不纯的人进入党内，这些人入党并非为了共产主义而奋斗，而是为了混顶红帽子好做官、掌权、出人头地。长此以往，党的战斗力何以增强？作风建设的削弱，必然导致理论与实际脱离，干部与群众脱离，文过饰非，听不得批评之声。有了这种作风，必然会为了名利弄虚作假，欺上瞒下，以权谋私，甚至贪赃枉法。党的法定执政地位决定了党风的不端正，势必带动政风和社会风气的不正，导致腐败的滋生与蔓延。

8. 职务犯罪的原因

腐败是违法与犯罪的总称，是渎职与谋私的结合，是作为与不作为的双向，是领导干部和公职人员滥用职权、贪污受贿、腐化堕落、失职渎职等行为的集合。严重的腐败就是国家工作人员发生贪污受贿、挪用公款、滥用职权、失职渎职等职务犯罪。什么是预防职务犯罪？它是指对可能发生的国家工作人员贪污贿赂犯罪，国家机关工作人员渎职犯罪和利用职权侵犯公民人身权利、民主权利犯罪及其他犯罪进行事前防范的活动。反腐是惩治于既然，倡廉是防患于未然。预防重于打击，打击促进预防。加强廉政建设，重在提高免疫力自控力，预防贪污贿赂犯罪。加强勤政建设，重在增强事业心责任感，预防失职渎职犯罪。

当前职务犯罪具有以下原因。权力过于集中，是产生腐败的根本原因。新中国成立后，我们在政治上实行党的一元化领导，在经济上照搬前苏联计划经济模式，在文化上破旧立新，批孔子，基本上否定了中华传统文化，从中央到地方高度统一，整齐划一。特别是一个地方、一个单位、一个部门的一把手权力太大、太多，并且又缺少监督和制约，还容不得不同的声音和质疑。这是产生腐败的根本原因。权力过分集中，缺乏有效监督，必然导致腐败，这是颠扑不破的真理。因为“一切有权力的人都容易滥用权力，这是万古不易的一条经验”。法国启蒙思想家、法学家孟德斯鸠说过，公共权力有两个自然属性，一个是它的腐蚀性，一个是它的扩张性。权力导致腐败，绝对的权力就是绝对的腐败。在我国改革开放以来，一个县委书记、市长、省长在任几年，一旦东窗事发查出来，动不动就是贪污受贿几百万元、上千万元，甚至几个亿的。这不能不说体制性的障碍的确存在，助长了腐败的产生。

制度流于形式，是产生腐败的主要原因。法律法规、规章制度本来就是一道防火墙。从广义上都叫制度，是机关单位设置的办事规则，用来规范和制约权力运行，能有效地制权、管物、用人，肯定有利于党风廉政建设。但是在制度建设中有几个问题没解决好。一是不习惯制度。由于我国几千年长期处于封建社会，形成人治而非法治的文化传统，老百姓总是寄希望于明君而不是崇尚法治。封建残余始终未能绝迹，认为制度束缚了人的手脚，像孙悟空的紧箍咒一样，管得太死，束缚手脚。作为领导，总是好专制而不好民主，作为群众，总是信访而不信法。二是不相信制度。有的地方、有的单位、有的领导相信人的柔性作用，不相信制度的刚性作用。一说建章立制，认为是搞文字游戏，敷衍上级，应付检查，美其名曰制度是死的，人是活的，活人能叫尿憋死？往往是制度写在纸上、贴在墙上，迎合上级检查，领导赞扬，让人参观、让人模仿，墙内开花墙外香。在行使职权时，千方百计绕过制度，以特事特办寻找违规理由，以协调关系为由降低标准，以获取自身利益滥用职权。常常是以服从大局、照顾关系、领导干预、自身利益为由越过红线，践踏规章，不按制度办事，为腐败盛行、权力寻租打开方便之门。一些贪欲过大的人借此机会不作为、乱作为、慢作为，不给好处不办事、给了好处乱办事，导致贪污受贿、挪用公款、滥用职权案件频频发生。三是不制定好制度。邓小平讲过，好的制度可以约束坏人，坏的制度无法保证好人做好事，反而使好人变坏。要建立科学严密完善管用的好制度。现在有的人认为设置了好制度是自我设限，减少、架空和放弃了自己的权力，办事无油水，吃喝无开支，出行不方便，没有实权下级不买账。现在机关组织考察学习外地、外单位多，这是好事，可以开阔视野，开阔思路，开阔胸怀。但往往是好的东西学不来，不好的东西学得快。参观学习津津乐道别人的好经验好做法，最终领导感兴趣的大多是有利于提高自己权利和待遇的条款和做法，对义务和责任学的少，对管下级治群众卡目标的学得快。对员工提高待遇方面的不采纳，对目标责任很感兴趣。现在建章立制有一种不好的倾向，就是“部门权力法制化、部门利益法制化、部门利益最大化”，利用制度打擦边球，谋取小团体利益和个人私利。四是不落实制度。几乎每一起责任事故的发生，每一起职务犯罪案件的发生，都与制度不落实有关，制度不执行、不落实，成为发生腐败的重要原因，这不能不说是保障性的困扰。

监督疲软缺乏，是产生腐败的重要原因。监督就是制约制衡，让权力在阳光下运行，使规则公平、过程公开、结果公正。现在对腐败的监督类型很多，有法律监督、纪委监督、人大监督、民主监督、群众监督、舆论监督、领导监督。一般单位都有三条监督线，单位系统直接监督，行业协会专门监督，纪委监察上级监督，少数单位还有检察机关预防监督。这些监督实质的问题是权力监督还是权利监督。而权力监督大于权利监督。为什么党员联名举报、群众集体上访的问题大多没有结果，引不起重视，虎头蛇尾，大事化小，压而不查，查而无果，就是因为党员群众监督是权利监督，力度不大，不如领导批示查办和纪检部门、反贪部门立案查办。现在监督有个弱区，就是权力机关介入少，很谨慎，受限制，有条件。因此，在监督方面，就出现了上级监督太远，难以发现；同级监督太软，不敢碰硬；群众监督太难，不知底细的问题。所以，职务越高，级别越高，层次越高，背景越深，查处越难，阻力越大，干扰越多，处理越难。这就是机制性束缚，影响了反腐败的深入和力度。

社会环境影响，是产生腐败的客观原因。这个环境有三个层次，一是家庭环境，二是单位环境，三是社会环境。从家庭环境看，贪官背后不是有一个贪老婆，就是有一个贪情人。从单位环境看，领导和一把手想贪污就拉下属入伙，案件要么不爆发，一查就是一窝子、一大串。或者是集体腐败，班子烂掉，全军覆灭。从社会环境看，现在办什么事都讲究潜规则，给回扣，托人情，找关系。潜规则越来越深，越来越普遍，越来越盛行。不给好处不办事，给了好处乱办事，吃喝玩乐不管事，溜须拍马会来事，官大心贪干坏事，人被双规要出事，兢兢业业干好事，干干净净才没事。当官的提拔干部明码标价，卖官鬻爵。有审批权的，吃拿卡要，有拍板权的索要回扣，求升办事的行贿送礼，打通关节，买通领导。

文化糟粕熏染，是产生腐败的历史原因。著名学者王亚南说过，“二十四史实际上是一部贪污史”。历代封建君王有一种观念，君不畏臣贪，而畏臣不忠，追求富贵合一，贵至富随。清王朝268年中，一、二品高官因为贪污被判刑的157人，其中死刑68人，最有名的是和珅，贪污受贿一亿几千万两银子。在管理社会和执政方面，没有形成一套好的体制、机制和制度，以及传统的、有效的、成熟的政治文明体系。传统封建文化负面影响，官本位思想和观念根深蒂固，代代相传，几乎每个人从小都被灌输读书——当官——发财的人生三部曲，现在相当多的人获取了文化上的支持和心理上的容忍，是默认和熟视职务犯罪的文化原因，这就是习惯性容忍。建立社会主义核心价值观叫做高唱正气歌，突出主旋律，实行大合唱，兼容多样性。1848年马克思、恩格斯创立了共产主义学说，列宁和斯大林建立了苏联社会主义国家，只不过74年就红旗飘落。东欧骤变、苏联解体，那么多共产党员坚定的信念和信仰到哪里去了？可见历史文化传统对每个人是有着潜在的巨大的文化影响力。在信息化公开透明的今天，舆论可以倡导但不能压制，否则适得其反。有的群体事件就是例子。

人的贪欲放纵，是产生腐败的直接原因。职务犯罪的主观原因是人的贪欲在起作用，客观原因是制度缺失和监督不力。从一般意义上分析，带有共性的原因是：人性的弱点、管理的漏洞、监督的缺失、打击的疲软。如果从微观上看，从犯罪学研究，职务犯罪有其自身的生成机理。就像一个人得流感，有传染源、传播媒介、传播途径、生命活体及个人免疫力低下等各种原因综合形成。职务犯罪的犯罪主体、犯罪原因、犯罪目标、犯罪机会这四个要素是形成职务犯罪最基本的因素，缺一不可。犯罪主体是形成职务犯罪的前提（公务员或工作人员），犯罪动因是形成职务犯罪的心理条件（贪欲），犯罪目标是职务犯罪的选择对象（公共资源），犯罪机会是职务犯罪的外在条件（管理漏洞和没有监督制约）。正是由于这四个要素之间的相互联系，相互作用，形成因素的互动和联动，才得以生成职务犯罪。为什么说财会人员和行政审批人员容易发生职务犯罪，因为他有职有权，有机会，有资源，小人物只要有贪欲就能做成大案件。为什么领导干部容易搞腐败呢，因为它具备职务犯罪的四个基本要素。人的贪欲克制要靠修养和境界，要靠把握和坚守，要靠敬畏和有德。

9. 金融腐败的原因

我国金融腐败案发生频率之高、涉案金额之大、牵涉层面之广，不能不引起我们的深思和警醒。金融腐败大案频发的诱因如下。

金融法制建设滞后难以遏制犯罪行为。银行是经营货币的特殊企业，这种特殊性决定了银行业是大要案件高发的行业。不仅我国如此，即使是发达国家银行业案件也高于其他行业。从我国具体情况来看，金融腐败是各种社会矛盾和问题在金融界的一种体现。我国银行体制和金融法制建设滞后于经济的发展，是金融腐败频发的关键原因。过去，相对于我国经济社会改革发展的进程，金融法制建设的步伐相对滞后，特别是社会信用环境、金融市场环境、银行经营机制等存在某些与经济发展要求不相适应的方面，存在一定的缺陷，给了犯罪分子以可乘之机。加之惩治金融犯罪的力度不够大，这成为金融腐败案件屡发不止的重要原因。如一些严重扰乱金融秩序的行为，只能定性为违规，而不能定性为犯罪，犯罪分子没有受到应有的法律制裁而肆意妄为，更加疯狂无比。

不少法律界人士也认为，我国《刑法》难以适应惩治金融腐败的需要，其中重要一点就是法律对金融犯罪定罪条件偏窄，无法涵盖许多新的犯罪行为。此外，虽然我国批准加入了《联合国反腐败公约》，但还缺乏具体的配套法律，特别是与一些西方大国尚未签署引渡条约，在打击外逃贪官上很难与贪官逃往国达成遣返共识，致使有的贪官不能及时押解回国接受审判。因而不足以威慑银行“内鬼”停止犯罪。

监管阶段性缺失形成防范漏洞。少数银行机构有章不循、有规不依、违章操作现象比较普遍。发生案件的机构多存在一岗多职、岗位不清、混岗、不坚持双人临柜、重要岗位不坚持强制轮休、换岗制度等问题，导致岗位间相互监督制衡失效。同时，有些银行内部稽核工作薄弱，内部审计缺乏独立性。一些银行机构内部稽核不到位，监督重点不突出，只注重审查凭证要素等表面问题，不能结合差错事故及案件发生的特点，深入对重点环节开展重点稽核检查。有些银行内部审计部门操作缺乏独立性，只服从本单位领导，难以做到独立审计和公正评价。再者审计周期不合理、间隔时间长，审计检查的功能发挥不完全，也造成部分隐患发现不及时，最终形成金融腐败问题。西南财经大学一些金融学者分析认为，在大多数市场经济国家，政府主要运用法律和市场化监管手段，但这种监管手段在我国难以奏效。一般地说，市场化监管依靠政府调节市场的信号和参数，依靠独立监管机构的监控来规范银行行为。但是，由于我国金融业市场化程度较低，银行和企业的资讯难以准确、及时获取，也很不透明，这在一定程度上削弱了市场化监管的效力。

银行官员的道德操守不堪“糖弹”一击。金融阵地是腐败的易发领域，金融人员亦是腐败的高发人群。在一起起金融腐败大案中，我们看到了一些银行官员的道德操守、自律意识，在极富攻击性的各种“糖弹”面前，是多么的不堪一击。还有更多的银行官员在“糖弹”面前不战而败。特别是每一起骗贷大案，无不是巧言令色的骗子贿赂银行官员而大获全胜。金钱如若攀附上腐败的权力，必然结出罪恶之果。银行官员一旦被“糖弹”击倒，造成的损失却是无法估量的。这就是金融腐败大案频发的一个非常重要的原因。

片面的业绩考核指标成腐败导火索。我国目前不少银行仍以存款规模作为银行经营业绩考核的主要指标，所属员工为了完成任务不得不四处揽储。而诈骗分子往往投其所好，许诺能拉来巨额存款、或答应办理票据业务后提供支持。一些分、支行急功近利，只顾眼前利益而往往忽视可能出现的金融风险。如珠海红大发展有限公司总经理周洪元最初经贵州荔波县原国税局局长董璠引见，认识该县农行行长陆世勤。陆世勤明知朝阳公司无实际支付能力，也明知县农行无权出具6160万元的高额商业承兑汇票担保函，但由于对方答应贴现后将2000万元存入荔波县农行，于是同意并出具了担保函。工行郑州经纬支行副行长李晓燕在审讯中也交代，曾要求对方贴现后将一定款项存入本行，有利于增加存款。周洪元紧紧抓住了这些银行急于揽储的心理，差点就把6.7亿元巨额资金全部搞到手。在山西失窃11.25亿元巨款案中，也是因为急于揽储，轻信骗子而惹出的通天祸端。

“行长经济”下的制约缺失。银行内部对领导唯命是从，“领导说的就是规则”，从而使许多规章制度和内控体制形同虚设。一旦行长财迷心窍，就会利用日益增强的经营自主权违法乱纪，形成金融腐败。长期以来，国有大银行在国家控制下采用行政管理模式运营，各项业务采用行政审批，随着银行商业化改革的渐进推行，政府管理部门对银行业务的控制有所松动，银行的经营自主权有所扩大，但银行体系内部的行政管理模式并没有实质性改变。同时，银行职员也有机可乘，他们只要不触犯行长的利益，许多规章制度不必严格执行。1997 年以来，国家整顿金融秩序后，贷款的审批权限逐步上收。一些基层银行和管理人员为了获取利益，就通过种种手段，超越职权开展贷款业务，且在正常的业务中过多考虑个人实际利益。这就是长期以来“行长经济”繁衍出的恶果。

10. 司法腐败的主要原因

理想信念动摇。古罗马人给法律下的定义是“一种公正善良的艺术”，而法官则是“仅次于上帝的人”，法官的人格和品性是正义的最后一道屏障。信念是生命的守护神。一些人放弃世界观、人生观和价值观的改造，私欲极度膨胀，背弃共产主义理想和党的宗旨。人一旦丧失信念，就像一头疯狂的野兽，不是掉进深谷自取灭亡，就是被猎人开枪打死。有的腐败分子总结说：“政治是虚的，理想是远的，权力是硬的，票子是实的；应该去掉虚的，扔掉远的，抓住硬的，捞到实的。理想理想，有利就想；前途前途，有钱就图。”理想信念动摇必然带来享乐主义、人欲泛滥和道德沦丧。一位西方历史学家认为，哪一个民族缺少坚强的信念，那么，它就失去了生存的理由，就可以认定它是下一个要灭亡的民族。可见信念是多么的重要。

司法队伍正规化、专业化、职业化建设不力，用人不当。逻辑上说，法院院长、副院长首先是法官其次才是院长、副院长，但在我国不具备法官专业资格要件之人被任命为法院院长、副院长已然是司空见惯。据统计，全国 31 名高院院长中，大学学历 17 人，自考 1 人，党校学历 13 人；法学科班出身 11 人，通过司法考试 1 人；没有任何法学学历的 9 人；没有法学学历且无大学经历的 7 人；法院系统出身 10 人。既有法科知识背景，又是从基层法官做起，一直做到大法官的较少。按照我国现行法官法有关规定，通过国家统一司法考试取得资格、年满 23 岁，即可担任初任法官。目前法官选拔，只要通过司法考试和公务员考试，候选者就由并不大熟悉他们的人大任命。法官选拔制度的这种不合理导致了法官队伍的过度年轻化。在大多数法治发达的国家，法官一职始终由年长者把持着。美国历史上不乏四十多岁的年轻总统，但是联邦最高法院的法官往往都是五六十岁，甚至年逾古稀（105 岁的美国联邦法官韦斯利·布朗每天带着氧气瓶上法庭），美国的霍姆斯大法官 62 岁担任最高法院大法官，一直干到 91 岁，这些法官具有丰富的审判经验，道德高尚。

司法权力过于集中。权力过分集中，为贪污腐败提供了条件。公共权力有两个自然属性，一个是它的腐蚀性，一个是它的扩张性。如果权力不加监督不加制约，任凭它的自然属性发挥作用，腐败是必然的。我国司法机关行使的警察权极为广泛，包括社会生活的各个方面。以警察行政职权而论，包括治安管理权、道路交通管理权、消防监督权、户政管理权、出入境管理权等。以警察刑事职权而论，包括以下主要权力：侦查权、刑事强制权、刑罚执行权。根据我国法律规定，管制、剥夺政治权力、缓刑等由公安机关执行。在很多法治发达国家，法官极少腐败。美国自建国 200 年来只有 40 余名法官犯案。国外法官腐败之所以鲜见，美国大法官爱德华兹一语破的："美国法院之所以拥有巨大的权力，是因为我们总是仔细地限制这些权力。在美国法院的判决和命令不存在执行难的问题，除了法院具有崇高的地位以外，更因为它的权力是在有限的范围内行使。"从 1789 年联邦司法正式建立至今，美国没有一位联邦法官在任职期间因违法失职而被判有罪，至于因某些行为不检点而辞职或被除名的联邦法官至今亦只有 8 名。而我国的法官却拥有刑事强制措施决定权、裁判权、判决裁定执行权等，权力较大，特别是"一把手"。

司法不独立。一些不符合专业资格要求之人一旦入主法院担任院长、副院长，即摇身一变俨然且实然成为法官中的法官，开始以法院行政管理、案件管理的名义对手下具体裁判案件的法官颐指气使、横加干涉。正是在这个管理过程中，基本上不从事具体审判工作的法院院长、副院长们有了违纪、违法乃至犯罪的腐败空间。强化法院领导一方的权力必然导致普通法官这一方的权力被弱化。法院领导签发裁判文书制度在强化领导权力的同时严重弱化了在一线从事具体审判工作的普通法官的司法裁判权。它使得法官时刻处于一种监督之中，法官的独立裁判权大打折扣，签发制度必定会助长、鼓励和纵容普通法官在审判过程中的恣意、粗糙和不负责任心态。该制度酿成的更为严重的后果在于它在模糊审判主体的同时亦模糊了判决责任承担主体。这种导致审判主体和审判责任双双模糊的裁判文书签发制度，无疑为司法腐败制造了良好空间。

权力缺乏制约监督。在现实生活中，权力却缺乏必要的监督。近年来，有关警察随意打人、抓人、关人的报道常见诸报端。警察权是否得到有效约束，是国家法治和文明的重要标志。没有制约的权力必然导致滥用。人民法院从理论上说有人大的个案监督、检察院的专职监督、上级法院的工作监督、院领导的签发监督、审监庭的同事监督等无处不在、无时不有的重重监督，但远未收到所预设的公正司法目标。制度没有发挥应有的作用，在于“牛栏关猫”，制度没有针对性。监督措施没有针对性。

惩治不力、处理不严，查处不及时。近年来，存在着对腐败官员从轻处罚，或者说职务犯罪轻刑化现象。尽管我国不断加大打击腐败犯罪的力度，但由于犯罪本身的特点，犯罪黑数大。犯罪黑数是指确已发生却未被发现的案件数。从案发规律来分析，腐败犯罪黑数要比其他犯罪黑数大得多。一些基层领导思想认识上存在偏差，认为监督多了，会影响司法人员的工作积极性；揭短亮丑，会损害司法机关形象。因此，对执法工作中出现的违法违纪案件，尽量揽着、捂着、盖着。部分民警缺乏主动接受监督的自觉性，认为监督是束缚手脚，干扰办案，对监督持抵触心理，对群众的举报、投诉、信访敷衍了事。正是由于内部监督部门配合不力，基层领导重视不够，加上民警自觉性不高，导致各项执法监督制度的执行大打折扣，监督措施落不到实处，执法中出现的问题整改不了，执法过错责任追究也无从谈起。另外，在行政管理和执法方面，还存在着权力过分集中，民警在执法中自由裁量过大，执法活动中缺乏透明度的问题，为腐败现象的滋生蔓延提供了可乘之机。

11. 微腐败产生的原因

政治思想观念的淡薄是产生腐败的根本原因。有的基层领导干部对坚持党的基本路线，坚定不移地以经济建设为中心，坚持“两手抓、两手硬”的工作原则认识不足或认识不端正，没有认真贯彻落实党中央的指示，反腐败斗争时紧时松、“一手软”的问题没有解决好，对腐败打击不力。

权力的相对集中是产生腐败的重要因素。如果权力过于集中，甚至监督机关失去了监督作用，那么腐败产生就是必然，因为领导干部本身具有二重性。第一是作为权力使者的领导干部是以一种超社会的身份行使权力，履行职能。这种身份使领导干部通过行使权力，使各种活动处于有序状态，保证社会或集体目标得以实现，在群众眼里，领导干部是权力的化身，是自己的管理者，有的领导干部手中握有一定权力，就把权力私有化了，自身不正搞腐败。第二是领导干部也是社会中的一员，也生活在现实生活里，他们和其他普通人一样，也有七情六欲，个人的物质利益也需要满足。按照党和国家的要求，领导干部在取得个人利益时，应当以自己的合法权利参加社会利益的分配，而决不应使用国家权力和集体权力谋取个人利益。基层领导干部的思想、品德、修养越好，就越是能抵御各种非法利益的诱惑，反过来，所以要设立纪检监察等监督机关也恰恰说明每个领导干部并非都能做到秉公办事，清正廉洁。所以，纪检监督机关要充分发挥作用，形成一种社会力量来约束和规范领导干部的行为。如果领导干部本身和纪检监督都失去作用，利用国家权力或集体权力来实现个人私利，即腐败现象的产生就是一种很必然的事了。

制度的不完善是腐败产生的间接原因。制度的不完善间接产生腐败，腐败分子一旦找到制度“缺口”，就会投机经营权力而获得暴利，会为谋私利而不择手段地钻制度的空子。有的单位虽然制定有制度，但是只是形同虚设，发挥不了关键作用。尚待完善的制度没有为人们开辟合理追求个人利益的宽广渠道，却为腐败分子的“黑色收入”留下了许多逃避打击的漏洞，这在一定程度上增长了腐败分子的不法行为。有的甚至以制度不完善之机，腐败分子挖空心思搞腐败。监督机制作用乏力，各种廉政制度定的不少，各种廉政措施也很多，为什么违反规定的行为仍屡禁不止？关键在于监督工作没有十分到位，监督的作用在于及时地发现和解决“苗头”问题，“防为上，救次之，戒为下”，如果经常性地监督到位、措施得力，不仅可以减少上级的调查工作量，而且可有效防止不廉洁行为发生。基层监督机关存在一种“上级太远、同级太弱，下级太难”的现象，使监督作用很乏力，另外就是基层单位分布点多、线长，所管干部人多量大，容易出现上级管得着、但不一定看得见，本单位看得见但管不着的现象，实际上存在一定程度的“空白”。

菜单四

腐败的危害展示

超越 CHAOYUE

1. 腐败的影响

对于腐败的影响，经济学家们的观点分为两派：一种观点认为腐败起到促进经济、社会的发展；另一种观点认为腐败严重阻碍经济、社会的发展，即所谓的“润滑油”论和“砂子”论。以莱夫为代表的“润滑油”论，认为腐败可以克服官僚主义，提高效率。其中，代表性的有路易建构的排队模型和贝克和马厄建的拍卖模型为代表。“润滑油”论的支持者多以东南亚国家为例，认为东南亚很多国家腐败程度较高，但经济仍保持着较高的增长速度。持“砂子”论的经济学家主要从实证的角度进行分析，他们认为腐败阻碍经济发展。例如毛罗·魏通过研究证实，腐败与投资存在负相关的关系。坦茨和达乌迪研究发现，腐败会导致公共支出结构中公共设施的运营和维护支出转向新公共设施的支出，以利于官员收受贿赂。他们还认为腐败将减少税收收入。吉普塔、达乌迪和阿隆索·特默发现，腐败导致税收制度杀贫济富，导致穷人受教育机会减少，收入不平等。国内学者普遍认为腐败动摇公共权力主体的政治合法性，瓦解和动摇政治基础。

在上述腐败原因及影响因素的分析中，可以不难总结出，经济学家主张在宏观上建立和完善市场经济体制，减少政府权力对于资源的分配作用，主张小政府、大社会。从微观的个人主义角度，经济学家们主张针对公职人员的成本收益分析来对症下药，例如加大腐败的惩罚成本和机会成本，加大腐败被查出的概率，提高公职人员的薪金待遇等。政治学家认为绝对的权力导致绝对的腐败，因此主张通过分权与民主，增加公共权力运行的透明度，加大对公职人员的伦理教育等手段来遏制腐败。从制度缺失的角度看待腐败的学者认为，加强各方面的制度建设，完善各种监督机制是解决腐败问题的重点。法律学者主张完善法律体系，加大法律的执行力度和惩罚力度。社会文化学者主张加大教育宣传力度，弘扬廉政风气，提高人们的防腐、反腐意识，提高官员的职业道德并强化民众的民本意识等，以此来遏制腐败。各种理论之间有相互交叉和重叠之处，是紧密联系的，只是各学科背景的学者们的侧重点有所不同。大家也普遍认同，防治腐败决不能仅仅从一个方面着手，必须多管齐下，综合治理。

2. 司法腐败的危害

司法机关的身份是多重的，它是法律操作和实施机构，是法律实现的中介，是国家权力（审判权和检察权）执行及其自我监督部门，是实现公民、社会团体的权利并对之加以引导、监督的法制系统部分。可以说，司法机关实际上是集国家权力实施者、法律执行者、政府行政权监督者、公民权利保护者、社会纠纷裁决者、法治观念教育者和规范行为示范者等诸多社会职能于一身的法制部门。这一特点决定了司法权力的腐败给社会带来的危害是深重的。对于国家权力来讲，由司法腐败造成的损伤是硬伤和内伤。用百姓的话来讲，行政再腐败，只要司法不腐败，就有惩治腐败的希望，而一旦腐败在司法领域内蔓延，它所带来的就不仅仅是社会腐败风气的加剧，或整个权力体系和法律秩序的紊乱、失控，或国家权力自我控制和自我约束机制的丧失，或公民维权体系的崩溃，更是一种对法律的信念的失落。如果说行政腐败毁坏了政府在民众中的公正形象，那么司法腐败的恶果是，在民众层面上，它加深了人们对规范的轻视态度，以及对法律权威或诉讼活动的不信任态度。更不用说，它使得“依法治国”成为一种遥不可及的梦想。

严重损害了司法公信力，直接影响司法机关的形象。司法的首要追求是公正，公正是司法的灵魂，司法公正是社会公正的基石。也正是有司法公正才有司法权威和司法公信，才有裁判的可接受性，才能定分止争。司法公信力是司法的生命力，体现着司法权凭借自身的信用而获得公众信任的程度，反映着人民群众对司法的尊重与认同。公信力的根本来源在于人民群众的感知和评判。司法廉洁是司法公信大厦最根本、分量最重的基石。只有做到了廉洁司法，司法才有最基本的尊严，司法才能良性发展，社会才能感受司法的阳光与温暖。英国思想家培根曾说，“在世间的一切灾难中，最大的莫过于枉法了，一次犯罪，其结果只是蔑视法律，就像污染了水流，而一次不公正的审判则毁坏了法律，如同污染了水源。”德国著名法哲学家耶林的一句名言：“执行法律的人如变为扼杀法律的人，如同医生扼杀病人，乃天下第一等罪恶。”司法人员是代表国家、政府行使执法权，如果由于司法人员的腐败而放纵违法犯罪，不仅损害了党和政府的形象，更严重的是使人民群众对党和政府失去信心，在一定程度上会影响到政治稳定和社会治安的稳定。

严重损害当事人的合法权益。司法不廉严重损害群众利益。习近平总书记在纪念现行宪法实施30周年大会上强调："努力让人民群众在每一个司法案件中都能感受到公平正义，不能因一次不公正的审判伤害人民群众感情，损害人民群众利益"。这既是总书记对司法审判很高的要求，又是最基本、最起码的要求。说是很高的要求，这表明了公平正义是司法审判永恒的追求；说是最基本的要求，是因为决不能因不廉洁的审判伤害群众感情，损害群众利益。不廉洁的审判最伤害群众感情。一个不公正的案件，对法官来说可能是百分之一的错误，对当事人而言则是百分之百的伤害；一次不廉洁的行为，对法官来说是司法生涯中难以抹去的一个污点，对当事人而言则是一场人生梦魇。

直接损害司法机关的执法权威。"公生明，廉生威"。腐败导致权力失去公正，权力失去公正也就没有了威力。腐败使得法律和政策严格禁止的行为畅通无阻。而不送礼、不贿赂，即使符合法律政策精神也办不成事。"不花钱办不了事，花了钱乱办事"。这样无疑会使整个政权在人民心中失去公正感和权威感，社会也会形成有令不行、有禁不止的无政府状态。这就与法治社会背道而驰。如果司法民警在执法过程中不能公正执法，严格地依法办案，而是有法不依，执法不严，存在徇私舞弊、贪赃枉法、敲诈勒索、索贿受贿、权钱交易等腐败现象，必然严重影响司法机关执法的公正性和严肃性，司法机关的执法权威就会遭到破坏，执法的权威性就会降低，司法人员在工作中就难以得到人民群众的信任与支持。

严重败坏社会风气。司法机关是党和政府联系群众的桥梁和纽带，同人民群众接触直接、广泛。司法队伍整体上的精神面貌与社会风气的好坏密切相关，如果少数司法民警中存在的腐败现象得不到有效的遏制，就会加剧社会风气的不断恶化和腐败现象的滋生蔓延，使社会上的一些人盲目效仿，带来不好的"榜样"，形成恶性循环，使社会风气无法好转，危害社会主义精神文明建设的开展。邓小平同志曾严肃指出："风气如果坏下去，经济搞成功了又有什么意义？会在另一方面变质，反过来影响整个经济变质，发展下去会形成贪污、盗窃、贿赂横行的世界。"

严重影响司法机关职能的正常发挥。如果司法队伍中存在腐败，就会削弱法律应有的震慑力，助长违法犯罪分子的嚣张气焰，导致对违法犯罪分子打击不力的严重后果。

3. 多视角看腐败造成的危害

对一个执政党来说，如果经济建设长期搞不上去，人民群众的生活长期得不到改善，就迟早会丧失执政地位。但也不能由此得出结论说，只要经济搞上去了，就万事大吉了。事实告诉我们，一个政党在执政过程中虽然把经济搞上去了，但如果自身腐败问题严重又无力克服，导致社会风气败坏，最终也会丧失民心，带来灾难性的后果。因此，腐败是发生在党和国家肌体上的瘟疫，并且蔓延到社会生活的各个领域，产生了极其严重的危害，构成对党的领导和社会主义制度的严重威胁。

在经济方面的危害，腐败动摇着我国社会主义经济基础。经济基础是任何社会赖以存在和发展的最重要的基础，生产资料所有制在社会经济基础中处于核心地位、具有决定性作用。在我国社会主义初级阶段，我国经济基础的核心是以公有制为主体的多种所有制经济共同发展的社会主义基本经济制度。许多腐败的事实都已经证明：任何形式的腐败行为，最终都会落脚到经济问题上。从经济的角度直观地来看，腐败造成了大批资金的严重浪费。如大吃大喝，一年吃喝 2000 多个亿。如果把这些钱用来发展经济，可以上多少个大项目；如果把这些钱用来救助失学儿童，可以有多少人重返校园；如果把这些钱用来救危助难可以使多少人提高生活水平。从经济的角度宏观地来看，一个腐败分子被查出的腐败额，小则几十万、几百万，多则几千万、几个亿，但其给我国经济建设所造成的损失要远远大于其腐败数额。现实中有不少这样的案例，一位官员在接到行贿者几十万、几百万的贿赂后，他可能给行贿者创造无限的商机，可能使行贿者大发横财，而随之带来的却是国有资产的大量流失，工程项目质量的大大下降，社会主义市场经济秩序的严重破坏，社会主义公有制经济的严重践踏。比如现实中那些把高额国有资产廉价卖给私人的事件，那些“豆腐渣”工程等，哪一桩哪一件不与腐败相关呢？而腐败分子发展到一定程度，他就必然希望把非法所得合法化，使侵吞的公有财产永久地私有化，前苏联已经在这方面为我们提供了教训。因此，如果任腐败发展下去，必然会严重削弱、动摇甚至摧毁我国社会主义的经济基础，导致社会主义变质。

在政治方面的危害，腐败削弱乃至破坏党执政的政治基础。共产党执政的政治基础，从根本上说是广大人民群众的支持和拥护。然而，腐败是腐败分子对人民利益的非法占有，是离间党与人民群众关系的焦点问题。尽管腐败分子是极少数，但其所作所为让广大人民群众深恶痛绝。腐败的滋长和蔓延。必然会使党的形象扭曲，威信下降，直到被人民群众所抛弃。在共产党处于并将长期处于执政地位的条件下，各级领导干部是党执政的骨干力量。领导干部的执政能力高低，也在一定程度上决定着党的执政地位的巩固与否。事实上，在领导干部与腐败分子之间，只有一步之遥。如果我们的干部队伍中，为人民服务的人民公仆少了，以权谋私的腐败分子多了，就必然降低党的执政能力，动摇党的执政基础。正因为如此，可以说领导干部腐败是危害最大的腐败。再有，巩固党的执政地位，必须有一个和谐的社会氛围，而和谐的社会是民主、法治、公平、正义、安定、有序的社会。腐败因其是以权谋私的违法犯罪行为，从各个方面严重破坏着社会主义和谐社会的建设。现实中，许多地方发生的不利于社会稳定的事件，起因就是因为有些官员的腐败所致。因此，腐败在本质上作为一种权力腐败，是涣散党心、离间党群干群关系、损害党的形象、降低党的威望的催化剂，严重破坏着党执政的政治基础。

在思想文化方面的危害，腐败严重毒害人们的思想和社会风气。腐败造成整个中华民族道德、文化素质的下降，它对社会主义精神文明的危害，比造成的物质损失更为严重。从一定意义上讲，腐败的盛行是以一种腐败文化为基础的。所谓腐败文化，就是指权力和利益相交换的现象已不是偶发的孤立事件，而是成为一种习惯势力，带有一定的普遍性。一种文化一旦形成，就会渗透到一些人的思维习惯和日常行为模式之中，渗透到当今社会生活深处，对社会风气和人们生活方式产生潜移默化的影响。因此，在腐败文化形成的时候，腐败就有了激励、辐射和凝聚作用，致使一般人很难摆脱它的纠缠和羁绊，不论做什么事都首先考虑运用法律、政策、制度和规定之外的潜规则，用金钱去寻求某种特殊的关系和权力，无论大事小情都得找“路子”“托人情”、送礼金，于是，掌权者的腐败行为产生了，权力集体的窝案串案产生了。因此，腐败严重污染着人们的思想文化，污染社会风气。反腐败不仅仅是一场严重的政治斗争，也是一场严肃的文化角力。必须旗帜鲜明地伸张正气，打击邪气，使干部群众从思想上澄清各种糊涂认识，树立廉洁光荣，腐败可耻，执政为民的坚强政治信念，净化灵魂，彻底铲除各种潜规则滋生蔓延的土壤。

在党和政权建设方面的危害，腐败侵蚀党的先进性，削弱党的战斗力。在党的思想建设上，少数人的腐败行为是对共产党人崇高理想和革命精神的亵渎，严重毒害党内风气和党员思想，造成一些党员是非、善恶、美丑、荣辱观念的颠倒，思想混乱，灵魂空虚，不能发挥党员应有的先锋模范作用。在党的组织建设上，腐败导致党的民主集中制原则的削弱，一些党组织内歪风邪气盛行，组织涣散，派性发作，纪律松弛。凡是不正之风和腐败现象严重滋长的地方和单位，党组织的先进性和战斗力就受到严重损害。综上所述，腐败现象给党和国家造成的危害是全面的，极其严重的，不加以制止和清除就会涣散民心，动摇国本，毁掉社会主义大业。执政党容忍腐败，无异于自挖墙脚，自掘坟墓。

正因为腐败现象的上述严重危害，使执政党的执政基础最容易因腐败而削弱，执政能力最容易因腐败而降低，执政地位最容易因腐败而动摇。腐败现象就是我们必须严肃对待并着力解决的一个突出问题。如果不坚决遏制和克服腐败现象，任其滋长蔓延，就会严重损害党的形象和威信，严重破坏党同人民群众的血肉联系，严重动摇党的执政地位。必须围绕提高党的领导水平和执政水平、提高拒腐防变和抵御风险能力这两大历史性课题，以坚定不移的态度、坚强有力的工作和坚持不懈的努力，进一步推进党风廉政建设和反腐败工作。

4. 腐败危害性之说

对于腐败的影响，国内外学者曾经有过激烈的争论。20 世纪 60 年代，雷夫和亨廷顿提出过腐败有益论，认为在现代化过程中存在一定程度的腐败是有利的，可以通过两种机制刺激经济的发展：其一，当传统的法律或官僚制度阻碍经济发展时，腐败行为常常是逾越这些障碍的有效手段，收取“买路钱”形式的腐败可以使经济个体避免官僚主义造成的延误，从而提高效率；其二，收取贿赂的政府雇员将更努力地工作，特别是在贿赂充当计件工资的情况下。他们认为，虽然第一种机制只有在官僚主义盛行、规章制度非常繁琐的国家才具有促进经济增长的可能性，但无论公事程序是否繁杂，第二种机制都能起作用。国内也有学者认为，我国正处于社会转型时期，腐败不可避免，他们认为腐败是发展的润滑剂，腐败能使办事顺利，适度的腐败对经济发展有利。甚至有些学者也大谈腐败有利，认为不管通过什么途径，只要“变”起来就好。对于参与腐败的少数人来说，腐败给他们带来好处是不容置疑的，但是对于国家和社会来说，腐败的负面效应远大于正面效应，其负面效应主要体现为：

制约经济健康发展。尽管腐败是社会的毒瘤，但仍有人为腐败辩护。国外有些学者认为腐败具有一定的“正功能”，我国也有人坚持腐败“正负功能论”，认为腐败是消除计划经济的润滑剂，从某种角度对我国的经济建设有一定的促进作用；的确，现实中有些地方通过腐败为本地区带来了经济效益。从整体上看，腐败不利于经济的健康发展。明显的贪污受贿的铺张浪费，给社会经济带来的危害比较直观，其负面效应毋庸置疑。比如河北省原招商局长兼省机电进出口办公室主任李友灿，一次受贿达1670余万元，1670多万元如果用来投资，可以兴建一个中小型企业，实现社会财富增殖，如果用来救济，可以温暖千万个贫困家庭；又如全国每年公款吃喝几千亿元，不仅浪费国家大量的财富，同时助长慷公家之慨的歪风邪气，使一些人把公款吃喝当作有身份有权势的象征。对于有些地方和单位利用腐败作润滑剂，换来了部分效益和局部利益，以此为腐败辩护，是非常片面的认识。不妨对腐败润滑剂进行深入考察，看它是否有真正的正功能。在计划经济与社会转型时期，许多投资项目取决于各级政府部门，为了争取项目投资，一些地方或企业纷纷跑省进京，不惜采取“舍得孩子套狼”的手段，以腐败作为润滑剂，争得了项目和投资；不可否认，这些项目建成投产，给地方带来了经济增长；但并不一定实现了资源的最优配置，假如通过科学决策选择在别的地方投资，也许能获得更好的效益。据有关专家估计，一般通过润滑争得的项目，只有三分之一有效益，三分之一半死不活，三分之一是半拉子工程，与此同时，低水平重复建设恶性循环，国家曾经对纺织业实行压锭政策，却出现锭子越压越多的局面，可见以腐败作润滑，只能润滑出许多浪费资源的“怪胎项目”。再说回扣，被国内许多商家作为营销手段，有利于各自商品的销售，看上去回扣起到了很好的润滑作用；回扣直接受益者是得回扣者和施回扣者，间接的受益者是商家或企业，但是他人和社会则往往是深受其害；因为回扣，使假冒伪劣产品的销售成为可能，使产品高于市场价格的销售成为可能，不仅仅是可能，已经形成了大量的事实，假冒伪劣产品每年给国家造成大量的经济损失，也给人民群众带来无穷的祸患；由此可见，作为润滑剂只能把一些人滑向腐败，只能使社会经济滑向病态。其实回扣，外国人早已有过实践，检验的结果是祸害无穷，因而立法禁止。比如美国，早在上世纪初就有了禁止回扣的“埃尔金斯法”；在其他一些发达国家，也有类似的法律法规。殊不知，我们不仅有人心安理得得回扣，还有人视之为润滑宝贝。腐败还是社会生产力的破坏力量，因为一些腐败行为将权力作为资本加以使用、消费和增殖，必然破坏社会经济正常运行，对经济秩序产生极大危害。其具体表现为：首先，腐败使党的许多经济改革方针政策无法全面准确地贯彻执行。中央出台的改革政策是经过科学论证的，由于腐败，一实施起来就走了样变了形；其次，腐败阻碍了经济改革的进程。一些地区出现了地方保护主义，制定了许多土政策，人为制造市场分割；其三，一些人混淆腐败与改革的界限，把腐败行为归为市场经济的必须，以“改革开放”作为腐败行为的挡箭牌，这种模糊和错误的认识混淆视听，破坏了经济秩序；此外，腐败所导致的贫富两极分化是经济发展中的绊脚石，也是造成社会不稳定的直接因素。

破坏法制和规则。近年来，党和国家在法制建设上做了大量的工作，法制不健全的状况有了很大的好转。但是，在执法过程中有法不依、执法不严的现象时有发生，究其根本原因，乃是腐败行为作祟。由于腐败行为的存在，特权使法律变得苍白无力，不能真正体现“法律面前人人平等”。已经出台的许多法律，每年年底，从中央到地方都出台了禁止收受红包的文件，可是仍有许多人热衷于用公款送红包，仍有许多人心安理得地笑纳红包，彼此心照不宣各得其所，如此漠视党纪行贿受贿，在接受党纪检查、财务和审计检查时，许多单位都能顺利过关或摆平；多年来，从中央到地方关于约束公款吃喝的文件发了那么多，就是管不住一张嘴；腐败居然如此漠视党纪和国法。日常生活中，许多事情依照法律和规则办事，应该是顺理成章的。由于腐败现象的存在，再简单明了的事情，也得通过请客送礼才能办成。一些公职人员，在执法和办事过程中，奉行功利主义态度，对于自己有利的规则就遵守，对于自己不利的规则就不遵守；对于自己有利的，鸡毛可以当令箭；对于自己不利的，令箭也可当鸡毛。现实生活中，老百姓合理的诉求通过正常途径往往不能解决，只有一级一级地上访，引起某些大领导干部的重视，问题才能得到解决；因此，老百姓“信访不信法”，因为通过司法程序要付出很高的经济成本，而且不一定体现社会公正。司法权是一种中立性和积极性的权力，它是社会公正的最后一道防线。如果司法腐败，则社会的公正和正义必然会丧失，社会上蝇营狗苟之事便会盛行，黑恶势力和犯罪活动就会蔓延，人民的生命财产安全就得不到保障，党纪和国法的尊严将面临挑战。

恶化生存环境。腐败的滋长和蔓延，直接恶化我们的生存环境。在地方保护主义呵护下，许多企业片面追求经济增长，对自然资源进行掠夺式地利用，导致自然环境的急剧恶化，给人民群众的生产和生活带来极大的祸害。最明显的是江湖和河流的污染，“五十年代淘米洗菜，六十年代洗衣灌溉，七十年代水质变坏，八十年代鱼虾绝代，九十年代身心受害，如今治理花大钱，水质仍不如当年。”这便是淮河、滇池和太湖等水域的真实写照，治理淮河花了600多亿，净化滇池花了40多亿，代价不能说不小，效果却不能说很大，因为边治理边污染的情况还不能停止。腐败不仅恶化自然环境，同时也恶化社会环境，使普通百姓的生存环境极为尴尬。红包文化泛滥，贪污贿赂成风，随便办什么事，明明白白走正路行不通，只有诉诸金钱和关系网才能搞定或摆平；这样的环境，只能使坏人和不良者如鱼得水得意忘形，而好人和正直者则如履薄冰举步维艰。

毒化社会风气。社会风气是一种无形的力量。一种好的风气，潜移默化地陶冶人们的高尚道德情操；而某些不良的观念和行为一旦形成风气，则如水银注地，无孔不入地侵蚀社会的健康肌体，使得消极和丑恶现象无所顾忌地滋长蔓延。市场经济，就是倡导人们以合法手段追求财富和利益。然而，一些人凭借手中的权力，大肆谋取不义之财，有的不择手段一夜暴富；如此腐败致富，不仅使社会公众产生了一种心理失衡，而且毒化和败坏社会风气，助长了歪风邪气的盛行。经济学上有一种“劣币驱逐良币”的定律，即当外观劣质的货币等与外观优良的货币等价使用的时候，人们优先使用劣币，而把良币收藏起来；当腐败致富大行其道的时候，人们就会纷纷仿效，优先使用“劣币手段”（各种腐败的）追求财富，而将“良币手段”（正当合法的）保留起来，不得已而为之。社会风气一旦被毒化，就有一种无形的力量，让假丑恶的东西变成似乎合理的存在，并使人们的灵魂扭曲，随波逐流地融入污泥浊水。时下，一些人不以贪污受贿为耻，反以贪污受贿为荣，敛财越多越觉得自己有本事；一般人在痛恨腐败的时候，一旦有机会也能腐败一次，却为之沾沾自喜。现在有些贪官落马，自己不作深刻反省，反而抱怨内部不团结，抱怨内部人把内幕暴露出来；社会上也有人不觉得贪官落网罪有应得，倒觉得他们运气不好给逮着了。通过腐败行为获得财富，那些财富往往被用于对社会有害无益的追求上，诸如赌徒、吸毒、玩女人、花天酒地等畸形消费因腐败而滋长，黄色产业因腐败而兴旺，以至于道德水平下降，只笑贫来不笑娼。

阻碍现代化进程。现代化是人类社会的伟大进步，是国家走向富强民主文明的必由之路。现代化是以经济发展为核心，涉及政治、法律、社会结构和文化等诸多领域的全面性发展过程，是多角度、全方位的转换，是多方面的变化过程，几乎涉及到人类活动和人类思想的一切领域。美国学者布莱克在《现代化的动力》一书中，从理智、政治、经济、社会和心理等五个方面对现代化进行阐述，著名政治学家亨廷顿则从心理、智力、人口、社会、经济和政治等方面来论述现代化。不管从哪些方面论述，现代化可以理解为以人为本，实现人的全面发展。人是现代化的主体，也是现代化的目的，现代化离不开人的现代化。所谓人的现代化，就是人们的价值观念、思维方式和行为方式等合乎现代化的取向，人们的素质和能力得到全面提升。美国社会学家英格尔斯认为，国家的现代化，首先是国民的现代化。他在《人的现代化》一书中指出：“一个国家，只有当它的人民是现代人，它的国民从心理和行为上都转变为现代的人格，它的现代政治、经济和文化管理中的工作人员都获得了某种与现代化发展相适应的现代性，这样的国家才可真正称之为现代化的国家。”腐败现象是社会的黑洞，腐败行为只能使行为个体获得好处，但是对整个社会却产生巨大的异化力量，它不仅恶化生存环境并毒化社会风气，更可怕的是它吞噬人性，使人的人格矮化、良知泯灭和道德沦丧；从异化的角度看，腐败黑洞是损害人们健康发展的邪恶力量，是阻碍现代化进程的绊脚石；如果说腐败有益于现代化的话，那就是从客观上促使痛恨腐败的人们渴望加速现代化进程，而腐败本身并不能推动现代化；相反，随着现代化发展，将逐步改良滋长腐败的土壤，压缩生长腐败的空间。

5. 从中国历代政权的灭亡看腐败的危害

中国五千年的灿烂历史，创造了不朽的华夏文明，但有一个顽疾也始终伴随始终，难以根除。尽管血的教训不断，但却又总是重蹈覆辙——那就是“腐败”。纵观中国历朝历代政权的更迭无一不是因腐败而起。从夏、商、周到晚清政府的倾覆，从民国时期的军阀混战到国民党政权在旧中国的终结，无不是一部因腐败而亡国亡政的历史。

据史书记载，腐败的阴影长存于上古时期三代近三千年的历史中。夏、商之灭亡，都与敌方长期大肆利用财宝、土地、美女拉拢腐蚀地方官吏和军队主帅密切相关。一度强大的周朝步入衰败境地，也绕不开腐败的悲剧：攻破成都的敌军，就是利用其内部腐败，用贿赂买通了部分卖国诸侯，里应外合，导致最后的防线崩溃，政权的覆灭。春秋战国时期，吴国之所以从战胜国步入灭亡境地，而越国之所以反败为胜，绝非勾践单靠“卧薪尝胆”就能办到，原因之一是吴国内部的腐败本身就已经无可救药，其次是勾践靠贿赂买通吴国权臣伯胚，同时有组织地利用贿赂对吴国官员进行系统渗透，致使其内部瘫痪，难敌外侵，导致亡国。秦始皇横扫诸侯、一统天下，建立了空前规模的封建王朝——秦朝。但其霸业并未持续多久，其后期因内部腐败，朋党相争，致使民不聊生，起义不断，天下大乱，秦朝土崩瓦解。

西楚霸王项羽“霸王别姬”的故事流传千古，但这只反映了其悲壮凄美的一面，诸不知其深层原因，就是主要对手刘邦利用贿赂手段不断腐蚀其部下，致使项羽内部内奸不断，而项羽却对此毫无防御能力，导致其从强盛走向失败。

以史为鉴而知兴衰。从每一个朝代的兴衰直到清朝政府的回天无术、最后到国民党反动统治被人民推翻，无不与腐败相关，这些例子举不胜举。因此，历史的教训深刻地告诉我们，一个政权的垮台往往不是因外力搞垮的，而是自己把自己搞垮的。腐败毁掉的不仅仅是一些官员和一个群体的廉洁性，更是给一个王朝、一个国家带来了毁灭。中国共产党人早就看出了这一历史的“周期律”。为了不让历史的悲剧重演，毛泽东同志早在建国前夕党的七届二中全会上就告诫全党，在胜利面前要始终保持清醒头脑，在夺取全国政权后要经受住执政的考验，务必继续保持谦虚、谨慎、不骄、不躁的作风，务必继续保持艰苦奋斗的作风，一定要过好“进京赶考”这一关，绝不做李自成。习近平总书记在纪念毛泽东同志诞辰120周年座谈会上的讲话特别强调：“全党要牢记毛泽东同志提出的‘我们决不当李自成’的深刻警示”。再一次为全党敲响了警钟!

要防止历史悲剧重演，打铁还需自身硬。重读历史，以史为鉴，必须始终牢记毛泽东同志“我们决不当李自成”的深刻警示，切实加强党员干部理想信念教育，强化党内制度建设。充分利用好“四种形态”，抓小抓早，防微杜渐。认真落实《准则》和《条例》，优化党内政治生态和政治环境，切实扎紧制度的笼子。牢记“生于忧患，死于安乐”的古训，着力解决好“其兴也勃焉，其亡也忽焉”的历史性课题。坚持“党要管党、从严治党”的要求，不断加强党的自身建设，落实好“两个责任”，以零容忍的态度和决心惩治腐败，不断提高党的执政能力和领导水平，增强党自我净化、自我完善、自我革新、自我提高能力，切实防止党员干部由人民公仆蜕化为新时期的人民公贼，甚至人民公敌，使中国共产党一代又一代薪火相传，继往开来，永远立于不败之地。

6. 国有企业腐败的危害

国有企业的腐败现象自上个世纪90年代以来就在不同范围不同程度存在，没有得到有效的根治。十八大以来，中央加大对国企的巡视和监管力度，暴露出国企存在的以权谋私、权钱交易、利益输送等腐败现象和变相瓜分侵吞国有资产现象相当严重。但长期以来，人们更多从经济角度看待国有企业的腐败现象，而没有看到更深层次的问题。必须看到，国有企业的腐败现象带来的绝对不仅仅是国有资产的大量流失和人民群众利益的受损等国有资产财产数量上的问题，还有更深层次的政治问题：国企腐败现象损害社会主义的本质，削弱党的执政基础，破坏社会主义市场经济正常秩序。国企腐败现象不仅仅是经济问题，而且是关系到改革开放的全局、关系到中国特色社会主义制度的重大政治问题。

国企腐败现象违背了社会主义的本质属性。社会主义的本质在经济上的表现形式，一是公有制为主体，二是共同富裕。国有企业的建立和经营就是公有制的重要体现，是保证共同富裕的重要方式，就是通过国家占有和控制生产资料以及在全体人民中公平分配企业的利润来达到人民在财产收入上的基本平等，防止资本主义私有制下的两极分化。所以，建立、改革和发展壮大国有企业的目的就是为了实现社会主义，实现共同富裕。要在具体的实践中做到这一点的前提条件是，国家作为代表全体人民的出资人和所有者具备公平分配企业利润的能力，但在现实中却难以做到这一点。应该承认，中国社会的贫富差距与国企腐败现象存在着密切的关系。一方面，国家赋予国有企业的垄断地位确保了国企的利润和收入远远超出了其他行业，部分国企薪资福利水平过高，拉大了收入差距，加重了社会收入失衡。国有企业，特别是垄断性央企在收入分配领域尚未很好地扮演正面的角色。在国企利润的内部分配已经造成了与其他行业贫富差距加大的同时，部分国企领导和管理人员通过贪污、受贿等多种方式造成国有资产流失，则进一步加大了这种差距。在大量外逃的腐败分子当中，金融系统和国有大企业是人数最多的。国有企业普遍存在的造假账现象也隐藏着巨大的腐败，给国有资产造成了严重的损失，在这些混乱而糊涂的数字背后，无疑是内部管理的混乱和国家监管的缺位以及国资的流失和看不见的腐败。

在这一贫富分化加剧的趋势中，国有企业的垄断地位带来的分配不公以及国企领导层的贪污腐败现象等是个无法忽视的因素。值得指出的是，那些与大型国企领导关系密切的私人企业家也是暴富群体中的新贵，如在原铁道部部长刘志军和多家大型国企间从事搭桥交易的著名山西女商人丁羽心，仅从高铁项目中就收取中介费8亿元，而另一名更加著名的被誉为“公共裙带”的女商人李薇的能量几乎达到了无所不能的程度，她通过与多名省部级高官和大型国企如石油、地产、烟草、证券的内幕交易，在很短的时间内就构建了属于自己的资产达到近百亿的企业王国。毫无疑问，国企官员在通过腐败的方式迅速积累起个人和家族财富的同时，是盗窃了国家的，实际上是全民的资产，这些财富本来应该是在人民中公平分配的，但少数人攫取了绝大多数人的财产，损害了人民的利益，所谓共同富裕和平等的社会主义本质就难以避免地受到了严重的腐蚀。习近平总书记指出，国有资产资源来之不易，是全国人民的共同财富。可以说，如果不能很好地遏制国企腐败现象，造成国有资产的私有化，说我们的社会主义本质会逐渐改变就不是危言耸听。

国企腐败现象削弱了党的执政基础。由于国有企业在国民经济中占有支配性和主导性的地位，无论是在计划经济时期，还是在社会主义市场经济时期，国有企业在事实上都起着党的执政基础的政治性作用，国有企业的兴衰与党的执政地位和执政基础有着密切的关系，这也是上世纪90年代以来中央一直把振兴国有企业作为构建社会主义市场经济体制核心任务的重要原因。搞好国有企业不仅是重大的经济问题，而且是重大的政治问题。国企领导人员的收入本来就与普通的职工存在着较大的差距。而由于贪污腐败等非正常方式造成的领导人员和普通职工的收入差距就会进一步拉大。这在一定程度上将不可避免地造成工人阶层的分化，分化为暴发的新富阶层和普通职工阶层。中国共产党是工人阶级和中华民族的先锋队，工人阶级无疑是党的执政基础，但工人阶层内部的分化肯定会破坏这一基础。从党章的规定以及“三个代表”重要思想理论来看，党应该是大多数人利益的代表者，而国有企业少数领导的腐败现象无疑是和党的宗旨相违背的，与国家成立国有企业的初衷背道而驰，严重损害了党长期执政的阶级基础和群众基础。国有企业发生的腐败现象不但掏空了企业的资产，甚至把一些本来优秀的企业也完全搞垮了，这样的例子举不胜举。无疑，那些因为腐败等原因亏损以致垮台的国有企业会影响到国有企业在国民经济中的地位，如果出现腐败现象的国有企业范围不能得到有效的遏制而逐渐扩大的话，就会进一步影响到国有经济在整个国民经济中的地位，从而进一步影响到党的执政基础的稳固。

国企腐败现象阻碍了市场经济秩序的建立。社会主义市场经济是制度经济、法治经济，国有企业在社会主义市场经济体系中占有主导地位，应该遵守相关的制度，遵守法制，维护公平合理的竞争环境。但国有企业的腐败现象起码从三个方面破坏了市场经济的正常秩序。一是国有企业的特殊地位使其有可能利用与政府部门的密切关系，通过贿赂掌握政策和审批部门的方式得到特殊的优惠政策和经营条件，排斥民营企业，破坏了正常的市场竞争，这种现象在能源、建筑、土地、金融等领域一直没有间断过。其后果不但破坏了正常的市场秩序，还鼓励了其他企业的行贿冲动，抑制了企业的创新动力，抑制民间长期投资和积累资产的积极性，从而将企业家的能力从经济创新活动引导向腐败活动。二是国有企业的腐败现象会危害到人民群众的财产和生命安全，影响到社会经济秩序的稳定，甚至引发激烈的社会冲突。那些发生在交通、建筑、矿产等领域的垃圾工程、豆腐渣工程的背后都隐藏着国有企业的腐败问题，权力与金钱的勾结和复杂的利益输送关系使企业放松了制度的约束和质量的标准，从而埋下隐患。三是国有企业的腐败现象降低了经济增长的效率。国企由于其垄断地位带来的高额利润本身就抑制了对效率的追求，而其管理层由于权力过大、失于监管等原因出现腐败现象，则使那些本来有效率的企业也失去了增长的机会，成为管理阶层谋取私利的工具，尤其在那些企业高管集体陷入腐败而相互包庇的国企更是如此。

从以上几个方面看，国有企业腐败现象的影响是极其广泛的。正是由于国有企业在国民经济中占有的支配性和主导性地位，国有企业腐败现象的影响才更加严重和深远，它不仅会影响大的经济环境和经济秩序，影响到我国社会主义市场经济体系的建立和完善，还会影响到党的执政基础和阶级基础。所以，搞好国有企业，根治国企腐败现象，既是关系国民经济健康运行和长远发展的重大经济问题，也是关系社会主义制度前途命运的重大政治问题，必须从保证我国的社会主义性质、巩固党的执政基础和建设正常的社会主义市场经济秩序的层面，才能深刻地理解国有企业腐败现象的严重后果。也只有从更高的政治和全局层面，从习近平总书记提出的“四个全面”的高度，而不是孤立地仅从经济或者企业的角度去看待这个问题，才能加大国企反腐败的力度，在实践中找到根本治理国有企业腐败现象的方法和途径。

7. “两面人”“两面派”的危害

十九届中央纪委二次全会公报指出，“坚决清除对党不忠诚不老实、阳奉阴违的两面人、两面派”。中共中央总书记、国家主席、中央军委主席习近平曾指出，领导干部要把深入改进作风与加强党性修养结合起来，自觉讲诚信、懂规矩、守纪律，襟怀坦白、言行一致，心存敬畏、手握戒尺，对党忠诚老实，对群众忠诚老实，做到台上台下一种表现，任何时候、任何情况下都不越界、越轨。

“两面人两面派”危害大。2015 年 3 月，中央纪委监察部网站曾刊发文章《千万不能跟党装两面人耍两面派——山东省委原常委、济南市委原书记王敏案件警示录》。文中提到，“‘台上一套，台下一套，说一套，做一套；人前是人，人后是鬼……’王敏典型的‘两面人’特质，耐人寻味，发人深省，其警示作用之大，值得每一个领导干部深思”。当面一套背后一套，嘴上一套行动一套，这种行为严重损害了党和群众的关系以及党在群众心中的威信，破坏了党的形象、损害了党的公信力、损害了群众的利益，导致国家的大政方针无法落实，对国家的改革与发展也造成了很大的危害。“两面人、两面派”在我们党内并不是一个新问题。“两面人、两面派”习惯于喊口号、行动少，最大的危害就是影响党的形象，侵蚀党的群众基础，让党与群众之间隔起一道墙，让党和政府无法与群众正常沟通，无法真正了解人民群众的呼声，更无法将中央的政策方针贯彻到底，让群众产生实实在在的获得感，最终会威胁到党的执政地位，损害国家的政治安全。“两面人、两面派”还会让党有关干部选拔任用的程序陷入困境。《千万不能跟党装两面人耍两面派》一文提到，“这些义正辞严的讲话，表面上热热闹闹、振振有词。但他（王敏）内心深处，却视党纪如无物，就在十八大以来严惩腐败的高压态势下，依然不收敛不收手，顶风违纪”。

“两面人、两面派”政治上表现为贪腐和政策落实不到位，表面上拥护，实际上不作为，最终给群众利益造成负面影响。从道德上来说品质极差，看似对群众的事情很热心，但是却掺杂着很大的表演成分。从经济上来说，主要表现为不做实事，谋取个人私利、个人好处。“两面人、两面派”的主要表现形式包括：台上台下两个样。台上可能义正辞严大谈党风廉政建设，台下却搞以权谋私、团团伙伙，甚至搞利益集团；对上对下不一样，对上阿谀奉承，对下颐指气使，是典型的形式主义和官僚主义的表现，也是不讲政治的表现。此外，“两面人、两面派”表面上拥护中央的决策、执行中央的政策，但实际上却出于个人利益贪污腐败，让中央政策陷入空转。“两面人、两面派”使党内产生浮夸之风、攀比之风，不能提升实际的工作成效，使得某些党员领导干部追求表面成绩，忽略实实在在的成绩，让老百姓看不到真正的工作成果，更没法享受到改革红利。

官场潜规则推波助澜。中纪委机关报曾刊发文章《揭秘官场“两面人”的 8 副脸谱》，其中包括：脸谱 1——表面信仰马列，背后迷信“大师”；脸谱 2——表面勤勤恳恳，背后吃喝享乐；脸谱 3——表面谋划发展，背后官商勾结；脸谱 4——表面一心为公，背后“一家两制”；脸谱 5——表面是国家干部，背后脚踏两条船；脸谱 6——表面中规中矩，背后我行我素；脸谱 7——表面任人唯贤，背后任人为钱；脸谱 8——表面五湖四海，背后拉帮结派。

“两面人、两面派”产生的原因：根本原因是权力公开透明度不够，表面上说得很好，但就是不落实，也不告知群众具体情况，让群众没有办法进行监督，进而导致监督上出现漏洞。另一方面原因在于，绩效考核体系不健全，对干部的绩效评估不够客观、科学。落实不到位也是一个重要原因。虽然目前随着互联网技术、大数据的运用，绩效评估的水平比较高，但是落实运用还不到位，在此过程中就会有些人钻空子。另外，群众监督与批评的渠道与平台比较少，公共政策在执行过程中的参与程度不高。“两面人、两面派”的出现是官场某些潜规则使然。过去官场的某些潜规则使得能吹能捧、阿谀奉承的人获得了升迁机会，而那些老实干事踏实干活的人却不能获得升迁的机会。在这种情况下，“两面人、两面派”就会有更多活动空间，进而导致党内政治生活和政治生态遭到破坏。

制度层面的原因也不容忽视。虽然出台了一系列关于党内监督的制度和监管措施，但是在具体执行过程中还没有针对“两面人、两面派”的干部制定出专门的监督措施和考核办法。此外，现行的干部选拔任用考核机制还存在一些短板，有时候更多是考虑上级领导干部对下级领导干部的意见，在一定程度上忽视了普通群众的看法，由此使得有的领导干部只对上负责不对下负责，只唯上不唯实，于是产生“两面人、两面派”。

强化监督改变考核机制。《千万不能跟党装两面人耍两面派》一文提到，标榜理想主义者的王敏，在人前“信誓旦旦”，做足表面文章，却把革命理想束之高阁，作为精神偶像，从未真正将其作为行动指南和行为遵循。随着市场经济的大潮，随着自己职务的提升，随着各种诱惑的增多，他党性丢弃了、理想坍塌了、信念动摇了，导致政治上变质、经济上贪婪、道德上堕落、生活上腐化！

“两面人、两面派”影响恶劣，又该如何防治？要构建公众监督平台，要鼓励公众对领导干部进行批评。不论是群众监督还是舆论监督都能有效让权力在阳光下运行。最重要的是加强制度监督尤其是重要政策制定和执行过程中的监督，比如中央纪委、全国人大以及各级人大对行政权力的制约和监督。要做到人民群众愿意监督、敢于监督，就需要严格落实依法行政、依法执政，让权力在民主法治的轨道上运行。

通过党内政治生活的净化以及党内监督的前置来改善党内的政治生态，从而营造出想干事、能干事的良好氛围。要针对“两面人、两面派”以及这样的行为，制定专门的制度，加强对这些行为的监督和管理，一旦发现“两面人、两面派”即严肃惩处。改变现行的干部考核机制，干部考核标准对领导干部的行为具有导向作用。要让领导干部树立正确的政绩观，不要把政绩简单等同于喊口号、向上级表态。加大公众意见在领导干部考核中的权重，更重要的是要考核领导干部的实际成效，不要看面子工程和表面数字。

《千万不能跟党装两面人耍两面派》一文还提到，作为典型的“两面人”，王敏扭曲的价值观、分裂的人格、表里不一的行为，大搞政治投机主义，伪装清廉、伪装纯洁、伪装正直，台上台下两个形象，人前人后两种表现，当面一套、背后一套，用假面具掩盖自己极其肮脏的灵魂和丑恶的行为，演出了一幕幕贪腐的双簧戏，欺骗了组织，迷惑了群众。无论对哪一类人都要坚持不懈把反腐败的高压态势坚持下去，零容忍惩治腐败，这是非常重要的一点。要加强对权力的制约和监督，使得权力在合理的、有效的、科学的框架下运行，让权力在阳光下运行。要继续加强党的建设，从党的建设的角度改变党员领导干部的思想状态，强化不想腐的状态。要敦促领导干部树立正确的人生观、世界观和价值观，也就是说，领导干部必须摒弃侥幸心理，树立正确的从政心理和伦理规范，真正做到权力为公。领导干部就应该承担更多责任，不要把领导岗位仅仅看成是一种权力的行使，更应该看到的是一种责任的担当。要真正运用公权力为群众谋福利。要营造良好的政治生态，持续不断地推进作风建设，整治形式主义和官僚主义，让那些“两面人、两面派”在官场上没有市场也没有发展空间，让那些真正想干事、能干事的干部走上领导岗位，给他们更多的发展空间和舞台。只有这样，才能够让好干部起到带头和示范作用，让坏干部真正被淘汰出去。

8.《长恨歌》讲述腐败危害

2013 年 4 月，履新中国国家主席不久的习近平主持了十八届中央政治局第五次集体学习，主题是借鉴我国历史上的优秀廉政文化，提高拒腐防变、抵御风险的能力。“研究我国反腐倡廉历史，了解我国古代廉政文化，考察我国历史上反腐倡廉的成败得失，可以给人以深刻启迪，有利于我们运用历史智慧推进反腐倡廉建设。”在那次集体学习中，习近平特别提出要抓作风建设。其实此前多年，习近平早就重视领导干部的作风问题。2007 年 2 月，浙江省委书记任上的习近平在《之江新语》专栏文章《生活情趣非小事》中讲了两则典故。

一则是钱俶进宝犀带。据《宋人轶事汇编》记载，五代十国时期割据江浙地区的吴越国王钱俶，后为宋朝效力，被封兵马元帅。有一次，钱俶向宋太祖赵匡胤进献了一条非常贵重的腰带，被称为宝犀带。宋太祖接过腰带说，自己也有 3 条贵重的腰带，但和你这个不一样。看到钱俶一脸好奇，宋太祖笑着说：“汴河一条，惠民河一条，五丈河一条。”原来宋太祖将事关民生的 3 条河流比喻为自己的宝带，钱俶听到后大为惭愧，再也不敢做进献宝物以媚上的事情了。

另一则是《南村辍耕录》记载的缠足典故。南唐后主李煜的嫔妃窅（音同咬）娘美丽且擅长歌舞。李煜别出心裁地让窅娘用布帛缠住脚，把她的脚缠成小巧弯曲的新月形。窅娘套上白袜子，在六尺高的金质莲花上回旋起舞，李煜借以欣赏所谓的仙子“凌云之态”。看到国君如此，结果“人皆效之，以纤弓为妙，以不为者为耻也”。沉溺声乐享受、倦怠国政的李煜只当了 14 年国君，南唐都城便被宋军攻破，他自己也成了宋太祖的俘虏，最终在汴京抑郁而终。

风成于上，俗形于下。习近平在文章中写道："这两则典故一正一反，说明了领导人在生活细节上体现出来的态度，绝不是小事。"十八大后，习近平在中央政治局会议上讲到了改进工作作风、密切联系群众的重要性，突出强调我们党艰苦朴素、与人民同甘共苦的优良传统。中央以出台八项规定为切入口和动员令，以踏石留印、抓铁有痕的务实态度，厉行反对形式主义、官僚主义、享乐主义和奢靡之风等"四风"，切实改进领导干部的工作作风。几年下来，成效显著。为政清廉才能取信于民，秉公用权才能赢得民心。2013 年 1 月 22 日，在十八届中纪委二次全会上，习近平告诫全党："中国历史上因为统治集团严重腐败导致人亡政息的例子比比皆是。"他引用唐朝诗人白居易《长恨歌》中的诗句，讲述了唐玄宗懒政、官员贪污腐化导致唐朝衰落留给后人的警示。"春宵苦短日高起，从此君王不早朝"。自公元 618 年唐朝立国，到 713 年唐玄宗改年号为开元，经过几代人近百年的努力，唐王朝疆域广阔，经济繁荣，文化发达，人才辈出，进入了全盛时期。当时繁荣的都城长安，成为其他各国向往的世界中心。然而在太平盛世中，也曾励精图治的唐玄宗满足了、懈怠了。他终日和杨贵妃沉溺在享受之中，渐渐地不再过问朝政。

"渔阳鼙鼓动起来，惊破霓裳羽衣曲"。朝堂上，杨国忠等奸臣当政、一手遮天；边镇中，安禄山扩充军备、暗藏祸心。唐玄宗对盛世下的危情一无所知，他沉醉于《霓裳羽衣曲》优美的旋律，配上杨贵妃曼妙的舞姿，仿佛盛世会永远持续下去。755 年，安禄山的辖区突然传来阵阵战鼓，而曾经威震四方的唐军像皇帝一样长期懈怠，在叛军面前迅速溃败。此时，唐玄宗才从《霓裳羽衣曲》的旋律中惊醒，但都城长安很快被叛军攻陷，他带着杨贵妃仓皇逃往四川。在马嵬坡，愤怒的将士杀死杨国忠，逼宫唐玄宗，要求处死杨贵妃。尽管万般不舍，唐玄宗也只得赐死杨贵妃，以平众怒。几年后，唐朝最终击败叛军，唐玄宗重回长安时，眼前只剩下满目疮痍的都城。他在抑郁中度过了余生，唐朝再也没能重回巅峰，最终在内忧外患中被割据的藩镇取代。随着唐朝的灭亡，中国从封建社会的高峰滑落，进入了混乱的五代十国时期，人民遭受了巨大的灾难。

唐朝诗人杜牧曾在《阿房宫赋》中以"秦人不暇自哀，而后人哀之；后人哀之而不鉴之，亦使后人而复哀后人也"，来劝谏唐朝当政者吸取秦亡的教训。习近平借用古人之事，意在警示当今的中国。改革开放 40 多年来，中国国力迅速发展，一些领导干部贪污腐化、脱离群众，引起了人民的不满。对此，习近平毫不手软地打"老虎"、拍"苍蝇"。上至周永康、徐才厚、郭伯雄、令计划等一批国级、副国级高官，下到处级、科级等基层干部，一旦违法违纪，绝不姑息。如今，党风廉政建设和反腐败斗争取得阶段性重大成果，凝聚了党心民心，增强了人民群众对党的信心和信任。

9. 腐败对经济发展的危害性

面对正在形成的惩治腐败的高压态势，一些不同认识和议论开始出现。特别是有的人认为，反腐败会影响经济发展。这真是无稽之谈。腐败对经济发展的危害性是非常严重的，无论从理论上还是从古今中外社会发展的实践来说，都充分证明了这一点。

首先，从理论上分析腐败对经济发展的严重危害性。一是腐败导致资源配置的错位。腐败在资源配置中的表现就是“乱配”，造成资源浪费和重复建设现象十分普遍，引发某些行业之间的恶性竞争，并最终导致经济发展环境恶化。二是腐败导致市场秩序混乱。权钱交易、权力进入市场以及贪污腐败等对市场的直接危害，即是正常的市场秩序变得混乱和失序，极大地破坏了市场经济发展应有的平等与竞争秩序。三是腐败导致国有资产严重流失。从山西煤炭领域腐败案件中可见一斑：一些领导干部与不法私营企业主相互勾结，以“白菜价”贱卖煤矿，致使一些国有企业成为“空壳”。四是腐败导致两极分化，民众不满，社会不稳，最终对经济发展尤其是社会的和谐稳定造成威胁。

其次，从古今中外正反两方面典型事例来分析。就国外来说，菲律宾和新加坡就是两个很好的例子。上世纪50年代，菲律宾人均国民生产总值在东南亚名列第二，仅次于日本。但由于在马科斯及其家族统治下的腐败盛行，社会贫富差距日益扩大，社会动荡，投资环境恶化，最终导致国民经济发展停滞不前甚至倒退。最终，马科斯政权被民众推翻，其根源在于腐败的盛行及其惩治不力。新加坡在人民行动党1959年执政之前，腐败在新加坡人看来司空见惯、习以为常。当时的人均国民生产总值只有435美元。以李光耀为首的人民行动党在执政之后，通过高薪养廉、依法行政、严惩贪腐等政策下决心清除腐败，形成廉洁高效的政府，成就了新加坡此后数十年经济的高速增长，成为亚洲“四小龙”之一。目前，要在反腐败斗争中树立自信，包括对反腐败取得的成果、反腐败方法的科学性，尤其是对反腐败带来的正能量要有足够的自信。一方面，反腐败促进竞争公平有序的发展环境和现代市场体系的形成，促使经济社会更加健康的发展。另一方面，反腐败重塑了党的形象，党的凝聚力、感召力和纯洁性自然得到提升，成为推动经济社会发展的强劲动力。

菜单五

反腐败的对策精粹

超越 CHAOYUE

1. 集约式反腐败助推法治中国建设

针对贿赂的复合过错特征，反腐败法治化就应该集约化。集约式反腐败指依据法律和党的规章，同时惩处受贿犯罪、行贿犯罪并追究领导廉政责任的组合措施，以此遏制和惩罚腐败。

贿赂犯罪是受贿人、行贿人的共同犯罪；同时，党政机关都设置组织领导的连带责任制度，规定公职人员受贿，其领导应负廉政领导责任。因此，作为腐败的主要表现形式，贿赂犯罪是一种行贿人、受贿人以及领导等多方责任主体复合过错的结果。对此，我国《刑法》对行贿犯罪和受贿犯罪作出了明确的处罚规定；《关于实行党风廉政建设责任制的规定》等党内规章也对领导干部的廉政责任作出了明确的要求。尽管法律和党的规章都明确规定了对上述多责任主体的惩罚措施，但长期以来我国反腐败实践却只注重打击受贿，对行贿人以及腐败官员的上级领导较少或较轻追究责任，表现出了单一追责的特征。针对贿赂的复合过错特征，反腐败法治化就应该集约化。集约式反腐败指依据法律和党的规章，同时惩处受贿犯罪、行贿犯罪并追究领导廉政责任的组合措施，以此遏制和惩罚腐败。

单一追责的缺陷。打击贿赂犯罪“重受贿、轻行贿”的现象违背了“有法必依、执法必严、违法必究”的法治原则。“有法必依、执法必严、违法必究”是我国法治建设的基本原则，具体到腐败案件的处理，要求对行贿人和受贿人都应该依法追究责任。只对受贿人单一追责，不仅有违法治精神，而且，由于行贿风险与成本的降低导致行贿泛滥。不利于对腐败的有效控制，这种执法不严、违法不究的表现，与法治中国建设的原则严重背离。

只强调贿赂犯罪的个人责任而忽视组织领导责任与从严治党要求不符。依法治国必先依法治党，中国共产党高度重视组织建设和领导责任，《关于实行党政领导干部问责制的暂行规定》《关于实行党风廉政建设责任制的规定》等党内规章都对领导的廉政责任制有明确规定，落实好这些规定是依法治党、从严治党的客观要求。但这两项党的重要规定没有得到有效贯彻，实践中鲜有依据这两项《规定》处罚责任领导，导致各级领导干部往往更重视廉洁自律，而轻视廉政建设的组织责任。

集约式反腐败是廉政治理的有效战略。集约式反腐败是从源头上遏制腐败的重要途径。权钱交易是现阶段腐败犯罪的主要形式，集约式反腐败通过对行贿犯罪的有效打击，遏制了行贿肆虐的不正之风，有助于从源头上切断腐败的利益输送链条。在公共组织内部，集约式反腐败强化了领导对组织廉政建设的责任担当，促使各级领导不仅要廉洁自律，还必须对组织的廉洁负责，推动党委廉政主体责任的落实。

集约式反腐败是反腐败法治化的具体体现。运用法治思维和法治方式反对腐败，实现反腐败法治化，是全面推进依法治国、建设法治中国在廉政治理领域的必然要求。集约式反腐败在惩罚受贿人的同时还依法依规惩罚行贿人以及组织领导，不仅是“有法必依、执法必严、违法必究”法治原则的体现，也是依法治党、从严治党的客观诉求，是反腐败法治化的具体体现。

集约式反腐败有利于提高廉政治理效率。一方面，集约式反腐败并不是一种新的反腐败制度，而是对法律法规既有规定的落实。另一方面，集约式反腐败通过单个案件的查处强化对行贿人、受贿人以及领导三类责任主体的责任追究，有利于形成对腐败犯罪更大的震慑作用。通过以上两个途径，集约式反腐败可以有效提高廉政治理的效率。

开展集约式反腐败的现实障碍。法律对行贿罪构成要件的限定影响了对行贿犯罪的有效打击。我国《刑法》对行贿罪的构成有“为谋取不正当利益”的限定。由于司法裁判很难判定行贿是否“为谋取不正当利益”，导致司法难以对行贿罪作出客观、统一的判决。

现行考核体制客观上鼓励侦办机关通过赦免对行贿犯罪的惩罚来换取行贿人的办案配合，于是行贿人受不到应有惩罚。《刑法修正案（九）》颁布之前，按照我国刑法规定，“行贿人在被追诉前主动交待行贿行为的，可以减轻处罚或者免除处罚”。也就是说，行贿者愿意作证证明受贿者的犯罪事实，可以免除处罚。行贿人往往也愿意主动供出犯罪事实从而减轻或免受处罚。与此同时，检察机关为了保证大案要案的侦破，也会选择从行贿人一方突破获得证词，作为回报，就是对行贿犯罪免予追究或低度惩罚。这种侦破方式带来了一个副作用，即客观上纵容了行贿行为。

组织内部廉政责任意识缺失、责任主体不清。长期以来，我国的廉政建设主要强调领导干部个人廉洁自律，忽视了领导应该对组织成员的廉洁进行管治的责任。由于地方政府长期面临着发展经济的巨大压力，经济发展好坏成为官员晋升的主要考核指标，经济增长也因此优先于组织廉洁成为领导工作的首要目标。这就使得领导没有足够动力抓廉政建设，导致了廉政建设的领导责任弱化。

对领导的廉政责任问责存在力度不强以及相关技术难题和制度缺陷。《关于实行党风廉政建设责任制的规定》是目前对领导廉政责任制建设的主要规范性制度。从制度实施具体情况来看，对领导的廉政责任进行问责还存在着问责力度不强、问责主体单一化、问责过程和结果不够透明、集体领导体制下责任认定困难等制度设计层面的问题。

推进集约式反腐败的政策建议。完善惩罚贿赂犯罪有关立法和司法制度，减少行贿罪轻刑、免刑适用率。一是要在立法上尽快取消行贿罪“不正当利益”构成要件的限定，统一行贿犯罪认定和处罚的标准，压缩司法对于行贿犯罪处理的模糊空间。二是在司法层面合理区分行贿人交代犯罪事实的不同情境，除确有自首情节和重大立功表现的依法可以减轻处罚外，应对行贿人慎用轻刑和免刑。

加强对行贿人非法获利的追缴。一是采用刑事手段加强对行贿人违法所得的财产性利益的追缴，严格落实《刑法》第64条的规定：“犯罪分子违法所得的一切财物，应当予以追缴或者责令退赔”。二是在现有党纪政纪处分规定的基础上加强对行贿人非财产性收益的实质性追缴。非财产性利益如果是享受权利（力）、待遇的，应当予以解除或剥夺（如解除职务、工作、剥夺荣誉）；非财产性利益如果是逃避义务责任的，应当追加履行或者重新追究；非财产性利益如果尚处于未得阶段时，应当解除或者取消获得利益的条件，使其不能实现。

完善考核评价体系，健全廉政建设领导责任制。一是进一步完善干部考核评价体系，丰富干部考核“廉政”维度的评价内容，不仅考核领导干部廉洁自律情况，还要考核其分管工作领域的廉政建设总体情况，考核不达标的应采取相应的处罚和惩戒措施。二是强化落实党委的主体责任和纪委的监督责任（“两个责任”），对于责任落实不到位的要严格追究相应党委和纪委的责任。

全面落实《关于实行党风廉政建设责任制的规定》，强化问责力度。一是全面推进地方性、部门性“规定”的制定和落实，严格对照“规定”的有关内容科学设置责任并严格落实问责制度。二是进一步完善问责制度设计，逐步建立涵盖人大、政协、司法机关以及社会公众在内的多元问责主体网络，避免问责主体单一化（仅由上级党委问责）。三是增加问责透明度，要将问责对象、事由、过程和结果通过合理的方式及时向社会公开，充分发挥问责的惩戒和震慑作用。

2. 推进反腐败斗争的战略对策

扩大党内民主的实现方式，以民主制度建设来推动反腐败的深入。在全国县市逐步实行以下制度：（1）党代会年会制。（2）党代表直选制。（3）党代表常任制。（4）评议制。评议结果在代表大会上公布，如对不满意票超过30%的领导班子，必须写出书面整改报告，针对存在的问题，认真整改并及时向党代表公布。

制定完善的、科学的常委会议事规则和制度，保证党内决策的民主化。必须尽快制定标准的常委会议事规则和相关制度。规则包括：界定常委会需要讨论的重大事项的范围与确切内容；书记与副书记、常委之间关系的平等性，以及常委讨论权的保证制度；常委会议事的具体程序等。

利用人民民主反腐败。要充分利用人民代表大会制度的监督作用，发挥人民代表的职能，推进反腐败工作，保证各级人大作为国家权力机关在重大问题和重大事项上的决定权。

加强选人用人的制度建设。完善初始提名权制度。要提高领导干部选拔任用的科学性和准确性，必须科学合理地规范干部任用初始提名程序，实现“由少数人选少数人”到“由多数人选人、在多数人中选人”，为此，要做到：（1）明确范围，保证初始提名推荐人员的广泛性，科学界定行使初始推荐提名权的人员范围。（2）规范程序，强化初始推荐提名权的制度安排。四个程序：一是组织部门制定发放《干部选拔任用初始推荐提名公告》，公告空缺职位，做到群众知情。二是制定发放《干部选拔任用初始推荐提名表》，实施署名推荐，实行责任追究。三是执行资格双审，严把入口关。对照职位资格条件，对人选进行资格初审。四是综合分析结果，确定考察对象。建立干部推荐说明书制度。贯彻《党政领导干部选拔任用工作条例》的要求，逐步实行干部推荐说明书制度。个人向党组织推荐领导干部人选，必须负责地写出推荐材料，填写干部推荐说明书并署名，经组织（人事）部门审核后，按照规定程序进行民主推荐，得不到所在单位多数群众拥护的，不得列为考察对象。实施“考任分离”制度。“考任分离”制度就是将干部的任用从时间和空间上分割开来。考察时不任用，任用时不需要再考察。这一制度的好处：一是可以降低用人上的风险，对在公开选拔中一时难以把握的人选，可以先“放一放”，通过工作实践作进一步的了解和考察。二是可以充分利用公开选拔的成果。对在公开选拔中成绩突出、综合素质较高但因职位所限未任用的优秀人员，可先纳入领导干部人才库，在适当的时候再予以任用，这既充分利用了公开选拔成果，又节约了人才开发成本。三是留出了对干部进行全面考察的时间。可以有足够的时间通过挂职锻炼等多种方法对拟用人选进行全面的定量和定性考察。推广离岗考察制度。所谓离岗考察制度，就是指主要领导干部获得提拔需要离岗时，在公示提拔信息以后，适度延长公示时间，令其脱离原工作岗位，暂不进行新的任命或暂不就任新职，而是安排其到党校进行为期至少三个月的培训。在此期间可以排除干扰，使“一把手”得到最充分的监督。这有利于建立健全科学的干部选拔任用和管理监督机制，进一步扩大干部选拔任用工作中的民主，完善选拔任用决策机制，防止考察失真、“带病提拔”等问题。有一些干部“带病”的问题会在离岗考察期间显露出来。

进一步强化反腐倡廉教育。围绕社会主义核心价值体系的构建，大力推进廉政文化建设。从理论上看，廉政教育不是孤立的，而是整个社会大系统的一个组成部分。同时，廉政教育直接面对的是思想观念层面上的存在，因此，不能把廉政教育狭隘化，而是要把廉政教育与社会主义先进文化有机结合起来，大力推进廉政文化建设。社会文化的内核在于价值观念，许多腐败现象的发生、腐败分子的堕落，都与价值观念的崩塌息息相关。从一定意义上看，腐败与反腐败既是一场政治斗争，也是其背后起支撑作用的文化价值观的“价值博弈”。因此，廉政教育必须紧紧围绕社会主义核心价值体系的构建，密切结合社会主义荣辱观的教育，因势利导，大力弘扬以腐败为耻、以廉洁为荣的先进价值观念。善于从大贪案件中总结出小蠹演化为大贪的内在规律性，不断进行倡廉教育。从近几年查处的一些案件看，腐败分子一般都是从贪小开始的，得手后胆子越来越大，手段越来越多，从小到大，从隐蔽到公开，直至无法自拔。有的官员日常生活中对于“吃一点、拿一点、要一点、卡一点”不以为然，认为是小事一桩，无碍大节；一些官员对于“小腐”习以为常，逢年过节收“禧礼”、子女嫁娶收“红礼”、生日寿辰收“寿礼”、丧葬之际收“白礼”，以为是人情世故算不得什么。安徽省阜阳市原市长肖作新就是靠这些不起眼的“小打小闹”发家致富，聚敛起数千万元的家产，最终成为贪得无厌的“巨贪”。在市场经济条件下，要大力弘扬巴黎公社原则所体现的奉献精神。作为无产阶级夺取政权的初次尝试，巴黎公社“为了防止国家和国家机关由社会公仆变为社会主人——这种现象在至今所有的国家中都是不可避免的——采取了两个可靠的办法。第一，它把行政、司法和国民教育方面的一切职位由普选选出的人担任，而且规定选举者可以随时撤换被选举者。第二，它对所有公务员，不论职位高低，都只付给跟其他工人同样的工资。公社所曾付过的最高薪金6000法郎。这样，即使公社没有另外给代表机构的代表签发限权委托书，也能可靠地防止人们去追求升官发财了”。

坚定不移地推进领导干部个人财产申报等制度建设。财产申报制度，即有关财产申报、登记和公布的制度，被称为“阳光法”。它使公职人员的财产受到了严格监督。任何个人财产的不良变动都会受到查处。对于建立财产登记申报制度，许多国家的做法是：首先，制定财产申报方面的法律；其次，建立接受和审查申报书的机构；最后，定期审查和公布财产公布书。（1）制度内容。领导干部要报告本人、配偶及由其抚养的子女的家庭财产，包括大额现金、存款、有价证券、房产、汽车、债权债务等主要家庭财产。（2）中央巡视组采取例行的抽查制度，譬如每年抽查1%～5%的领导干部的个人财产。对于抽查中发现的不如实申报的干部，就一查到底决不姑息，这种不确定性的威慑力比简单的惩罚措施更大。（3）对于竞争上岗的领导干部，必须在一定范围、一定层面上对其财产予以公开公布，对那些没有公开、公布的财产，一经查明予以没收充公，并取消三年提名资格。建立健全领导干部亲属出国留学、定居申报制度。据有关统计资料，全国近年查办的不少腐败官员都将子女送到国外深造。原北京市交通局副局长、首发公司董事长兼党委书记毕玉玺敛财的最大“动力”就是其远在英国留学的儿子。有些高官，如云南省前省长李嘉廷也是从为儿子筹钱出国留学时开始走向堕落的。辽宁省原副省长刘克田在案发后说：“看到别人送子女出国留学，特别是进入国外名牌学府，自己也不甘落后，总想为子女多创造一些条件。”正是在这种心态下，他一边把女儿送出国留学，一边大肆受贿，终于落入法网。对此，应进一步完善并在全国推广领导干部亲属子女出国留学、定居申报备案制度。

完善干部监督制度。建立和完善经济责任审计制度。该制度规定领导干部在任期届中、届末和晋升、调任、转任、退休、辞职时要进行任期经济责任审计；审计结果应作为领导干部选拔、调整的重要参考依据并归入个人档案；被审计者如存在经济责任问题，应及时查处。建立和健全责任追究制度，即问责制。该制度要强化党委（党组）书记的监督责任，明确各级党委（党组）书记对本地区本部门的权力运行负监督总责，重点监督领导班子成员和下级党委“一把手”，同时，实行重大违纪违法案件问责制，凡党委（党组）书记未履行监督责任的，追究其监督责任。建立和完善干部选拔任用工作责任制。该制度要建立推荐、考察、任用责任制，明确推荐、考察、任用等关键环节的责任主体、责任要求、违规行为和责任后果。针对干部选拔任用过程中的各责任主体，就干部选拔任用过程中的推荐、考察、决定三个环节的规定加以细化，制定具体的工作规范、操作办法和监督措施，建立一套系统、规范的选拔任用工作责任体系。建立和健全谈心谈话制度。该制度要求落实任前廉政谈话，上级党组织对新上任的领导干部要进行廉政谈话，要求其提高廉洁自律的自觉性，既要干净干事，又要主动抓好管辖范围内的廉政建设。要求落实定期谈话，上级党组织每年至少要找下级领导干部谈话一次，特别是当领导干部职务发生变动和退休时、个人遇有重大事项时、班子内部出现不团结苗头时，群众有较多反映时应及时进行谈话。建立和完善年度考核制度。该制度要求每年结合班子考察党风廉政建设情况，对领导干部落实情况进行一次考核。考核时，领导干部要在干部群众大会上进行一次述职述廉报告，并在一定范围内组织民主测评，考核和民主测评结果应向本人反馈，述职述廉报告要交上级党组织备案。民主测评中，“不称职”票超过一定比例的，视情况作出组织调整或免职、责令辞职、降职的处理。将述职述廉、评议结果、整改措施等作为考核、评价领导的重要依据存入档案。建立和健全廉政监督员制度。各单位要聘请廉政监督员，对廉政监督员的建议和意见，要认真办理，及时向本人反馈。

建立和完善班子成员相互监督制度。班子成员对其他成员违纪违法情况故意隐瞒、不汇报的，一把手明知班子成员有违纪违法情况而不提醒、不批评、不汇报的，要追究其责任。建立和健全巡视制度。上级部门要通过巡视，定期或不定期地对落实一把手监督及干部八小时外管理的情况实施检查监督。

3. 遏制金融腐败的对策

从整个金融系统来讲，遏制金融腐败问题，是一项长期的战略任务，值得我们认真探求。

深化改革是治本之策。进一步推进金融体制改革，通过改革创新，积极创造条件，从源头上逐步铲除金融腐败现象滋生蔓延的土壤和条件，努力形成“不敢腐败”“不能腐败”“不思腐败”的良好机制和环境。金融专家指出，根据目前中国金融改革和发展的情况，预防和治理金融腐败，需要注意兼顾长期的治本之策和近期的治标举措。毫无疑问，从长期看，坚定地推行银行商业化和股份制改革，进一步加大银行业开放力度，就能逐步引入市场竞争机制，建立现代银行的公司法人治理模式，减轻银行“软预算约束”，避免银行从业人员道德风险。从近期看，基于目前体制条件，加强监管仍是十分重要的，它是对法制和市场化监管不健全形成“真空”的有效填补。如银保监会强调要推行银行管理层强制休假和制度性轮岗、轮调、换岗制度，就便于及时发现银行经营中的贪污挪用、违规操作和监守自盗行为，防止少数人长期一手遮天，掩盖大量违规违纪行为。更重要的是，当前要改革“行长经济”的传统模式和积习。有的银行之所以漏洞百出、大案不断，主要是行长“个人说了算”，民主作风差，贷款想要放给谁就放给谁，不考虑是否能收回来。建立现代银行业管理体制，破解“行长经济”难题，也正是中国金融业不断探索和改革的方向。

抓好监管落到实处。客观地说，我国金融系统的规章制度是比较健全和严密的，除了有内部制约机制，还有案件风险防范责任制。有的单位所有规章制度加起来有上千条，规定不可谓不细，可为什么还会接二连三地发生金融腐败问题呢？关键是一些单位执行规章制度不严、内部管理松弛，使放贷审查和监督流于形式。

遏制金融腐败问题，抓好监管落实是关键。严密的制度只有落到实处才会发挥出它应有的约束作用。这些上千条的规章制度不仅要让所有人知道，还要让他们知道违反这些制度会受到什么样的处罚。同时，要在金融系统的每一个单位都形成一种人人受监督、人人受制约的良好氛围。首先是要加大对银行业金融机构董事、监事和高级管理人员的任职资格监管和履职过程中的动态监管力度，督促其不断加强思想改造，牢固树立正确的世界观、人生观、价值观，在诱惑面前眼不花、心不乱。

预防金融“期权化”腐败。近几年来，随着金融改革的逐渐深入、金融竞争的加剧和银行职业终身制的打破，部分金融领导干部及银行高管人员无法承受改革和经营带来的巨大压力，开始利用手中的权力进行寻租，为自己寻找所谓的“出路”和“退路”。这些出路之一便是金融腐败“期权化”。国务院发展研究中心研究员魏加宁曾在谈到我国商业银行的违规贷款为何难以遏制时，就提到了金融腐败“期权化”问题，认为“这是一个重要的原因”。他还要求建立强化永久责任追究制。金融领导干部、高管人员退职、离职和辞职后感到可疑的，可以随时审计、复审，查出问题，不论其离开原岗位有多长时间，也不论其走到了什么地方，都要追究责任。总之，要让搞腐败的人知道，金融腐败期权化并不是可靠的“安全港”，同样，随时会受到法律制裁。

努力控制人事风险。银行是知识密集型行业，需要德才兼备的优秀人才。而前些年一些金融机构录用职员时往往没有坚持严格的标准，致使一些思想品质较差、有不良行为习惯甚至有违法犯罪前科劣迹的人员流入金融系统。还有一些人虽然思想品质较好但法律知识缺乏、业务能力差，难以胜任金融工作，这些都为金融腐败埋下了隐患。因此，银行在选人用人上一定要把好关口，防止用人失察。对领导岗位、重要业务岗位、管理岗位的用人更要做到如此。业内人士普遍主张建立岗位轮换制和亲缘回避制度。对关键岗位、重要部门人员，原则上要 3 年左右交流轮换一次；对同一单位的岗位配置，要严格实行亲缘回避，下决心改善员工队伍结构，控制和减少近亲繁殖，严禁出现父子社、兄弟社、姐妹社的现象。

预防和减少金融犯罪，最主要的是加大犯罪成本，让腐败分子受到迎头痛击，使意欲涉贪者望而却步。再者，还需努力破解金融犯罪“大鳄”卷款潜逃后的追击难题。对卷款潜逃的犯罪分子，必须发起群体攻势，集中火力，像追捕凶残的刑事犯罪分子一样，组织精兵强将，尽量缩短缉捕时间，以减小金融“大鳄”长期不能归案所带来的消极影响。

注重发挥银行业机构作为案件防范主体的作用，大大增强风险管控的前瞻性、主动性和有效性。同时，抓住案件责任追究，不断增强问责制的刚性。对案发机构的经营管理和内审部门进行责任追究，凡发生大要案的，省级机构负责人要到银保监会作出深刻检讨；强化高管人员和监管人员责任，规定新发重大恶性案件，将依法追究机构主要高管、分管内控及风险的高管责任；明确监管部门责任。

4. 抓住企业反腐倡廉的“牛鼻子”

习近平总书记在中纪委二次全会上明确指出，把权力运行关进笼子里。“关”就是要把权力置于阳光之下，接受人民群众的监督。对于企业来说，必须持续不断推进党务公开和企务公开。只有通过党务公开和企务公开这一有效形式，才能把企业领导的权力关进笼子里。党务公开和企务公开的关键是领导，重点是“三管”（管人、管钱、管物）人员。企业领导干部必须牢固树立“反腐倡廉也是第一要务”的思想，转变观念，转变作风。这就要求必须严格执行“三重一大”，即“重大问题决策、重要干部任免、重大项目投资决策、大额资金使用”的制度，尤其是在用人方面，严格按照“以德为先”的标准，广泛征求党内外群众意见和建议，采取先考察、再公示、竞争上岗的选拔使用办法，绝不能任人唯亲，狠刹选人用人的不正之风。企业发展首先靠政策，就是要把“三重一大”真正落到实处；其次，靠一个团结、互助、务实、勤廉的领导班子，给员工创造一个能干事、想干事、会干事、干成事的平台，打造一支奋发向上、开拓创新、锐意进取的员工队伍。

着力抓好“三管”人员的思想道德、职业道德、廉洁警示教育。“三管”人员虽然没有呼风唤雨之权威，但有掌管人、财、物之权力。比如一名采购员，他不是官，却大权在握，负责各种材料的采购，有投机钻营之空子，这就是滋生腐败的土壤。一旦私欲膨胀，采购的各种材料就会出现以次充好、价格攀升等现象，企业就会造成不可挽回的重大损失。又比如劳资核算员，是体现对自己负责、对职工负责的关键岗位，必须要本着“公开、公平、公正”的原则和严肃认真的态度，做好本职工作，真正体现“实实在在工作、明明白白挣钱”的人本精神。一旦不按原则办事，出现了记黑工、记人情工等现象，就会造成职工队伍涣散、失去凝聚力、丧失战斗力等状况。

抓党务公开和企务公开，必须实事求是。一是通过公开将“三管”人员的运行完全置于阳光之下，接受职工的监督，杜绝暗箱操作，形成风清气正的良好氛围，促进企业健康安全发展。二是通过公开把“三重一大”落在实处，铲除腐败的温床，杜绝“一言堂”，使重大事项决策、干部任用、工程招标、物资采购、大额资金使用等事宜，严格按照各项规定操作，形成符合办事原则的有效机制。三是通过公开进一步转变党员干部的工作作风，形成密切联系职工群众的氛围，为职工出实招、办实事、解民忧，共享企业改革发展红利。

抓干部队伍建设，打造“廉荣贪耻”的良好氛围。坚持把党务公开与党风廉政建设相结合、全面创先争优和深化企务公开等工作相结合，这就是党务企务公开与党风廉政建设的相融性。一是建立健全四个机制（党务公开与企务公开领导体制和工作机制、公开监督机制、公开评议机制、公开责任追究机制），确保党务公开与企务公开科学性；二是突出对四点，即重点、难点、焦点、热点问题，进行全面公开。对职工群众普遍关注的领导干部以权谋私问题、工资奖金分配、干部人事任免，以及领导干部的收入、住房、子女就业、业务招待费等及时进行公开，接受职工群众的监督；三是丰富公开形式。以“八上”为公开主渠道，即：把党务与企务工作在“董事会上、经理会上、职代会上、公示栏上、廉政建设文化墙上、展板橱窗上、职工报上、工业显示屏上”进行全方位公开。四是加强评议监督和追究，确保党务与企务公开实效性。

抓干部队伍建设，打造“廉荣贪耻”的良好氛围。在抓干部队伍建设上，以“五廉”教育活动为载体，有效增强党员和领导干部的廉洁从政意识：倡廉教育要组织党员干部参观贪渎案例图片、观看警示电教片，增强党员干部的思想免疫力；活动兴廉要建设廉政文化广场与廉政建设警示教育基地，展示真实的腐败事例，营造出浓厚的宣传氛围，筑牢拒腐防线；谈心育廉实行主要领导廉政谈话和群众有负面反映的干部诫勉谈话制度，加强领导干部廉洁从政，廉政做人的意识；责任助廉就是要通过签订《党员干部廉洁从政责任状》《“三管”人员廉洁自律责任书》，以承诺兑现自己的诺言，为党员干部筑起一面坚实的拒腐“教育防火墙”。

加强制度建设，创建廉洁文化。廉洁文化制度建设是廉洁文化建设的一种重要形式，是企业扎实推进廉洁文化建设的有力保障。要在教育预防、行为规范和监督制约等方面强化制度建设，将廉洁文化优势转化为企业制度优势、管理优势、效益优势和市场竞争优势。廉洁文化建设的重要内容是文化制度建设，搞好制度建设是预防腐败的有力保证。用反腐败制度来促进职工群众树立廉洁从业的理念和准则，在企业内部形成从不能腐败到不敢腐败、从不敢腐败到不愿腐败的氛围。

通过贴近实际、贴近生活、贴近群众的活动，增强廉洁文化建设的吸引力。一是加强廉洁文化基础建设。印制宣传手册，并发放到职工群众手中，利用厂报、宣传窗等宣传阵地，大力宣传“廉洁从业、诚信守法、勤奋务实、正气兴企”廉洁文化理念，努力营造以廉为荣、以贪为耻的廉洁文化氛围。二是采取形式多样、内容丰富的宣传，进一步增强廉洁文化的渗透力。组织党员干部及其家属到反腐倡廉教育基地进行以案施教、现身说法等警示教育，举办反腐倡廉专题讲座，购置和观看警示教育片，开展家庭助廉活动。

在企业廉洁文化建设中要坚持三个原则：一是坚持服务企业发展大局的原则，紧紧围绕企业的中心工作，开展相关的文化活动，大力倡导清正廉洁的思想理念，为企业的发展营造良好的环境与氛围；二是坚持案例教育为主的原则，大力宣传社会各界包括企业反腐倡廉工作的最新成果，大力宣传先进典型，并适当穿插反面典型，让企业广大干部职工看到清正廉洁的正面效应，并认识到贪污腐败的后果与下场，使企业广大干部职工能够坚守做人为官的底线；三是坚持贴近实际的原则，在教育的针对性、实效性方面下力气，讲求廉洁教育的实效，让领导与职工置身在清正廉洁的环境中，切身感受到廉洁文化带给人们精神上的愉悦与满足，使廉洁文化切实起到影响人、感染人、教育人的作用。

深化效能监察，把握惩防体系关键点。纪检监察工作要以科学发展观为指导，全面渗透到企业生产经营的各个环节。企业纪检监察工作既要对业务工作起到一定的监督作用，又不能乱作为。效能监察是企业管理活动中的一个监督环节，其目的是要纠正偏差，针对企业工作出现的偏差，采取纠正措施，以确保企业各项目标顺利、高效完成。企业效能监察要结合企业经营管理的实际，开展监督检察。通过效能监察，全面监督企业发展过程中的各项工作，防患于未然，提高工作效率，减少资源浪费，把事前、事中和事后监督结合起来。通过开展效能监察，促进企业生产和经营管理的完善和优化，促进企业科学发展。面对企业反腐倡廉建设中遇到的问题，纪检监察部门的工作方法要与时俱进，要加强服务性。服务性就是围绕服务企业科学发展这一中心工作创新工作方法。要做到这一点，一是要把企业纪检监察工作与经济工作合二为一，全盘考虑，将党风廉政建设紧密融入到企业经济建设中。二是要深入到企业生产、管理工作的第一线，及时发现和解决企业发展中遇到的突出问题。三是要围绕企业发展这个中心工作，积极参与企业的各项重大活动，在参与中加强监督，搞好服务。

5. 农村基层反腐败工作的对策

习近平总书记明确指出："推动全面从严治党向基层延伸。对基层贪腐以及执法不公等问题，要认真纠正和严肃查处，维护群众切身利益，让群众更多地感受到反腐倡廉的实际成果。"从严治党向基层延伸，治理农村基层干部腐败，要从强化组织建设、教育引导、制度建设、监督制约和纪律审查等五个方面发力，着力构建不想腐、不能腐、不敢腐的反腐败长效机制，促进农村和谐稳定、风清气正。

强化组织建设。农村稳，郡县安。党的力量源泉在基层，执政的基础在基层。基层干部离老百姓最近，其形象和作为直接影响党和政府在群众心目中的形象。因此，要切实加强村级组织建设，选好配强村级"两委"班子，充分发挥村党总支（支部）战斗堡垒作用和党员的先锋模范作用。要强化基层民主政治建设，增强民主法制意识，健全完善村"两委"民主决策、议事制度，抓细抓实"四议两公开"工作。

强化教育引导。村"两委"干部直接面对群众，与群众朝夕相处，群众有事首先就会找村干部。因此，要加强村干部的思想教育，深入开展党的理想信念教育，教育引导村“两委”干部树立正确的世界观、人生观、价值观，牢记宗旨，履职担当，增强服务意识，坚持群众利益无小事，凡事为群众着想，时时为群众服务。要把村干部的学习列为乡（镇）党委政府理论中心组的学习范围，做到学习教育常态化。坚持好“三会一课”制度，形成自觉，注重实效。督促各级党组织履行好从严管党治党责任，运用好监督执纪“四种形态”，使咬耳扯袖、红脸出汗成为常态，用纪律管住全体党员。要强化法纪教育，经常开展党章党规和法律法规学习教育，增强法纪意识，督促基层干部学法懂法、知法守法，学纪明纪、晓纪护纪，筑牢防火墙，拉起警戒线，让基层干部不犯或少犯错误。

强化监督制约。阳光是最好的防腐剂。要健全完善并严格执行制度，促进权力公开透明运行。加大“三公开”力度，把群众关心的财务、宅基地审批、民生资金发放、“三资”管理情况等，严格按照要求全面、及时公开，接受群众监督。充分发扬民主，落实好村民大会和村民代表议事制度，推行村民代表质询村干部制度，进一步保障群众的知情权、决策权、监督权和管理权。落实好村级财务委托代管制度，坚持村财乡（镇）管，把各村（社区）的钱和账由乡（镇）代管中心管好、管实，加强资金使用情况监督，使村干部欲“腐”不能。充分发挥村务监督委员会、村级民主理财小组和村民评议村干部的作用，定期召开这三个小组成员会议，明确他们的权利和义务，让群众参与到村级事务的监督中来，促进村干部清正廉洁。

强化制度建设。制度关键在执行。要严格执行党的民主集中制、民主决策议事、党务村务公开等制度，以公开促公平，让权力在阳光下运行，凡是村里的事，都要让群众清楚、明白。要强化民主理财制度，督促民主理财小组要切实履行职责，定期张榜公布理财情况，并作为村干部述廉述责的重要依据，增加群众的公信度。建立完善村级财务定期检查制度，由乡（镇）纪委组织协调，乡（镇）财政所牵头，相关部门配合，每半年对村级财务收支情况进行一次专项检查，发现问题及时纠正，限期整改。坚持经济责任审计制度，村干部任期内要由乡（镇）组织开展经济责任审计，重点审计经济工作目标完成情况、村财务收支情况、“三资”管理使用情况等，让群众参与到审计中来，结果向群众公开，增加审计的公开和透明度。

强化纪律审查。加强基层纪律审查力度，坚持零容忍、无禁区、全覆盖，对基层腐败问题发现一起坚决查处一起，绝不姑息，形成“老鼠过街，人人叫打”的反腐败氛围。注重基层纪检监察干部队伍建设，让打铁的人成为铁打的人，通过集中培训、抽调参与办案、现场指导等多种形式加强基层纪律审查业务培训，使纪检监察干部人人想办案、能办案、办铁案。以基层反腐败实际成果取信于民，促进农村和谐稳定。

6. 十八大以来反腐败斗争取得重大成效

党的十八大以来，反腐败是我们党的重要工作，保持了党的纯洁性和先进性。2012 年 11 月 17 日，在十八届中共中央政治局第一次集体学习会上，刚当选为中共中央总书记的习近平同志指出："近年来我们党内发生的严重违纪违法案件，性质非常恶劣，政治影响极坏，令人触目惊心。"改革开放以来，我国国民经济获得快速发展，国家实力迅速增强，但腐败现象也呈现出易发多发的势头。如果任凭腐败问题愈演愈烈，最终必然亡党亡国。正因如此，党和国家着眼于新的形势任务，把反腐败斗争作为全面从严治党的重要内容，反腐惩恶，正风肃纪，着力构建不敢腐、不能腐、不想腐的体制机制。

十八大以来的反腐败斗争，在党和国家的历史中留下独特的印记。

铁腕惩腐。党的十八大以来，全党以零容忍态度惩治腐败。不论查处贪官人数之多，级别之高，行动密度之大，还是涉及领域之宽，挖掘问题之深，都是前所未有的。150 多只"老虎"落马，20 多万只"苍蝇"被处分，超过 800 只"狐狸"归案。"打虎"。给予党纪政纪处分人数和审查高级干部人数看，连年创下改革开放以来的历史新高。从分布地域看，查处的高级干部覆盖了 31 个省区市。周永康、薄熙来、徐才厚、郭伯雄、令计划、苏荣、周本顺、白恩培、蒋洁敏等纷纷落马。他们有的曾经位居党政军要职，野心膨胀，广植党羽，排斥异己，成为党内政治生活的污染源，严重危害党和国家政治安全；有的长期主政一方、盘踞一域，苦心经营"独立王国"，上下勾连；有的在关系国民经济命脉的部门和企业搞"领地""家天下"那一套，老虎屁股摸不得。习近平总书记曾表示，"不是没有掂量过，但认准了人民的期待。"十八大以来，以习近平同志为总书记的党中央从关系党和国家生死存亡的高度，"明知山有虎，偏向虎山行"，以旗帜鲜明的政治立场、坚强无畏的政治勇气、坚韧不拔的政治定力，对腐败毒瘤打出重拳。反腐，没有免罪的"丹书铁券"，也没"铁帽子王"，随着一大批"老虎"

被绳之以党纪国法，消除了党内重大政治隐患，厚植了党执政的政治基础，坚定了人民群众对党的信心和信任。“拍蝇”。对那些官职不高、案值不菲的“小官巨贪”，严加查处。“猎狐”。“天网猎狐”行动向腐败分子发出强烈信号：境外不是“法外”，避罪没有“天堂”，有逃必追，一追到底！

肃纪正风。作风问题，关系人心向背，必须横下一条心抓好。作风建设如何抓？中央从严制定并执行《关于改进工作作风、密切联系群众的八项规定》，以踏石留印、抓铁有痕的劲头纠正“四风”。围绕节点，抓早抓小，寸土不让，锲而不舍。过去，不正之风侵蚀了节日文化，粽子、月饼、大闸蟹、贺年卡、年货节礼等越送越奢华。要彻底纠正“四风”，就必须从具体问题抓起，从小处着手，紧盯元旦春节、五一端午、中秋国庆等重要节日，在这些享乐奢靡之风易发多发的关键时刻，运用多种形式发信号、划红线，强化提醒警示，形成抵御“四风”反弹的坚固防线。现在，高档节礼变成“烫手山药”，公款吃喝显得“格外扎眼”，广大群众切实感受到节日风气的变化。“四风”问题积弊甚深，可谓冰冻三尺非一日之寒。要破冰，必须出重锤、严惩戒，刹风肃纪。党中央对此类问题的纪律审查、处分力度大大提升。各级纪检监察机关坚持对“四风”问题“一案双查”，对主体责任和监督责任落实不到位的党组织，加大问责力度，督促各级党组织将责任扛在肩上，促进了中央八项规定精神的落实。

扎紧笼子。暴风骤雨般的强力反腐大快人心，对贪腐官员形成了强大震慑。但反腐必然要经历一个从治标到治本的过程。唯有以制度建设“把权力关进笼子里”，使得官员不仅“不敢腐”，而且“不能腐”“不易腐”“不想腐”，才是真正的治本意义上的反腐之道。要扎紧反浪费笼子。2013 年 2 月初，习近平总书记对“舌尖上的浪费”“车轮上的铺张”“楼堂馆所的豪华”等多次作出重要批示，要求予以坚决整治，强调要“建立健全包括刚性的制度约束、严格的制度执行、严厉的惩戒机制在内的立体式、全方位的制度体系”“切实遏制公务支出、公款消费中的各种违规违纪违法现象”。9 个月后，《党政机关厉行节约反对浪费条例》印发施行，成为从源头上狠刹奢侈浪费之风的综合性、基础性党内法规。以条例为引领，一个“1 + 20”的制度框架不断建立完善，从预算管理、公务接待、公务用车、因公临时出国、领导干部待遇等各个方面织起厉行节约、反对浪费的制度之笼。扎紧党内法规笼子。在 2015 年 1 月十八届中央纪委五次全会上，习近平总书记提出修订《中国共产党党员领导干部廉洁从政若干准则》、《中国共产党纪律处分条例》的重要任务。10 个月后，重新修订的廉洁自律准则和党纪处分条例印发施行。两者一柔一刚，前者正面倡导、重在立德，指明道德高线，后者开列负面清单、重在立规，划出行为底线，将党的十八大以来关于作风、纪律等方面新要求转化为党内法规，实现纪法分开、纪在法前、纪严于法。

加强巡视。党的十八大以来，在中央坚强领导下，中央巡视工作领导小组扎实推进巡视全覆盖。中央巡视组已经开展了 8 轮巡视，共巡视了 149 个地方、部门和单位党组织，完成对 31 个省区市和新疆生产建设兵团、中管国有重要骨干企业、中管金融单位党组织的全面扫描。明确巡视监督定位。针对以往巡视内容过于宽泛的问题，巡视组擦亮巡视利剑，聚焦问题，着力发现违反政治纪律和政治规矩、违反中央八项规定精神、违规选人用人和腐败问题，巡视监督越做越实、越做越细，遏制作用不断增强。创新巡视方式方法。在开展常规巡视的同时，开展机动灵活的专项巡视，冲着具体事、具体人、具体问题而去，推动查处一批严重违纪违法案件，强化不敢、知止的氛围。巡视发现问题触目惊心。抓好巡视成果运用。纪检机关和组织部门对移交的问题分类处置、优先办理。中纪委立案审查的领导干部案件中，超过一半的线索来自巡视。针对发现的问题，实行整改情况党内通报和向社会公布的“双公开”，前 7 轮巡视的 118 个地区和单位整改情况已经全部公开，接受党内和群众监督。各省区市党委、部分中央部委和国家机关部门党组（党委）规范巡视工作，形成了上下联动态势。巡视成为全面从严治党的重要支撑，凸显了党内监督制度的力量。

深化改革。党的纪检体制改革是党要管党、从严治党的必然要求。十八大以来，中央制定了《党的纪律检查体制改革实施方案》，明确了改革的时间表和路线图，为全面从严治党提供坚强保障。落实责任是关键。深化党的纪检体制改革，关键在于落实党风廉政建设主体责任和监督责任。中央纪委牢牢抓住主体责任这个“牛鼻子”，强化责任追究。作为党内监督的专门机关，纪委担负党风廉政建设监督责任责无旁贷。能否履行好监督责任，取决于纪委的履职能力。十八大以来，在内设机构、行政编制、领导职数总量不变的情况下，中央纪委机关内设机构进行了两轮调整，增设纪检监察室，组建组织部、宣传部，新设立纪检监察干部监督室，执纪监督部门数量和人员数量进一步加强，分别占到机构和编制总数近 70%。同时，省、市两级纪委也相应完成内设机构人员调整，机构精简比例达 90%，并拢五指、攥紧拳头，真正实现聚焦党风廉政建设和反腐败斗争这项主业。稳步推进“两为主”。为破解“党内监督难”的问题，稳步推进“查办腐败案件以上级纪委领导为主”“各级纪委书记、副书记的提名和考察以上级纪委会同组织部门为主”，强化上级纪委对下级纪委的领导。党委对同级纪委的话事权收窄，上级纪委对下级党委的控制面加宽，“一把手”监督难问题正在逐渐疏解。实现对中央一级党和国家机关全面派驻。贯彻实施加强中央纪委派驻机构建设意见，在中央办公厅、中央组织部、中央宣传部、中央统战部、全国人大机关、国务院办公厅、全国政协机关等中央和国家机关设立 7 家派驻机构，使党内监督不留死角、没有空白。派驻纪检组聚焦监督执纪，提高履职能力，推动被监督单位党组织抓好本级机关党风廉政建设，落实管党治党责任。实施改革后，从制度上消除可能影响派驻机构发挥监督作用的障碍，规避了“派”的虚化和“驻”的牵制，发挥了“派”的权威和“驻”的优势，派驻机构跳出来看，钻进去干，工作更加超脱，派驻威力逐步显现。

综上所述，党的十八大以来，中央着力解决管党治党失之于宽、失之于松、失之于软的问题，使不敢腐的震慑作用充分发挥，不能腐、不想腐的效应初步显现，反腐败斗争压倒性态势正在形成。在盘点成绩的同时，我们仍要清醒看到，反腐败斗争形势依然严峻复杂。腐败活动减少了但没有绝迹，腐败分子被震慑住了但还在窥测方向甚至困兽犹斗，反腐败体制机制建立了但还不够完善，思想教育加强了但思想防线还没有筑牢。习近平总书记在 2016 年 1 月中央纪委六次全会上再次告诫全党“全面从严治党永远在路上”。为此，必须深化标本兼治，创新体制机制，健全法规制度，强化党内监督，把纪律挺在前面。重点是，强化党委的党风廉政建设主体责任，以上率下，做出成效；横下一条心纠正“四风”，强化执纪监督，在坚持中见常态，向制度建设要长效；保持高压态势不放松，并推动全面从严治党向基层延伸。查处腐败问题，坚持零容忍的态度不变、猛药去疴的决心不减、刮骨疗毒的勇气不泄、严厉惩治的尺度不松，发现一起查处一起，发现多少查处多少，把反腐利剑举起来，形成强大震慑。只要按照中央的部署做好工作，就一定能打赢这场战争，夺取最终胜利。

7. 用理性激活网络反腐正能量

网络反腐指的是网络社交媒体资源使用者通过信息传播方式，有效发挥舆论监督功能，对社会腐败现象进行揭发、评价、质疑和通报，以此来遏制腐败，维护社会公平、正义。在互联网时代，网络反腐已成为我国反腐机制中不可或缺的重要组成部分。

我国网络反腐的必然性。社会主流价值观嬗变和网络信息技术的不断发展，促进了社会公众民主价值观的培育和表达。自改革开放以后，我国民众的主流价值观念变得愈发多元化、开放化，这在很大程度上激发了民众的民主意识、平等意识和法治意识，民众的参政、议政热情日益高涨，为网络反腐兴起奠定了重要的文化基础。伴随当前信息化技术的蓬勃发展，网络反腐已成为民众积极行使民主权利、对政府官员进行有效监督的新模式。

我国当前反腐体系的漏洞加速了网络反腐的兴起，它的兴起有效填补了社会力量参与反腐的体系上的空缺。参与主体基于合法利益的考量，是推动网络反腐兴起的重要原因之一。腐败行为的本质就是对公权力的滥用，对人民利益的严重侵犯。在反腐参与主体从维护自身合法利益或公共利益出发反对公权力滥用的过程中，网络反腐作为成本低廉、便捷安全、收益较高的反腐手段，有效避免了传统反腐参与方式的一些弊端，与参与主体的“经济人”立场契合。因此，网络反腐就成为了参与主体合法维权和追求公平正义价值的必然选择。

对我国网络反腐的理性审视。我国网络反腐工作逐步推进，在维护社会健康发展的同时，也进一步实现了社会公平。然而，当前网络反腐机制尚不够健全，导致网络反腐工作存在诸多现实问题。第一，经济转型期使得部分民众理性精神缺失。在经济转型期，由于贫富差距、司法不公等问题的存在，导致了一定程度的社会心态失衡，甚至有个别国人变得极端仇富、仇官、仇警。民众盲目地用自己的非理性思维和主观性的道德判断来主导网络舆论信息，不利于网络反腐朝着健康、稳定的方向发展。第二，官民互动不足阻碍网络反腐的推进。网络反腐主要依靠两种方式：一种是民众在网络社交媒体上提供腐败线索或直接曝光腐败行为，另一种是借助政府反腐体系中的电子政务应用。这两种方式要想有效发挥价值，就必须要求民众和政府在网络反腐行为中产生良性互动。然而，民众与民间反腐机构仅仅依赖网络信息渠道，与政府之间的交流、配合不足，从而导致网络反腐不能深入推进。第三，网络反腐参与主体的权益保障制度和补偿制度尚不完善。网民与民间的网络反腐机构是网络反腐的主要参与主体，在反腐行为中，为参与主体提供合法的权益保障和合理的成本补偿，就成了激发网络反腐积极性、实现网络反腐长效化的重中之重。但当前我国网络反腐参与主体的权益保障制度和补偿制度尚不完善，网络反腐参与主体往往会面临恶意报复事件的侵扰，网络反腐的参与成本也可能无法被及时补偿。第四，管理规范不足和法律体系不够完善已成为网络反腐进程中的重要障碍。在信息化时代，网络的不断普及和网络技术的蓬勃发展虽然对于反腐有促进作用，但是网络空间作为一个较新的区域，其管理规范不足和与之配套的法律体系不够完善。未来如果缺乏规范化的管理和相应法律的约束，容易引发非理性的网络舆论事件与网络群体性事件，甚至引发现实社会的群体性事件，从而严重危害网络生态和现实社会的稳定。

我国网络反腐的路径。网络反腐是一个长期工程，要想促进网络反腐始终朝着高效、正确的方向前进，就必须做到如下几点：第一，培育公民理性精神，确保网络反腐工作在健康的网络舆论环境中顺利开展。要构建良性的网络监督环境，通过正确的舆论引导，让民众在优质、健康的网络平台环境和风气中拥有理性的公民精神。政府要不断强化对网络反腐舆情的合法监督，面对网络民意既要尊重与疏导，但也不能放弃基本的管理原则、法律法规。政府必须注意网络反腐舆情的发展态势，要及时地借助网络信息技术手段去监测目标舆论，然后过滤、屏蔽非理性的不良舆论，并在媒体上发布正确的权威信息来引导民众情绪，让他们拥有理性、平和、积极向上的网络舆论心态。政府还要不断提升民众的网络媒介素养、道德素养、法治精神，帮助民众理性运用网络媒介资源，并在面对大量信息时能够分辨真假、理性分析问题。要不断通过多样化的网络宣传活动，让网络上的民众意识到网络反腐的道德性和法律性，在网上不能恶意进行人身攻击、侵犯他人人权，更不能编造谣言。第二，打通官民互动渠道，为制度反腐提供补充。网络反腐主要依靠网络揭发、网络曝光等手段来引发政府和社会舆论的关注，但对于腐败行为的查处，最终还要依靠政府相关部门的介入，因此，必须要打通官民互动渠道。首先，政府要打通信息互动渠道，实现与网络举报人的联系，以提升反腐工作的透明度，保障民众的知情权，为民众的反腐行为提供便利和强化彼此之间的协作配合。其次，政府要正确对待网络监督，更要意识到网络监督这一新型群众监督模式的重要性。民众的网络反腐行为，其实是在合法行使自己的自由表达权与监督权，政府不能带有敌对思维，将网络反腐视作洪水猛兽，而是要与民众理性对话。第三，加速推进反腐运行机制建设，确保网络反腐规范运行。首先，要建立完善的网络舆情引导机制，以防止网络反腐变成网民情绪宣泄、造谣生事、侵犯人权的平台。其次，应该建立一套规范化、完善化的网络反腐沟通机制，构建政府与民众的在线沟通平台，从而在制度上实现和保障政府与民众之间的零距离交流，并不断整合海量的、日渐零碎化的网络意见，实现政府与民众话语系统的有效对接。最后，要进一步完善网络民意表达与政治参与的组织机制和网络舆情民意调查、分析机制，要切实尊重民众权利和民意，并进一步规范、健全网络反腐的程序与方式。第四，加快网络反腐立法建设，构建完善的保障机制。首先，在法律层面上对网络反腐行为的手段与范围等做出规范，让网络反腐有法可循，保障与规范网络反腐参与主体的参与权、知情权、监督权、表达权。其次，要以立法的形式建立起网络反腐参与主体的权益保障制度与补偿制度，同时还应建立完善的网络监督追责制度，要对挑战法律底线的行为进行依法追究，以此来提升网络反腐参与主体的责任意识。此外，要对政府与官员在网络反腐中行使的权利进行法律上的明确规范，避免网络反腐声音遭到恶意打压，从而让网络反腐真正成为民众监督与约束公权力的有效方式之一。

8. 借鉴传统廉政文化优化反腐治理策略

通过合理参照中国传统廉政文化中的有益成分，调整反腐思路，优化反腐治理策略，结合新时期反腐环境、方式的变化，制定更为科学的预防、监督、处理一体化的反腐操作体系，有助于实现党执政能力的提高、执政地位的稳固、对人民群众根本利益的维护以及社会发展的长治久安。

新形势下，我党反腐工作应根据实际调整和改进。2013 年 4 月，习近平总书记在主持中共中央政治局第五次集体学习会议时强调："面对复杂多变的国际形势和艰巨繁重的改革发展稳定任务，实现'两个一百年'奋斗目标，实现中华民族伟大复兴的中国梦，必须坚持党要管党、从严治党，积极借鉴我国历史上优秀廉政文化，不断提高党的领导水平和执政水平、提高拒腐防变和抵御风险能力，确保党始终成为中国特色社会主义事业的坚强领导核心。"近年来，国际、国内的经济、社会发展态势均发生了明显变化，各种良莠不齐的意识观念不可避免地流入了党内，这就使得反腐工作开始面临党员干部价值观念纷繁复杂、文化素养参差不齐、教育与改造难度增加等诸多问题。反腐工作关乎我党执政地位的稳固、长久，影响着社会、国家发展的长治久安，更涉及到对人民群众根本利益的维护，我党的反腐工作也应根据实际进行调整和改进。

在这一背景之下，贯彻、落实习近平总书记的讲话精神，通过借鉴我国古代廉政文化中"以义取利"的处事标准，引导党员干部形成恪守"民惟邦本"的价值取向，并促使其践行勤政清廉的政治观念，从精神感染、思想改造等层面出发，去充分荡涤当前的腐败现象与不良风气。具体而言，我党的反腐工作应当从完善党内监督制度建设、加快纪律检查体制改革、倡导守法与自律的人际关系以及推广网络反腐、群众参与等方面进行重点突破，着力细化个人问责与权力清单管理机制，推动选人、管人、用人制度的创新，构建清正、和谐的政治文化体系，加强依规治党与以德治党的协作，积极利用传统廉政文化资源推进反腐，走出一条继承传统而又适应当今的反腐路径。

我国传统廉政文化的题中之义。持守“以义取利”的处事标准。“义利之辩”是影响我国古代知识分子、士人群体、官僚阶层的一种颇为重要的利益认知观。早在春秋战国时代，孔子、孟子就倡导“君子之义”“养心寡欲”，注重人格的清正、耿直，不为金钱所诱惑而丧失基本的道德操守。到了宋代，程颢提出了“大凡出义则入利，出利则入义。天下之事，惟义利而已”的观念，这也启示我们应当时时刻刻坚守正义和信义，这是品德高尚之人的基本素养。而朱熹则依据孟子的“舍生取义”学说，进一步明确了“不可先言利”“以义制利”等价值判断标准。当下，我们应积极利用“义利之辩”这一传统智慧，指导党员、干部正确处理义利关系，树立清廉、公正、信义的道德标准，约束自身的言行，从而保持党员干部作风的清正廉洁。

恪守“民惟邦本”的价值取向。“民本”思想是基于“民惟邦本”这一理念而形成的传统廉政文化的又一重要理论，曾长期构成儒家政治文化的主体。“民惟邦本”这一观念出自《尚书》：“民可近，不可下。民惟邦本，本固邦宁。”作为民本思想的理论来源，“民惟邦本”的思想深刻影响了后世的政治观念。孟子是我国民本思想的集大成者，其所倡导的“民为贵，社稷次之，君为轻”的政治理念，又是对“民惟邦本”思想的进一步延伸与升华，推动了我国古代廉政文化的发展。当前，在党内集中推广“民惟邦本”这一传统的廉政文化思想，传承亲民、保民的价值理念，能够有效提高党员素养，使其自觉抵制腐朽、堕落思想的侵蚀。

践行勤政清廉的政治观念。我国古代廉政文化之所以能够留存至今，不仅是因其丰富的哲学理论基础作为支撑，也有赖于长期的制度保障与维护。因而，结合当前的形势，取之古代廉政制度中的有益成分，在道德素质培养、配套法律惩戒这两方面双管齐下，不失为一种可行的治理模式。

反腐败关系到党执政地位的稳固、国家的长治久安和人民群众根本利益的维护。反腐败斗争关乎我党执政地位的稳固、长久。我党执政地位的获得，是历史潮流的必然趋势，也是中国大众之民心所向。而在当前我国发展的新时期，个别党员、干部因为受到拜金主义、官本位主义、享乐主义等腐化思想的侵蚀，出现了滥用职权、谋私获利、渎职贪污等违纪、违法行为。这些腐败行为不仅对党的声誉造成了严重损害，也在一定程度上动摇了党在人民群众心目中的地位和形象。巩固我党的执政地位，就必须构建清廉、无私、公正的政治文化环境。反腐倡廉决定着国家的长治久安。作为我国的执政党，中国共产党的管理能力在很大程度上决定着我国社会能否得到稳定、协调的发展。

自新中国成立以来，我党一直高度重视反腐倡廉机制的建设，努力发挥自身对社会、国家的领导作用。为顺利开展反腐败工作，防范党内出现腐化现象，从管理层面上为社会、国家的长治久安奠定基础，就有必要大力推进反腐倡廉。反腐败关系到人民群众的根本利益。坚持群众路线，确立公仆意识，以群众的根本利益为党工作的基本出发点，才能真正落实执政为民、立党为公的治理理念。腐败行为的出现，不仅践踏了党规，破坏了法律的权威，还严重干扰了人民群众正常的生产、生活，使人民群众的合法权益遭受损害。所以，必须加大反腐力度，切实维护人民群众的根本利益，履行党的宗旨，获得人民群众的衷心拥戴与支持。

汲取传统廉政文化，推进新时期党风廉政建设。完善党内监督制度建设，细化个人问责与权力清单管理机制。认真贯彻落实十八届六中全会通过的《关于新形势下党内政治生活的若干准则》和《中国共产党党内监督条例》，参照传统廉政制度，落实对党员、干部权责的划分，通过继续坚持、贯彻民主集中制，鼓励党内定期开展以督导创新为主题的研究、讨论活动，保持监督机制的与时俱进。明确个人问责机制，严格将权责追究至个人，提升惩戒力度。优化纪律检查体制机制，推动选人、管人、用人制度的创新。在贯彻纪检双重领导机制的基础上，在各级党委内部推广定期巡视制度，增加不定期突击检查、通报。同时，还要鼓励党员积极建言献策，借助考评机制，大胆启用职业能力过硬、富有创新精神的年轻干部，实行“能者上，庸者下”的选拔管理模式，增加反腐的新点子、新路子，不断推动机制创新。倡导守法、自律的人际关系，构建清正、和谐的政治文化体系。积极推动新时期党内文化体系建设，加大在各级地方党委之中的宣传力度，通过规范的培训、考核，促使党员形成清正奉公、和谐无私的公仆意识，督导自身严于律己、杜绝以权谋私。推广网络反腐与群众参与，加强依规治党与以德治党的协作。借鉴传统廉政制度中的广开言路等思维，合理利用互联网平台，鼓励民众进行反腐工作的线上讨论、规范举报，保障民众对于当前我党反腐工作的知情权、参与权、表达权以及监督权。同时，也要号召广大党员及时接受、学习最新的反腐法规与指导思想，提升自身的职业道德修养，以身作则，遵守党纪法规，实现依法治党与以德治党的同步推进。

9. 跳出历史周期率必须重自律

以反腐败永远在路上的坚韧和执着，深化标本兼治，保证干部清正、政府清廉、政治清明。如何跳出历史周期率，从来都是执政者思考的重要问题。毛泽东同志当年在延安同民主人士黄炎培作“窑洞对”，认为我们党找到了解决问题的方法，那就是民主。民主主要是人民参与和管理国家事务，对权力实施监督。充分发挥人民民主、党内民主等作用，权力就必将受到制约，腐败就难以形成，党的执政地位就必然稳固。

习主席在党的十九大报告中进一步指出，“只有以反腐败永远在路上的坚韧和执着，深化标本兼治，保证干部清正、政府清廉、政治清明，才能跳出历史周期率，确保党和国家长治久安。”这同样是跳出历史周期率的重要前提，在强调“民主”这个外部因素基础上，进一步强调了党自身这个内部因素。这是从历史和实践经验出发，对这一重大问题认识的进一步深化，是对党执政规律更加全面更加科学更加准确的把握。

唯物辩证法认为，外因是事物变化的条件，内因是变化的根据，外因通过内因而起作用。一个政权要跳出历史周期率，让权力置于阳光之下，自觉接受外界监督，是必不可少的条件。但最根本的还是要使自身有很强的免疫力，用自身的免疫力防病除疾、拒腐防变。这种免疫力从哪里来？主要来自于全面从严治党，就是坚持不懈地进行反腐败斗争和正风肃纪，让党风廉政建设永远在路上，保持反腐败无禁区、全覆盖、零容忍、无终点，坚持重遏制、强高压、长震慑，始终以人心向背为准则，做到人民群众反对什么、痛恨什么，就坚决防范和纠正什么。不断强化不敢腐的震慑，扎牢不能腐的笼子，增强不想腐的自觉，以强有力的正风反腐换来海晏河清、朗朗乾坤。

古人讲：“物必自腐而后虫生。”自古以来，大多数政权的垮台都非外敌所致，而是因为内部腐朽。曾经一度，党内腐败现象比较严重，有的领域甚至出现了塌方式腐败，无疑给党的执政地位带来了危险。消除这种危险，就必须全面从严治党，必须把权力关进制度笼子里，必须把腐败现象铲除干净，不断厚植党执政的群众基础，全心全意实现、维护和发展人民群众的利益并因此而赢得支持和信任。

加强自律既是党组织的重要工作，也是每个党员需要保持的政治自觉。作为党的组织，就是要始终抓党的建设不松懈，坚持把党的政治建设摆在首位，教育引导党员深入学习习近平新时代中国特色社会主义思想，进一步坚定理想信念，始终不忘党的宗旨，挺起共产党人的精神脊梁。积极开展党内民主，坚持批评和自我批评，引导党员经常照镜子、正衣冠、洗洗澡、治治病，端正世界观、人生观、价值观。坚持把反腐倡廉和正风肃纪有关法规纪律贯彻好落实好，尤其要根据本单位、本部门的实际细化落实要求和举措，只能严不能松，只能深不能浅，切实扎紧拒腐防变的篱笆。作为党员来说，就是要自觉认清当前大势，思想观念要跟上时代步伐，从思想深处肃清过往的不良思想、观念以及行为方式的影响，全面彻底肃清郭伯雄、徐才厚流毒影响，把法规纪律装进脑子，把不愿腐、不想腐作为行为标准，自觉在廉洁纪律、群众纪律、工作纪律、生活纪律上严起来实起来。坚持按照党性要求掌权，按照法规制度用权。同时，自觉增强接受监督的意识，主动接受自上而下的组织监督，充分运用自下而上的民主监督，切实适应同级之间的相互监督，养成时时处处在管理监督中工作和生活的习惯。我们的党组织和每个党员如果切切实实做到了这些，那么，所谓的历史周期率就只能作为一个警钟，而很难在我们身上发生。

10. 基层反腐败之战怎么打

针对基层腐败的诸多问题，应采取相应的措施加以预防。一是基层政府一把手权力不能太集中，需要有一定的权力制约机制。应当发挥党委纪检的垂直制度和中央巡视制度的优势，让内部监督机制与外部监督机制有机结合。二是增强权力行使的透明度，让权力在阳光下运行，减少隐性腐败滋生的可能性。三是官员工作与家庭生活以及亲戚朋友生活要有一定的区分、隔离，要在招投标项目、就业考试、职务任免等方面增加公示环节，听取不同意见，让公众有知情权和参与权，提高公众监督有效性。四是基层政府的党政一把手应该采取异地任职的制度。基层党政一把手如果出生在本地，优势是熟悉当地环境，了解乡土风俗，但不利的因素也是十分明显。中国是一个看重人情世故的社会，因此，基层政府官员处理公务与私务时，难以做到绝对的平衡和回避，最好的办法就是基层政府党政一把手真正实行异地任职制度，领导干部不在自己出生地任职，也不得带相关的公司和亲戚朋友到自己任职的地方从事商业活动，尽可能减少一些腐败行为。从人员任免上进行制度化和科学化的安排，减少腐败的可能性。五是对党政干部实施全面的收入管理制度，同时应重在网络化和制度化建设。诸如银行体系、保险体系、证券股票、房屋财产等方面的信息，不应在个人申报之列，而是由网络系统直接调取即可。

此外，在反腐败的高压下，产生了一些官员不作为和乱作为现象，尽管这与以权谋私没有关系，但对政府的形象和权威性产生了严重损害。在反腐败的过程中，如何解决好不作为与乱作为的问题，也与提高政府管理的精细化程度密切相关。

未来我国基层反腐败斗争的主要方向。第一，树立正确的反腐败观念。腐败与国家权力运行、人性密切相关，无法有效根治，只能通过制度建设尽量加以规避。腐败还与中国社会转型有关。中国从计划经济向市场经济转型，制度建设不够完善，在未来的制度建设过程中，有必要逐渐把过去存在的腐败问题加以遏制，反腐败工作常年不松懈。第二，反腐败重在顶层设计。我国传统的反腐败都依靠纪委和监察部门，与全国人大立法机构关联度不大。在全国开展的国家监察体制改革工作，由省（市）人民代表大会产生省（市）监察委员会，作为行使国家监察职能的专责机关，反映出党、行政机关和立法机关三个机构的有机合作以及全国人民代表大会权力机关反腐败斗争的职责回归，能够更好地与司法机关进行协调衔接。这是反腐败制度建设和体系建设顶层设计上的重大创举，是中国反腐败活动的深化，也是中国反腐败活动逐渐趋于成熟化的标志。第三，继续解放思想，转变政府职能，减少行政审批数量，发挥社会组织作用，降低腐败概率，减少腐败“进口”数量。腐败最大的源头在于政府掌握公共资源，进行多层级多批次的行政审批，产生寻租空间。未来就需要逐步厘清政府、市场和社会的边界，改变政府的运行方式，通过简政放权等举措，减少政府自由裁量权，并继续扩大购买社会组织公共服务的内容与方式，让社会组织更多地参与公共服务，缩小腐败的空间。第四，充分发动群众参与反腐败活动，通过信息公开，加强社会监督。腐败不是生存在真空中，而是渗透在人们的日常生活工作中，因此，知情者举报和说出真相就显得非常重要，可提高反腐败的准确率，降低反腐败信息收集成本。通过政府决策、运行与监督活动的信息公开，让权力在阳光下运行。第五，逐渐实行官员财产公开制度，从腐败“出口”上减量。腐败最常见的表现形式是权钱交易，所以从财产公开制度建设着手，就可以从根本上解决问题。目前我国已经在党政官员内部实行了财产申报制度，这是第一步，接下来第二步是对全社会实行公开，接受社会的监督。考虑到中国转型期特殊的国情，可以在对全社会实行官员财产公示制度前，搞一些慈善捐赠活动，把不合法收入或灰色收入的部分，通过慈善捐赠方式得以化解。在此基础上，实行官员财产公开制度，从根本上消解腐败。

总之，腐败现象不论古今中外都存在，判断反腐败成果的好坏，既要看查处腐败的人员和腐败数量，也要从根源上去消解腐败现象。在反腐败斗争中，全国人大立法机关可以发挥积极作用，治标与治本相结合，点面结合，重点突出，充分调动全社会参与反腐败活动的积极性。继续解放思想，转变政府职能，减少政府自由裁量权，扩大信息公开范围。鼓励官员捐赠财产，建立官员财产公开制度，加快构建反腐败新体系建设，增强国家治理能力与治理体系，为中国社会主义现代化建设保驾护航。

11. 防治微腐败的对策

千里之堤，溃于蚁穴。遏制基层腐败，推进基层惩治和预防腐败体系建设，是整个反腐倡廉工作的不可或缺的一部分。具体来说，要从四个方面着力：

以教育筑牢防线。邓小平同志指出“对贪污腐化和滥用权力的行为，我们要通过两个方面来解决，一是教育，二是法律”。教育就是对党员干部进行人生观、世界观的教育，思想决定行为，有什么样的思想，就会产生什么样的行为。随着我国改革开放的不断深化，人们的各种利益关系处在经常的变动之中，一些领导干部的意识形态和价值观念也会随之发生变化，这种变化所导致的消极后果就是对党和国家的忠诚削弱了，对法律和纪律淡化了，其行为也就不可避免地发生畸变，超出了应当遵守的行为规范。因此，加强世界观、人生观、价值观的教育，在领导干部的内心深处建立一道牢固的拒腐防变的精神屏障，对于遏制腐败现象的发生蔓延具有很重要的作用，进一步加强对领导干部的理想信念教育、宗旨性质教育、“三个代表”重要思想教育、警示教育、习近平新时代中国特色社会主义思想教育，切实加强法纪条规的学习，增强法制意识、做到学法、懂法、守法、依法。努力使领导干部保持谦虚谨慎、不骄不躁和艰苦奋斗的作风。

建立长效机制。解决基层不正之风和腐败问题，不仅要有动真碰硬的态度、严惩不贷的手段，还要建立起切实管用的长效机制，不断加强机制和制度创新。要建立完善把纪律挺在前、长管长严机制，认真贯彻执行《中国共产党廉洁自律准则》和《中国共产党纪律处分条例》；建立健全问题发现机制，通过抓早抓小、动辄则咎，及时消除潜在性、苗头性、倾向性问题；要健全落实“两个责任”专题报告、述责述廉、考核通报制度；完善约谈、函询、诫勉谈话、公开曝光机制；坚持“一案双查”“责任倒查”等制度，让失责必问成为常态。

拓宽监督渠道。畅通现有的监督渠道，如“政风行风热线”、新闻媒体、网络等诉求渠道，便于群众监督。充分发挥现有的县乡（镇）村预防腐败体系，便于搜集损害群众利益问题的信息，提前防范损害群众利益行为的发生。基层单位普遍推行党务、政务、财务公开，广泛接受人民群众的监督，让权力在阳光下运行。强化部门监督，各级纪检监察机关会同人大、司法、新闻媒体及社会各界主动出击，深入基层，实现监督全覆盖。

加大惩处力度。要持之以恒开展“灭蝇”行动，重点围绕国家下拨给单位或集体的津补贴、单位或集体资金、群众原有财物和应拨付给群众的津补贴，其中还涉及农业生产、住房改造、救灾防灾、污染改善、国家优抚、基层执法等方面，对损害群众利益问题，寸步不让，一查到底，形成严惩“微腐败”的持续震慑，积极创造条件动员和鼓励群众参与基层腐败治理，以求取得更大成效。

12. 治理扶贫领域腐败问题的几点建议

必须站在坚持党的领导，加强党的建设，推进全面从严治党的战略高度，加大监督执纪问责力度，着力快查严处典型问题，有效遏制扶贫领域腐败现象的蔓延势头，真正让人民群众享受到全面从严治党的成果。

强化问责，倒逼责任落实。强化责任意识是打赢脱贫攻坚战，夺取全面建成小康社会胜利的有力保证，也是加快贫困人口脱贫致富，和全国同步全面建成小康社会的必要条件。加强责任追究，倒逼基层党委、纪委和有关职能部门把该扛的责任扛起来，该落实的责任落实到位。一是加大对一把手的责任追究力度。基层党委书记是党风廉政建设第一责任人，必须守土有责、守土负责、守土尽责。各级党委要切实负起主体责任，强化责任意识，主动履职尽责，既挂帅、又出征，创新扶贫方式方法，因地制宜，精准发力。二是坚持“一案三查”。纪委监委要切实负起监督责任，聚焦主责主业，加大扶贫领域监督执纪问责力度，把党的纪律挺在前面，瞪大眼睛，伸长脖子，利用纪律“显微镜”瞄准扶贫领域每个角落。对涉及财政专项资金的案件，在查处涉案人的同时，要严肃追究主体责任、监督责任和监管责任。三是增强责任追究的震慑力。做到党纪政纪处理与组织处理、经济处罚等多管齐下，用好降职、免职、调离和扣发津补贴、奖金等责任追究方式，提高违纪成本。涉及违法的，一律移送司法机关。

突出重点，加大打击力度。要发挥制度的治本作用，对重点领域、重点部位、重点环节建章立制，从源头上预防扶贫领域的腐败问题。要把以下“三类”情况作为治理的重点：重点人员，即已经蜕变为“苍蝇”的村“两委”成员特别是一把手；重点扶贫乡（镇）村，即扶贫专项资金较多的；群众反映强烈的，尤其是引发越级上访、集体上访和群体性事件的问题进行监督执纪问责。把纪律挺在前面，运用监督执纪“四种形态”对扶贫领域村“两委”腐败问题抓早抓小，快查快结，形成震慑。对信访举报量大的区域，开展集中检查，督促有关职能部门和地方自查自纠、立行立改。积极探索开展治理基层村“两委”腐败专项巡视试点工作，总结经验，逐步推广。通过专题巡视巡察、专项治理、集中办案等强有力手段，查处典型案件，加大通报曝光力度，释放严厉惩治基层村“两委”腐败的强烈信号，在全社会形成“过街老鼠，人人喊打”的声势。重视做好扶贫领域案件线索来源工作，通过网络、电话等有效形式，畅通群众信访举报渠道，拓宽案件线索源头，及时依法依纪处理。

打牢根基，筑牢思想防线。从违纪开始，进而违法，是党员干部腐败的基本规律。要从最基层抓起，进一步加强基层村“两委”干部队伍建设，重视对基层干部的教育培训。廉政警示教育是预防腐败产生的基础性工程，就是要把纪律挺在前面，让每一个党员干部都自觉地讲规矩、守纪律。要把党性党风党纪相关专题教育延伸到基层，将解决基层干部侵犯群众利益、贪腐谋私等作为查找问题、整改落实的重点，纳入专题教育之中。筑牢基层干部的群众观念和宗旨意识，提高履职尽责的能力。

创新方式，整合监督力量。改革创新基层纪检体制机制，为基层纪委查办扶贫领域基层村“两委”腐败提供组织保证。一是创新履职方式。整合乡（镇）纪委与派出派驻纪工委机构力量，总结推广提级督办、区域联查协作、异地交叉办案等做法，实现由县级纪委监委实施线索管理、人员调配、组织领导“三统一”，更好地发挥基层纪委监委的作用。二是推动“三转”向基层延伸。督促基层纪委监委全面落实“三转”要求，把查处扶贫领域基层村“两委”腐败作为主要工作任务。落实纪委书记与上级纪委会同组织部门提名为主的要求，进一步增强基层纪委的权威性。通过理顺体制机制、调整内部设置、充实人员力量等办法，解决基层纪委监委职能定位不准、不务正业人员兼职过多、力量单薄等问题，确保聚焦主业主责。三是加大执纪执法综合协调力度。基层纪检监察机关在反腐败中应各自承担相应职责，加强协调、形成合力至关重要。要完善地方党委反腐败协调机制，积极发挥基层纪委监委的牵头作用，重点建立健全线索和案件相互移送、通报制度，协调公安、检察机关形成查办基层腐败案件的合力。面对扶贫领域存在的腐败问题，各级纪检监察机关要牢固树立“四个意识”，在扶贫领域架起纪律的“高压线”，强化扶贫领域特别是基层村“两委”监督执纪问责，让扶贫资金、扶贫项目都落到实处，切实维护广大人民群众的合法利益，为打赢脱贫攻坚战提供坚强保障。

13. 反腐败须扎紧扎密制度笼子

十八大以来，反腐风暴席卷全国，人人关注，额首称快。应该说，反腐倡廉，严惩蠹虫，这是全国人民的夙愿。反腐败斗争已取得巨大胜利，而且在继续推进中。

建立严格的监督检查制度和检举制度、广泛听取公众意见，使基层腐败无处藏身。鉴于中国的实际情况，反腐败斗争中必须“老虎”“苍蝇”一起打。这也体现了反腐败斗争的全面性、彻底性。“老虎”的危害性，无疑是触目惊心的，但对“苍蝇”的危害，也必须充分估计，这就提出了基层反腐问题。危及老百姓切身利益的，大多是在具体执法领域，有法不依、乱作为、不作为等事件，很多都发生在基层。基层干部的群众接触面广，执法工作琐细而频繁，借机渔利、勒索生财的事例时有发生，所谓“小官大贪”常见报端。

基层腐败，对老百姓切身利益的危害，常常是更直接、更频繁的。我们的治国大计、宏伟目标，最终需要基层去执行、落实，如果基层懒政、乱政，我们的政策方针，就将架空、虚置。基层干部在干部队伍中占有很大比例，基层干部的政治素质、工作作风，直接体现干部总体的面貌，关系干部队伍的建设状况。因此，在重视高层反腐的同时，要加强基层反腐，加强对一线执法者的监督，建立一套严格的监督检查制度、检举制度和听取公众意见的制度，尤其要注意完善执法体制、机制和制度，使腐败无处藏身，使老百姓有更多的获得感。

强化权力监督，建立重大决策刚性机制和权力运行公开机制。中央早就提出，反腐要达到“三不”，即“不敢腐”“不能腐”“不想腐”。深挖、严惩、打击腐败，这是反腐斗争的第一步，也是极为重要的一步。它显示出国家反腐的坚定决心，为建设清正廉洁的国家奠定了基础。目前已经基本做到了这一点，尤其是高层反腐，成绩显著，但反腐斗争不能止步于此，应紧跟着实现“不能腐”的目标。腐败之所以多发，主要原因之一，是制度不严密，有漏洞。在反腐败斗争中，每一次重大腐败案件告破，都应该认真追查有无制度上的问题，从而对症下药，堵住腐败的漏洞。这些制度上的具体问题，可能是十分庞杂的，但也可以归纳出一些基本原则，在设计和检查制度时作为基本的要求。比如，在制定《行政许可法》时，国务院明确要求，部委规章不应享有行政许可设定权，不能既是“运动员”，又是“裁判员”。一身兼两职，就有可能滥用权力，造成不公正，且可能从中逐利。国外称为“自己做自己的法官”。又比如，中央已明确提出，决策、执行与监督要互相协调、互相制约。权力的行使过程，一般都有几个不同的环节、不同阶段。不同环节的权力，不应由一个人或一个机构一统到底，而是应由各个环节分工负责，互相协调又互相制约，这就是以权力监督权力，形成权力内部的监督机制，这是防止腐败的重要原则。《行政处罚法》规定了裁执分离，执法机关作出处罚决定后，罚款交银行，收入国库。这就使裁执不分时易于产生腐败的现象得以遏止。因此，在制度设计上，各个权力环节一定要既互相协调，又互相制约，以权力监督权力。

行政机关一般都实行首长负责制，这是行政机关工作性质所需，关乎工作效率。但首长负责制不等于首长独断专行。中央明确要求重大决策必须经过公众参与、专家论证、风险评估、合法性审查、集体讨论决定的程序，并建立问责制度。这一决策程序不仅是决策准确性的保障，也有利于防止腐败。因为个人独断专行正是腐败的温床，一些行贿索贿行为常常就此滋生，这已为无数的事实所证明。在不同层次和不同部门，普遍建立重大决策刚性机制，是实现“不能腐”的重要制度。

"阳光是最好的防腐剂"，腐败都是在黑暗中产生的。必须建立权力运行公开机制，坚持以公开为常态、以不公开为例外的原则，推进决策公开、执行公开、管理公开、服务公开、结果公开等全面公开制度，不留空隙。国务院早在2007年就制定了《政府信息公开条例》，只要我们坚持政府信息公开，不同层次和不同部门都严格做到信息公开，阳光普照，腐败将无处藏身。

形成"不想腐"的自我防护力量。"不想腐"就是所有的公职人员，在任何情况下，即使制度上存在漏洞，也不想去腐败，而是促进制度完善。这就从根本上铲除了产生腐败的可能，应该说，这是反腐败的最高境界。怎么能做到从内心深处就不想腐，这的确是值得研究的问题。可以从精神、物质以及这两者的互动上来考虑。首先，要使所有的公职人员树立起一心为公、为人民服务的世界观，把公正廉洁刻在心坎上，为此，必须强化教育和培训，提高公职人员的自身素质。其次，对公职人员的物质待遇，也应该达到应有的标准，使之无后顾之忧。"无后顾之忧"在中国现实情况下较高薪养廉更具有实际意义和效果，使公职人员意识到自己背后有强大国家的关注和保障，能够全身心投入工作。没有生活问题的困扰，也杜绝了不法分子行贿钻空子的机会。如果生活上没有充分的保障，"不想腐"就有被突破的危险，行贿与拒贿也是一场斗争，我们只有在精神和物质上同时提升拒贿的力量，才有可能完全打赢这场战争。

为了防止和打击腐败，必须加强监督，其中最重要的措施之一，是加强纪检监察监督。这几年来，纪检监察监督明显见实效，反腐风暴已形成压倒性态势，人们目睹纪检监察监督的力量，对反腐败斗争充满信心。但也有人会问，如果纪检监察队伍也产生腐败，那怎么办，实际上也已有相关实例。谁来监督纪检监察队伍？按照这样的设问，监督者后面还要设监督者，这就没有穷尽了，也可以说，监督就没有希望了，怎么办？最重要的解决之途应该是实现"不想腐"，使所有的监督者都绝不愿意腐败，腐败到此终结。这就首先要从监督队伍的建设着手，使监督者本人树立起对自己从事的事业的强烈自豪感、使命感和责任感，清醒地意识到自己正在为维护中华民族的形象、为清除国家前进的障碍、为保障人民的利益而打硬仗，这种自豪感会产生一种强大的自我防腐力量。同时，要在全社会营造起尊崇监督者、敬仰监督者的风气，增强监督队伍的自我信心。同时也必须建立相应制度，如建立纪检监察队伍的工作纪律、工作制度、处事原则等。与此同时，要注意保障他们的生活完全无后顾之忧。待遇虽然是物质的，但物质和精神也有互动作用，这就是监督队伍不必为生活分心，更加看重自己的岗位，一旦因陷入错误而失去岗位，将悔恨终生。这种“不想腐”的自我防护力量，正是对监督人员最好的强有力的监督，是纪检监察队伍纯正廉洁的重要保障。为保证反腐斗争的最后胜利，我们面临着艰巨任务，有许多事情要做，中央提出的反腐中要做到“三不”，是指导反腐斗争的基本要求，我们必须不断深入研究新的情况、新的特点、新的趋向，知己知彼，打赢这场事关国家民族兴亡的大仗！

14. 反腐败要坚持受贿行贿一起查

习近平同志在党的十九大报告中讲到要夺取反腐败斗争压倒性胜利时指出，反腐败“要坚持无禁区、全覆盖、零容忍，坚持重遏制、强高压、长震慑，坚持受贿行贿一起查，坚决防止党内形成利益集团”。习近平同志这一反腐精辟论述，特别是关于反腐败需坚持受贿行贿一起查，既遏制受贿，又遏制行贿的论断应成为我们今后反腐败的重要方针。从“政”入手，遏制受贿，从“商”入手，遏制行贿。通过“政”“商”两手，既严厉打击权力腐败，又注重营造权力运作的清、净环境。

反腐败，首先要从“政”入手：以党规国法控制公权力，将公权力关进制度的笼子里，使执掌国家公权力的各级党政干部不敢贪、不能贪、不易贪、不想贪。但这还不够，反腐败，还必须着力于“商”：以国法商规控制商业贿赂，使各类公司、企业和各种经济组织不敢贿、不能贿、不易贿、不想贿，为市场运作创造一个不能以贿赂获利而只能靠创新制胜、管理制胜、质优制胜的公平竞争环境，为公权力运作创造一个无人为官员吃喝玩乐买单，无人为官员行使权力行贿，从而使权钱交易、权色交易没有生存空间的清、净环境。

反腐败，依法治“政”（治理官员受贿）的法治途径主要有四：其一，权责法定和防范利益冲突。党政官员的权力、职责均由党规、国法明定，并通过权力清单、责任清单向社会公众明示，在此基础上，建立严密的利益冲突防范机制（如回避制度等），防止权力私用；其二，权力制约。对权力和权力运作流程适当分解，分授不同机构行使

（如选人职能与用人职能、调查职能与作出决定职能分离），使之能相互制约；其三，程序制约。对于防腐反腐效果来说，程序制约胜于权力制约，特别是对于易腐率高的权力（如审批许可权），正当法律程序制约尤为重要，如坚持和推行信息公开程序、招拍挂公平竞争程序、说明理由程序乃至听证程序等；其四，惩治腐败与预防腐败结合。权力腐败如同恶性肿瘤，不下猛药不能根治。党的十八大以来，一直保持的反腐高压态势，对于今天治腐取得的成效所发挥的作用是不言而喻的。然而，反腐不能完全依靠，甚至主要不能依靠惩治，预防的意义更为重要。党的十八大以来，紧抓不放、坚持不懈的廉政教育和作风建设对于反腐的作用可能更具有长远性和根本性。

反腐败，依法治“商”（治理商业贿赂）的法治途径亦主要有四：其一，建立反商业贿赂的完善机制。如根据深圳市《反贿赂管理体系》，各类公司、企业和各种经济组织均必须制定反商业贿赂的规则、标准、运作程序；建立相应的信息收集和处理系统、信息监测和反馈系统、评价系统；明确其与各种利益相关方（如政府审批许可部门、监管部门、商业伙伴等）的关系、可能存在的贿赂风险、并据此制定相应的反贿赂方针和目标；其二，健全反商业贿赂机构。各类公司、企业和各种经济组织必须配置专职或兼职的反贿赂合规管理部门或人员，明确反贿赂管理的职责和权限，确保有效沟通和运行。反贿赂部门一旦发现了贿赂行为，既要追究行贿受贿人的责任，还要追究相应组织的责任，并责令其积极补救制度的漏洞，防止以后再发生类似行为；其三，完善反商业贿赂的具体管控措施。各类公司、企业和各种经济组织在其运作过程中必须逐步建立和实施下述管控措施：对特定交易、项目、活动、特定岗位、员工、商业伙伴进行尽职调查，建立严格细密的财务控制制度，在采购、营运、销售、业务、人力资源、法务以及其他非财务业务管理方面采取降低贿赂风险的措施，制定有关礼物、招待、赞助费、捐赠及类似防止利益冲突行为的规范，确保下属机构、子公司等符合反贿赂管理体系的要求，建立守规报告制度和违规举报及为举报人保密制度，建立并实施贿赂调查和处置程序，建立反贿赂制度运行的监测、分析和评价制度，发现问题和漏洞，及时修正和改进；其四，积极发挥企业员工作用。各类公司、企业和各种经济组织应加强对员工的反贿赂教育和对员工反贿赂行为的保护，在雇用员工时即应告知员工，作为雇用条件，其必须遵守本企业反贿赂的制度、规则，对违反这些制度、规则的人和事进行举报是其必须发生的义务。企业应向员工承诺，任何员工不会因坚持和维护反贿赂的制度、规则或对违反反贿赂制度、规则的人和事进行举报而受到报复、歧视或处分。

反腐败，必须既反受贿，又反行贿。要同时遏制受贿和行贿，则必须坚持“政”“商”两手着力，既注重打击、惩治腐败本身，又注重铲除滋生腐败的土壤，为公权力运作营造清、净的环境。

15. 十九大释放八大重磅反腐信号

十八大以来的这五年，我们党正风肃纪、反腐惩恶，如今反腐败斗争压倒性态势已经形成并巩固发展。十九大之后，反腐败将如何推进，反腐工作重点在哪里？从十九大报告到十九大新闻中心举行的首场记者招待会，八大重磅反腐信号已经明确。

夺取反腐败斗争压倒性胜利成为明确目标。“腐败是我们党面临的最大威胁。”十九大报告阐述了对反腐问题的清醒认识，指出只有以反腐败永远在路上的坚韧和执着，深化标本兼治，保证干部清正、政府清廉、政治清明，才能跳出历史周期率，确保党和国家长治久安。下一步反腐如何推进？十九大报告明确指出，当前，反腐败斗争形势依然严峻复杂，巩固压倒性态势、夺取压倒性胜利的决心必须坚如磐石。要坚持无禁区、全覆盖、零容忍，坚持重遏制、强高压、长震慑，坚持受贿行贿一起查，坚决防止党内形成利益集团。

群众身边腐败问题整治力度将加大。“凡是群众反映强烈的问题都要严肃认真对待，凡是损害群众利益的行为都要坚决纠正。”十九大报告明确提出的这个论述让许多人振奋不已。中纪委副书记杨晓渡在十九大期间的首场记者招待会上透露，“我们在巡视过程中，要大量接触群众，听群众对干部的反映。我们的派驻监督是不走的巡视组，天天都在接触群众，听群众对监督对象的反映。”十九大后，基层腐败将得到进一步打击。十九大报告明确提出，要在市县党委建立巡察制度，加大整治群众身边腐败问题力度。

三种情况同时具备的腐败高官将重点严查。从严治党，关键是抓住领导干部这个“关键少数”。十九大后，打击腐败高官的重点将是什么？杨晓渡表示，十九大以后，中央纪委打击腐败高官的重点仍然是十八大以来不收敛不收手，问题线索反映集中、群众反映强烈，现在重要岗位而且可能还要提拔使用的领导干部，三种情况同时具备并且政治腐败和经济腐败相交织的，是重中之重。

“四风”问题、特权思想将继续整治。十九大后如何反“四风”？十九大报告明确提出，要坚持以上率下，巩固拓展落实中央八项规定精神成果，继续整治“四风”问题，坚决反对特权思想和特权现象。整治“四风”问题的重点，要巩固、拓展落实中央八项规定精神的成果。在整治奢靡浪费方面已经取得了很大成效，要进一步下工夫纠正官僚主义和形式主义。

监督执纪问责将进一步强化。纪律成了带电的高压线。十九大后，如何抓纪律、守底线？十九大报告提出四点：第一，要重点强化政治纪律和组织纪律，带动廉洁纪律、群众纪律、工作纪律、生活纪律严起来。第二，坚持惩前毖后、治病救人，运用监督执纪“四种形态”，抓早抓小、防微杜渐。第三，赋予有干部管理权限的党组相应纪律处分权限，强化监督执纪问责。第四，加强纪律教育，强化纪律执行，让党员、干部知敬畏、存戒惧、守底线。

为官不为要么改造要么撵走。“为官不为”是一种消极腐败。十九大后对这类干部怎么办？杨晓渡表示，如果是既想要身居高位又不想为人民服务的，我们就要把他“请”下来，把他从干部队伍中撵走，或者把他改造过来，让他重新好好地为人民服务。具体如何做？中组部副部长齐玉介绍了几点：一是对思想观念不适应的，加强教育引导。二是对于能力不适应的，强化学习培训和实践锻炼。三是对于作风不适应的，加大治庸治懒力度，加大监督检查和考核问责的力度，及时调整不胜任、不称职干部。最重要的是树立正确的用人导向，大力提拔重用那些忠诚干净担当的干部，让那些不想干事、不干实事的干部没有市场，同时还要受到惩戒。

依法反腐将进一步推进。反腐败国家立法要来了！十九大报告提出，要推进反腐败国家立法，建设覆盖纪检监察系统的检举举报平台。这是在法治轨道上深化反腐败斗争的一大重要举措。报告还提出，要制定国家监察法，依法赋予监察委员会职责权限和调查手段，用留置取代“两规”措施。专家指出，制定国家监察法用留置代替“两规”，是依法反腐的重要手段。这意味着依法反腐站上了新台阶。

监督体系将进一步健全。十九大报告提出，要构建党统一指挥、全面覆盖、权威高效的监督体系，把党内监督同国家机关监督、民主监督、司法监督、群众监督、舆论监督贯通起来，增强监督合力。具体怎么做？报告进行了详细阐述，其中有两点值得关注：第一，深化政治巡视，坚持发现问题、形成震慑不动摇，建立巡视巡察上下联动的监督网；第二，深化国家监察体制改革，将试点工作在全国推开，组建国家、省、市、县监察委员会，同党的纪律检察机关合署办公，实现对所有行使公权力的公职人员监察全覆盖。杨晓渡表示，在党委领导下，纪委和监察委合署办公，反腐败的力量会更集中，反腐败覆盖面会更广，纪委和监察委的责任更重了，纪委的工作也会更加有效。

16. 坚决打赢反腐败“持久战”

十九届中央纪委二次全会公报强调，当前反腐败斗争形势依然严峻复杂，全面从严治党决不能半途而废，必须以永远在路上的韧劲和执着，把“严”长期坚持下去，一以贯之、坚定不移。

2017 年，中央纪委通报的受党纪处分的 248 名省管干部中，近七成在十八大以来不收敛不收手。这就说明一个现实，尽管反腐败压倒性态势已经形成并巩固发展，但仍有一些领导干部还是心存侥幸，总认为反腐败反不到自己头上。在这样的关键节点上，如果反腐败松一松、停一停，腐败问题就会死灰复燃。因此，面对反腐败斗争形势依然严峻复杂的局面，必须一以贯之、打好反腐败的“持久战”。

首先，要用好治标的利器。十八大以来，我们党坚持反腐败无禁区、全覆盖、零容忍，坚定不移“打虎”“拍蝇”“猎狐”，使腐败分子受到了极大地震慑。打好反腐败“持久战”，就要继续用好这些惩腐肃贪的利器，对“老虎”露头就打，坚持行贿受贿一起查；严厉整治群众身边的腐败问题，坚决查处涉黑“保护伞”；继续加大海外追逃追赃，深化反腐败国际合作。通过长震慑、强高压，从而减少腐败存量、遏制腐败增量。

其次，要夯实治本的基础。腐败问题屡禁不绝的根源，在于权力的边界没有完全厘清，还存在利用公权力搞利益输送的空间。为此，必须通过改革和制度创新切断利益输送链条，加强对权力运行的制约和监督。一方面，要深化行政审批改革、推行审批权负面清单制，加大政务信息公开力度，推动权力的公开、透明行使；另一方面，要紧盯选人用人、审批监管、资源开发、金融信贷等重点领域和关键环节，进一步健全监督管理制度机制，扎牢“监督无处不在”的制度笼子，增强不能腐、不想腐的思想和行为自觉。

第三，要抓住“关键少数”。“子帅以正，孰敢不正”。深入推进反腐败斗争，实现党内政治生态的根本好转，必须抓住“关键少数”。要立足坚决反对特权思想和特权现象、围绕巩固拓展中央八项规定精神成果，对“关键少数”尤其是高级干部提出更高更严的标准，进行更严的管理和监督，从而推动领导干部身体力行、以上率下，形成“头雁效应”。

十九大报告指出，腐败是我们党面临的最大威胁，只有以反腐败永远在路上的坚韧和执着，保证干部清正、政府清廉、政治清明，才能跳出历史周期率，确保党和国家长治久安。面对新时代对党的自身建设提出的新挑战，全党上下和各级领导干部必须进一步深化对反腐败斗争的认识，切实提高反腐败斗争的政治站位，保持打赢反腐败“持久战”的战略定力，通过不懈努力换来海晏河清、朗朗乾坤。

17. 坚持以法治思维和法治方式反腐败

党的十九大报告强调“深化依法治国实践”，要求“推进反腐败国家立法”。必须进一步强化全面从严治党与全面依法治国的战略融合，坚持运用法治思维和法治方式反腐败，深入推进反腐败工作。

坚持党的领导，一以贯之依法反腐败。坚持党的领导是依法反腐败的根本保证，依法反腐败是党要管党、从严治党的重要方式。党对依法治国、依法反腐败的思想是一以贯之的，党的十八届中央纪委二次全会上，习近平总书记就提出“要善于运用法治思维和法治方式反对腐败，加强反腐败国家立法，加强反腐倡廉党内法规制度建设，让法律制度刚性运行”的反腐败重要思想；《中共中央关于全面推进依法治国若干重大问题的决定》为全面推进依法治国指明了方向；党的十九大再次强调要坚持厉行法治，推进反腐败国家立法。我们必须增强政治意识、大局意识、核心意识、看齐意识，自觉维护以习近平同志为核心的党中央权威和集中统一领导，自觉在思想上政治上行动上同党中央保持高度一致，在党的领导下坚持法治思维和法治方式反腐败，增强党自我净化、自我完善、自我革新、自我提高能力。

树立法治观念，强化反腐败法治思维。观念和思维是行动的“总开关”，牢固树立法治观念是运用法治思维和法治方式反腐败的先决条件。特别是在当前大力推进国家监察体制改革的背景下，各级纪委和监察委员会合署办公，在形成监督合力的同时，也对各级纪检监察干部的法律素养提出了更高要求。各级纪检监察干部不仅要对执纪业务知识烂熟于胸、运用自如，还要系统学习和研究国家法治建设的体系、制度和规定，在实践中自觉运用法治的精神、原则、规范、逻辑去发现问题、分析问题和解决问题，把依宪治国和依法行政的理念和要求贯通于监督检查、正风肃纪、责任追究当中。各级纪检监察领导干部要率先垂范，坚持法律面前人人平等，坚决反对和自觉抵制一切特权思想，在心理上敬畏法律、崇尚法治，在行为上遵循法则、宣扬法治，确保反腐败工作在法治的轨道上良性运行。各级纪检监察机关要充分利用现代媒体资源，运用历史和现实的生动案例，多渠道多层次地开展反腐败宣传教育，积极营造法治反腐的文化氛围，培育人民群众参与法治反腐的思想土壤，不断增强人民群众对依法反腐的观念和信心。

完善反腐败法制，把权力关进制度的笼子。科学立法是法治反腐的前提，良法之治是法治反腐的高级状态。推进依法反腐，应当不断完善惩治和预防腐败法规制度体系，通过严密的制度体系来制约和监督权力，使反腐败逐步走向规范化、制度化、长效化。反腐败本身也是权力运行的过程，凡属反腐败行为都要于法有据。2018 年 3 月 20 日，第十三届全国人大一次会议审议通过了《中华人民共和国监察法》，是以习近平同志为核心的党中央作出的重大决策部署，是深化国家监察体制改革的内在要求和关键步骤，是创新中国特色监察制度的成功探索和伟大实践，是我国政治制度、法律制度建设中的一件大事。《监察法》的制定和国家监察委员会的组建，为反腐败工作开创新局面提供了重要的政治和法治保障，在国家法制建设史和纪检监察工作史上具有重大的里程碑意义。《监察法》就是反腐败国家立法。它是为了推进全面从严治党和全面依法治国，实现国家监察全面覆盖，深入开展反腐败工作而制定的重要法律。制定《监察法》的根本目的，是坚持和加强党对反腐败工作集中统一领导，使党的主张通过法定程序成为国家意志，以法治思维和法治方式惩治腐败。制定《监察法》，依法赋予了监察委员会的职责权限和调查手段，强化了党对反腐败工作统一领导的法治保障。

要全面梳理现行的反腐败法制体系，查缺补漏，着力解决党纪与国法、行政规定与法律条文、法律法规和现实情况的冲突和缝隙，及时修订完善，从制度源头上堵住腐败的漏洞。要加强全面统筹，做好顶层设计，加快制定行政决策程序法、公共信息公开法、举报人和证人保护法以及国际反腐败公约实施细则等，在此基础上形成具有中国特色的反腐败法律体系。要优化检察院人员转隶融合工作机制，着力完善工作业务程序制度，防止因程序脱节而产生违法问题和办案事故，使反腐败的法律链条平稳延伸、无缝对接。从局部看，对一些地方和部门的反腐败立法，应根据本地区本部门的具体情况和实际需要进行完善；对各地各部门先行先试的制度、政策、办法，如果执行效果和社会反响好，要及时总结推广，为反腐败国家立法积累经验，一旦条件成熟，应及时上升为法律法规。

严格执行法律，推进反腐败依法治理。法律的生命在于实施。推进反腐败依法治理，必须做到严格执法，切实保证反腐败在法治的框架内良好运行。各级纪检监察领导干部要充分认识到依法执纪的重要性，做到心中有法纪、脚下有红线，实现法纪落地、刚性运行，既不“以权压法”“以言代法”，也不搞选择性反腐败和运动式反腐败。各级纪检监察机关是反腐败的专责机关，要充分发挥反腐败协调小组的领导作用，加强与公安、检察、审判机关和组织人事、财政、审计、金融、电信、房管等部门的协调配合，各司其职，各负其责，发挥优势，形成合力。各级纪检监察干部在执纪执法的过程中要保持清醒的头脑，防止用组织程序代替法律规范、用工作纪律代替法律规定、用领导意志代替法纪要求等行为。

当前，我国已推进国家监察体制改革，实现对所有行使公权力的公职人员监察全覆盖。地方各级党委要牢牢把握领导反腐败斗争的主动权，推进机构、职能、人员全面融合和工作流程磨合，探索监察委员会有效履职履责、执纪与执法相互衔接的实现路径，把改革蓝图转化为生动实践，使党内监督与国家监督、党的纪律检查与国家监察有机统一。纪检监察部门要明确转隶后的法律职责定位，专司“党内监督、依法执纪、依法监察”，集中精力管好党纪政纪，做到不缺位、不越位、不错位，对涉嫌犯罪的案件，要及时依法移送检察机关进行起诉。要严格依法查办案件，遵循依纪依法、安全文明的办案原则，对信访、线索处置、立案、审查、审理、执行等各环节，做到依法处置、有案必查、查实必纠。各级纪委与监察委员会合署办公后，既执纪又执法，责任重大，面临的考验也在增加，纪检监察机关要敢于刀刃向内，进一步强化自我监督，严格工作程序和业务流程，加强过程检查和督促办理，对纪检监察人员违规违纪违法的要从严处理，以实际行动回应各方关切。

菜单六

反腐败的观点荟萃

1. 我国腐败呈现新变向：手段智能化形式隐蔽化

滥用权力，以权谋私，是腐败的典型表现和基本特征，也是国际社会的共识。中国作为世界上历史沉淀最为深厚的文明古国之一，在快速推进人类历史上最大规模的“五化”（工业化、信息化、城镇化、市场化、国际化）建设过程中，受本土化传统思想文化糟粕的潜在感染，受国际化腐败现象的传导感染，受转型期制度体制机制的缺陷感染，腐败客体呈现出新的变向和特征，突出表现为权力“有形之手”与市场“无形之手”勾兑演绎，攫取物质的和非物质的、动产和不动产、有形的和无形的利益，腐败现象逐渐向现代“三权交易”（权钱交易、权色交易、权权交易）演变，腐败手段智能化、腐败形式隐秘化、腐败收益虚拟化的特征日趋明显。

权力现值。权钱交易，即权钱互换的赤裸裸的现实性简单交易，是权力现值的交换体现。这是一种典型的显性腐败现象。根据经济学原理，现值是指产品现有的综合性能与购买成本之间的比值，主要反映商品的性价比。权力本是一种公器，并不是商品。随着改革的深入、开放的扩大，“有形之手”的权重过大，而“无形之手”的权重过小，在“寻租”的时间、空间、机会、条件不断增加的前提下，市场交换原则由经济领域被移植于政治、文化、社会领域，人民“委托之权”“授受之权”常常被少数腐败分子乱用、滥用甚至盗用。

在少数“精明”商人与贪嗔官员的“性价”比对之下，腐败的手段和方式不断翻新，权力的交换介质及其价值不断更新和超越：汽车、电脑等现代工具替代了电视、手机等传统工具；字画、古玩等艺术商品替代了烟酒、服装等传统物质；土地、矿产、股份、资本等要素资源替代了衣食住行等生活资源等。

权钱交易为腐败的初级阶段所常用，其特征主要表现为：一是变现性。此类交易目的性明确，现买现卖，直接成交，“事”“钱”两清。特别是一些“48”“53”“59”式或“换岗”式腐败分子表现得更加突出。二是“比价”性。按“多大的事给多厚的钱、多厚的钱办多大的事”的潜规则，买卖双方一般心知肚明，权衡比价，有的甚至明码实价，“对等”交易。三是一次性。像单个小作坊一样，办事者和掌权者按“性价比”，一对一分散式交易、一次性完成，即便涉及多人，一般也是单线联系、单独成交，“钱”清“事”了。四是风险性。这种交易由于手法简单，变现性强，因而线索明显，事实清楚，证据确凿，风险较大，腐败分子不得不进行战略转移。

权力期值。这是一种典型的隐性腐败现象，也是一种新型腐败现象。它包括权力与色欲、情感、信息等非物质形态的复杂交易，是权力期值的持续体现。期值是经济学中的一个产出比指标，一般指产品将来的预期产出与购买成本之间的比值。其主要关注产品使用过程中所能产生的综合收益。当美色、信息、业绩等非物质形态与具有公共属性的权力勾兑时，便会形成几何级数的预期产出和潜在价值。

在市场化和全球化时代条件下，权色等非物质交易已成为反腐败客体的新形态：一是由传统的男女“授受不亲”向嫖娼、一夜情、包二奶、敛财兼收并蓄转变。如成克杰与商界美女李平权色互换，构成利益链。成克杰以权享色，李平靠色弄权坐大，二人疯狂上演一幕长达五六年的“二人转”，着力谋求权力产出的最大化；广东省政协原主席陈绍基、浙江省原省委常委、纪委书记王华元不但收受巨额贿赂，还利用职权收受娼妓、出境赌博，并与多个“名花”有染。二是由权力与款物、值卡等实体交易向权力与信息、股份等虚拟交易转变。如中山市原市长李启红涉嫌股票内幕交易，其丈夫、弟弟、弟媳、妹妹等家庭成员借助李启红的职务影响，通过相关上市公司透露的交易信息从股市牟利达几十亿。三是由权钱两清的现值交易向权力即时支付、回报未来领取的期值交易转变。如浙江省平湖市政协原主席郭跃荣、水利局原局长全保华利用职务便利，不但收受现金、低价店面房、“借款”等巨额现值贿赂，而且收受千万元的干股和“预期贿赂”，谋定退休以后将这笔“预期收益”再入股行贿者公司的好项目。四是女色、业绩、情感等由自然属性向权力场上的市场特性转变。如湖南第一女贪——蒋艳萍，通过性贿赂，击倒了湖南省计委原副主任陈某、湖南省邮电管理局原局长张某等各级干部达 40 多人。就连关押在看守所期间，该所副所长万江也被她色诱下水，迫使万多次为其传递信函纸条，帮助其与外界搞攻守同盟，进行一系列反侦查活动。与倒在她石榴裙下的权贵们所进行的一宗宗“权色交易”，不仅助她发迹于官场，使一个只有初中文化程度的“美女”在短短 13 年里由仓库保管员快升至副厅级干部；而且她还换取了 10 亿多元的工程项目和各种荣誉，疯狂敛财千万元。案发后，她总结出自己的“经验”：“在男人当权的社会，只有懂得充分开发利用男人价值的女人，才能算是真正高明的女人。”

在物欲、权欲、色欲的躁动下，不仅女色成为某些人换取权力、谋取利益的介质，就连业绩、情感也带上市场交换的色彩频频上场。如江苏省盐城市人大常委会原主任祁崇岳在担任市委常委、宣传部长期间，一名干部并不直接给其送钱物，而是长期为其办许多私事，“甚至经常给他擦背”。结果这名干部来宣传部不到5年，就从非党员当上了正科长。

与权钱交易相比，这种非物质化交易属于腐败现象演变的第二个阶段，有其自身特点。此类交易是一种隐秘性腐败，隐藏较深，潜伏期长，不急于变现，不那么露骨，因而也不易被人发现。并且多属于一种渐变式的“温和腐败”，隐利性强，常常带着感情色彩和温和面纱，以温水煮青蛙式的渐变积累，使权力渐渐变异，谋取的是更长远更重大的利益。一旦被腐蚀，则涉案很深。一旦上钩，就被层层缠绕，环环紧扣，步步紧逼，次次中招，难以解脱。进行多次交易，预期收益更大，且有的将收益分成若干份若干人，如秘书、子女、亲属等。此类交易具有炮弹延迟引信的特点，比权钱交易危害大，穿透后爆炸性和破坏性更大，且呈易发多发之势。从近些年来已查处的典型腐败案件来看，90%有“生活腐化”的定性。色案之多、危害之重，为中国反腐倡廉史所仅见。

权权交易。权权交易即权力与权力隐性互换，是权力借助虚拟手段无限放大并急剧升值的一种无形腐败现象。这种腐败现象，不仅隐蔽性更强，更是一种典型的政治蜕变现象。政治学上的权力是一种公共权力，具有体现公共利益的社会功能，必须以明文规定为限。但是，随着反腐力度的不断加大以及政治民主进程的加快，腐败分子也进行方法创新，以权换权的虚拟交易日渐见多，权权交易成为一种亟待高度关注和科学应对的新型腐败方式。

主要体现在三个方面：一是从执行权领域的权权交易到决策权、监督权领域及其相互间的权权交易。从这些年已查处的典型腐败案件来看，政府系统的规划建设、资源审批、资金管理等掌握行政审批权力的部门属腐败高发区，同时党委、人大决策系统和执法执纪监督部门的腐败案件也明显增多。二是从经济、社会领域的权权交易到政治领域的权权交易。如由于“一把手”监督制度的缺失，在一些地方实际上形成了以“一把手”为主导的“管理层内部控制”问题，逐渐实现了对区域内经济资源、文化资源、社会资源到政治资源的全面垄断和控制，“一把手”成为腐败的高发岗位。三是从财权、物权的权权交易到干部人事权的权权交易。如张书记提拔李局长的原任秘书，李局长提拔张书记的儿子，形成“官选官、大官选小官”的“小圈子”。“造假骗官”的石家庄团市委原副书记王亚丽，就是靠交通局长、区委书记、市委副书记、市委宣传部副部长等一批官员的权力对接和运作，一路过关斩将，一路造假升迁，从一名普通农村女子跃升至团市委副书记。更令人深思的是，案发前，面对被害人的多次举报，相关监督部门累累失察失语。

与前两种交易形式相比，权权交易主要表现为一种以虚拟交易为手段，以更隐秘、更长远、更巩固的期权利益为目的的无形腐败，是腐败现象演变的第三个阶段。从一些典型的腐败案例可以看出，不同的权力“受托者”巧于权力资源的算计、运筹，实现权力之间的对接、整合，积聚、提升权力的内生价值，转化主要是无形权力的交换价值，以谋取其个人、家庭或利益集团的深层和长期利益需求。权权交易还带有集团性。通过构建经济、社会、文化尤其是政治利益纽带，借以形成巩固联盟或既得利益集团，逐渐实现从对经济人、社会人、文化人控制到对政治人控制的转变，从经济利益集团到政治利益集团的转变，以谋求未来政治利益的最大化。这种以“权力”为主导形成的“管理层内部控制”问题，从表面上看，出现了让人诟病的“官二代”“知二代”“艺二代”“富二代”；从深层次上看，是造成一些地方政治生态恶化，党群干群关系疏离，显性冲突和隐性暴力积聚的主要诱因。

权权交易主要表现为权力市场上的一种虚拟交易，无需变现，但一旦时机成熟，权力对接耦合所实现的政治价值大大超过现值和一般期值，且具有发散性、膨胀性、选择性特点，以既得利益集团现有人员为骨干依托，有选择性地扩编收徒，不断强化政治上的依附性、组织上的紧密性和利益上的虚拟性。这种新型腐败形式借助权力的虚拟交易无限放大并急剧升值，对党和国家政权具有肢解性和动摇性，是一种隐秘性更强、危害性更烈、风险性更大的高级腐败方式。东欧剧变、苏联解体，与权权交易中所形成的各种既得利益集团有深刻关联，甚至至今俄罗斯的相当一部分核心权力仍然被这些既得利益集团所把持。

以上分析可以看出，“三权交易”是从简单到复杂、再到“管理层控制”的渐变性腐败交易；是从微观到中观、再到宏观层面的递进式腐败交易；是从一次性、单对性、单层性到多次性、多人性、多层性的集约型腐败交易；是从经济腐败到生活腐化、再到政治蜕变及融三者于一身的复合性腐败交易；是从显性化、隐蔽化到期权化、虚拟化的智能化腐败交易；是从物质所有权的一次性交易到非物质使用权的多次性交易，再到彼此都拿不属于自己的标的物（权力）进行的瓦解性腐败交易。对权力资源进行交易的三个阶段，隐蔽性越来越深，潜伏期越来越长，投机性越来越强，对政策法律的规避和肢解越来越大，社会危害性越来越烈，其实质体现了人性对权力的占有、放纵和滥用之本能。正如一位哲人所言：一旦人被定格在权力关系中，利益权衡就成为他们的本能。

2. “非典型腐败”的主要表现形式

随着中央反腐力度的逐渐加大，各地对腐败行为的查处日益严格，传统的“显性腐败”行为得到极大扼制。但部分官员对金钱的欲望却随着市场经济的高速发展而“水涨船高”。因此，腐败行为呈现出由明到暗的发展趋势。这类隐蔽型的腐败行为统称为“非典型腐败”，其主要表现形式有以下三种：

一是以借为名、以权回报的“隐性腐败”。权钱交易历来都是腐败官员与行贿者之间最“铁”的交易方式。但是传统腐败大多是行贿者与官员之间进行的一次性交易，即行贿者通过“糖衣炮弹”的攻击，换取一次提拔或者项目审批等机会，交易完成后双方关系就立即终止。一旦被调查，很容易发现罪证。但是以“借”为名的“隐性腐败”则通常是一种长期的交易关系，形式也更为隐秘。一般情况下行贿者都需要官员提供长时间的权力保护，以牟取最大限度的利益；而掌权的官员则通过向对方借款、借车、借房等形式来获取利润。当然这种“借”通常是“有借无还”，或者说是通过“权力回报”。只要“共同利益”不消失，这种合作关系就一直存在。而且相关部门很难找到行贿受贿的证据。这种关系在“官商”勾结方面表现尤为突出，如浙江省舟山市定海区委原副书记虞军明受贿案，就是这种“隐性腐败”的典型。

二是高调反腐、低调敛财的“双面腐败”。表面清正廉洁、高调反腐，背后见钱眼开、低调敛财，走“正反”两条路线，是当前“非典型腐败”行为中最为“高智商”的贪腐方式。主要表现为树起“拒收礼金”的“廉洁牌坊”，高调以清官形象示人；并且出台各种反腐政策，大力打击、查处腐败官员，显示出对贪腐行为极端痛恨的清高姿态；更有甚者，还潜心研究治理腐败问题的方法，形成论文或者书籍等著作，为腐败“痼疾”广开“药方”，从而获得官员百姓的一致好评，树立良好的廉政形象。但脱掉虚伪的外衣，这类官员实则是赤裸裸的贪官。他们工作非常注重原则，对于违反规定的项目一律不批。只是通过下属或者朋友牵线，利用手中的权力为人开方便之门，在审批项目时减少报批、报建款，而后中饱私囊。换种说法，这类官员贪的都是国家的钱、百姓的钱，是各类商人在他们的权力运作之下省出来的财政资金。湖南湘潭市前副市长朱少中便是这种用手中权力为地产开发商节约支出，从中得利的“双面贪官”。

三是不求廉政、但求勤政的“温和腐败”。以往，我们经常听到某官员“不收钱不办事，收了钱才办事”，我们称这种腐败为“暴力腐败”。那么与之相反的“温和腐败”则是“不收钱也办事，办了事再收钱”。也就是说，这类官员通常会塑造出一种勤政爱民的好官形象，不管他人是否有所求，都会尽心竭力地为他人“谋福利、办实事”。然后在办完事的情况下“顺便”向得利人收点“好处”。表面上看他们没有明显的受贿动机，只是为了发展，为了履行职务，为了工作需要，进行正常的“礼尚往来”。如果“暴力腐败”是“真小人”的话，那么“温和腐败”就是典型的“伪君子”。其形式更隐蔽、更可怕、更危险。因为前者直接损害他人利益，敛财快、风险大，一旦事发，很容易丢乌纱，蹲牢房；而后者则是办“该办”的事儿，拿“不该拿”的钱，是一种平等交易。即便被查出，也只是违纪，不涉及违法。可是这种“温和腐败”战线长、范围广，积少成多，很容易影响周边的领导干部，成为一种普遍风气，从而扩大贪腐范围。

面对全国空前高涨的反腐形势，部分官员的贪腐方式呈现“道高一尺魔高一丈”的势头。由“显性”转为“隐性”的腐败行为，不但暴露出当前反腐制度的软肋，而且进一步考验相关部门的反腐力度。这种日益增长的在合法外衣掩饰下的“非典型腐败”，急需引起纪检监察部门和社会各界的高度重视。只有推进法治建设、加大民主监督、构建严密的防治体系，进一步深化改革，加大反腐力度，才能取得反腐倡廉建设的更大胜利，真正保障社会和谐。

3. 当前“村官”腐败的成因、特征及对策

随着全面小康社会建设的不断深入，农村基层组织财政来源逐步拓宽，村级“腰包”逐渐鼓胀起来，村级集体经济收入也逐年增加，村级财务支配的权力与数额也越来越大。村级财务的不断改善，也为“村官”腐败提供了温床，“村官”腐败案件逐年上升，腐败金额也不断加大，这极大地损伤了干群关系，阻碍了村集体经济发展，影响了

农村脱贫攻坚工作的进程，甚至引发群体性上访事件，已成为破坏农村社会和谐的“毒瘤”、农村建设的“内伤”。因此，防止“村官”腐败已刻不容缓。

“村官”腐败的主要手段及表现方式

1. 滥拉赞助，黑手伸向在外“名人”。随着全面小康社会建设的不断深入，一些村干部打着为家乡建设投资出力的旗帜，将目光盯向在外工作的“名人”“要人”，要他们帮忙立项目、拨资金、给赞助。然而，一旦资金到手项目到位，某些村干部仅仅象征性地做点事情，就将专项资金装入个人口袋。有的甚至将平时的一些不正当开支，借口成向“名人”“要人”打点开支，让人出资又寒心。

2. 巧立名目，想方设法贪污集体财物。由于多种原因，村级财务监督不得到位，某些“村官”自视为“当家人”，无视村规民约，置国家法律法规于不顾，将集体财产视为“已有”，随意处置集体财产，从中谋取不正当利益。有的虚报冒领，中饱私囊；有的借招待之名，大吃大喝然后由集体买单；有的公款私用，为个人办事捞好处，变相贪污受贿；有的变卖或“承包”集体财产，从中达到肥已损公的目的；还有的更是明目张胆，采取收入不记账，直接予以侵吞。如郑州市高新区石佛办事处大里村村主任金明池自 1999 年开始，利用职务之便把村里的征地款、土地补偿款等 200 多万元公款据为已有，结果被判处有期徒刑 15 年，没有个人财产 30 万元。

3. 吃喝玩乐，大肆挥霍公有资金。经济发展了，村级财务状况改善了，个别“村官”思想上发生了变化，认为自已辛辛苦苦为村集体工作多年，也该享受享受了，拜金主义、享乐主义抬头，有的“村官”将集体财产公有资金视为“唐僧肉”，恨不得煮着吃闷着吃，大行吃喝玩乐之风，铺张浪费，大肆挥霍。特别是村“两委”到届时，突击花钱，挥霍公款，给村集体造成严重浪费。由于村级管理混乱，建立正规账目的不多，一些村的招待费单据很少用正式发票，白条、三联收据仍然存在，有的用一些普通纸张甚至烟盒纸“自制”的“土发票”冲账，报销数额任意填写，反正只要支书、村主任签名审批报账，大家心照不宣，最终损害的还是集体利益。

4. 伤风败俗，生活作风低级庸俗。个别村干部在改革开放的大潮中丧失自已，迷失于灯红酒绿之中，生活极度腐化，爱好低级庸俗，有的染上打牌赌博的恶习，终日深迷于麻将桌前；有的生活作风堕落，乱搞男女关系，在外找小姐玩“一夜情”“包二奶”；有的迷上地下“六合彩”，甚至坐庄收单，公然与政府作对，在利益面前丧失村干部应有的本质。

5. 横行乡里，充当“保护伞”为害一方。近几年查处的涉黑涉恶案件中，很大一部分都与当地政府官员有关，有的与村干部相互勾搭。由于“村官”工作的特殊性，在当地往往具有说一不二的发言权，在资金配备、人际交往、政府沟通等方面，比一般村民都具有无可比拟的优势，这也就往往成为某些人的公关对象。而有的村干部则大行家长作风，在村中称王称霸，听不进半点意见，对异议者往往利用恐吓、威胁、孤立等手段打击报复，或私设公堂，将村委会视为“自留地”“发泄地”乃至“刑堂”。有的村干部则利用自己外交优势，在村中当“包头”“中介”，明为给村民土特产提供销路，实则大包大揽，不许外地人进入村庄，自己从中低价收进高价卖出，赚取高额利润。

6. 索拿卡要，借外商投资巧做文章。随着社会经济的发展，一些村庄特别是临近大中城市的郊区村成了商家投资的热点，兴建工厂、房地产开发、高速公路建设等，各项工程的上马立项，给农村经济建设带来了机遇，但也给官吏腐败提供了条件。一些经济比较好或处于城乡结合部的村，村官们通过兴建养老院、学校、厂房等工程，变相贪污工程款或收受贿赂。有的“村官”围绕“批”字做文章，利用手中有批租土地和批房基地的权利，借权“索钱”，中饱私囊，频频将“黑手”伸向征地补偿款、征用款、工程款。

“村官”腐败的主要特征及危害

1. “村官”腐败数量大。“村官”腐败已成为当前社会腐败的一个热点，不可等闲视之，如不加以治理，必将危及到社会主义政权的基石。

2. 腐败“村官”中一把手居多。在查处的“村官”腐败案件中，以“村官”一把手居多，占总数的90%以上，多为村支书、村主任，或者以村支书村主任为主，村会计、出纳等全体村干部联合腐败。

3. 腐败案件涉及范围广。近年来，“村官”腐败案件呈现出多元化发展，除了原有的挪用贪污公款外，发展到现在的非法占有土地补偿款、救灾救济、扶贫优抚款物以及粮食直补、退耕还林、宅基地等款项；或以低价私自出租、转让、发包集体所有耕地、林地等。

4. “村官”腐败手段多样化。主要有借宗族势力，肆意侵犯村民人身权利；滥用职权，“卡拿索要”；独断专行、办事不公；发包土地、工程，优亲厚友；参与赌博、挥霍公款；在任职期间外出打工，村务空挂；进行不正当竞选等表现形式。

5. “村官”腐败区域分布相对集中。主要在经济发达的城乡结合部和封闭的欠发达村，真正发展一般的乡（镇）很少出现腐败。经济发达的城乡结合部容易出现经济腐败，而封闭的欠发达村，则容易发生独断专行、索拿卡要的案件。

“村官”最贴近人民群众，“村官”的贪污腐败，离间了党群关系，直接破坏了党和政府的群众基础，具有十分巨大的危害，直接威胁到党风廉政建设，影响到党的基层组织建设，是乡村振兴战略的最大“毒瘤”。一是造成村集体财产大量流失，使财产无法追回。二是导致干群矛盾激化，极易造成群众集体上访事件，影响社会稳定。三是破坏当地经济发展环境，影响乡村振兴战略的深入开展。四是对村民自治制度形成破坏，一些农民耳闻目睹了“村官”手中越来越大的权和利后，不惜手段采取贿选的方式谋取“官位”。

“村官腐败”的主要成因

1. 村务不够公开是村官腐败犯罪的根本原因。有些地方村级管理暗箱操作，缺乏民主，透明度不够。按照《村民委员会组织法》的规定，村委会应当定期将村务公开，其中包括村的财务收支情况、宅基地审批事项等。但实际上，有的村官为谋取私利方便，不想让群众了解村务、政务和财务；有的村官思想上害怕群众知道多了不利于工作，应该让群众明白的事情却暗箱操作。

2. 权力过分集中是导致犯罪的必然因素。按照《村委会组织法》的规定，村委会应当定期召开村务会议，重大事项由村民集体讨论决定，而且要定期公开村务。但实际上，有些地方村委会很少召开会议，村民们不了解村里的财务、政务和事务，管理缺乏透明度。在有的基层，大权往往集中在村党支部书记和村委会主任等个别人或少数人手中，因此，行贿者便将目标盯住了大权在握的主要村官，这批能拍板定音的村支书、村委会主任，一旦经受不住诱惑，便会陷入金钱的泥潭，沦为人民的罪人。权力的过度集中使他们作案时有恃无恐。有权力的地方就会滋生腐败，没有制约的权力必然产生腐败。

3. 村官自身素质不高。农村基层组织人员素质不高，法制观念淡薄是导致职务犯罪的主观因素。许多村干部文化层次较低，多为初中及初中以下文化，有的甚至对何谓收受贿赂，何谓正常人情往来都划不清界限，有的村官竟还以“我为你办事，你给我好处”两厢情愿为由，肆意实施受贿犯罪。有些村官受封建宗法观念影响，凭借家庭势力当上村干部后大耍特权，只要群众稍有不同意见，就打击报复。

4. 财务管理不够规范，缺少必要监督。如有些地方，村级经济发展迅速，经济发展上去了，但在财务管理上仍停留在原有的水平，账目设置不规范，财务审批不严格，村干部权力过于集中，所有支出全凭一人说了算，白条自批自支现象在村级财务管理较为常见，为诱发经济犯罪提供了方便。

5. 上级部门监管不力为犯罪提供了便利条件。由于一些地方片面强调发展经济，经济的好坏成为衡量村官政绩的首要因素。一些上级职能部门对村一级行政单位缺乏有力的监督，对村干部监管则持“三不”态度，即“不能管，不敢管，不愿管”，甚至存在渎职问题，从而导致腐败，滋生犯罪。

“村官”腐败除了“村官”的主观原因外，管理制度缺失、司法关注度不够也是重要原因。我国建立村民自治制度时间不长，如何在确保村民自治的基础上落实对“村官”权力的有效制约，还缺乏经验，村委会权力行使在许多地方处于失控状态。纪检、组织、司法往往对“村官”违法犯罪行为不够重视，或者因为查处难度大而使一些问题从轻处罚甚至不了了之，放纵和助长了违法犯罪。

治理“村官”腐败的几点思考

要遏制“村官”腐败现象，必须在确保村民自治的基础上加强对村级管理组织的权力监督制约，建立合理的个人收入分配机制，堵塞“村官”贪污、挪用公款的漏洞，多角度、多层面入手，坚持综合治理，标本兼治，教育为主，预防为先的方针，从源头着手，集中解决“村官”腐败现象。

1. 加大入口管理，在源头上消除腐败。村干部在选任途径上，重点要坚持“三个面向”：面向高中、大中专毕业生和复退军人，挑选知识型人才；面向私营企业骨干、外出务工经商人员、种养专业户和致富能手，挑选经济型人才；面向村干部和村民小组长，挑选管理型人才。全面推行村党支部书记“两推一选”，保障群众、党员对村党支部书记任免的知情权、参与权和监督权，让更多的优秀人才脱颖而出。要把那些思想素质较高、市场意识强、有奉献精神、年富力强的党员，作为党支部书记后备人选，进行跟踪培养。

2. 加强思想教育，使“村官”不想腐败。要把村干部的廉洁教育工作列入党政干部教育体系之内，形成正常的、经常性的和有针对性的教育，对村干部长敲警钟。主要是文化素质的教育、权力观的教育和法治教育，增强村干部自身的法律意识和依法行政意识。经常对他们进行党的路线、方针、政策的宣传教育和法律知识的普及，不断提高其政策水平和法律意识，消除其犯罪的内因。

3. 加大村务公开，使“村官”不能腐败。阳光是最有效的防腐剂。要阻止村官腐败，必须充分利用各种方式和渠道，广泛宣传村务公开的目的、意义、方式、方法以及具体要求和标准。进一步推行村务公开目标管理责任制，对公开的内容、时间、程序、范围等作出硬性规定和明确要求，将“村官”工作置于阳光之下，坚持“阳光”作业，使“村官”没有机会腐败。

4. 实行村务管理制度，让“村官”不易腐败。按照精简、统一、效能的原则和决策、执行、监督相协调的要求，进行村务管理的改革。村内重大事务由村民委员会决策，防止村委会主任搞“一言堂”，独断专行；充分发挥村监委会的积极作用。既有效地防止权力过分集中在村支部书记和村委会主任手上，又防止村官利用职权谋私利，更大的意义是可以更进一步密切党同农民群众的关系。

5. 加大查处惩罚力度，让“村官”不敢腐败。对于发现的“村官”腐败现象，纪检、监察、组织、司法等机关部门绝不能姑息迁就，该追究党纪政纪责任的，纪检监察机关应出门查处；该追究刑事责任的，司法部门就得介入，坚决做到“莫伸手，伸手必被捉”

4. 当前腐败呈现的新特点及防治对策

党的十九大报告指出：“全面净化党内政治生态，坚决纠正各种不正之风，以零容忍态度惩治腐败，不断增强党自我净化、自我完善、自我革新、自我提高的能力，始终保持党同人民群众的血肉联系。”众所周知，中国的事情关键在党、关键在各级领导干部。中国的事情要办好，中华民族要实现伟大复兴、实现中国梦必须要有党的坚强领导，必须加强党的建设。而党的建设一个非常重要的方面就是反腐倡廉建设。反腐倡廉建设是保持党永不变质、保持党始终具有坚强战斗力的重要保障。习近平同志指出：“打铁还需自身硬”，只有党自身廉洁了才能打造廉洁政治，从而赢得人民的支持和拥护。

一、当前腐败呈现的新特点

通过对近年来的典型案件进行分析，可以看出当前的腐败具有以下明显的特征。

1. 被查处的高级别官员腐败案越来越多。从职务特点看，高中级别干部特别是“一把手”腐败犯罪上升速度很快。据相关统计，改革开放头十年，省部级干部落马的只有两人。第二个十年，落马的达到 15 人。第三个十年，落马的达到 100 多人。

2. 涉案金额越来越大。当前被查处的腐败案件涉及的金额巨大，动辄就是上千万甚至几个亿。可以说这些年来腐败官员的胃口越来越大，数额越来越大。而且这只是计算可以看得到的显性成本，而真正的考虑到因为官员贪腐而造成的隐性的损失，更是无可估量。

3. 个体向群体发展，群体性腐败初现苗头。一是涉案人员众多。如三门峡市委副书记失踪案，牵扯出三门峡原副市长张君贵、原市交通局局长单向东、原市房管局局长黄国华等 8 名官员。二是涉案人在政治上丧失党性原则，形成了具有紧密人身依附性质的关系网。一般来说，腐败这种违法乱纪的事情倾向于暗地里行为，忌讳其他人知晓。而现实情况是，部分群体结成了腐败的攻守同盟，一荣俱荣、一损俱损，更有甚者还丢卒保帅，从而维护腐败群体所谓的“核心利益”。三是家族化。家里一人得道，鸡犬升天，一人腐败，全家遭殃。如原广东省中山市市长李启红因涉嫌股票内幕交易而落马一案牵涉十多人，其中 5 人来自李启红家族，包括李启红夫妇，李的弟弟、弟媳和妹妹。四是权钱色互相利用，结成了利益共同体。权力和权力之间进行交换，官商进行勾结，权力寻租美色，即常说的权权交易、权钱交易、权色交易。

4. 腐败利益期权兑现。所谓“期权兑现”是指在受贿者被处罚后，行贿者对已不再是官员的该落马贪官给予巨额补偿费，为之补偿受贿遭到的惩罚（刑期），这种所谓的“精神补偿费”具有很强的效仿性，它的出现助长了贪官受贿的勇气。一是其隐蔽性较传统的腐败方式更强。有些腐败分子在位时候可以不贪污受贿一分钱，等到“安全着陆”以后再由以前的办事对象给予其以前约定的好处。再者，这种期权兑现利益一般比较丰厚，即使短期入狱也让这些官员觉得值，从风险收益方面衡量考虑比较划算。

5. “权贵二代”频现。“官二代”也被称为“权贵二代”，它的出现是近年来权力腐败现象的派生品。从现代民主政治角度来看，“权贵二代”应是封建社会的产物，和社会主义民主政治极不相符。在封建社会，皇帝的儿子注定是皇子，皇帝的兄弟姐妹注定是皇亲国戚，这是家天下在国家政治上的反映。而民主政治下的公务员和领导干部来源应该只有考试和人民的选举。但是，现实中我们的一些地方仍然存在封建思想的残余，即“官二代”现象。老百姓非常痛恨“官二代”现象，这并不是说父母当官儿女就不能当官，老百姓只是痛恨依靠父母的权力、关系取得职位的不公平行为。因为这是对其他公民公平权的严重侵犯。如福建某单位的“内定门”，招考条件为：“普通高校全日制应届本科毕业生，获得国外学士学位，国际会计专业，大学英语四级，屏南户籍，女，年龄25周岁以下。”这种条件框下来基本上就剩下个别领导的子女了，丝毫没有体现公开招考的公平、竞争、择优的原则。

6. 手段日益迂回。裸官现象频现，官员外逃现象仍然存在。一些腐败官员面对日益健全的反腐制度体系，在国内没法容身，想到了把自己的家人移民到国外，自己在国内做起了“裸官”。一方面作为“裸官”，在“感情”方面没有妻子的“约束”，大肆包养小三和情人。另外一方面，家人先移民作为在国外的桥头堡，国内一有风吹草动，立即扬长而去。比如温州鹿城区委书记杨湘洪就是借在法国考察的机会突然人间蒸发，通过前期已经移民的女儿逃到国外。

7. 官员理想信念、精神追求方面的问题凸显。对马克思主义的信仰，对社会主义和共产主义的信念，是共产党人的政治灵魂，是共产党人经受住任何考验的精神支柱。可是现实生活中，我们仍然经常看到一些干部不信马列信鬼神的现象。更有甚者拿马列主义开玩笑、套荤段子。说什么喝酒也能产生生产力，漂亮也是生产力……而对一些迷信活动却十分的虔诚。求神拜佛、占卦算命、建庙修祠很盛行。从南到北，从东部沿海到西部内陆，到处都有“大师”为官员“占卦预测”“点拨风水”。据相关的调查，县处级干部相信迷信的情况十分严重，其中信“相面”的比例竟高达28.3%，还有什么抽签、测字、解梦、镇邪，连同所谓“星座预测”他们都信。如原山东省泰安市市委书记胡建学耗资数亿元的国道改线，只为在水库上架起那座著名的“岱湖桥”。起因是一位“大师”曾预测他有当副总理的命，可命里还缺一座“桥”。更有宜阳县国土局在自己办公楼进门前厅画一个八卦的图形驱邪震鬼。

8. 腐败潜规则化。在中国文化中有很多消极的因素是滋生腐败的条件，“潜规则”就是其中之一。很多行为规则不公诸于世，而是诉诸于“黑市”交易，公诸于世的规则，大家又不遵守。同时，中国文化中有一种消解制度的倾向，在现实中具体表现为“上有政策，下有对策”。少数单位有两套规则，显规则和潜规则，两套规则同时运行。显规则用来对付检查和一些没有被污染的正直的同志。潜规则则在私底下运行，单位呈现两套规则、两张皮的情况。还比如“圈子”文化，社会上流传着一句话“进了班子还要进圈子，进班子不进圈子等于没进班子，进了班子不如进圈子，进了圈子不进班子等于进了班子。”入圈子的干部争宠，不入圈子的干部被剔除，这种示范效果迫使大多数干部去遵从新的游戏规则。从追求庇护到跑官买官，并按照这一游戏规则提供的激励机制来做出行为选择，使正直干部越来越难以生存。

9. 腐败方式虚拟化，财产转移方式高科技化。银行、证券、保险、信托、拍卖等方面的反腐败措施相对比较少，导致新兴领域腐败案件频繁发生，在这些领域中，腐败呈现出金融化、虚拟化特点。同时，转移方式高科技化，这些方式的共同点就是高科技、高智商、复杂化。

10. 贪官多数包养情妇。中纪委研究室原副主任、中纪委北京培训中心原主任、原中央先进性教育活动办公室副主任刘春锦指出：“受处分的厅局级干部中，90% 的落马贪官都有包养情人，甚至有多个贪官共用一个情人的现象。”如原中石化集团总经理陈同海、原青岛市委书记杜世成，与妇人李薇结成了一个腐败同盟。原安徽省宣城市委副书记杨枫委派两名铁杆情妇慰问身为省委书记的姐夫王昭耀，一时被民间传为笑话。王昭耀还和前安徽省副省长王怀忠共用官至卫生厅副厅长的尚军。上海社保案中一酷似张曼玉的女子认识上海社保局局长祝均一后，竟然用情色撂倒了一大批高官。这些都是贪官共用情妇的典型事例。官员倒在情妇事上的案例更是不少，甚至一度催生所谓的“情妇反腐的概念”。

二、防治领导干部腐败的对策

防治腐败是一项世界性的难题，必须采取切实可行的措施。需要系统思考，从反腐制度配套，完善监督体系，对干部进行廉洁教育，借鉴国外有益反腐经验等方面入手。

1. 建立健全制度，加强制度的配套和协调。要通过制度建设形成反腐倡廉的制度体系。形成一张防治腐败的大网。反腐倡廉是一项系统工程，涉及到很多的部门，包括纪检监察部门、人大、法院、审计等。要优化各部门的职责，形成反腐败的合力。同时，要统筹思考党委政府反腐和社会反腐的关系，既发挥体制内各反腐机构的主力军作用，又发挥体制外反腐力量的生力军作用。对已出台的反腐法规进行系统的梳理，从总体上进行制度设计。一是形成制度的有效配套。我国的反腐败制度并不少，但是，制度和制度间没有形成有效的衔接，没有形成有效的制度网。就如编织渔网一样的，每个制度都是一条线，如果线和线之间没有衔接和按规律的配套就不能够形成网，而只能够是乱七八糟的线条。就反腐倡廉党内规章来说，《党章》总纲为纵向第一层次，《中国共产党党员领导干部廉洁从政若干准则》是纵向第二层的原则性规章，各地方的实施意见为纵向第三层次的规章，其他专业性的规章就可视为横向的规定。通过规章纵向和横向的交叉就很容易织成反腐败的大网。二是形成严密的制度体系，杜绝短板现象。当前的实际情况是：一方面一些领域的党纪国法过多过滥。另一方面一些领域制度供应不足。比如有关金融、信贷、证券、保险、信托、拍卖等方面的反腐制度不多。必须不断加强反腐倡廉制度的系统性、严密性、协调性建设。三是制度必须得到有效的落实。制度属于理论层面的东西，必须与实际情况结合才能产生效果。制度落实就好比足球比赛时临门前的一脚，缺乏落实，再多、再好的制度都没有用。制度落实的关键是制度供给符合客观实际情况。及时清理失效的制度，根据客观情况的变化构筑新的制度体系。

2. 不断完善监督机制。完善的监督体系是防治腐败的基础。习近平总书记在十八届中央纪委二次全会上强调“要加强对权力运行的制约和监督，把权力关进制度的笼子里，形成不敢腐的惩戒机制、不能腐的防范机制、不易腐的保障机制。各级领导干部都要牢记，任何人都没有法律之外的绝对权力，任何人行使权力都必须为人民服务、对人民负责并自觉接受人民监督。要加强对一把手的监督，认真执行民主集中制，健全施政行为公开制度，保证领导干部做到位高不擅权、权重不谋私。”一是要完善司法监督。保证司法系统独立地开展工作，不受领导干部个人和行政机关的干预。当前我国反腐败形势严峻，跟司法监督的职能没有充分地发挥出来有密切的关系。要充分发挥各级检察院、法院法律监督职能，维护社会的公平正义。二是发挥审计监督职能。审计部门应具有较强的独立性，这样才有助于公正和独立地进行审计。杜绝瞒报、漏报、假报、报喜不报忧现象的发生。三是发挥人大监督职能。通过人民代表的质询发现问题，充分发挥人民代表大会作为权力机关的职能。四是发挥舆论监督的作用。现代社会舆论被称为第四种力量，足见其重要性。鼓励公众通过新闻媒体揭露腐败，监督官员的行为。鼓励网络监督、微博举报等新形式。五是试行党内监督垂直化改革。建议撤销市级和县级纪委监委，改由省级纪委监委派驻工作机构的方式对市县级领导进行监督。工作机构的经费和人员任免全部由省级纪委监委统筹。逐步建立从中央到地方独立的反腐败机构。

5. 家族腐败特点及应对策略

历史上，家族中握有一定公权力的官员经常要面临国法社稷与宗法人情的考验，为公与为私的抉择，导致了历史上治家典范和家族腐败现象并存，家族腐败正是公共权力的私人异化，治理家族腐败是一个系统性工程，需要抓早抓小、系统治理、制度配套，多管齐下。

从近年查办案件具体情况看，一些领导干部利用手中的权力进行职务犯罪时，往往与其“身边人”相互串联勾结，进而呈现出腐败“家族化”的特点。全国政协原副主席苏荣案就是典型的家族腐败，其在忏悔录中说，“家就是权钱交易所，我本人就是权钱交易所所长，不仅全家老少参与腐败，也带坏了干部队伍、败坏了社会风气、损害了政治生态。”

在中国传统秩序中，家族成员之间对于亲情伦理的维系构成了社会秩序的重要基础。历史上，家族中握有一定公权力的官员经常要面临国法社稷与宗法人情的考验，为公与为私的不同抉择，导致了治家典范和家族腐败现象并存。在当前反腐败依然严峻复杂的形势下，结合查办案件的具体情况，如何对家族腐败这一痼疾进行研析治理，显得尤为必要。

家族腐败的成因及类型。长期以来，提及腐败往往都归咎于制度缺失，容易陷入“制度决定论”的陷阱。诚然，制度的笼子十分重要，但是在具体的成因分析中，特别是某一类型的案件研究上，有必要将关口前移，着重从思想及心理上找到切入点。例如，在家族腐败案件中，从他们的腐败轨迹看，有相当比例的领导干部都是思想观念发生扭曲异化，导致“三观”不正。

首先是权力观扭曲。在现有的干部选拔任用体制下，多数领导干部的成长都经历了相对艰辛的路程，在各自岗位上勤奋工作，到了一定阶段，有的产生成本付出后寻求回报的心理，权力欲望渐渐地根深蒂固。有的出身底层的领导干部，曾经的贫穷生活带来强烈的畏惧感，内心渴望光耀门楣，由此产生权力寻租的原始驱动力。

其次是亲情观变形。传统的家族本位、人情社会，使得“一人得道，鸡犬升天”成为潜规则。通常，当一个人掌握一定权力时，其亲人和家族理所当然地认为要沾点光，谋求便利。如果此时领导干部不能把握住原则，私情超越公法，思想防线必定失守。

再次是价值观偏离。纵观相关案件剖析，不少领导干部起初尚能担当有为，甘于奉献，但随着上升节奏放缓，年龄到点，或者是目睹一些不良风气后，认为自己吃亏了，开始为自己铺后路，滋生“靠金钱铺路，让权力变现”的错误思想，进而在亲属间培养权钱交易代理人。

家族腐败因结成利益共同体，具有较强的稳定性，在此基础上，为规避风险，实现权力寻租，家族腐败更趋于隐蔽化、效率化，逐步从初始阶段的“一人荫庇，多人受益”，发展成为多种模式共存。

代理型。家族中有一名核心成员身居官位，执掌一定的公权力和公共资源，通过施惠于商人和下属，暗示给予其亲属便利，使家族成员充当掮客，成为权力寻租代理人。在这种模式中，大多是处于单线传承的状态。

抱团型。家族中有多人担任领导干部，在各自不同领域进行利益交换变现，如在人事任免和项目招投标上搞暗箱操作。在这种模式中，腐败层层繁衍到整个家族，从一般的父子间的单线传承，升级为“一人得道，鸡犬升天”。

合作型。家庭成员搞“一家两制”，官商勾结，共谋利益。如国土、水利等具有行政审批权限的部门，其土地拍卖和水利资金拨付往往数额巨大，家族成员之间通过开办夫妻公司，围标串标揽业务、接项目，按照约定进行利益分成。在这种模式中，单个家族的权力形成一定规模，并呈现利益集团盘根错节的态势。

家族腐败特点及防治策略

稳固化特点。因家族成员之间的关系相对稳固，同伙之间发生利益冲突的机会很小，在很长一段时期都处于风险可控范围之内，这就使得一些人热衷于进行风险较小的“曲线腐败”。加之家族腐败发生在其权力掌控领域之内，不需要生产成本或者前期投资，可谓是低成本高回报，在腐败动机上充满动力，一旦沾染，在共同利益的驱使下结成固定的利益输送同盟。

规模化特点。因为具备“成本低、动力足”的特性，家族腐败先天具有掠夺财富的“疯狂性”，其目标不仅仅是为“自己谋私利”，而是为“子孙后代谋幸福”，一荣俱荣。

从查办的案件情况来看，这类案件往往不但蚕食公共资金、公共资产，而且向侵吞资本、资源转变，同时会影响一大片，带坏一大批人，带来的负面影响特别严重。

隐蔽化特点。相对于一般的腐败形式，家族腐败行为具有间接性和排他性，亲情和血缘的纽带使得这个利益堡垒异常稳固，短时间很难找到突破口。纵使东窗事发，家族成员之间也往往会订立攻守同盟，采取串供、伪证等来掩盖事实，给调查取证工作带来极大困难。

究其本质，家族腐败正是公共权力的私人异化，治理家族腐败是一个系统性工程，需要多管齐下。当前应重点从以下几个方面入手：

抓早抓小。一方面，保持惩治腐败的高压态势不放松，坚持零容忍的态度不变，猛药去疴的决心不减，刮骨疗毒的勇气不泄，严厉惩处的尺度不松，发现一起查处一起，发现多少查处多少，把反腐利剑举起来，形成强大震慑。同时，从领导干部“身边人”抓起，加强正面教育特别是纪律教育，积极培养“廉内助”，打造“廉洁家庭”；开展警示教育，对领导干部要及时咬咬耳朵、扯扯袖子，始终紧绷廉洁防线。另一方面，在研究家族腐败发展规律的基础上，纪检监察机关要及时研判收集问题线索，注重防患于未然，牢牢把纪律挺在前面，用纪律管住大多数，将家族腐败的可能降至最低。

系统治理。针对家族腐败的成因特点，一方面开展领导干部防止利益冲突、个人事项报告、经商办企业自查自纠等各项工作，确保协调有序推进，结合信访举报信息，对填报情况进行抽查核实，坚持从严处理弄虚作假行为，深挖相关问题线索。另一方面，有关部门要综合开展招投标、工程建设、行政审批等领域的专项治理，公开权力运行，把权力置于阳光之下，最大限度压缩家族腐败的施展空间。

制度配套。对照家族腐败的模式趋势，在制度层面进行查漏补缺，一方面，对现有制度进行健全完善，例如探索进一步完善防止利益冲突制度，严厉惩治利益冲突行为。另一方面，按照新的任务要求，在制度设计上下功夫，如在监督惩戒方面，在领导干部个人有关事项报告制度的基础上，探索试点干部财产申报制度；在责任追究上，充分发挥组织成员之间互相监督、自我管理的约束机制，将反腐败制度建设与社会治理有机结合起来。

6. 怎样看待近几年的“高压反腐”

党的十八大以来，党中央以猛药去疴、重典治乱的决心，以刮骨疗毒、壮士断腕的勇气，深入推进党风廉政建设和反腐败斗争，形成高压反腐的运行态势。但是，也有人对此提出质疑，认为高压反腐“负面作用大”，“不可持续”。

一、高压反腐的正当性和可持续性

今日中国的高压反腐，不是“风暴式反腐”或“运动性反腐”，现在的高压反腐，主要是对反腐败力度和广度的描述，指通过纪律法律治理，形成抑制腐败产生的社会氛围。有案必查、有腐必反，无禁区、全覆盖，“老虎苍蝇一起打”，它让人真切地感受到中央“始终保持惩治腐败高压态势”绝不是一句空话，它提醒每一个干部牢记“手莫伸，伸手必被捉”的道理。这种高压态势的常态运行，是实现“不敢腐”，保障“不能腐”，促进“不想腐”的必然选择。

党中央从部署反腐败斗争开始，就强调法治思维和法治方式。高压反腐的表象下体现出明显的法治特点。一是平等性。从查办的案件中可以看到，纪律法律面前人人平等的原则已得到充分体现。查办腐败案件不搞选择性执法，不搞以人划线。二是程序性。坚持以事实为依据，以纪律法律为准绳，客观公正地查办案件；违纪者受党纪政纪处分，违法者受法律制裁；坚决反对先入为主、主观臆断，打棍子扣帽子，搞扩大化等做法。三是民主性。广大人民群众通过各种方式和渠道将腐败问题和有关情况反映给职能部门，相关部门积极履职尽责。高密度腐败案件披露所产生的冲击效应，就是执纪执法公开得到落实的必然反应，是满足人民群众反腐诉求和期待的重要方式。

针对前些年腐败猖獗、易发多发的情况，明确提出并实施“以治标为主，为治本赢得时间、打好基础、做好准备、积累经验、赢得主动”的反腐战略，赢得了广大人民群众的积极参与和全党全社会的衷心拥护。实践证明，反腐治标是反腐治本的前提和基础，治本必须依托治标来进行，离开了查办腐败案件，预防腐败的制度建设就会缺乏针对性和现实性。只有充分发挥查办案件的治标功能，制度建设等治本措施才能落到实处。如果将治标的力度降下来，被遏制的腐败现象就会反弹，来之不易的反腐态势也可能会逆转，建设政治清明的良好机遇期就可能丧失，反腐治本也就失去了基础和条件。只有保持高压反腐的战略定力，对违反制度踩“红线”、闯“雷区”的行为，对贪污受贿、滥用职权等职务犯罪，发现一起，查处一起，进一步打好反腐败斗争持久战、攻坚战、整体战，对腐败行为毫不犹豫地“亮剑”，对党员干部的违法乱纪行为毫不留情地实行“零容忍”，才能使制度笼子的“高压线”真正“通上电”，从而确保反腐倡廉事业不断向前发展。

二、高压反腐会产生“副作用”吗?

质疑“高压反腐”的论者认为，“风暴式反腐彰显了反腐无禁区的强大意志，对树立官员的畏惧之心是极为必要的。但也必须承认这种方式副作用很大，不能也无法长期使用”。其描述的负面作用是：高压反腐虽然迅速取得了“不敢腐”的效果，但这只是暂时的，“不敢腐”随时会失灵；当前的强力反腐是以纪委监委而非司法系统为主导，这令纪委监委系统承受高压；在反腐高压之下，官场风声鹤唳，进入“不作为”的新常态等现象。这些描述似乎不无道理，某些现象也的确客观存在。但只要稍加深入思考分析就会发现，其所列举的副作用，要么是牵强附会的拼凑，要么是有违客观事实的假说。

首先，从所谓高压反腐只能产生“不敢腐”的“暂时”效果的说法看。相关论者认为，“不敢腐”的长期性效果，要靠“高薪养廉”解决“不想腐”、靠“把权力关进制度的笼子”解决“不能腐”来实现。“而这两者都需要深层次的体制改革，改革才是反腐的治本之道”。不难看出，这是一个违反形式逻辑和辩证思维的主观判断。既然只有高压反腐才能实现“不敢腐”，而要解决“不敢腐”的“暂时性”问题，当然只能靠持之以恒的高压反腐。高压反腐的长期性带来的是“不敢腐”的长期性，高压反腐的短期性则只能产生“不敢腐”的短期效果，这才符合逻辑。而靠所谓“高薪养廉”来解决“不敢腐”的问题，则是脱离中国实际的空谈。不要说公务员“高薪”在当下难以实现，即使享有了“高薪”，如果没有惩治的利剑高悬，“高薪”又怎能抵抗权力寻租与欲望的潘多拉魔盒，实现“不想腐”的超越？“把权力关进制度的笼子”，更是“高压惩治”与“制度防范”的有机结合。减少和遏制腐败是惩治和预防的共同归宿，前者是后者的前提和基础，后者是前者的深化和发展。“高压惩治”效果有赖于“制度防范”措施的充分实现，“制度防范”效果有赖于“高压惩治”的准确有力，任何把惩治与预防对立起来、割裂开来的观点和主张都是错误的、有害的。至于“改革才是反腐的治本之道”，这句话暗含着对当下强力反腐的否定。其潜台词是：任何反腐措施都无济于事，只有改革才能从根本上解决腐败问题。这种论断混淆了反腐败与改革的不同功能，否定了两者有机联系的观点。

其二，从“强力反腐以纪委监委而非司法系统为主导，这令纪委监委系统承受高压”的说法看。这一说法其实是对反腐败斗争性质的误解。反腐败本来就是执政党的自我纯洁、自我革新和自我提高，是从严治党的重要内容，党委领导、纪委监委主导当然具有合理性和必要性。司法在我国反腐败格局中，处于最后一道防线，不可能打起主导反腐的大旗。当下的反腐败是一场严肃的政治斗争，面临的压力和风险是不言而喻的。它意味着我们党要始终以“刮骨疗毒”的决心和意志，毫不手软地剜除自身肌体上的腐败恶瘤，斗争越是深入，就越有可能全面挑战党委、纪委监委及其领导骨干的认知力、主导力和意志力。随着反腐败体制机制改革的推进，主体责任不明、监督责任不实和执纪执法中存在的“权力边界不清”“办案职能交叉”“规范留置措施”等问题正在得到解决。以严格执纪为先导，以公正司法为保障的反腐格局正在形成。实践中党纪党规严于国家法律，主要体现在：严格依规监督执纪问责，加强对依规治腐的监督检查，加大执纪和惩治力度，以最严厉的举措治理作风问题，通过从严管党治党建构政治新生态，打造作风新常态；司法机关的保障作用在于，加强与纪检监察机关在查办案件中的配合协作，通过完善案件移送、信息交换和案件审查机制，严格区分罪与非罪、重罪与轻罪、是否真心悔罪等法律事实，实现罪刑法定、罪责刑相适应，传导国家法律的刑罚惩戒、教育引导、建制防范、权力制约等功能，彰显社会主义法治的权威。

其三，从“反腐高压之下，官场风声鹤唳，进入不作为新常态”的说法看。此论者认为，反腐导致官场人人自危，不作为成为官员的理性选择，这不仅导致改革议程难以顺利推进，也导致官员失去“搞经济”的兴趣等。这些观点虽然出于对反腐局势的关心，但犯了以偏概全、一叶障目的错误。高压反腐坚决反对和禁止的是以权谋私，大力推进和保障的是“权为民用”。其产生的压力和动力是“敬畏人民、敬畏法律”，在职权法定的要求下尽职尽责、勤政廉政。官员“不作为”违背了我们党全心全意为人民服务的根本宗旨，忘记了手中的权力是为人民服务的工具，放弃了国家公务人员应当承担的职责使命。从本质上看，官员不作为也是一种腐败，实际上是失职渎职，严重的就是犯罪。因而，“不作为”并非高压反腐的必然结果，而是反腐不到位的表现，其原因在于缺乏为人民行使权力的公仆思想和服务意识，利益上过多、过重考虑个人得失，加之选用干部制度和监督约束机制存在漏洞。解决官员不作为问题，不能在高压反腐上“松绑”，而要在反腐过程中加强官员的公仆服务意识和行政伦理教育，健全干部选拔制度和强化问责机制，加大奖惩激励机制，让权力在阳光下运行，发挥广大民众的监督作用。

三、继续坚定不移地推进“高压反腐”

保持反腐败斗争的高压态势，是新时期党风廉政建设的一条基本经验，是党中央反腐败战略思想的基本要求。高压反腐，深深根植于“四个全面”总体战略布局之中。

全面建成小康社会需要高压反腐。一个地方能否加速发展，关键在于发展环境和干部作风。发展环境好了，干部作风好了，资金、项目、人才和技术等生产要素才引得进、留得住，经济社会发展才有支撑、才有后劲。发展环境和干部作风的好坏，主要取决于反腐倡廉建设的工作力度。那种把反腐败与经济发展对立起来，将反腐产生的优化经济环境的正面影响当作负面效应，将腐败积习的清除、潜规则的废止、固化利益的打破等视为不利于经济发展的观点是错误的。当前，我国经济社会发展正处在全面深化改革的关键时期，我们更要重视反腐败斗争对经济社会发展的促进作用，以优良的发展环境促进招商引资，以严明的作风纪律凝聚发展力量，以健全的机制制度规范项目资金管理，高度警惕和回应别有用心的人借促进改革、加快发展之名，释放纪律松绑、监督放松、惩治减速的杂音，坚持以高压反腐推进经济建设良性运行，为全面建成小康社会创造良好政治生态和发展环境。

全面深化改革需要高压反腐。一些干部之所以不愿、不敢改革甚至阻碍改革，其根本原因是怕既得利益的失去。这就说明，改革和反腐败必须并肩前进。反腐败斗争为全面深化改革清障开路、保驾护航，是坚持改革正确方向、激发干部群众改革热情、促进改革成果由人民群众公平共享的必由之路。全面深化改革重在清除体制机制弊端，促进各方面制度更加成熟更加定型，是铲除腐败滋生土壤，从根本上、源头上减少腐败的法宝，是加强反腐败体制机制创新与制度保障，从而提高反腐败斗争水平与成效的契机。全面深化改革侧重“红利”如何产生，即解放与发展生产力；坚持高压反腐侧重“红利”如何分配，即防止钱权交易、贫富分化，促进共同富裕、社会公平，二者共同为实现“中国梦”的战略目标服务。深入推进反腐败斗争与全面深化改革，既要将防治腐败的理念和思路贯穿到总体布局之中，将惩治和预防腐败的各项措施贯穿于全面深化改革的各个环节，又要通过全面深化改革提高反腐败斗争的科学化水平，推进国家治理体系和治理能力的现代化。

全面依法治国需要高压反腐。依法治国，既要求政府机构依法理政，更要求党内依据法规管党治党。长期以来，我们党在探索实践中，已经完善了一套运行有效的党内法规制度，这使我们党有章可循、有规可依。严格遵守党章的总规矩，不仅体现了中国共产党的先锋队性质和先进性，也彰显了我们党的凝聚力、战斗力。依法治国的要义是依法治权、依法治吏，这正是推进法治反腐的基本要求。法治反腐通过制定和实施法律，限制和规范权力行使的范围、方式、手段、条件和程序，为执掌权力的人创设公平、公正的保障运作机制，使掌权者不能腐败、不敢腐败，从而达到减少和消除腐败的目的。法治反腐要形成完备的法律规范和党内法规体系、高效的实施体系、严密的监督体系和有力的保障体系，以实现官员清正、政府清廉、政治清明的最终目标。

全面从严治党需要高压反腐。全面从严治党是党中央立足于对国内国际形势的准确洞察，为实现“两个一百年”日标而作出的重大决策。当前，继续坚定不移地坚持高压反腐，是全面从严治党的一项重要工作，关系党和国家的生死存亡，是一场输不起的战争。打赢这场战争，就要坚持严纠“四风”、关口前移，构筑防控腐败的坚实屏障；果断打虎，高频灭蝇，形成清除腐败存量的高压态势；创新巡视，“利剑”高悬，使不敢腐的威慑常在；布起天网、国际合作，让腐败分子无路可逃；聚焦中心、深化改革，党委主体和纪委监委监督两个责任得到落实。廉政建设永远在路上，坚持高压反腐仍然是当前我们的必然选择。

7. 从严处苏区“第一个贪官”感悟反腐决心

“腐败不清除，苏维埃旗帜就打不下去，共产党就会失去威望和民心。与贪污腐化作斗争，是我们共产党人的天职，谁也阻挡不了！”这番铿锵有力的话语，来自于毛泽东。1932 年，时任苏维埃临时中央政府主席的毛泽东，在查明瑞金县叶坪村苏维埃政府主席谢步升的腐败犯罪行径后，作出了“力处”的指示，使得谢步升成为中国共产党历史上第一个被处决的贪官。

“欲知平直，则必准绳；欲知方圆，则必规矩。”将与贪污腐化作斗争视为天职，缘于中国共产党有着严明的政治纪律和政治规矩。上个世纪五十年代，老党员刘青山、张子善因贪污罪即将被处决时，有人为他们说情，毛泽东同志说：“正因为他们两人的地位高、功劳大、影响大，所以才要下决心处决他们。只有处决他们，才可能挽救二十个、二百个、二千个、二万个犯有各种不同程度错误的干部。”对党的肌体上发生的腐败现象保持高度的自觉性和巨大的决心与魄力，诠释的正是与贪污腐化作斗争的天职。

“锄一害而众苗成，刑一恶而万民悦。”党的十八大以来，对腐败零容忍，坚持“老虎”“苍蝇”一起打，让腐败分子在党内没有任何藏身之地，使不敢腐的震慑作用得到发挥，不能腐、不想腐的效应初步显现，反腐天职在新的时代下有了全新呈现。这也同时印证着，反腐败斗争是顺党心、和民意之举，必须做到不放松、不停步、不手软。

然而，“选择性反腐”“路线反腐”等论调时至今日仍有耳闻，反腐败在一些人的眼里依然是权力斗争的工具。如果他们翻开中国共产党的历史，看一看一个将反腐视作天职的执政党走过的反腐历程，就会明白种种从个人私利出发宣扬的反腐论调，是多么站不住脚。

荀子在《天论》中说：“不为而成，不求而得，夫是之谓天职。”先进性和纯洁性是马克思主义政党的本质属性，这一本质属性决定了我们党必须要同一切弱化先进性、损害纯洁性的问题作斗争。将反腐视作天职，正是我们党自我净化、自我完善、自我革新、自我提高的必然选择，也是我们党始终确保成为中国特色社会主义事业坚强领导核心的必然要求。

在世界上的不少国家出现迷惘混乱的当下，中国共产党巩固的执政地位、日益扩大的国际影响力引来全世界探究的目光。党永葆青春和活力的秘诀，就蕴含在“将反腐视作天职、以百姓之心为心”之中。一个始终胸怀天下、勇于自我革命的政党，必将葆有充分的信心，带领全体中华儿女迎来民族复兴的光明前景。

8. 读《中国历史的教训》有感

人人都喜欢照镜子，对此现象，心理学有所解释：因为镜子可以让我们在意识层面直接感受到自己的客观存在，这样我们才不会慌张焦虑。同样地，我们也需要看到自己的间接形象，间接形象则是通过以往知识谱系形成的思想映照出来的，而历史就是这套知识谱系。看历史，是为了看见历史中我们的真实形象，这样，我们才能消除焦虑，从容前行。十八大后，党中央提出的把权力关进制度笼子的口号形象有力，凝聚共识，但如何操作，则需要群策群力，聚合大智慧。中外历史就是一个提供智慧的宝库，从历史中可以借鉴经验教训。

《中国历史的教训》一书，包括24篇历史杂谈。作者习骅从事纪检监察工作多年，对导致腐败和推行廉政的制度因素和人性因素都有深切的体察，而这些因素都可以在历史中找到影子。鉴往知来的忧患意识和接驳古今的趣味心理促使他写下一个个历史故事，从这些故事中，读者既能体味历史人物幽微的内心，又能领略每个时代复杂的环境，最能引发读者思考的是为何很多相似的故事屡屡上演，只是换了主角，继而思考如何跳出历史教训。

在回答如何把权力关进制度的笼子之前，这本书深察腐败形成的土壤，包括中国的传统积习，人性中的固陋等。同时用生动的历史故事，分析制度须怎样运作，才可以与人性共舞，实现我们古人的一种治理观，即达到君子与良法共同推进郅治的效果。

这24篇文章，有一部分写了开国明君和中兴之主的良苦设计，也写了一些良臣能吏的大义担当，比如严格限制官二代参加科考的赵匡胤、动用非常手段兴利除弊的雍正，比如凭自身正气和智慧创造良好政治生态的汤斌、用现代海权思维力争国家主权的吴大澂。

在政权创建之初，前朝败亡的教训锥心刺目，创立政权的人在很多方面都堪称明主，他们经验丰富，目光如炬。比如赵匡胤，虽然是靠军政权夺取天下，但他深知军政权不足以诠释合法性，就像欧阳修对“正统”下的定义：“正者，所以正天下之不正也，统者，所以合天下之不一也。”从周朝开始，为了矫正殷商的暴虐，就主张以德配位，一直到唐朝，唐人主张要直接接续周、汉道统，也就是以德为正的传统。在这个思想脉络中，贯穿始终的，是在合法性的序列中，把“正”排在“统”之前。“正”是以君子之仁德承接天地之仁德，获得了天地和百姓的认可，才成为君子之德，这个政权才具有合法性。所以宋太祖和宋仁宗，对天地和百姓，尤其是对生产和延续这套正统观念的士大夫，才心存敬畏，因为他们认可手中的权力来自于这些敬畏的对象。心里尊重，重在实施，宋朝在加强文治、制约皇权、平衡中央和地方权力、以经济繁荣缓解社会矛盾和民族矛盾等各方面，都体现了这种尊重。

本书中另外一部分篇章，呈现了大量明清官场的弊病，比如行政效率低下，官员唯上是从而欺下、唯利是从而瞒上，官场里满眼都是贪官、庸官、懒官、巧官。有奕劻这样的“交际花”，有曹振镛这样的官油子，还有陈演这样的闷葫芦。再仔细思考就会发现，这些典型不仅在明清有之，在历代官场中都不乏其人，确切地说是普遍存在于王朝末期的官场中。

为什么这些官员会扎堆出现，因为就像书中说的，“权力天生具有蹂躏制度的欲望，责任感很容易被趋利的人性侵蚀”。到了王朝后期，一些良好制度运行不再顺畅，钻制度空子的成本越来越低。从皇帝到大小官吏，守成思想渐生，因无能而抱残守缺，因贪图私利而采取鸵鸟政策，这就产生了庸官、巧官，庞大的官僚体系成了滋生腐败的温床。这样的政治环境，几个贪官就可以加剧腐败，何况巧用权力寻租的空间越来越大，越来越顺，这样的示范效应积累到一定程度，就容易积重难返。官员的功夫都用在哄好上级，巧瞒上级，因为各级官员的权力均来自上级。书中说，“当官位爵禄都成为大肆买卖对象时，官场会呈现塌陷式反应”。如果上司能保守官位永固也可以，问题是，即使是皇帝，如果把权力仅仅作为满足一己私利的工具，那他也不能保证合法性永固，何况是一个政权中的官位。

在中国的王朝时代，每逢朝代末期，土地兼并、军事割据、官场腐败、流民四起，数症并发。一个重要原因是各阶层利益严重分化，不平等现象尖锐凸显。这时，应该去除特权，缓解因权力集中和分配不均而造成的不平等，但是，在过去，没有一个政权能真正认可权力来自于广大民众，权力天然地向上集中，向少数人集中，这个趋势会随着制度笼子的松散越来越严重。书中《慈禧收礼》这篇文章，生动地讲述了为了权力平衡的需要，连慈禧也很无奈，甚至无法封住已开的口子。如果治病于未病，这种四处掣肘、无从下手的局面就不会发生。再加上王权时代缺乏共治的传统，缺少阶层对话机制，利益群体之间缺少协商机会，无法用和平方式聊天，最后就只能诉诸武力，后果就是政权被武力推翻。这是古代政权没有跳出历史周期律的一部分原因。但是，不能强求古人，民主思想尤其是马克思主义的历史观和人民观，都是现代观念和思想。在古人那里，没有产生这些思想的历史条件和实践依据。

书中有一篇文章《共产党是如何“买通”陈嘉庚的》，里面有一段话：“得人心者得天下，看似一个简单的政治常识，根本不需要什么高深理论阐释。但国民党之所以毫不在乎人民怎么看它，共产党之所以始终心存敬畏，作风清新，差异来自‘我是谁’‘为了谁’这个本质问题。”我是谁、为了谁，答案的不同，决定了共产党和以往政权的本质区别。早在苏区治理时代，中国共产党就带给人民以阶层平等和经济自由，这是中国历史上从来没有实现过的，有这样的成就，让全中国看到希望，人民怎会没有选择？始终清楚我是谁、为了谁，实际上是始终保持防患于未然的心态。自觉是一个天然的净化器，是最有力量的反腐之剑。

书中另一篇文章《苏联政治笑话中的干群关系》，里面的笑话让人不禁捧腹。有一个笑话是：“一个乌克兰人被叫到克格勃。问：你怎么经常收到以色列的邮件？答：二战中我藏匿过一个犹太人，现在他给我寄吃的。问：苏联人不该这样做，你不为自己的将来想想？答：我想好了，以后我还要藏中国人。”老百姓被逼无奈去认同其他国家，这是苏共的耻辱，干群关系的恶化早就通过这些笑话传达出来，如果苏共早点认清现实，早点实行真正的改革，恐怕历史会改写。对比苏联的历史，中国共产党的回答响亮而坚定：“人民对美好生活的向往，就是我们的奋斗目标。”这篇文章中说：“党的十八大之后，党中央从人民的利益和立场出发，迅速打出八项规定、老虎苍蝇一起打和群众路线教育实践活动的组合拳。政治局率先垂范，清理腐枝败叶、编织制度笼子，干部舒适度剧降、群众满意度激升，好传统回归、坏习气鼠窜，全国人民发自内心地拥戴和支持。”

在全社会对风清气正的期待中，在重塑党风政风的信心下，这本书中的文章成为很多地方党组织和纪检机关教育活动的学习资料，在这样的案例教学中，很多同志反映“不打瞌睡了”。这样一本从历史中吸取反腐倡廉经验教训的书，其大受欢迎，来自于共识和信心，就像作者说的，中华民族伟大复兴的历史，是由大家共同书写的。

9. 反腐败对经济发展是有利还是有害

在反腐败斗争深入推进的新形势下，有的人抛出了反腐败对经济发展有负面影响的观点，认为反腐败是引起当前经济下行的原因之一，并列出了一些似是而非的理由。按照他们的逻辑，腐败对经济发展反而有正面作用。这显然是离谱的谬论，需要加以澄清。

众所周知，腐败不创造任何价值，不会带来社会财富的增长，因而不可能对经济发展产生任何正面作用。但有的人坚持一种“双刃剑”的思维方式，几乎可以把任何一件危害很大的事情说成对经济发展有利，而把防止这种事情发生的行为说成对经济发展有害。比如，按这种思维方式分析，偷盗等犯罪行为带来制锁、防盗门等防盗设备行业产生和发展，拉动了经济增长；如果打击偷盗使之减少直至消失，锁和防盗门的销售就会减少，从而对经济发展产生负面影响。这显然是荒谬的结论。因为我们都知道，偷盗对社会危害很大，生产防盗设备会占用经济资源，对整个社会来说是一种负担；如果偷盗减少乃至消失，防盗设备相应减少乃至不用生产，就可以把该行业占用的经济资源用来生产社会更需要的产品。所谓反腐败有害经济发展，其实就是用这种思维方式看待反腐败与经济发展关系得出的结论。其具体理由之一是说反腐败减少了公款消费，导致原来依赖公款消费的某些行业萧条萎缩。这种理由当然是站不住脚的。同样道理，依赖公款消费而发展起来的某些行业占用大量经济资源，造成严重浪费；反腐败减少了浪费和不必要的公款开支，可以把原来被占用的经济资源用在更需要的地方。把过去用错了地方的经济资源通过反腐败重新进行有效配置，显然有利于经济发展。

还有人甚至借助模型来估算腐败对 GDP 的贡献率，结论当然也是荒谬的。GDP 核算主要反映产出总量，对核算项目并不做利害分析和是非评价。腐败现象引起的消费和正常消费一样计入 GDP，但是腐败造成的损失却没有扣除，这就像环保投资纳入核算而污染损失没有扣除一样。如果说过去某个时期与腐败相关的消费在 GDP 中占了一定份额，那是早该消除的不健康因素，而不是什么贡献。通过反腐败来减少直至消除这个份额，将使经济发展更加健康，怎么能视为负面影响呢？其实，早在上世纪80年代就有人说腐败是经济发展的润滑剂，这种观点纯属错觉和误判。腐败破坏了市场秩序，加大了交易成本，毒化了社会风气，对整个经济发展有百害而无一利。因此，腐败对经济发展来说不是润滑剂，而是销蚀剂。

那些说反腐败对经济产生负面影响的人还有一个理由，就是认为反腐败捆住了干部的手脚，使其不敢担当、不敢作为。言外之意是，只有放松乃至停止反腐败，才能让干部放开手脚去担当和作为。这种认识和主张是完全错误的。全面从严治党，把权力关进制度的笼子，是防治腐败的根本办法，也是保护干部的必要措施，绝不是要捆住干部的手脚。腐败与正常工作失误有本质区别。在改革中大胆探索、勇于担当难免有失误，这是可以宽容的，腐败却不可宽容。过去有些腐败分子为权力寻租奔走，干劲很大。但须知，腐败分子的权力寻租越积极、“获得感”越多，群众的积极性就越低、获得感就越少、意见就越大。企图通过纵容腐败来调动干部工作积极性，只能是南辕北辙。

我国经济在经过长时期高速增长后，现在增速放缓总体上是正常的，不能归咎于反腐败。再进一步说，在世界经济低迷的状况下，我国近年经济保持中高速增长已属来之不易，是社会各方面共同努力的结果，与反腐败工作的成效也是分不开的。如果不是反腐败消除了一些单位和领导干部为权力寻租而设置的种种障碍，规范了市场秩序，降低了办事成本，净化了社会风气，就不可能保持现在的经济增长。把反腐败视为经济下行的原因，既不利于深入开展反腐败斗争，也无助于经济健康发展。

10. 新时期反腐败斗争的实践特征

党的十八大以来，以习近平同志为总书记的党中央始终坚持全面从严治党，拓展了反腐新思路，打开了反腐新局面，开创了反腐新境界，具有四个方面的实践特征：高压反腐，威慑常在；依法反腐，标本兼治；科学反腐，持续长效；彻底反腐，永在路上。

提炼出有学理性的新理论，概括出有规律性的新实践，是习近平总书记对哲学社会科学工作提出的新要求。用这一要求审视十八大以来的反腐败斗争，我们可以清晰地发现，以习近平同志为总书记的党中央对深入推进反腐败斗争做了全新谋划，对于反腐败战略重心做了全新部署，对反腐败工作结构做了全新调整，拓展了反腐新思路，打开了反腐新局面，开创了反腐新境界，具有四个方面的实践特征。

特征之一：高压反腐，威慑常在

空前的反腐力度极大地清除了腐败存量，为遏制腐败增量创造了条件。“猛药去疴、重典治乱”“刮骨疗毒、壮士断腕”，强烈地显示了党中央坚决反对腐败的坚强决心。“横下一条心”“保持高压态势不放松”，则鲜明表达了党中央保持政治定力，持之以恒纠正“四风”、正风肃纪的坚决态度。

全面的反腐肃贪打破了选择性执法、封闭性执法的反腐困局。十八大以来，反腐败斗争坚持有案必查、有腐必惩的方针，做到发现一起查处一起，克服和防止人为性执法和选择性执法。不管是军队、机关、国企等领域，还是纪委监察机关，反腐的触角延伸到国家和社会的各个领域，充分体现了反腐无禁区、全覆盖、无例外。

高压反腐氛围使反腐的纪律和法律之剑威慑常在。如巡视工作按照“发现问题，形成震慑”的要求，实现了“巡视全覆盖、全国一盘棋”。同时，党和国家高度重视人民监督，通过互联网、微博、微信等现代传媒和其他传统宣传形式及时将反腐信息传达给社会各界，广大人民群众通过各种方式和渠道将腐败问题和有关情况提供给职能部门，基本形成需求与诉求的良性互动，从而形成“伸手必捉”的社会氛围。

特征之二：依法反腐，标本兼治

程序正义是基础。通过改进执纪执法办案的评价标准，完善执纪执法人员行为规范，强化违反规范执纪执法行为的惩戒等措施，确保查办腐败案件工作始终在法治轨道上运行。完善查办腐败违纪违法案件的程序措施和工作机制，转变调查、侦查、审判理念，遵循调查、侦查工作规律，准确把握立案条件。明晰违纪调查与司法侦查法律边界，健全执纪执法衔接机制，对涉及的违法问题及时移送检察机关，构建纪检监察与职务犯罪侦查各司其职、相互配合、相互制约的依法反腐运行机制。

实体公正是核心。实体公正强调纪律法律面前人人平等，不论什么人，不论其职务多高，只要触犯了纪律法律，都要受到纪律法律追究和惩处。做到查办贪污贿赂与查办渎职犯罪并重，查办发生在领导机关、领导干部中的要案与发生在群众身边损害群众切身利益的案件并重，查办受贿案件与行贿案件并重，查办贪贿数额大的案件与贪贿数额较小但情节恶劣、后果严重的案件并重。

执法效能是关键。提高反腐败执法效能，就是要提高反腐败非刑罚惩治和刑罚惩治的能力和水平。增强初核初查能力，在加强初查工作上下功夫，为立案调查、立案侦查工作启动打下坚实基础。增强询问、讯问能力，做足准备工作，注重法理情并用，注重教育感化，力争在有限时间内突破犯罪嫌疑人心理防线，获取证据。增强运用信息化平台全面取证能力，积极研发调查、侦查信息平台软件，加快侦查信息、执法信息共享和公共信息快速查询机制建设。增强反腐败国际合作能力，通过开展“天网”行动推进国际追逃追赃工作，归案人数和追赃数额均创历史新高。

制度建设是保障。十八大以来，在强力“打虎拍蝇”的同时，先后加强了四个方面的制度建设：着力健全党内监督制度，着手修订党员领导干部廉洁从政若干准则、中国共产党纪律处分条例、巡视工作条例，突出重点、针对时弊；着力健全选人用人管人制度，加强领导干部监督和管理，敦促领导干部按本色做人、按角色办事；着力深化体制机制改革，最大限度减少对微观事务的管理，推行权力清单制度，公开审批流程，强化内部流程控制，防止权力滥用；着力完善国有企业监管制度，加强党对国有企业的领导，加强对国企领导班子的监督，搞好对国企的巡视，加大审计监督力度，强化对权力集中、资金密集、资源富集的部门和岗位的监管。

特征之三：科学反腐，持续长效

反腐败部署的科学性。面对盘根错节的利益链条和错综复杂的利益调整，党中央通过充分论证，制定了目标明确、计划周密、程序科学、方法得当的顶层设计方案。党中央下发的《建立健全惩治和预防腐败体系 2018—2022 年工作规划》是开展党风廉政建设和反腐败工作的指导性文件，是反腐败总的工作原则。当前，需坚持反腐败机制的改革创新，冲破思想观念的束缚、突破利益固化的藩篱。需落实两个责任、推动纪律检查体制改革、实现派驻巡视全覆盖。在反腐败斗争中，司法机关通过加强与纪检监察机关在查办案件中的配合协作，发挥司法对反腐败的保障和打击作用。

反腐败工作的协同性。反腐执纪执法需有机地融入改革发展的决策和执行环节。反腐职能部门需做好党委政府科学决策、民主决策、依法决策的参谋，认真履行协助党委政府组织协调反腐败的工作职责，主动向党委政府请示和汇报反腐败斗争重大情况。坚持反腐倡廉建设与经济社会发展同步考虑，重大改革措施与廉政风险防控同步实施，加强纪律建设与完善法规制度同步进行。坚持把执纪执法作为服务大局的基本途径，查办涉及企业的贪污贿赂犯罪案件，准确把握办案时机，讲求办案策略，加强与主管部门沟通，进一步提高办案效率。

反腐败力量的民主性。法治的要义是规范权力、保障权利。依法反腐必须进一步完善全国人大及其常委会宪法监督制度，深化民主党派依据宪法、法律参政议政的民主监督和社会团体及群众监督，尊重人民群众在反腐败中的主体地位，健全民意收集、研究与转化机制，高度重视人民群众的控告、申诉、举报，及时发现和解决执纪执法活动中存在的突出问题。

特征之四：彻底反腐，永在路上

强化不敢腐的威慑力。构建不敢腐的机制，就是坚持把纪律挺在前面，对出现的“四风”问题抓早、抓小，强化执纪问责监督。对决策、执行和监督权建立制约机制，用制度管住重点人、盯紧重点事、抓住重点问题，提高问题发现的精准度。加强巡查巡视工作，发现各级各地存在的突出问题，始终把落实“两个责任”、严守政治纪律和政治规矩作为巡查巡视的重要内容，使巡视工作利剑常举，威慑常在。

强化不能腐的防范力。形成“不能腐”的有效机制，就是坚持用制度管权、管事、管人，建构决策科学、严格执行、监督有力的权力运行制度体系，使权力运行受到法律和制度制约，使腐败分子难以实施腐败行为，保证人民赋予的权力始终为人民谋利益。在制度上设定权力运行的程序，优化权力结构，对各种权力以精简、高效、统一原则适度分解，使立法权、司法权与行政权在统一的基础上保持相互制约。合理分解一把手、重点岗位、上一层级的权力配置，严密设定权限范围、权力界限，控制权力自由裁量幅度、规范权力运行方式。建立反腐败举报、反馈和防控制度，推进领导干部财产申报公开制度。使权力始终在既定的法律制度框架下运行。

强化不想腐的自律力。通过对党员干部进行持续不断的理想信念、道德情操、行为规范教育，使他们在行使公共权力时严于律己、一尘不染、两袖清风，永葆共产党人的本色。一个党员干部，对党的奋斗目标将信将疑，对党的宗旨阳奉阴违，就不可能树立全心全意为人民服务的理想和为共产主义奋斗终生的远大抱负，在各种糖衣炮弹的诱惑面前也不可能固守人民公仆的底线。要使党员干部养成不想腐的自制力，就要党员干部坚守“永不动摇信仰”的执着信念，保持讲政治的定力，讲党性的品格，自觉遵守党章党纪。

11. 群众身边腐败问题的特点、成因及治理对策

习近平总书记在十九届中央纪委二次全会上指出："坚决整治群众身边腐败问题"。群众身边的腐败问题主要是指群众耳闻目睹或切身感受的腐败行为，它更加直接地损害了群众利益，损害了党和政府形象，损害了党群干群关系。当前，诱发发生在群众身边的腐败问题的因素依然存在，如征地拆迁、保障性住房、食品药品安全、环境保护、惠民资金等方面存在的问题，群众身边的腐败问题时有发生，群众对此反映强烈。

一、群众身边腐败问题的主要特点

（一）腐败主体直面群众，影响恶劣。群众身边腐败问题的行为主体，大部分是基层干部，具体承担着与群众互动的"窗口性"业务，是党和政府惠民、利民、便民政策的执行者。与较高层次的腐败相比，群众身边的腐败问题与群众切身利益息息相关，群众感受最深，也最深恶痛绝。如果不采取有效措施加以治理，任其滋生蔓延，不仅极大伤害群众的感情，而且严重影响党和政府在群众心目中的形象，其不良影响更加恶劣。

（二）腐败领域事关民生，危害严重。群众身边腐败问题最突出的特点就是损害群众切身利益。群众身边腐败问题，易发、多发于惠农资金发放、医疗卫生服务、食品药品安全、基础教育平等、农村土地承包流转和占补平衡等事关民生的领域，直接表现为与民争利、向民要利，严重损害群众生命财产安全和生产生活秩序，造成党群干群关系紧张。如果处理不当，会诱发集体上访、越级上访，甚至围堵政府机关等群体性事件，不仅放大了不和谐因素的消极效应，而且对党的执政基础造成难以估量的危害。

（三）腐败方式多种多样，手段隐蔽。由于经常要与群众"亲密接触"，群众身边的腐败分子为了实现假公济私、损公肥私、据公为私的非法目的，除采用贪污挪用公款、截留侵占专项资金、编造事由虚报开支等较为"低级"的手段外，又出现了一些更为隐蔽化、多样化、变异化的腐败手段，使纪检监察机关查核时难于甄别界定。此外，

在面对群众时，少数基层干部存在疲沓飘忽、人浮于事，态度蛮横、方法简单，暗箱操作、黑幕交易等行为，虽然没有直接贪拿公款公物，但“庸、懒、散、假、浮、蛮、私、奢、贪”等不良作风，导致群众心情“不痛快”、办事“不流畅”，延误了群众的正常生产生活，损害了群众利益，破坏了党群干群关系。

（四）腐败现象量大分散，防治困难。基层干部数量庞大，决定了群众身边腐败问题的行为主体具有广泛性和分散性。特别是随着国家对“三农”和社会公共事业等基础建设的投入不断加大，惠民政策不断向基层倾斜，惠民资金不断向基层流动，基层干部的腐败风险不断增多，对各级纪检监察机关提出了新的挑战。

二、群众身边腐败问题的主要成因

（一）主动学习意识不强，素质不高。与机关干部相比，基层干部的工作繁琐细碎，一些从农村成长起来的干部，学历学识较低，学习意识不强，对单位组织的集中学习敷衍了事，自学则更少。政治理论水平的欠缺，法纪意识的淡薄，导致少数基层干部权力观、政绩观发生了偏差，很多工作都是打擦边球，甚至个别基层干部认为“山高皇帝远”，就我说了算，谁也管不着。时间一长就容易因所谓的“绝对权力”而滋生腐败行为。

（二）制度执行不力，监督不够。基层由于工作繁忙，多数注重布置工作，对纪检监察机关防范性的制度只是贴在墙上、挂在嘴上，就是很少落实在行动上；党内民主没有得到充分发挥，主要领导“一言堂”的现象仍然存在；基层群众对干部的监督渠道不畅，一些重大事项公开的内容不全、时间不及时、范围不大。监督反馈意见的途径较少，解决的过程较长。上级对下级的监督有效性不够，失之于软，失之于宽，凡此种种，导致一些腐败问题易发多发。

（三）违纪成本较低，问责乏力。发生在群众身边的腐败问题大多数程度较轻，还需要大量“量”的积累，才能达到课以法纪的程度，导致违纪成本较低，且发现问题后查处干部时，一些地方基于保护干部的目的，处理也是大而小、小而了，下不了伤筋动骨的决心，震慑力不大，干部违纪成本较低，造成大错不犯、小错不断，影响了法纪的公信力。

（四）工作压力较大，待遇不高。现在既是发展的机遇期、也是矛盾的凸显期，随着基层群众的权益保护意识逐渐增强，基层干部面临着发展和维稳的双重压力，工作条件艰苦，难度大。而且基层干部工资待遇不高，政治起点也低，在一定程度上影响了基层干部工作心态和发展预期，从而在思想上放松要求，进而导致腐败问题的发生。

三、解决群众身边腐败问题对策建议

（一）加强干部队伍作风建设。解决群众身边的腐败问题，绝大多数从作风方面的问题引发。要通过勤廉兼优先进典型评选和开展案例警示教育相结合的方式，加强对党员干部的党性党风党纪教育，筑牢拒腐防变的思想道德防线。同时，要加强对干部作风常态化检查，及时发现和纠正干部作风方面存在的问题，促使党员干部把外在压力转化为内在动力，自觉加强党性修养和作风锤炼，切实做到为民、务实、清廉，做到讲党性、重品行、作表率。

（二）畅通民意表达渠道。要建立完善群众利益诉求表达机制，畅通民意诉求渠道，如建立政民互动、书记（县长）信箱、领导干部下访、优化发展环境投诉中心等渠道和平台，畅通群众诉求表达渠道，并及时解决、反馈群众诉求；加强廉政文化进农村建设，积极引导群众有序参与反腐倡廉实践，解决自己身边存在的腐败问题；建立纠正不正之风的网络监督体系。在损害群众利益的多发易发领域聘请纠风监督员，让基层群众直接监督和维护自己的切身利益。

（三）全面推进权力公开运行。所有的腐败，都惧怕阳光，同样，所有的监督，都必须建立在信息公开的基础之上，从源头上铲除基层滋生腐败现象的条件。要大力推进权力公开运行，将权力“晾晒”在阳光下使用，防止权力在暗箱里操作。权力公开是破解当下很多反腐败问题的核心。网络反腐、微博反腐等新兴媒体发挥的积极作用，就是在诠释信息公开、阳光政务在反腐倡廉方面的巨大作用。

（四）健全案件查办机制。对侵害群众利益的问题，从严从快进行查处是维护群众利益最直接的方法，也是解决发生在群众身边的腐败问题的最有效的手段。一是要建立联动排查制度。乡（镇）纪委要主动作为，务实履职，县乡（镇）两级纪检监察机关要有效联动，对涉及损害群众利益的信访举报进行逐一排查，从严从快查处侵占惠民补贴、扶贫救灾资金，以及教育医疗、违规征地拆迁等方面侵害群众利益的案件。结合实际认真排查和梳理，摸清发生在群众身边的腐败问题底数，明确重点和任务；二是建立协作办案制度。针对乡（镇）办案力量不足、群众信访举报未能及时核查的问题，实行一般性信访件各自核查，重大案件查办由县纪检监察机关业务科室统筹协调，机关各科室密切配合，抽调乡（镇）纪检干部集中办案的协作办案方式，既使基层纪检干部在跟班实训中业务素质得到提高，又有效整合了纪检监察机关办案资源，提高了基层办案质量和水平。三是建立直查快办制度。针对个别地方和领域违纪违法现象易发多发、群众反映突出的问题，实行信访案件直接查办、重大案件下查一级、提级办案、交叉办案等方式，形成案件快速处理机制。通过查办一批发生在群众身边的腐败案件，在基层产生影响和震动。

（五）建立监督制约机制。要把建立健全监督制约机制作为维护群众合法权益的根本保障。一是完善村民监督委员会制度。针对一些地方群众利益得不到及时有效维护的问题，利用好在村建立的村民监督委员会，监督村级低保、各项补助、惠农资金发放等重大事项，解决一些地方村务不公开、管理不民主、办事不公正等问题；二是健全维护群众利益的民主决策制度。尽快建立完善决策论证机制，在城镇规划、征地拆迁、民生工程等涉及群众利益的重大事项决策中，充分反映群众意愿，体现群众要求，保障群众权益。坚持科学决策、民主决策，通过专家论证、社会听证、群众评议等方式，推行重大项目社会稳定风险评估，尊重民意，坚决防止不切实际、劳民伤财的“政绩工程”“形象工程”；三是要建立和完善公共财政管理机制。加强财政性资金收支管理。完善国库集中支付制度，深化“收付两条线”改革，同时推进和完善部门预算；四是完善惠民政策落实保障制度。各职能部门要建立健全惠民政策执行、项目建设和资金使用的具体管理规定和操作办法，规范工作流程，细化落实措施，减少中间环节，实行全程监控，使惠民政策与群众“面对面”，把好事办好，把实事办实；五是建立损害群众利益问题防控问责制度。引入“风险管理”理念，结合廉能风险防控工作，重点在与群众利益密切相关的重点部门和行业，围绕各项职权，逐一排查岗位职责、业务流程中容易引发损害群众利益问题的风险点，有针对性地制定防控措施，实行标准化操作规程，并做好预警处理，及时纠正损害群众利益的廉洁风险。同时，对损害群众利益问题出台责任追究办法，明确对各种侵害群众权益的行为进行及时受理、迅速查处，严肃追究相关人员责任，从而保障群众合法权益，调动群众参与反腐败的积极性和主动性。

12. 古代王朝为何难以根治腐败

腐败是中国古代社会的顽疾，所有的传统王朝诞生之初，都携带着“腐败基因”。历代统治者为了根治它无不想尽办法，但是没有一个朝代能够有效治理。细数中国历代王朝，几乎毫无例外地都是在“勃然而兴”后不久就越来越深地陷入腐败泥潭之中，最后也大多因“腐败综合征”而走上灭亡之路。这种腐败的产生和发展，基于以下几种因素。

权力决定一切

传统社会里的“权力决定一切”，应该为腐败的产生负总责。自秦朝至清末，从政治层面讲，中国历史基本上就是一段皇权专制不断强化的历史。而皇权专制本身，就是最大的腐败。皇权专制制度的根本特征是，皇帝不是为国家而存在，相反，国家是为皇帝而存在，形成了“家天下”的格局。用黄宗羲的话说，从秦朝开始的君主专制制度是“以天下之利尽归于己，天下之害尽归于人”。黑格尔则说传统中国是“普遍的奴隶制。只有皇帝一个人是自由的，其他的人，包括宰相，都是他的奴隶”。这句话在中国史书中得到这样的注解——后梁宰相敬翔曾对梁末帝朱友贞说：“臣虽名宰相，实朱氏老奴耳。”

这种制度安排，使天下成了君主的世袭产业，整个国家，都是皇帝的私有财产，全体臣民都是为皇帝奔走。这就是所谓的“竭天下之财以自奉”“以四海之广，足一夫之用”，这种状况本身当然就是最大的腐败。

利益如此巨大，风险当然也高。为了保证自己及后代的腐败特权，皇帝们建立起庞大的官僚体系，试图控制社会的方方面面，“人人而疑之，事事而制之”，甚至于“焚诗书，任法律，筑长城万里，凡所以固位养尊者，无所不至”。这就导致权力笼罩一切。

传统中国是一个“权力决定一切”的“超经济强制”的社会。马克思称之为“行政权力支配社会”。凭武力夺取天下的中国皇帝，可以凭一己之喜怒，把国家像揉面团一样揉来揉去，对天下一切人随意“生之、任之、富之、贫之、贵之、贱之”。秦始皇可以调集全国之力修陵墓、修长城，朱元璋在全国之内组织了数千万人的大移民，甚至到了清朝康熙时代，尚可一道迁海令下，沿海三十里内，人民搬迁一空。

不仅是大事由统治者决定，甚至普通百姓穿什么样的衣服，住多大的房子，也要由统治者来具体规定。比如明朝开国之初，朱元璋就制定了一系列规章制度，对百姓生活的方方面面都进行了明确要求。他规定金绣、锦绣、绫罗这样的材料只能由贵族和官员们使用。老百姓的衣料只限于四种：绸、绢、素纱、布。他还规定普通老百姓的靴子“不得裁制花样、金线装饰”。也就是说，靴子上不得有任何装饰。洪武二十五年，朱元璋一次微服查访，发现有的老百姓在靴子上绣了花纹，勃然大怒，回宫后，“以民间违禁，靴巧裁花样，嵌以金线蓝条”，专门下令，严禁普通老百姓穿靴子。后来北方官员反映，北方冬天太冷，不穿靴子过不了冬。朱元璋遂格外开恩，“唯北地苦寒，许用牛皮直缝靴”。就是说可以穿靴，但只许穿牛皮的，只许做成“直缝靴”这一种样式。除了衣服之外，其他的生活起居也无不有明确的规定。比如老百姓的房子，洪武二十六年定制，不过三间、五架，不许用斗拱、饰彩色。百姓喝酒，酒盏用银器，酒注只能用锡器，其余的都只能用瓷器、漆器……事实上，在中国古代，不存在公域与私域的区别，一个人的生、老、病、死，衣、食、住、行，都需要由权力来规定。

战国时期，中国的统治者们认为，不受权力控制的私营工商业乃是破坏自然经济、威胁“国本”的大敌。因此，中国多数朝代都对商人阶层设置了歧视性规定。比如西汉“令贾人不得衣丝乘车”。晋代为了侮辱商人，让他们“一足着白履，一足着黑履”。前秦皇帝苻坚规定“去京师百里内，工商皂隶不得服金银、锦绣。犯者弃市”。朱元璋则规定，在穿衣方面，商人低人一等。农民可以穿绸、纱、绢、布四种衣料。而商人却只能穿绢、布两种料子的衣服。即使你富可敌国，也没权利穿绸子。农民家里只要有一人做生意，则全家不许穿绸穿纱。商人考学、当官，都会受到种种刁难和限制。

历代统治者都坚持“利出一孔”原则，就是所有的利益都要由权力来分配。所以，在传统时代，财富不能给自己带来安全，因为它随时可以被权力剥夺。汉文帝宠幸为他吮疮吸脓的黄头郎邓通，特许他可以冶铜铸钱，邓通遂一跃而富甲天下；汉景帝上台，厌恶这个靠拍马屁上来的人，于是邓通就“家财尽被没收，寄食人家，穷困而死”。洪武年间，朱元璋为了消灭地方上的富豪之家，借洪武朝四大案，任意勾连地主富户，唆使人们诬陷他们藏有贪官寄存的赃款，以便没收他们的财产。此举“并尽洗富土之民，而夷其室庐”。三吴地区因此“豪民巨族，划削殆尽”。地方上的富家大户被清洗一空。由此可见，中国传统社会可谓是权力万能。权力支配一切、覆盖一切、规定一切。

因为权力笼罩一切，所以通过权力，很容易获得巨额财富。因此，在传统社会，人们对纯粹的商业经营、经济投资兴趣不大，而对政治冒险、政治投机、权力经营十分投入。战国时期的商人吕不韦是中国式权力投资学的开创者。他说，耕田之利不过十倍，珠宝之利不过百倍，而政治投资盈利无数。后来他果然也通过拥立子楚为秦国国君而拜相封侯，一下子家僮万人，食洛阳十万户。在古代中国，要想致富并且保持财富，只有通过做官：“三代以下，未有不仕而能富者。”而经商者往往“富不过三代”，因为面临财产随时有可能被权力剥夺的巨大风险，他们往往将钱财用于消费而非扩大再生产。

权力支配一切，特别是支配经济利益，是古代中国制度性腐败的基础。

权力不受约束

中国传统社会中支配一切的权力，受到的约束却极小。传统社会历来讲究人治，因此，在权力运用上表现出极大的任意性。虽然历朝历代都为了规范君权、约束臣权进行了很多制度设计，但是“有治人无治法”的人治原则，使这些精心设计的权力防范机制很容易在实践中失去效用。这突出表现在历代监督机制的虚化上。

中国古代王朝通常都很重视监督机制建设。在依赖官僚系统的同时，如何有效监督这个系统，是历代帝王一直在竭力思考的问题。所以，中国古代监察机制的严密程度在很长历史时期之内都在世界上居领先地位。

中国古代监察机制形成于秦汉，成熟于隋唐，明清时期达到顶峰。这套机制的特点：

一是系统独立，垂直管理，直属皇帝领导。监察官员独立行使监察权，不受其他机构和官员的制约。早在汉代，汉武帝就分全国为十三个监察区，称之为十三州部，每部设刺史一人，负责一州监察，刺史与地方长官没有任何隶属关系。后来历代监察官员，也都自成体系，监察首长通常都直接对皇帝负责。

二是监察官员位卑权重，以小制大。汉朝时，十三州刺史的官秩不过六百石，与县令相当，但却可监督秩二千石的郡守。明代也是这样，明代监察官的品秩很低，给事中和御史均为七品左右的小官。这些小官却被赋予重权，“谏官虽卑，与辅臣等”。顾炎武评论说：“秩卑则其人激昂，权重则能行其志。”也就是说，地位低，所以进取心强；而权力大，则能有效监督大员。

三是建立多重监察网络，多种监察方式并用。汉代起，就设有中央和地方两层监察网络。明代朱元璋确定都察院作为最高监察权力机关，执行对中央包括六部官吏的监察。在地方上设十三道监察御史，监察所辖各道，并且可以监督中央的都察院。并定期从中央派出御史巡查各道，称为巡按御史。另外各省行政长官对本地方本部门的官员同样具有监察责任。这样形成的多重相互制约监察网络，使古代监察系统的严密程度在明代达到了前所未有的高度。

虽然历代帝王在监察体制建设上殚精竭虑，但是总体来说，历代王朝的监察系统发挥的作用都非常有限，特别是到了王朝中后期，基本都失去作用。比如有清一代的所有贪污大案案发，或者是由政治因素主导，或者由一些非常偶然的因素引发，而朝廷的监察制度在几乎所有大案中都没有发挥相应的作用。康熙年间轰动一时的尚书齐世武、布政使觉罗伍实等多名大员集体贪污案，是由两位官员的妻子到京城控告，才引发社会轰动和皇帝关注的。“原任陕西宁州知州，大计参革姚弘烈妻孙氏，叩阍控告原任甘肃布政使觉罗伍实、庆阳府知府陈弘道等勒索银两”，“又原任庆阳府知府陈弘道妻王氏，叩阍控告四川陕西总督殷泰等徇庇知州姚弘烈、将氏夫严刑拷讯”，平时从不出头露面的官员夫人亲自告御状，出了这样轰动性的新闻，此案才得以查办。雍正时期侍郎伊都立贪污军粮案发，则更有戏剧性。曾任山西巡抚伊都立，因罪被革职发往战场效力，负责采买军粮。他与下属范毓馪共同贪污军粮款项，伊都立贪污白银两万八千多两，范毓馪亦贪污白银数千两。范毓馪将银两分装于军粮袋子和衣物行李当中，行军当中行李破损，银两不停掉出，后来随行的军人不断捡到银锭。“捡元宝”的事在军中传开，引起关注，二人方遭到查办。这样严重的贪污案件长期未暴露，反映出清代监察机制形同虚设的状况。

之所以出现这样严重的失灵状况，是因为传统监察机制通常都有以下不可克服的弊端：

第一，监察机构只是皇权的附属，并不能监督皇权。一般来讲，传统监察制度的设计是为了监督官权而设的，它不但不是为了监督皇权，反而是为了强化皇权。虽然历代都有诤谏制度，但是否纳谏，则完全取决于皇帝的意志、品格甚至心情。谏官一片好心，但是谏言如果不合圣意，轻则遭贬，重则丧命。虽然历代都有法律，有“祖制”，但是法律和制度其实都必须服从于皇帝的个人意志。皇帝很容易绕开制度、更改法律、法外施情、以情代法。所以，一个王朝甚至一个时代，国家的精神面貌往往由皇帝一个人的精神面貌来决定。腐败的程度也往往取决于皇帝个人的勤勉状况。比如乾隆早期，因为皇帝励精图治，厉行惩贪，所以腐败程度低，但是到了乾隆晚期，皇帝意志懈怠，贪图享受，收受贡品，贪腐也随之在整个官场蔓延。历史上一个王朝到了中后期，皇帝往往会放松对自我的约束和要求，在这种情况下，监察系统就完全失去了作用。古代皇权是不可分割的，也不能让渡，所以，传统社会不可能对皇权进行有效监督和制衡。事实上，除了皇权之外，古代王朝往往还有其他监管禁区。比如清代，虽然从制度上说监察官员可以举报任何不法事务，但是，事实上极少有言官敢于弹劾满族王公贵族，八旗事务也一向被言官视为言论的“禁区”。

第二，中国君主专制下的权力制约机制是封闭的、自上而下的线性模式，它排除任何外来力量的参与，特别是排斥民间的监督力量，因此，是一种体制内的自体监督，效力非常有限。因为皇权不可分割的特性，所以，官员无论分工如何，本质上都是皇权的代表。他们都处于同一权力体系之内，彼此之间并无根本冲突，都是既得利益群体和统治集团的一分子，即使反腐也是周期性的、局部的。受到同样的游戏规则的左右，这个游戏规则就是“官大一级压死人”，权力阶梯上面的人可以轻易压倒下面的人。所以监察官员打“大老虎”，随时可能被其反噬。

传统时代监察官员弹劾权臣的效果，完全取决于皇帝的心态。明代权臣严嵩得势之时，曾经多次受到监察官员的弹劾，但言官证据确凿的弹劾并不能撼动严氏分毫，言官本身却或被夺官或被下狱。虽然最后由于御史邹应龙等的参劾，严嵩被勒令致仕，但其根本原因是“帝眷已潜移”。再比如乾隆晚年，并不是没有耿直的言官举报和珅及其家人，只是他们的举报完全产生不了作用。及至嘉庆亲政，要除掉和珅，才授意言官举报。所以传统时代，大多数时候监察官员只能“打打苍蝇”。言官弹劾掉的，都是在官场上没有根基没有关系网庇护的小官。乾隆中后期，各省大案频发，但很少是由言官揭露的。乾隆对此非常气恼，每每责问言官：“岂竟毫无闻见，何竟无一人奏及?”“乃竟始终缄默，又安用此科道为耶?”但是，这种现象贯穿整个清代，科道官并没有因皇帝的痛责而有所改变。传统时代监察系统通常还有一条不成文的规则，那就是自己人通常不会找自己人的麻烦。比如明代监察官员们互相包庇，形成潜规则，称之为“科不拾道，道不拾科”。虽然分属不同的监察系统，但是从来不会自相残杀。“凡官自科中升出者，自方面至于侍郎，纵有过恶，科中以先僚之故，永不纠弹。”凡是出身自监察系统，以后虽然转任其他，也从不会受到监察官员的弹劾。

除了以上几点，传统监察机制容易出现的一大弊端，是监督者与被监督者很容易猫鼠一窝，在窃取“大家”利益的时候，结成同盟。传统官权不受君权以外的力量制约，特别是不受民众的制约，因此，权力可以很容易寻租。监察官员和其他官员一样，受利益最大化原则支配，他们会轻易将手中的监察权力作为向权贵们讨价还价的资本。比如在权臣张居正秉政时，“谏官言事必先请”。所以，我们就很容易理解为什么历代王朝后期，随着官僚体系的腐败，监察系统往往也会高度腐败。

低薪制导致腐败的恶化

权力笼罩一切，权力不受约束。与此同时，官员们却又只能拿到极低的甚至不能满足基本生活需要的薪水。这就形成了“渴马守水，饿犬护肉”的局面。在中国历史上，薄俸制是主旋律，有些朝代甚至采取“无薪制”。某些王朝比如宋代对中高级官员局部实行了高薪养廉，但是对广大低级官吏一直是薄俸制，从总体上说，宋代也是一个低薪制的朝代。而且历代王朝在遇到紧急情况财政紧张之际，最喜欢采取的措施就是扣发甚至停发百官薪俸，这就更造成官员们生活压力巨大。

传统社会的低薪制，到底低到什么程度，离满足基本生活相差多少？比如曾国藩在做翰林院检讨时，年收入为一百二十九两左右，年支出为六百零八两左右。赤字四百八十两左右，需要自己想办法弥补。这是当时京官的常态。在低薪制下，像明代海瑞那样严守国家规定，不谋求任何灰色收入的清官，生活自然朝不保夕，非常困苦。这样的例子在历史上比比皆是。汉桓帝时的名臣朱穆，长期任中高级官员，“禄仕数十年，蔬食布衣，家无余财”。东汉那些级别低的官吏，不但不能养活妻室儿女，甚至连冬夏衣被也买不起。

低薪薄俸有很多好处，比如为朝廷节省了大量的财政支出，有利于扩张官僚体系规模，也有利于培育出一批清官。但与此同时，薄俸制也有着巨大的危害，因为它容易诱发腐败，并导致腐败的普遍化。

即使是最低薪的朝代，也仍然会有个别清廉官员出现，对个体来说，低薪只是贪腐的必要条件，而不是充分条件。但是，从历史大数据来看，收入过低，很容易引发大面积的贪腐。权力控制了几乎一切资源，受到的约束却极弱。在这种情况下，再让权力所有者的收入无法满足正常生活需要，这就如同让一条狗去看着一块肥肉，却一天只给它二两粥喝，那么无论你怎么打它、骂它、吓唬它、教育它，它也还是要偷吃，因为不偷吃它就活不下去。

在生活艰辛之际，只有一小部分官员能像曾国藩那样，以坚定的理学信仰来抵御物质诱惑。大多数人却不可避免地把手伸向灰色收入，导致第一次“失身”。而腐败这件事，有了第一次，就很容易有第二次。所以低薪制很容易诱发腐败，并导致腐败的蔓延。明清两代是中国历史上薪俸最低的两个朝代，这两个朝代后期的腐败程度之深，面积之广，在中国历史上也是登峰造极。这两者之间，并非只是一种巧合。

腐败的危害是巨大的，它会导致官僚体制失效，统治效率低下，严重危及政治稳定，甚至导致国家政权的倾覆。提高官吏俸禄从表面上看会增加百姓负担。但是，这其实远比官员毫无节制地盘剥百姓给民众造成的痛苦要轻。这个道理，统治者并不是不懂。在中国历史上，关于廉政与俸禄之间的关系阐述得已经非常充分了。早在先秦，管子曾经说过：“仓廪实则知礼节，衣食足则知荣辱。”汉宣帝、唐玄宗、宋太祖等很多皇帝都指出低薪注定导致贪腐。道理如此清楚，那么为什么在中国历史上绝大多数时期，统治者还是坚持要实行低薪制呢？主要原因有以下几点。

第一，是官僚系统的不断扩张，导致财政无力负担。中国历史上有一个鲜明的规律，那就是历代官吏数量呈不断扩张趋势。明代刘体健称：“历代官数，汉七千八百员，唐万八千员，宋极冗至三万四千员。”到了明代，文武官员共十二万余人。另一个规律是每一个王朝建立之初，官吏数量比较精简。但是随着时间的发展，无不成倍增长。中国传统社会经济结构非常单一，传统赋税又主要只有农业税一途，官吏数量过于庞大，使得俸禄成为财政支出的第一大项。为了节省开支，薄俸制就成为大多数时候不得已的选择。

第二，是皇权专制的自私短视本性。皇权专制本身是一项极不合理的制度安排，它的设计原理是千方百计保证君主的利益，损害其他社会阶层的利益，这其中就包括官僚阶层的利益。第一个表现是想方设法压低官员俸禄。在君主专制制度下，皇帝好比一个公司的老总，百官好比员工。压低员工工资，保证自己的利润，对老板来说是一种本能的偏好。而且一遇到财政困难，皇帝们首先想到的都是削减甚至停发百官工资。第二个表现是在中央与地方关系中，不断向中央倾斜。君主专制制度的发展，使得财政体制也朝高度集中发展，财政安排上对中央财政考虑得越来越多，不断向中央倾斜，就导致地方政府经费无着，只能另辟渠道搜刮百姓。第三个表现是高级官员收入往往比较容易得到保障，而广大基层官吏的工资通常很低。这是因为从皇帝的视角来看，他接触到的主要是中高级官员，听到的主要是他们的呼声。所以皇帝的赏赐，大多赏给了与自己有直接接触的中高级官员。每逢调整俸禄标准的时候，由于主导权掌握在高级官员和皇帝手中，所以首先选择的是解决中高级官员的生活问题。因此，历代俸禄改革，结果通常都是中高级官员俸禄不断增长，低层官吏的生活缺乏考虑。第三，是制度惰性。一般来讲，一个王朝刚刚建立之时，经济水平包括物价都比较低，实行低薪制在某种程度上情有可原。但问题是，随着社会的稳定、经济的发展，应该及时调整薪酬水平，但是，皇帝们往往以“祖制”为由，拒不调整。因为革除陋规涉及根本性、大规模的财政改革，要把各种办公经费全部列入政府预算，政府也相应地提高税率。以清代皇帝康熙为代表，都迷恋“轻赋薄税”的美名，把“盛世滋丁，永不加赋”作为自己的政绩，不肯下功夫对财政税收体系进行理性分析和合理设计。只有雍正皇帝能做一定程度的突破，进行了养廉银改革。其实清代的绝大多数陋规，都可以用正式的税收来取代，让这些收费晒在阳光下，一方面可以解决政府实际支出困难，另一方面也可以减少对百姓的压榨。但统治者拒绝作出必要的调整，其结果只能是富了官吏，穷了百姓，祸害了地方，也败坏了王朝的统治秩序。

总而言之，低薪制甚至无薪制，原因是基于以皇权为核心的传统财政制度的自私性与短视性。从皇帝的视角看来，采取“薄俸制”和“低饷制”既省心省力，又为国家节省了大量财政经费。但事实上，这都是典型的掩耳盗铃之举，对最高统治者来说，同样是“占小便宜吃大亏”。因为大部分官员会选择谋取灰色收入，最后给国家造成的损失比开足工资要大得多。

结论：从历史上汲取经验和教训。中国是一个特别重视历史的国家，史籍汗牛充栋。中国又是一个不太善于借鉴历史经验和教训的国家，因此，阅读历史，反思历史，并得到有益的启示，并不是一件很容易做到的事情。反思中国历史，如果想要有效治理腐败，要从三个方面入手。第一是减少政府权力，简政放权。这既是社会发展的必要，也正如李克强总理所说，是“减少权力寻租、铲除腐败的釜底抽薪之策”。第二是强化对权力的约束，建立有效的权力制衡与约束机制。第三是建立合理的薪酬水平。

13. 正风反腐当抛弃“看戏”心态

正风反腐是一场党员干部人人参与、永远在路上的跋涉。所谓政治生态，正是所有党员干部整体的联结；所谓党内风气，更是每名党员干部党性的体现。

触目惊心的违纪材料、中途滑落的人生轨迹、痛哭流涕的忏悔反思……当违纪违法者的惨痛教训摆在面前，是把它当作正衣冠的“镜子”、他人亡羊我补牢，还是怀着“看戏”的心态、置身事外当看客？党员干部必须做出正确的选择。

“得罪千百人，不负十三亿。”党的十八大以来，我们党“恶竹斩万竿”的决心和行动，向世人展示出反腐的力度。正风反腐上不封顶，有多少就处理多少，“铁帽子王”落马了，“基层反腐”深入了。管党治党坚如磐石的决心、坚不可摧的意志，使反腐败“刮风论”“过头论”等不攻自破。与剜腐并行推进的，是警示教育。陆续曝光的腐败案件、不断披露的堕落轨迹，成为党员干部耳旁时时响起、提神醒脑的警钟。

“虎”“蝇”纷落，给人深刻的思考。那些沦为阶下囚的，他们在起初大多并没有错，有些甚至还是好同志，可后来又是如何放纵自己、逐步堕落变质的？那些被通报惩处的，他们最初或许有过顾虑犹豫，甚至经历过一番思想斗争，可后来又是如何把红线踩在脚下、错失自我挽救机会的？这些问题的答案，可以在他们的忏悔中找到。他们面临的诱惑、所处的环境，其他党员干部或许也会遇上。只要有一分政治警醒，就不难从中汲取教训，不断提高自身免疫力。

前车之覆，后车之鉴。这些年，在高压反腐影响和政策教育引导下，一些犯错误的干部主动向组织讲清楚问题，争取宽大处理；一些游走在违纪边缘的干部受到警示，悬崖勒马、迷途知返；还有更多干部受到警醒，知敬畏、存戒惧、守底线。“见不贤而内自省”，这既展现了正风肃纪的强大震慑作用，也体现出党员干部听党话、跟党走的基本政治觉悟。

但要看到，在党风廉政建设和反腐败斗争深入推进的今天，仍有少数人怀有“看戏”心态。他们或认为自己“位卑权小”，与己无关，咂咂嘴、叹口气，看完就忘、听完了事，根本不往心里去；或消费热闹、热衷围观，遇有贪腐情节、奢靡生活就认真地看，遇到明示法纪、剖析反思就快速略过，把“事故”当“故事”来看或传播；更有甚者，艳羡查出的“数字”，从通报案例中窥门道……把自己当看客，事不关己高高挂起，即便教训再深刻、铁窗话再痛彻，也难以真正受触动、受教育。现实中，一些“看戏人”就这样成为了“戏中人”。

正风反腐是一场党员干部人人参与、永远在路上的跋涉。所谓政治生态，正是所有党员干部整体的联结；所谓党内风气，更是每名党员干部党性的体现。人人都是“他人的环境”，人人都是“价值出口”。诚然，面对种种思想不纯、组织不纯的现象，面对种种隐患犹存、隐形变异的问题，人人都有围观批判的权利，但是，如果仅仅停留于围观或批判，不能自我提高、自我警醒，不良风气如何彻底扭转？都是一副“看戏”的心态，新风正气又从哪里开始生长？

党的“自身硬”，离不开党员干部“人人过硬”。正风反腐，党员干部应常拧理想信念这个“总开关”，不忘初心、锤炼党性，不断增强政治定力、纪律定力、道德定力、抵腐定力；应强化“治未病”的意识，以他人的教训剖析自我，红脸出汗、知错知止，坚守底线、追求高标准。“雪崩时，每一片雪花都有责任。”只要坚持从自我做起、从现在做起，不断纯洁政治灵魂，让理想信念成为自己心中的灯塔，把铁的纪律转化为日常习惯和自觉遵循，就一定能以合格党员的精气神，担当起党和人民赋予的新时代使命任务。

14. 雁过拔毛式腐败的特点、成因和对策

近年来，一些地方基层干部贪腐案件频发，“雁过拔毛”成为“苍蝇式”腐败的一大特点。对上级拨付的专项惠民资金，利用在资金拨付、审核批准、经手管理、验收项

目、信息灵通等方面的职务便利，以贪污、挪用、截留、索取好处等方式，捞取非法利益，数额不大，危害不小。

一、雁过拔毛式腐败的特点

主要存在以下四个特点。

（一）专项资金的拨付使用是高发领域。近年来，中央、省、市各级拨付了大量的专项惠民资金，对改善民生起到了很大作用，部分乡（镇）村干部看到这部分资金是上级“白给的”，利用群众对资金拨付使用政策不了解的漏洞，想方设法从中“揩油”，使专项资金被层层“扒皮”。从发案特点看，有的是帮助不符合条件的户骗取危房改造资金，给农户一小部分，自己贪污大部分；有的是利用危房改造户不清楚补助政策的空子，从中截留贪污；有的在帮助村民申报危房改造补助款后借机索贿，有的乡（镇）工作人员擅自为危改户建立存折，将本该给予补助户的款项截留等。这些案件，都是在专项资金的拨付使用过程中被“雁过拔毛”。

（二）涉腐人员主要是乡（镇）村两级干部。从发案主体中，主要包括乡（镇）工作人员和村两委主要负责人。从发案规律看，村支书、村主任和村会计等集体共同作案的集体性犯罪突出，窝案串案多，乡（镇）、村两级案件互相交织。

（三）造成的社会影响极其恶劣。从案件查处情况看，这一类腐败虽然数额相对不高，但直接关系到群众切身利益，影响了国家惠民资金政策的落到实处，并影响到广大群众对反腐倡廉建设的感受。农村危房改造资金虽然数额不过几千元或几万元，但是面向低收入群体的“保命钱”，一旦被挪用侵占，造成的社会危害和负面反响极大。

（四）案件查处难度较大。因为农村危房改造资金拨付后，改造户是受益人员，怕因为案件查处而失去改造资格，对调查取证不配合，而乡（镇）村干部的“拔毛”行为都是现金交易，调查取证难度大。因此，对“雁过拔毛”式腐败，事后查处难度大、成本高，必须与事前预防结合起来。

二、“雁过拔毛”式腐败的成因分析

“雁过拔毛”式腐败的发生，与专项资金的设立密切相关。因为危房改造涉及申报、拨付、建设、验收等多个环节，牵涉农户较多，加上刚刚开始，缺乏监管经验，使此项资金成了很多乡（镇）村干部盯上的“唐僧肉”，抓住监管不严的环节就借机咬上一口。主要有以下几个原因。

（一）乡（镇）村干部法律意识淡薄。尤其是在贪污优抚款案件中，优抚对象死亡后瞒报冒领，认为领取的是国家的钱，没有损害其他人利益，有一种不领白不领的错误观念，导致走上贪污之路。文化水平低、个人素质差、法律意识淡薄，再加上涉案的一些村干部放松自身学习，对党纪条规和法律法规领会不深刻，对自身的作用和责任缺少清醒认识，致使在关键时刻经不起金钱诱惑，最终导致违纪违法行为发生。

（二）监管体制不健全。一方面，惠农政策政出多门，涉农资金由多个部门负责，各部门形成相对封闭的运行系统，相互通气、配合不够；另一方面，涉农资金发放、审核等涉及中央、省、市、县、乡（镇）多个层级，战线长、范围广、环节多，各层级以书面审查为主，容易出现监管缺位。涉农资金的申报、批准、拨付乃至验收、监管大多由一个部门负责，造成权力高度集中，给侵占、挪用等行为留下了可行空间。

（三）制度设计存在漏洞。有的政策制度缺乏可操作性，难以执行；有的政策制度因为落实时间紧，在没有得到农民普遍接受或认可时，就匆匆付诸实施；有的流程设计存在漏洞，导致钻政策空子套取涉农资金的案件多发。有些惠农资金管理制度看起来很完善，但在一些关键环节存在重大漏洞，致使村干部从中钻了空子，造成了贪污、侵占现象的大范围滋生。

（四）政策宣传不深入。乡（镇）村干部对专项惠民资金的宣传不深入，使群众对享受资金补助的条件、程序、监督等不了解，给基层干部人为操纵实施过程从中渔利创造了条件。例如：在农村危房改造资金实施过程中，有的乡（镇）干部对农村危房改造政策宣传没有深入到村庄，只是对村干部开会，村干部对政策也是一知半解，受益农户更无法知晓政策文件的具体内容。

三、治理雁过拔毛式腐败的几点对策

治理雁过拔毛式腐败，应着力抓好四个方面。

（一）抓好乡（镇）“两个责任”落实。中央提出“两个责任”以来，各级党委、纪委进一步增强了落实“两个责任”的政治自觉，但在乡（镇）一级，对党风廉政建设主体责任尚没有认识到位，乡（镇）纪委仍然存在职能作用不清晰、履职能力不强的问题。因此，有必要以夯实乡（镇）党委、纪委“两个责任”为突破口，加大执纪、问责力度，加强对乡村干部的监督管理，不给雁过拔毛以可乘之机。

（二）开展办案专项行动。从开展农村危房改造资金专项治理行动的成果看，有必要定期对专项资金的拨付使用进行重点抽查，经过典型分析后，针对发现的共性问题，再进行拉网式检查。对检查中发现的违纪违法线索，由纪委牵头，集中开展办案专项行动，严肃查处违纪违法责任人，同时对负有监管责任的乡（镇）和部门的分管领导实行责任追究，增强其管好专项资金的责任心。

（三）完善专项资金管理体制。从中央和省级层面而言，加大对地方财政的一般性转移支付力度，清理、整合、规范专项转移支付，严格控制专项转移支付项目和资金规模，避免“部门千条线、专项资金满天飞”的局面，增强地方财政的统筹能力。对出台的专项扶持资金，事前都要严格进行制度廉洁性评估，多方征求意见，特别是征求县乡（镇）基层的意见，堵塞可能存在的制度漏洞，进一步修订完善后再大规模铺开；对已经出台的专项资金制度，要结合查办的典型案件，定期评估成败得失，不断修订完善制度。

（四）完善村级民主治理机制。进一步完善村财乡（镇）管机制，把乡（镇）监管与村民监督有机结合起来。完善村务公开机制，村务公开要突出及时、真实；健全监督档案，使村务监督委员会真正发挥监督作用。推行村干部勤廉双述、村民询问质询和民主评议制度。完善农村基层干部任期经济责任审计制度。对照相关法律法规，加强村干部廉洁履行职责情况的日常监督和定期检查，推动村干部依纪依法办事。

15. 国有企业高管人员腐败特点分析

国有企业高管人员违纪违法特点和成因如下：

一、企业高管人员违纪违法案件的特点

一是利用国企重组改制漏洞，侵占国家财产。国企改制实现国有企业产权的有序流转，是关乎国家经济体制改革的重要举措。一些国有企业领导人员在改制过程中，受利益驱使，将改制中所涉及的土地、资产当成“最后的晚餐”。

二是企业高管人员有组织地实施集体腐败。通过这几年查处的案件分析，发现所有的案件中涉案人员众多，这些企业的高管人员通过政治上的权力关系和经济上的金钱关系，他们有资产处置权、有土地使用权、有工程领域处置权等，结成了紧密的利益群体，呈现出团伙性发展的趋势，串案窝案情况严重。他们相互勾结、相互利用，一荣俱荣、一损俱损。他们当了“好人”，而我们国有资产大量流失，腐败分子慢慢地侵吞国有资产。

三是企业高管人员均染指“黄赌毒”。从这些“落马”的企业高管人员在任时的种种表现中，我们不难发现，“钱多、权大、黄赌毒”俨然成为很多企业高官人员的“理想生活境界”了，而且为了这样的“理想生活境界”，通常不择手段，以身试纪试法。不少国有企业领导干部经济问题的背后往往存在“黄、赌、毒”现象，“黄、赌、毒”现象的背后基本上都有经济问题，这已成为目前腐败案件的一个普遍现象。有的企业高管因包养情妇而诱发经济犯罪，有的企业高管因迷恋赌博而诱发经济犯罪，有的企业高管因身陷毒瘾而诱发经济犯罪。

二、企业高管人员违纪违法案件的成因

一是监督缺位，为腐败提供可乘之机。权力失去监督，必然导致腐败。一个企业如果失去监督，就难以稳健发展；一个企业的高管人员如果失去监督，不仅自己走向腐败，对企业的发展也将是毁灭性的打击，“落马”的高管人员中大都有出事前不愿接受监督，出事后后悔没有接受监督，甚至埋怨无人对其监督的心理变化过程。

二是制度形同虚设，企业歪风邪气盛行。通过这些案件来分析，我们不难看出，企业高管“落马”的主要原因就是企业日常管理长期放任自由，企业内部管理制度和各项问责措施已成为一种摆设；企业各层次人员不按规章办事，出了问题找领导摆平已在这些企业成了习惯；管理人员“吃喝玩乐”“索拿卡要”的歪风盛行，办事的首选途径是找关系托门子，办成事的重要手段是请客送礼。正是由于企业日常管理长期放任自由，制度形同虚设，责任追究流于形式，制度缺乏执行力，企业应有的健康向上的核心价值观在企业文化中的主导地位丧失，给腐败分子有了可趁之机和敛财的市场。

三是班子软弱涣散，个人独断专行。

四是个人私欲膨胀，存在侥幸心理。有一个共同的认识，那就是认为行贿和受贿双方是一个利益共同体，你给我钱，我给你办事，互利互惠，为了双方的眼前利益和长远利益，行贿方不敢反映自己的问题。在这种侥幸心理的驱使下，涉案人员自我解除了心理上对法律的恐惧，一而再、再而三地去收受贿赂。

三、加大企业高管人员管理的几点对策

一是抓好企业制度建设，从源头上遏制腐败。国有企业党风廉政建设必须把教育、制度、监督、惩处四个方面有机结合起来，切实抓好惩防体系建设，做到标本兼治，综合治理，从源头上防止腐败。尤其是抓好企业制度建设，提高制度执行力，要坚持执行集体决策制度，坚持落实民主决策程序，坚决杜绝“一言堂”和个人说了算的现象，要建立健全人事、财务、投资、工程建设、物资采购、招投标管理制度，规范企业各级管理人员的行为，要建立问责制度，对企业重大决策、大额度资金运作、人事管理、绩效考核、制度执行等实行问责制度。建立“用制度管权、用制度管人、用制度管事”的运行机制。

二是加强企业高管人员的监督管理，确保权力阳光运行。要规范国有企业权力运行，加强对权力运行的监督；要完善法人治理结构，充分发挥纪检、监察、董事会、监事会、审计等监督主体的作用；要通过党内监督、制度监督、群众监督、厂务公开等手段，不断加强对企业领导人员和关键岗位人员的监督管理；采取各种措施，防止权力被滥用，确保权力在阳光下运行。

三是加大查办案件的力度，始终保持对腐败分子的高压态势。在完善国有资产管理体制和深化国有企业改革中，作为纪检监察部门要进一步加大惩治腐败力度，尤其是二、三级企业的纪检监察部门要充分发挥作用，以坚决惩治腐败的新成效取信于民，坚决查处利用职权搞权钱交易的腐败行为。对于发现的腐败案件和腐败分子，要坚决依法严惩，绝不姑息。要切实发挥办案的治本功能，做到查处一起重大案件、教育一批干部、完善一套制度。只有这样，才能坚决维护纪律的严肃性，保证国有资产的安全。

16. 国民党在大陆失败的几大原因

国民党在大陆失败的最关键、最核心的原因是国民党自身出了问题。正如时人所说，“国民党的失败都是党的失败，由党的腐化，而蛀蚀政治经济军事！”蒋介石也在事

后总结道：国民党在大陆的失败，“完全是领导国民革命的本党，组织瓦解，纪纲废弛，精神衰，藩篱尽撤之所招致”。

信仰与理论危机，失去执政的精神支撑。国民党在大陆执政的过程中出现了信仰危机，难以团结党员，更无法吸引社会大众。国民党在全国建立形式上统一的政权后，部分党员已经失去了革命的理想、信念，沦为官僚政客，陷入了派系斗争或争权夺利的漩涡，失去了革命性。信仰的严重危机还导致其难以吸引社会精英人士加入阵营，“今日之知识青年以入国民党与三民主义青年团为耻辱，至少亦认为不智之举。”

缺乏能力素质过硬的党员队伍，失去执政的人才保证。国民党把党员征收视如儿戏，党员队伍素质低下。国民党表面上采取了列宁主义政党的一些组织形式，但实际上吸纳党员资格漫无标准，吸纳方式如同儿戏，集体入党和强迫入党泛滥。1939 年，蒋介石训令全国各机关公务人员于一个月内一律加入国民党，届期如无党籍者，有官者免官，有职者免职。1940 年春，李宗仁在湖北老河口公园举行集体入党仪式，一次就吸收了 1 万多名军官士兵入党。新党员的吸纳不加甄选，信仰有无不问，质量优劣不顾，必然导致党员数量迅速膨胀而质量良莠不齐。

在党务方面，国民党对其党员队伍的自身建设关注、投入不够。由于国民党内存在轻党务而重政治军事的传统与倾向，党员不愿意去做党务工作，致使其政策得不到宣传和执行。即使是国民党省党部的高级官员由于自身能力素质不足，也不能胜任指导政府、领导党员、领导民众执行国民党政策的任务，更不要说县党部的负责人，他们多是浅薄无能之辈，“至多能如土豪劣绅，干涉地方行政而已。以云发挥党的作用，则不啻南辕而北辙也。”在这种状态下，“党渐渐的只有躯壳而没有灵魂了，党渐渐的只有个人自由而没有集体意志了，党渐渐的只有挂名的党员而没有忠实的干部了。”

组织涣散，缺乏内聚力和渗透力。“国民党二十年来累积的病源，根本不是事的问题，而是人的问题——所谓组织。”这可谓是一语中的。孙中山逝世之后，国民党内部的分裂与派系斗争日益明显。虽然国民党内“所有派系不论相互矛盾到什么程度，但他们都需要总裁，总裁也都需要他们，总裁决不会将大权授给某一派系，或某一个人，所有派系也都不会反对总裁的最后决定”。但这种用传统政治权术驾驭派系的做法，不仅不能达到应有的团结、统一，反而使其自身严重内耗，加速了其败亡。

中央党员与党务脱节，地方基层组织空虚。在中央，中央执行委员“都是同样的地位，谁也没有一件独立的工作可做。同时谁也觉得不必专力于党务。”作为国民党基层党务组织的区分部更是严重，“党组织的基本细胞——区分部的集会，也几已废止。”在这种状态下，也就无法达到党部能指挥党员和党员能服从党部的境地。基层组织呈现

"空、穷、弱、散"的状况。国民党失去了最基层的党员，自然失去了联系群众的桥梁及纽带，也就丧失了群众基础，同时也失去了其存在的基础。

国民党贪污腐败，民不聊生。国民党贪污腐败，执政道德败坏，失去民心。一是政治腐败，以公共权力谋取个人利益，二是经济腐败。蒋介石的专制独裁，国民党官僚作风，四大家族横行这些政治上的腐败造成了国民党与民众的尖锐对立，党员离心。从根本上说，国民政府在政治上败坏，导致经济崩溃、军事失利，无不是国民党自身腐败无能的结果。

17. 反腐败斗争压倒性态势形成的关键原因

在2017年1月十八届中央纪委七次全会上，习近平总书记作出了一个举世关注的判断，即"腐败蔓延势头得到有效遏制，反腐败斗争压倒性态势已经形成"。这是对反腐败斗争形势的重大判断，也是对十八大以来全面从严治党成效的充分肯定。那么，反腐败斗争压倒性态势体现在哪些方面?

第一，体现在党心民心所向上。十八大以来的反腐败斗争，增强了人民群众对党的信任。同时，党中央严惩群众身边的"微腐败""小官巨贪"，增强了群众对反腐成效的获得感，厚植了党的执政基础。

第二，体现在反腐硕果累累上。从八项规定的"先手棋"刹住歪风开始，反腐动作不断：抓住"两个责任"特别是主体责任这个"牛鼻子"，使反腐败成为从上到下的一致共识；全面深化党的纪律检查体制改革，在党的历史上首次实现了一届任期内的中央巡视全覆盖和派驻机构全覆盖，确保监督无死角……十八大以来的实践证明，反腐败斗争的大网越织越密，党内政治生态明显好转。

第三，体现在制度日臻完善上。习近平总书记指出，要"坚持用制度管权管事管人"。党的十八大以来，党中央坚持问题导向，先后制定修订78部党内法规，占现行有效177部中央党内法规总数的44%，对遏制腐败滋生蔓延发挥了治本作用。基本形成了以党章为根本遵循，以三个准则、三个条例为支撑的党内法规制度体系，对遏制腐败滋生蔓延发挥了治本作用。

从“腐败和反腐败呈胶着状态”，到“反腐败斗争压倒性态势正在形成”，再到“反腐败斗争压倒性态势已经形成”，短短几年，反腐败工作成就辉煌。为什么反腐败斗争压倒性态势能够形成?

一是以习近平同志为核心的党中央旗帜鲜明、立场坚定。特别是习近平总书记意志品质顽强，态度坚如磐石，以“得罪几千人，不负十三亿”的勇气和决心坚决反对腐败，以清晰的反腐思路迅速打开局面。无论是在国内调研考察，还是出席二十国集团领导人峰会等重要国际场合，习近平总书记都强调以零容忍态度惩治腐败，态度坚决、掷地有声，为深入推进党风廉政建设和反腐败斗争提供了强大的思想武器。

二是习近平总书记身体力行、率先垂范，带头执行中央八项规定。以身作则正党风，要求别人做到的自己首先做到。习近平总书记除了带头严格遵守八项规定外，还对党和国家领导人办公用房、住房、用车等待遇进一步作出明确规定，并不断规范领导干部家属经商办企业……党的十八大以来，从中央到地方，各级领导干部以上率下，一级做给一级看，让广大党员、干部、群众深受感染，推动了反腐败斗争的落地生根，为形成压倒性态势创造了积极条件。

三是坚持思想建党和制度治党相结合，夯实信仰之基、补足精神之“钙”。从开展群众路线教育实践活动，到“三严三实”专题教育，再到面向全体党员的“两学一做”学习教育，广大党员在一次次学习教育中锤炼了党性修养，拧紧了思想上的“总开关”，为深入推进党风廉政建设和反腐败斗争提供了思想保证。

四是牢牢抓住主体责任这一“牛鼻子”。党委负管党治党主体责任、纪委监委负监督责任，将党章赋予各级党组织的基本责任具体化，通过问责层层传导压力，让制度落地、把责任落实，真正形成了全党动手一起抓的良好政治生态，党风廉政建设和反腐败斗争的大好局面正在巩固发展。

五是始终保持高压态势，释放“越往后执纪越严”的强烈信号。坚持一个节点一个节点地抓，推动形成了知畏知止、收敛收手的高压态势，使“不敢腐”的目标初步实现，有效避免了腐败现象的回潮。

党风廉政建设和反腐败斗争，不会一劳永逸。面向未来，继续深入推进党风廉政建设和反腐败斗争，需厘清几个重大问题、把握好几对关系：

压倒性态势和“永远在路上”的关系。当前，虽然反腐败斗争压倒性态势已经形成，但并不代表斗争已经结束。针对腐败顽疾，要做到零容忍的态度不变、猛药去疴的决心不减、刮骨疗毒的勇气不泄、严厉惩处的尺度不松，常抓不懈，久久为功。

治标和治本的关系。党的十八大以来，党中央“出重拳”“下猛药”反腐，治标为治本赢得了时间；放眼未来，要取得反腐败斗争压倒性胜利，则两者均不可偏废，治标依然需要下大力气，筑牢党员干部“不敢腐”的防线；同时也要注重通过治本达到“不能腐”的目标，最终形成“不想腐”的效果。

“关键少数”和“最大多数”的关系。党的十八大以来，党中央对“关键少数”的从严治理，赢得了“最大多数”的衷心拥护。实践证明，全面从严治党和反腐败工作都要从“关键少数”抓起，以上率下，形成示范；同时，要争取“最大公约数”，通过反腐败斗争的实际成效赢得民心，实现党心民心的同频共振。

政治生态和社会环境的关系。政治生态和社会环境相互作用、相互影响。要营造良好的政治生态，离不开良好的社会环境。党的十八大以来，党中央通过持续反“四风”，带动民风逐渐好转。接下来，要通过抓政治生态的“山清水秀”，带来社会环境的进一步好转，在全社会凝聚共识，让廉荣贪耻的廉政文化不断深入人心。

18. 中纪委为何紧盯这几个领域

十九届中央纪委二次全会公报指出：“着力解决选人用人、审批监管、资源开发、金融信贷等重点领域和关键环节的腐败问题。”上述重点领域和关键环节的腐败问题，一直都受到社会各界的关注。这些重点领域的腐败问题是如何出现的？又该如何根除？

金融腐败威胁金融安全。在此次公报指出的重点领域和关键环节中，金融信贷领域尤其受到关注。“此次全会拓展了反腐败的工作领域，重点整治金融信贷等领域腐败问题，让反腐败的行动‘一击就中’。此次会议也点明了接下来的工作方向——我们需要紧盯腐败问题易发、多发的领域。”北京大学廉政建设研究中心副主任庄德水在接受《法制日报》记者采访时说。庄德水认为，金融信贷领域的腐败问题由来已久。党的十八大以来，特别是对一些重点金融企业进行巡视之后，一批贪腐人员落马。从中可以看出，金融信贷领域出现腐败问题其实并不罕见，并且已经成为危害我国国民经济发展的一个腐败领域。

“通常来说，金融领域腐败问题涉及的资金量相当大、涉及的地理范围及人群也相当广。金融信贷领域如果出了问题，影响的不单单是某一个行业、某一批人，而是整个国家经济发展的趋向、质量、效率以及安全。所以，金融信贷领域的腐败问题影响面非常广。金融安全和国家安全相关联。此外，金融也是国家非常重要的核心竞争力。”北京航空航天大学人文与社会科学学院副院长、廉洁研究与教育中心副主任杜治洲在接受《法制日报》记者采访时说。

“金融信贷领域腐败，最大危害就是威胁金融体制安全。当下，我国正在进行金融体制改革，在改革过程中，由于体制不够健全，难免会出现制度漏洞，这些漏洞又往往会留下滋生腐败的空间。一旦发生腐败问题，就会影响到金融体制的监管，金融信贷领域各个环节的监管都可能因此陷入失控状态。金融信贷腐败一旦滋生、蔓延，就会破坏金融秩序、信贷秩序，导致优质的金融信贷资源不能被配置到最合适的地方，从而降低整个金融环境、信贷环境的运转效率。这种腐败的滋生、蔓延，还会引发金融信贷市场的动荡，从而威胁整个国家的经济发展和人民群众的根本利益。”庄德水说。杜治洲认为，金融制度作为我国重要的基础性制度，如果受到了腐败分子的污染，经济发展质量、水平就难以得到保障，更不用说发挥市场在资源配置中的决定性作用。

“千里之堤溃于蚁穴，一个两个腐败分子可能会影响整个金融环境的安定。金融是国家发展的血液，金融行业不干净，危害显而易见。”杜治洲说。

金融信贷腐败有特殊性。近年来，金融反腐逐渐进入深水区。2017 年 9 月 29 日，最高人民检察院经审查决定，依法对中国保险监督管理委员会原党委书记、主席项俊波以涉嫌受贿罪立案侦查并采取强制措施。

金融信贷领域的一些腐败问题是如何形成的？“金融信贷领域最常见的腐败方式就是，银行或者相关金融机构工作人员利用手中掌握的金融权、信贷权来牟取私利。”庄德水说。庄德水认为，金融领域的腐败多从金融行业监管者、金融行业从业者与商人三方勾结开始。金融领域的腐败是党内利益集团的一个重灾区。金融机构从业者与一些商人形成特殊的利益同盟，一方掌握经济权力，另一方掌握政治权力，相互包庇，然后相互输送利益。“金融领域腐败与该领域之外的腐败现象是有联系的。金融信贷领域的腐败问题，已经不仅仅是某一个领域，而是与其他领域息息相关、互相纠缠，甚至形成恶性循环，加大了治理的难度。”杜治洲说。庄德水认为，在整个金融体制转型过程中，还存在制度不健全、机制不完善、人员素质跟不上等问题。更重要的是，长期以来，金融领域相对比较独立，外部监督力量不容易发挥作用。在这种背景下，金融领域的腐败问题相对于其他领域，显得更为突出。

“金融信贷领域与其他领域的腐败有着明显的区别。这一领域的腐败具有较强的专业性，也就是说，腐败官员、职员利用所掌握的带有专业性、垄断性的权力实施腐败行为，这是金融领域腐败与其他腐败行为相比最大的不同点。在金融信贷资源供给不足的情况下，现在有些金融信贷部门的相关人员几乎垄断了金融和信贷的资源，他们利用手中所掌握的金融决策权来牟取私利，甚至形成外界无法察觉的利益集团。不具备金融信贷等相关专业知识的人员，难以发现其中所隐藏的潜规则和腐败内情。”庄德水说。

重要权力不可失去监督。除了金融信贷领域外，选人用人、审批监管、资源开发等领域的腐败问题在过去也一直受到关注。“这些领域是易发、多发腐败的重点领域和关键环节。这些领域涉及到人、财、物等重要权力的行使，如审批权、用人权、分配权等重要的权力。以往查处的案件说明，这些权力一旦失去监督和管理，非常容易滋生腐败。”庄德水说，所以，能不能管住用人权、能不能管好审批权以及配置资源的分配权，直接关系到整个反腐败工作的成效。要把权力关进制度的笼子里，实际上就是把用人权、分配权、审批权关进制度的笼子里。杜治洲认为，审批监管等领域与我国当前的经济发展形势相互关联。推动经济持续发展，始终都是国家重点关注的问题。因此，在发展经济的过程中，个别地方难免为了完成经济指标而仓促行事，从而出现审批把关不严、金融信贷乱发放、用权不当、监管不到位等违规违法现象。个别地方政府过于追求经济发展和拉动 GDP 的冲动，也会导致上述问题。

对于选人用人、审批监管、资源开发领域的腐败，庄德水逐一进行了分析。庄德水认为，从这几年反腐败情况来看，无论是政治性腐败还是组织性腐败，都与选人用人不当有关系。有个别领导干部甚至利用选人用人的权力，拉拢和发展派系，大搞山头主义，在少数人中选拔少数人，从而损害了干部选拔制度的严肃性和公正性。所以，把选人用人排在第一位是有道理的，选人用人权力的使用情况直接关系到党的政治生态和政治生活，也直接关系到干部队伍建设。

“就审批监管而言，腐败形式主要表现为寻租性腐败。腐败分子利用掌握审批权的优势来牟取私利，甚至主动向相关审批对象索要好处，不给好处就不办事。资源开发领域的腐败，尤其是涉及到土地资源、矿产资源的腐败比较严重。这一领域的腐败问题由来已久。资源越是集中的地方，越容易发生腐败。特别是随着改革的深入，资源开发和配置的权力显得越来越重要，在这种情况下，一旦缺失监督和管理，资源开发这块‘肥肉’就会被腐败分子觊觎，进而滋生腐败。”庄德水说。

内部监督外部监督并重。针对重点领域和关键环节的腐败问题，未来将采取哪些对策？庄德水认为，解决金融信贷领域的腐败问题，还得靠金融信贷体制的转型和改革。

哪里的体制不健全造成了腐败现象蔓延，哪里就需要运用反腐败的力量推进改革。要重点解决改革过程中所遇到的阻碍和困难，要加强对金融信贷领域的监督管理，创新金融和信贷部门的监管体制，强化这些部门的纪检监察力量。还需要推进金融信贷领域的透明度，包括信息披露、政策公开。需要引进公众决策机制，让金融信贷的每一个环节、每一个举措都能受到社会的监督。

“在处理金融信贷领域的腐败问题时，还必须提高自身的专业知识，提高反腐进程中专业化的技术和手段，从根本上破除腐败。”庄德水说。杜治洲认为，整治金融信贷领域的腐败，要走专项治理和构建长效治理机制相结合的路子。具体来说，一方面要加大专项治理的力度。比如，可以抽调专家骨干成立专项治理小组，对腐败问题进行短期、集中的整治，这是一个比较有效的手段；另一方面，要构建一个长效的治理机制，进一步完善相关制度、流程，明确金融信贷发放标准。对每一笔资金的用途、审批、去向、明细等一一建立档案并追踪使用情况，用大数据的方式进行监督。庄德水还建议，选对人、用好人可以带动一个地方风气的改善；选错人、用错人就会带动一个地方风气的恶化。现在谈党风廉政建设和反腐败，要将关口前移到干部选拔任用这个环节。选人用人权本身的使用情况就是一个风向标，代表反腐败的基本方向。要建立一个公正合理的干部评价机制，能够全方面考察、考核干部，避免在考察考核过程中出现不公正、不公平的现象，要实现选拔程序的透明化和完善干部选拔任用问责机制。

“上述重点领域和关键环节的腐败问题其实都是长期以来受社会公众诟病的地方，在监管领域方面，必须有更加深化的制度改革。在建立服务型政府的同时，也要实现政府宏观管理与市场微观运作的分离。”庄德水说，解决这几类腐败问题，最核心的就是依靠体制和机制的改革，真正将政府部门权力关进笼子里。这里所提倡的改革，一方面包括政府部门自身的改革，另一方面包括市场的改革，不断完善市场运作机制，发挥市场在配置资源中的决定性作用。“从长期来看，针对重点领域和关键环节的腐败问题，还需要把社会监督、政府监督和体制内监督如纪委监委的监督结合起来，使自上而下的监督和自下而上的监督齐头并进。要鼓励群众举报、揭露腐败问题，使这些腐败问题能够被及时发现、及时处理，以绝后患。”杜治洲说。

19. 揭开晚清政府如此腐败的缘由

要说中国历史上哪个朝代最腐败？那清朝晚期绝对可以上榜，贪官之多，多如牛毛，这些贪官就像蛀虫一样，年复一年的蚕食着摇摇欲坠的清政府，最终导致了清朝的覆灭。晚清官员贪污泛滥最根本的原因在于封建专制制度的本身，当上级可以决定下级的命运，特别是大小官员的升迁荣辱甚至身家性命都取决于皇帝和慈禧的时候，各种行贿受贿的行为也成了一种表忠心的方式。在专制制度下，“正贡”是必须遵守的制度。1894 年慈禧六十大寿，也正值甲午战争爆发，臣子们为讨好这位专制君主煞费苦心，除了“正贡”还要“加贡”，在他们心目中，强敌入侵、山河破碎不及讨主子欢心来得重要。同时，在这样的制度下，不但主子受贿，专制统治者身边的近臣和奴才也要按惯例分成。如果不给他们约一成的手续费，贡品是不可能顺利送达主子的。比如，当年袁世凯为了巴结慈禧之下最有权势的人物—庆亲王奕匡，一下子将这位亲王一家的一切费用全都包下，用的其实就是政府的钱，就算以清廉自诩的曾国藩、张之洞等人的进贡和给有关官员送礼，用的也是公款。历来的统治者都说要反贪污，但在专制制度下往往成效不大，处在衰败时期的清帝国更是如此。原因是：第一，有些行贿受贿活动已成为官场习惯，人人如此，法理和是非界限已经模糊；第二，担负反贪重任的监察系统同样没有逃脱腐化的命运；第三，没有独立的司法和监察系统，它们都不过是行政系统的附属物。最后的裁决权掌握在专政政权的最高统治层特别是皇帝、皇太后手中，当他们本身不干净时，要真正反贪无异缘木求鱼；第四，社会生活没有民主化，民众维护自己权益的现代公民意识没有形成，也没有形成强有力的独立的新闻舆论监督。一些报馆是官办或接受官方津贴的，缺少现代报刊的独立品格。

20. 警惕“微腐败”

习近平总书记在中央纪委二次全会上强调，要标本兼治，夺取反腐败斗争压倒性胜利。在打“老虎”的同时，也绝不放过侵蚀群众利益的“苍蝇”。

“蝇贪”成群，其害如“虎”。据统计，2017 年 1 月至 12 月，全国查处群众身边腐败和作风问题 12. 21 万个，处理 15. 91 万人；十八大以来的 5 年间，全国纪检监察机关共处分村党支部书记、村委会主任 27. 8 万人。党的十九大以来，截至 2018 年 11 月，全国共查处群众身边腐败和作风问题 23. 87 万个，处理 31. 6 万人。

中央继续加大整治群众身边腐败问题力度，推动全面从严治党向基层延伸。一方面，坚决整治群众身边腐败问题，要求围绕打赢脱贫攻坚战，开展扶贫领域腐败和作风问题专项治理；另一方面，开展扫黑除恶专项斗争，把扫黑除恶与反腐败斗争和基层“拍蝇”结合起来，深挖黑恶势力“保护伞”。

揭开形形色色“蝇贪”嘴脸。近几年，随着全面从严治党不断向基层延伸，一些“小官巨贪”被严肃查处，形形色色“蝇贪”的丑陋嘴脸暴露于人前。

有的以权谋私。一些基层党员干部，将手中所掌握的权力变为个人谋取私利的工具，或收受贿赂，或吃拿卡要，或雁过拔毛。这种腐败现象较为典型，多发于执法、监管等窗口单位以及公共服务行业和工程建设等重点领域。

有的优亲厚友。一些基层干部在土地征收流转、拆迁改造、惠民补贴、扶贫救济、低保社保资金管理使用等方面违规为亲朋好友谋取私利。如云南省德宏傣族景颇族自治州纪委公布的一起基层干部“靠山吃山”违纪违规案件，令人震惊，陇川县民政局 56 名干部职工中，竟有 40 人的亲属共 82 人违规享受城乡低保，部分干部职工的配偶及直系亲属违规享受低保资金达 40. 5 万多元。

有的贪污侵占，主要表现为部分农村党员干部挪用、侵占农村集体“三资”等行为。甚至有的“蝇贪”相互勾结、相互包庇，“抱团”欺骗群众，大肆侵吞国家涉农扶贫政策性补贴和专项资金。有关资料显示，安徽省芜湖市检察机关近年来查办的涉农惠民领域职务犯罪案件中，窝案、串案占涉农惠民领域职务犯罪立案总人数的84.52%。

有的涉黑涉恶。一些“村霸”和宗族恶势力欺压群众、操纵选举，把持基层政权；少数基层干部充当黑恶势力“保护伞”，强行敛财。如河南省新县卡房乡何山村党支部原书记吴成福，是当地群众眼中不折不扣的“一霸手”，侵占了不少村民的扶贫款。广东省深圳市沙井街道原党工委书记、办事处主任刘少雄利用职务之便，收受陈垚东等个人和公司的贿赂款近2000万元，长期纵容以陈垚东为首的黑社会性质组织，在社会上造成恶劣影响。

找准“蝇贪”腐败高发的“病根”。发生在基层的“微腐败”，涉及金额可能不多，但啃噬的却是群众的获得感，损害的是群众对党和政府的信任，侵蚀的是党的执政根基。

“基层腐败特别是发生在农村地区的腐败，损害了人民群众的根本利益。”北京科技大学廉政研究中心副主任宋伟认为，基层黑恶势力四处活动、村干部贪污腐败，本身就是一些地方基层管党治党不力的表现之一。

云南省嵩明县委常委、县纪委书记、县监委主任王玉萍说：“有的村级党组织软弱涣散，村务监督委员会形同虚设，群众身边的‘苍蝇’胆大妄为，直接影响到党的凝聚力、影响力、战斗力的充分发挥。”“基层干部纪律松弛，正暴露出约束监督的乏力。”湖南省纪委监委信访室主任刘泽友告诉记者，“从全省纪检系统近年来掌握的信访数据看，80%的信访来自县以下的基层，80%的信访涉及群众具体利益。”

因信访矛盾集中、群众反映强烈。探究“重灾区”的病因，约束机制虚化和村务管理混乱便是其中之一。岳阳市委常委、市纪委书记、市监委主任李挚坦言，“苍蝇”乱飞，主要原因就是对基层干部权力的制约不够。而缺乏约束和监督的权力，再小也很危险。

调查中，不少基层干部说，这些年，国家对基层投入逐年加大，资金多，拨付渠道多，给监管带来的挑战也越来越大。中部某县曾对县里的各级惠民资金做过一次不完全摸排，中央一级和省一级有近500项，“大雁满天飞”，各有各的轨迹，监管者要摸清，难度确实不小。同一项目很多部门都有相关资金，但往往是“切蛋糕”的不管“分蛋糕”，重拨付轻监管，漏洞就多了。整治“蝇贪”，当从“病因”入手除掉病根。

对症下药狠拍“苍蝇”。十九届中央纪委二次全会公报指出，坚决整治群众身边腐败问题。围绕打赢脱贫攻坚战，开展扶贫领域腐败和作风问题专项治理。把惩治基层腐败同扫黑除恶结合起来，坚决查处涉黑“保护伞”。紧盯群众反映的突出问题，加大集中整治和督查督办力度，把全面从严治党覆盖到“最后一公里”。

北京大学廉政建设研究中心副主任庄德水认为，一些“蝇贪”与黑恶势力臭味相投，甚至自身也涉足黑恶势力。有的黑恶势力之所以猖狂，很大程度上在于“保护伞”的庇护，而这些“保护伞”往往又能从黑恶势力处获得好处。因此，惩治基层腐败，必须与扫黑除恶结合起来。

“群众身边的腐败问题往往和经济问题交织，尤其在涉及土地征迁的农村地区、城乡结合部。”中央党史研究室研究员薛庆超认为，要盯紧基层干部手中的权力，谨防其与黑恶势力勾结欺压百姓。

“人民群众是‘蝇贪’和黑恶势力的直接受害者，对整治‘蝇贪’、扫黑除恶最期盼、最有发言权。”庄德水建议，惩治“蝇贪”应发动群众监督，充分运用好群众的力量。

规范基层干部权力运行，加强对权力的约束，是防止滋生“蝇贪”的必要手段之一。福建省福州市委常委、福清市委书记王进足认为，“应通过清单式确权、全方位控权、阳光化晒权、多元化督权等手段，进一步把权力关进制度的笼子里，遏制群众身边的腐败。”

中央纪委驻中国社会科学院纪检组副组长高波则认为，加大整治“蝇贪”力度，应加快建立巡视巡察上下联动的监督网，充分整合互联网等信息资源，搭建高效便捷举报平台，畅通监督渠道。

“蝇贪”的滋生，与基层党组织软弱、管党治党宽松软密切相关。高波认为，在整治“蝇贪”工作中，必须加强基层党组织建设，尤其是牢牢抓住基层党组织负责人，加强对其工作作风、党建成效、管党治党责任落实等方面的考核监督。

推动全面从严治党向基层延伸，纪委监委应履行好监督责任，要当“铁匠”硬碰硬。据湖南省纪委有关负责人介绍，湖南省 2016 年起开展“雁过拔毛”式腐败问题专项整治工作，将查处“蝇贪”列为纪检监察工作的重要任务，聚焦扶贫领域，实行精准监督。近两年来，该省分四批向各市州和省直单位重点挂牌督办问题线索 371 件，查实 232 件，查处 514 人。

“惩治‘蝇贪’，还必须加强基层纪检监察干部队伍建设，以过硬的队伍，确保责任层层传导压力不递减。”薛庆超认为。

21. 不能让扶贫腐败伤害民心

"老虎"危害甚大，"苍蝇"扑面更伤民心。在贪腐之风无孔不入的现实生活中，"扶贫腐败"早已不算什么新闻。随着各项中央惠农财政补贴和扶贫专项资金的不断增多，庞大的资金数额也让一些"硕鼠"红了眼，想尽办法从中"分一杯羹"。串通作假、虚报冒领者有之，层层截留、雁过拔毛者有之，克扣私分、挥霍浪费者有之，优亲厚友、显失公正者有之，贪污挪用、"小官巨腐"者有之……

扶贫领域的每一分钱都是贫困地区和贫困群众的"造血钱""救命钱"，一分一厘都不能乱花，更容不得动手脚、玩猫腻。倘若任由"扶贫腐败"，任由扶贫资金、扶贫项目被"人情""关系"所劫持，我们还怎么打赢脱贫攻坚战？所以，加强扶贫领域党风廉政建设，严查扶贫领域贪污腐败，设置扶贫资金管理使用的"高压线"，已经刻不容缓，因为，这不但直接关系到扶贫资金的安全与脱贫攻坚战的进程，还关系到社会的公平正义，更关系到群众对党和政府的信任，这既是推动全面从严治党向基层延伸、厚植党的执政基础的必然要求，也是打赢脱贫攻坚战的有力保障。

千里之堤，毁于蚁穴。这些"蚁、蝇"就是长在我们党和国家健康躯体上的毒瘤，是危害社会千里之堤的白蚁，是啃噬党和人民利益的蛀虫。所以，一要畅通信访举报渠道，加强重点线索督办，坚决加大扶贫领域腐败问题查处力度；同时，建立扶贫保障机制，对苗头性、倾向性问题早发现、早处理。二要织密监督之网，解决基层权力监督不力的问题，减少滋生腐败的空间。尤其是要将纪检监察力量下沉到基层，深入到人民群众之中，对群众信访举报的案件深挖，挖出扶贫领域的大小蛀虫。三要切实提升群众的获得感，对追缴和主动退缴的扶贫款物、罚款罚金，不但要及时准确发还给群众，还应做好安抚、帮扶工作。只有在扶贫领域中形成"不敢贪、不能贪、不想贪"的浓厚氛围，才能弥合扶贫领域中的腐败行为对民心的伤害，让贫困群众真真切切享受到党和政府的温暖。

事不避难者进，上下同欲者胜。我们有理由相信，随着管党治党责任发条越拧越紧，上下同频共振的和声越来越强，扶贫领域腐败问题减存量、遏增量的成效必将越来越明显，党心与民心也会越贴越近。

22. 夺取反腐败斗争压倒性胜利

全面从严治党向何处去？正风反腐的节奏变不变、力度减不减？这不仅是全党十分关注的重大党建问题，而且是全国人民十分关注的重大政治问题。对于这一重大问题，习近平总书记在党的十九大报告中强调“全面从严治党永远在路上”“推动全面从严治党向纵深发展”，要求持之以恒、正风肃纪，夺取反腐败斗争压倒性胜利，以加强作风建设来厚植党执政的群众基础、以反腐败不懈努力来造就朗朗乾坤，明确了新时代党风廉政建设的努力方向和基本要求。

能不能“马放南山、刀枪入库”

党的十八大以来，面对“四大考验”和“四大危险”，面对“四风”与腐败问题的严峻形势，以习近平同志为核心的党中央反复强调：党风问题关系党的生死存亡，作风建设永远在路上，反腐败斗争永远在路上；政之所兴在顺民心、政之所废在逆民心，人心向背决定执政成败与政党兴衰，贯彻群众路线没有休止符。同时，把党风廉政建设和反腐败斗争作为新时期伟大斗争的重要内容、全面从严治党的重要方面、协调推进“四个全面”战略布局的重要保证，以顽强意志品质正风肃纪、反腐惩恶，坚持“老虎”“苍蝇”一起打，令行禁止、说到做到、标本兼治。

几年来，党风廉政建设成效卓著，不仅“四风”与腐败问题得到有效惩治，消除了党和国家内部存在的严重隐患，而且不敢腐的目标初步实现、不能腐的笼子越扎越牢、不想腐的堤坝正在构筑，反腐败斗争压倒性态势已经形成并巩固发展，党群关系明显改善，党内政治生态明显好转，党内政治生活气象更新。

那么，正风反腐是不是“大功告成”，能不能“马放南山、刀枪入库”？对于这一问题，习近平总书记指出，面对全面从严治党取得的成果，我们决不能因此而沾沾自喜、盲目乐观。全面从严治党依然任重道远。全党要坚持问题导向、保持战略定力，推动全面从严治党向纵深发展。

在党的十九大报告中，习近平总书记明确警示：全党要清醒认识到，我们党面临的执政环境是复杂的，影响党的先进性、弱化党的纯洁性的因素也是复杂的，党内存在的思想不纯、组织不纯、作风不纯等突出问题尚未得到根本解决。同时，进一步强调：当前，反腐败斗争形势依然严峻复杂，巩固压倒性态势、夺取压倒性胜利的决心必须坚如磐石。要坚持无禁区、全覆盖、零容忍，坚持重遏制、强高压、长震慑，坚持受贿行贿一起查，坚决防止党内形成利益集团。在市县党委建立巡察制度，加大整治群众身边腐败问题力度。强化不敢腐的震慑，扎牢不能腐的笼子，增强不想腐的自觉，通过不懈努力换来海晏河清、朗朗乾坤。这充分彰显了以习近平同志为核心的党中央誓将党风廉政建设与反腐败斗争进行到底的战略定力和矢志不移的坚强决心。

能不能做到“不敢腐、不想腐”

在新时代，之所以强调持之以恒正风肃纪、夺取反腐败斗争压倒性胜利，一方面是因为反腐倡廉既是持久战也是攻坚战，“四风”与腐败问题具有顽固性和反复性，一有风吹草动就会死灰复燃；另一方面是因为面对“四大考验”和“四大危险”，党内作风不纯与腐败现象尚未得到根本解决。如何推动作风建设制度化、常态化、长效化，如何巩固与完善“不敢腐、不能腐、不想腐”的体制机制，依然是党风廉政建设要啃的“硬骨头”。

此外，新时代需要新气象，新使命需要新担当。无论是实现伟大梦想、进行伟大斗争、建设伟大工程、推进伟大事业，还是贯彻落实新时代中国特色社会主义基本方略和基本要求，都对党风廉政建设提出了新的更高要求，要求党员干部必须有效克服形形色色的“为官不为”现象，必须增强责任担当意识、提升干事创业的精气神。

学习党的十九大报告可以看出，新时代党风廉政建设与反腐败斗争的总要求就是要坚持人民反对什么、痛恨什么，就要坚决防范和纠正什么；消除一切损害党的先进性和纯洁性的因素，清除一切侵蚀党的健康肌体的病毒，全面净化党内政治生态，不断增强党自我净化、自我完善、自我革新、自我提高的能力。

具体来看，加强党风廉政建设、推进反腐败斗争的新要求和新举措主要包括三个方面：

第一，加强作风建设需要做到“五个必须”，即坚持以上率下，把严整“四风”与反对特权思想特权现象结合起来；把正风与肃纪紧密结合起来，通过全面加强党的纪律建设来全面加强作风建设，尤其要通过重点强化政治纪律和组织纪律来带动廉洁纪律、群众纪律、工作纪律、生活纪律严起来；运用监督执纪“四种形态”抓早抓小、防微杜渐；强化监督执纪问责；加强纪律教育，强化纪律执行。

第二，夺取反腐败斗争压倒性胜利需要做到“三个坚持”、实行“三项举措”，即坚持无禁区、全覆盖、零容忍，坚持重遏制、强高压、长震慑，坚持受贿行贿一起查，以及在市县党委建立巡察制度、推进反腐败国家立法、建设覆盖纪检监察系统的检举举报平台。

第三，增强党自我净化能力根本要靠强化党的自我监督和群众监督。要进一步推进党风廉政建设，必须健全党和国家监督体系，构建党统一指挥、全面覆盖、权威高效的监督体系，加强对权力运行的制约和监督，把权力关进制度的笼子。

还要强调的是，党风廉政建设与反腐败斗争既具有时代性，也具有历史性、连续性和系统性。新时代加强党风廉政建设、推进反腐败斗争要充分借鉴党风廉政建设的历史经验，尤其是要坚持发扬党的十八大以来管党治党、正风反腐的成功经验，坚持高标准和守底线相统一、坚持抓惩治和抓责任相统一、坚持查找问题和深化改革相统一、坚持选人用人和严格管理相统一。同时，要准确把握坚持党的领导、加强党的建设、全面从严治党、推进党风廉政建设和反腐败斗争之间的关系，推进标本兼治，增强管党治党的系统性、创造性、实效性。

总之，新时代加强党风廉政建设、推进反腐败斗争，既要继续在常和长、严和实、深和细上下功夫，也要大力加强理想信念教育和世界观、人生观、价值观、权力观、政绩观教育，拧紧党员干部的思想“总开关”。

23. 不作为式腐败也应露头就打

习近平总书记在第十九届中纪委二次全会上强调，在中国特色社会主义新时代，完成伟大事业必须靠党的领导，党一定要有新气象新作为。要全面贯彻党的十九大精神，重整行装再出发，以永远在路上的执着把全面从严治党引向深入，开创全面从严治党新局面。

新思想引领新时代，新作为开启新征程。身处新时代、迈步新征程，需要我们不忘初心、牢记使命，用“滚石上山、爬坡过坎”的决心与毅力，勇于担当，克服困难，奋勇前进，为实现民族复兴施展才干，在为民谋福祉中实现人生价值，这是时代要求、责任所在。

面对全面从严治党新形势，少数党员干部缺乏担当精神和责任意识，占着位子却懒于作为、疏于作为，或能力不足“不能为”，或动力不足“不想为”，或担当不足“不敢为”，造成“权力资源”的巨大浪费。一些人“脸不失微笑，门始终敞开，可事就是不办”；有些人“不贪不占”，但事就是不干，还有些人对群众利益漠然视之，“每次只告诉群众一道办事程序，让人跑断腿”；如媒体披露的陕西省志丹县房管局要求办事群众自证身份，打着公事公办的幌子，实则无视群众利益瞎折腾。诸如此类，是“四风”问题的隐形变异，也是一种腐败，损害党的形象，影响干群关系。

在其位不谋其政，肆意挥霍和浪费人民赋予的权力，是对党对人民不负责，是对初心的背叛。基层党员干部如果不作为，该办的事拖着不办，该立即答复的偏要让群众来来回回跑断腿，必将惠民好事办坏，伤害群众感情，失去群众的理解和信任。而“关键少数”若不作为、慢作为、乱作为，就会贻误重要发展机遇，给一方经济发展造成不可估量的巨大损失。表面看，不作为式腐败只是工作责任心不强的问题，但实质上是严重的官僚主义、形式主义所致，其危害丝毫不亚于经济腐败。

“为政贵在行，以实则治，以文则不治”。实现中华民族伟大复兴，绝不是轻轻松松、敲锣打鼓就能实现的，必须牢固树立时不我待的紧迫感、只争朝夕的精气神、舍我其谁的责任感，不驰于空想、不骛于虚声，踏踏实实，一件事情接着一件事情办，一年接着一年干，才能实现。而不作为式腐败是我们前进的“绊脚石”和“拦路虎”，侵蚀人的意志，懈怠人的精神，必须露头就打。唯有抓早抓小、标本兼治，才能让群众更充分地感受到全面从严治党带来的显著变化和积极成效，才能有更多的满意感和幸福度。党员干部在新的历史征途中，只有牢记使命、履职尽责、勇于担当、积极作为，才能书写好时代答卷，不负人民重托。

24. 惩治基层腐败须铲除哪些毒瘤

十九届中央纪委二次全会公报指出，坚决整治群众身边腐败问题。围绕打赢脱贫攻坚战，开展扶贫领域腐败和作风问题专项治理。把惩治基层腐败同扫黑除恶结合起来，坚决查处涉黑“保护伞”。紧盯群众反映的突出问题，加大集中整治和督查督办力度，把全面从严治党覆盖到“最后一公里”。

发生在群众身边的各类腐败问题影响恶劣，此类问题该如何进一步整治？

基层腐败负面影响更大。2017 年 12 月 21 日至 23 日，中共中央政治局常委、中央纪委书记赵乐际在福建省调研期间强调，要坚持以人民为中心的发展思想，立足职能职责为群众办几件实实在在的事情。要以钉钉子精神抓好作风建设，坚持不懈纠“四风”、转作风，巩固拓展落实中央八项规定精神成果，在反对形式主义、官僚主义上下更大功夫，一个节点一个节点坚守，一个问题一个问题突破，移风易俗、成风化俗。扎实开展扶贫领域腐败和作风问题专项治理，深入一线督促落实脱贫攻坚重大政治责任，坚决纠正贯彻党中央决策部署态度不坚决、工作不扎实等现象，严肃处理贪污侵占、虚报冒领、截留挪用、吃拿卡要、优亲厚友等问题，为打赢脱贫攻坚战提供坚强纪律保障。要把惩治“蝇贪”同扫黑除恶结合起来，坚决查处涉黑腐败，严肃惩治放纵包庇黑恶势力甚至充当“保护伞”的党员干部。坚决查处发生在民生资金、“三资”管理、征地拆迁、教育医疗等领域的严重违纪违法行为，以维护群众切身利益的实效取信于民。

“基层反腐是我们党开展全面反腐工作的一个重要领域。从某种意义上来说，‘拍苍蝇’比‘打老虎’更加重要。基层干部的工作是与群众直接接触，他们是为基层群众提供社会治理和公共服务的人员。在基层干部的日常工作中，贪污或是不作为，都会被群众看到、听到。那么，群众对党和政府的不信任也就会被放大。因此，提供社会治理和公共服务的基层政府一旦滋生腐败，其产生的社会危害，也就是对党和政府威信的负面影响会更大。”国家行政学院教授竹立家在接受《法制日报》记者采访时说。

发生在群众身边的腐败或者说基层腐败带来的危害是多方面的。北京科技大学廉政研究中心副主任宋伟认为，基层腐败特别是发生在农村地区的腐败，损害了人民群众的根本利益。基层腐败以及基层黑恶势力的危害具体包括：基层黑恶势力四处活动、村干部贪污腐败，这些问题本身就是一些地方基层管党治党不力的一个表现，这势必会影响人民群众对党的信任、降低政府公信力水平，对于基层党的形象会产生一定负面影响。此外，基层腐败问题对基层群众的切身利益产生了恶劣影响。涉及贪腐的基层干部啃食群众应得的各项基本利益，比如经济利益、各种福利待遇、社会资源等，直接导致人民群众的幸福感被剥夺。

“基层腐败的表现有不少。比如，一些村霸抢占、骗取基层群众的财产。还有一些黑恶势力，在本村‘三资’（农村集体资金、农村集体资产和农村集体资源）的管理、村干部的选举等方面胡乱插手，为牟取私利常常会损害人民群众的根本利益。这是非常典型的一种表现。除此之外，在一些地方基层社会治理的一些环节、层面，不免存在个别基层干部与黑恶势力纠缠在一起的现象，他们所造成的影响更加恶劣，危害也就更加严重。”宋伟说。

基层治理能力仍存不足。近年来，党中央对于发生在群众身边的腐败问题一直保持高压态势。相关数据表明，截至2017年年底，中央纪委已督办5轮、252件扶贫领域腐败和作风问题线索，涉及全国25个省区市，1463名责任人受到处理。截至2018年11月，全国共查处扶贫领域腐败和作风问题13.31万个，处理18.01万人。

基层的一些腐败问题究竟是如何出现的?

竹立家认为，从以往“拍苍蝇”的经验中不难发现，村民自治是一个易滋生腐败的环节。在个别地方，黑恶势力和家族势力相互勾结，操控村主任等村干部的选举是比较严重的现象。在村民自治过程中，尤其是在村主任选举过程中，有些表面公平的选举最后演变成一种形式，结果被黑恶势力操控。选出来的村主任，不是站在最广大人民利益的角度，而是代表了少数人的利益，为这些少数人牟私利。

“个别基层干部存在对公共财产贪腐、挪用、私分等行为，出现这些问题的原因在于，一些地方在基层治理工作中对群众的关怀不到位，导致村一级甚至乡（镇）一级的权力与黑恶势力勾结、权力与金钱勾结。这不仅会滋生腐败，更会使有些村官‘黑恶化’。举例来说，有的村官贪污金额从一开始的几百元、几千元到后来无所忌惮的几百万元、几千万元，长达数年的贪污腐败却没有被人举报过。当地群众敢怒不敢言，群众不是怕这些有问题的村干部，而是畏惧这些村干部身后的黑恶势力。”竹立家说。

宋伟认为，基层腐败的出现包括两方面的原因：一方面是基层治理能力仍然存在一些不足之处，有些地方的基层治理能力还没有达到与现代社会发展相适应的水平。也就是说，基层治理模式在实践过程中还存在一些漏洞，没有建立起一个有效的运行机制，从而给基层腐败留出了活动空间。

“另一方面是对基层干部权力的制约程度还不够，没有形成一种强有力的约束，并且达到震慑腐败的水平。在这种环境下，思想道德水平不够的基层干部与当地的一些黑恶势力一拍即合，勾结到一起，形成利益同盟。权力制约一般是自上而下进行的，但有时到了基层‘最后一公里’，到了老百姓家门口的时候，容易放松出现漏洞。因此，‘最后一公里’应当受到加倍重视。”宋伟说。

强化对村干部监督力度。对于群众身边的腐败惩治力度不断加码。习近平总书记在十八届中央纪委七次全会上就曾经强调，要紧盯脱贫民生领域，严肃查处群众身边的不正之风和腐败问题。

2017 年 7 月，中央纪委召开了 12 万纪检监察干部参加的扶贫领域监督执纪问责工作电视电话会，提出重点查处贯彻中央脱贫工作决策部署不坚决不到位，弄虚作假、阳奉阴违的行为，坚决纠正以形式主义、官僚主义对待扶贫工作、做表面文章的问题，严肃查处贪污挪用、截留私分，优亲厚友、虚报冒领，雁过拔毛、强占掠夺问题，对胆敢向扶贫资金财物“动奶酪”的严惩不贷。据统计，2017 年 1 月至 12 月，全国查处群众身边腐败和作风问题 12. 21 万个，处理 15. 91 万人，其中，涉及扶贫领域腐败和作风问题 4. 87 万个，处理 6. 45 万人。

“要彻底铲除基层腐败，需要全面推进基层民主法治建设。就基层民主而言，必须彻底清除基层民主选举中的暗箱操作现象，破除家族势力、黑恶势力的根基。基层干部应当选举能真正代表广大人民利益的人，而不只是为少数人服务、为圈子服务、为小集团服务。从法治层面来说，村务公开、选举透明、财政公开等都应该严格依照相关法律法规行事。除此之外，还应该在基层大力推进法治宣传，加大法治宣传教育的力度。同时，还要加强法律监督和依法惩处的力度。”竹立家说。

宋伟认为，要彻底铲除、清理基层腐败，可以从三个方面努力。首先，要深化基层治理模式的改革和优化。因地制宜、因时制宜，破除、改进基层治理政策中不合时宜之处，不断完善基层治理模式，使得基层治理步伐向更科学、更高效、更及时的方向推进。其次，需要加强对基层权力的有效制约和监督。对于村级干部的监督，一定要强而有力，“拍死每一只乱飞的苍蝇”。无论官阶大小、职位高低，不放过任何一个腐败分子，将这种政治决心和反腐决心真正落实到基层。再次，要加大对基层腐败现象的惩治力度，不仅仅停留在处以罚金的浅层形式，还要想办法让基层腐败分子“闻风丧胆”。对于村霸和黑恶势力的打击力度要更加坚决。

“不少群众都反映过权钱勾结的现象，在处理一些问题的时候，因为惩治力度不够，相关工作做得不到位、不成熟。有时候基层有关部门变成了黑恶势力和贪腐分子的‘保护伞’，在群众反映问题时选择不作为或者不严格查处，更过分的是有些直接对反映意见的当事人打击报复、恐吓威胁。对于这种现象，除了要加强法治宣传，还要对违法现象进行严厉打击，不容一丝姑息。当然，还要加强基层有关部门的队伍建设、能力建设，不断加强基层反腐的力量。”竹立家说

25. 党的十九大对中国特色反腐倡廉道路的新发展

自中国共产党成立以来，历代党和国家领导人团结带领全国人民，与党内一切不正之风，与一切顽瘴痼疾，进行了艰苦卓绝的斗争，开展了反腐倡廉建设的不懈探索，逐步形成了中国特色反腐倡廉道路。这条道路是在中国共产党领导下，立足国情，以为建设中国特色社会主义提供坚强政治保证为目标，坚持反腐倡廉领导体制和工作机制，以惩治和预防腐败体系建设为主要载体，通过全党和全社会共同努力，在吸纳以往经验的基础上，不断开创中国特色反腐倡廉建设新局面的中国模式。

党的十九大既开启了中国特色社会主义新时代，也实现了对中国特色反腐倡廉道路的新发展。这种新发展体现在过去几年里中国在反腐倡廉方面所取得的开创性、历史性成就：消除了党和国家内部存在的隐患，改变了管党治党宽松软的状况，营造出风清气正的良好政治生态，使党的面貌发生了前所未有的改变。

这种新发展，反映在对党情和国情的清醒研判和准确把握。腐败是我们党面临的最大威胁，全面依法治国任务依然繁重，国家治理体系和治理能力有待加强；党的建设方

面还存在不少薄弱环节。关系发展全局的社会主要矛盾已发生历史性变化，人民美好生活的需要日益广泛，对民主、法治、公平、正义、安全、环境等方面的要求日益增长，反腐倡廉建设直接蕴含在人民对美好生活的需要之中。

这种新发展，体现在对反腐倡廉建设目标的新认识和自觉追求。中国共产党努力跳出历史周期率，自觉肩负起在新的历史条件下继续夺取中国特色社会主义伟大胜利的使命，实现中华民族伟大复兴。面对新使命，追求成为时代先锋、民族脊梁，始终成为全国人民的主心骨，在坚持和发展中国特色社会主义的历史进程中始终成为坚强领导核心是党矢志不渝的追求，也是反腐倡廉建设的根本定位和遵循所在。

这种新发展，体现在对反腐倡廉建设展现的新态度，提出的新要求。面对阶段性胜利和显著成效，在继续前进还是就此止步，从严从紧还是逐渐宽松的观望中，发出了"全面从严治党永远在路上""巩固压倒性态势、夺取压倒性胜利的决心必须坚如磐石"的强音，展现出持之以恒、坚韧不拔的政治定力。同时，把党风廉政建设置于新的伟大斗争、新的伟大工程、新的伟大事业中进行部署，意味着它已绝不是一种突击性或阶段性的工作，而是在党的建设中被赋予了更趋常态化的要求，已成为党和国家工作中更加重要的组成部分。

这种新发展，体现在对反腐倡廉建设所做的新部署、提出的新举措。突出了包含反腐倡廉建设在内的政治建设在党的建设中的重要地位；提出了用新时代中国特色社会主义思想武装全党，思想建党和制度治党同向发力的新主张；提出了国家法律与党内法规相结合，把制度建设贯穿党的各项建设，推进反腐败国家立法的新要求。形成了坚持完善反腐倡廉领导体制和工作机制，依靠人民群众，发展党内民主，推动教育、制度、监督、改革、纠风、惩处等方面工作新格局的系统举措；推动了以改革统揽反腐倡廉各项工作，不断深化人事制度、行政管理体制、财政体制、市场经济、司法体制、金融等方面的各项改革，在具体工作中形成了许多创新。

党的十九大关于反腐倡廉建设的新思想、新要求、新举措，既是深入开展党风廉政建设和反腐败斗争实践经验的科学总结，也是中国共产党面对错综复杂的发展局面，全面推进党的建设的必然选择，是适合中国国情的反腐倡廉道路，必将营造出风清气正的良好政治生态，确保党和国家长治久安。

26. 监察中的“留置”：法治反腐的重大举措

党的十九大报告提出“用留置取代‘两规’措施”，《中华人民共和国监察法（草案）》和《全国人民代表大会常务委员会关于在全国各地推开国家监察体制改革试点工作的决定》均明确了这一点，这是用法治思维、法治方式惩治腐败的鲜明体现。

监察中的留置是指监察机关在办理公职人员违法或职务犯罪案件中，经由一定的规范性程序，以决定限制被留置人员人身自由并控制在特定场所的措施。

留置措施是用法治思维和法治方式反对腐败的鲜明体现。采用留置措施凸显了反腐败执法措施的规范化和强制力。留置以国家法律的方式正式确立，并由法定的主体监察委员会实施，具有法律上的合法地位，而且具有法律强制力。监察委员会在依法对涉嫌违纪、违法和职务犯罪行为的公职人员进行调查时，可以按照法定程序对被调查人采取留置措施，限定被调查人在法定场所接受调查。留置这一措施的实施更加规范、公正，蕴含着我国反腐败理念和模式变迁的基本逻辑，有效地提升了我国反腐败手段的规范化程度，是我国反腐败手段的理念和制度创新。

采用留置措施凸显了依法治国和依规治党的有机衔接。监察委员会对调查的案件，依据法律搜集证据，及时调查发现问题，对被调查对象具有依法主动采取留置措施的权力。留置扩大了监察范围，实现了对所有行使公权力的公职人员监察全覆盖。对采取留置措施调查的案件，涉嫌犯罪的，移送检察机关依法提起公诉，留置期间获取的证据可直接作为诉讼证据，不再存在证据转换的问题；对于不构成犯罪但涉嫌违纪和违法的，依法作出党纪和政纪处理。留置措施的实施，既注重党纪与法律不相抵触，也注重党纪与法律相互衔接，从而提升党纪与法律的整体效应。

科学合理规范留置措施，确保程序正义。严格的程序正义对规范留置措施的依法行使，全面保障被留置人员的合法权益有着重要意义，如何保障这一涉及人身自由权利的措施符合宪法规定的“尊重和保障人权”，关键就在于确保留置措施的启动、执行和解除程序均合法合规。

留置措施的启动程序。启动程序是留置措施的第一步，“留置”措施作为监察委员会调查案件最为严厉的措施，其启动必须审慎，条件是被调查人涉嫌贪污贿赂、失职渎职等严重职务违法或者职务犯罪，监察机关已经掌握其部分违法犯罪事实及证据，仍有重要问题需要进一步调查，并具有“涉及案情重大、复杂的；可能逃跑、自杀的；可能串供或者伪造、销毁、转移、隐匿证据的；可能有其他妨碍调查行为的”等4种情形。监察委员会在对被留置人员采取留置措施之前，必须严格执行报送和审批程序，监察人员根据被留置人员的职务违法或犯罪事实和已经收集到的相关证据，认定需对被留置人员使用留置措施的，经本级监察委员会主任研究决定对被留置人员采取留置措施的，应报送上一级监察委员会审批。

留置措施的执行程序。执行程序是留置程序运行的重心，关涉被留置人员的切身利益。首先，要保障被留置人员及其家属的知情权。作出留置决定后，除非存在有妨碍调查的情况，留置申请机关应及时告知被留置人所在的单位或家属。其次，应明确留置场所的规范。批准审批监察机关依法作出采取留置措施的决定之后，监察委员会应依法将被留置人留置在特定场所，方便调查活动的进行和对被留置人日常生活的管理。再次，应明确对被留置人权利保障的规范。留置措施的实施必须体现国家打击犯罪和保障人权的均衡，依法保障被留置人的基本人权、不被刑讯逼供、保障被留置人的自行辩护权和及时获得法律帮助的权利。

留置措施的解除程序。程序的运行是分阶段和分步骤的，完整的留置运行程序还包括留置的解除程序。监察委员会在留置期限内对被留置人员是否存在职务违法和职务犯罪行为进行查证核实后，如留置人员没有职务违法和职务犯罪行为的，或虽有违纪行为但不需要追究责任的，应立即解除留置措施；有违纪行为，但没有职务违法或犯罪行为的，则在对被留置人员违纪行为或职务违法行为进行处理或转交其他单位处理的同时，及时解除留置措施；如有违纪行为，且有职务犯罪行为的，应将被留置人员移送检察机关并告知留置措施已被解除。

菜单七

国外反腐败借鉴

超越 CHAOYUE

1. 借鉴国外反腐败有益做法，建立中国特色反腐败理论

习近平总书记指出，对人类社会创造的各种文明，都应该采取学习借鉴的态度，都应该积极吸纳其中的有益成分，使人类创造的一切文明中的优秀文化基因与当代文化相适应、与现代社会相协调，把跨越时空、超越国度、富有永恒魅力、具有当代价值的优秀文化精神弘扬起来。中国特色反腐败理论既要全面总结我们党反腐败斗争长期实践的成功经验，又要吸收转化我国历史上反腐败的宝贵遗产，同时还需积极借鉴世界各国反腐败的有益做法。改革开放特别是党的十八大以来，我国党风廉政建设和反腐败工作以更加开放的视野、更加广阔的胸怀，积极借鉴国外反腐败有益做法，紧密结合我国反腐败实际，不断丰富和发展了中国特色反腐败理论。

“法治反腐”。“法治”更多的是在西方起源和演进的。古希腊哲人柏拉图在其名著《理想国》中写道，若有一项法令规定自愿订立的契约，由订约人自负损失，则一国之内唯利是图的无耻风气可以稍减。亚里士多德反复考察和对比古希腊城邦不同政体的优劣，深刻地指出，“法治应当优于人之治”。中世纪的欧洲将神权置于至高无上地位的同时，保留了法律具有“正义”与“权威”的观念。16 世纪至 18 世纪，近代西方启蒙思想家提出了法治思想。法国思想家孟德斯鸠认为，一切有权力的人都容易滥用权力，这是万古不易的一条经验。法律的制订是为了惩罚人类的凶恶悖谬。许多西方国家“援法而治”，把法律法规作为约束政府官员的主渠道，以防止腐败和不廉洁行为的发生。

邓小平同志曾深刻指出，“旧中国留给我们的，封建专制传统比较多，民主法制传统很少。新中国成立以后，我们也没有自觉地、系统地建立保障人民民主权利的各项制度，法制很不完备，也很不受重视……”深刻汲取“文化大革命”的教训，邓小平同志强调，国家和社会的长治久安要靠法治。“还是要靠法制，搞法制靠得住些”。党的十八大以来，以习近平同志为总书记的党中央提出，高扬中国特色社会主义法治理念，建设中国特色社会主义法治体系，对依法治国、依规治党作出全面部署，要求党员干部自觉提高运用法治思维和法治方式深化改革、推动发展、化解矛盾、维护稳定的能力。在反

腐倡廉法规制度建设上，提出党规党纪严于国家法律，要求党的各级组织和广大党员干部模范遵守国家法律，按照党规党纪以更高标准严格要求自己，坚定理想信念，践行党的宗旨，坚决同违法乱纪行为作斗争。

"公开透明"。西方有句谚语，路灯是最好的警察，阳光是最好的防腐剂。实行公开透明，保障公民的知情权和参与权，为防范腐败提供了前提。瑞典是世界上第一个执行政务公开的国家。早在1776年，瑞典议会就确立了政务公开的原则，任何瑞典公民都有权查阅任何一个政府部门的文件（涉及国家安全的除外），有权查阅任何公务人员及国家元首的财产与纳税情况。列宁在论述苏维埃政权与旧政权的区别时曾明确指出，苏维埃国家是新型民主和新型专政的国家，"这个政权对大家都是公开的，它办理一切事情都不回避群众，群众很容易接近它"。公共权力公开透明行使，已成为普遍共识。改革开放特别是党的十八大以来，我们党深入推进权力运行公开化、规范化，完善党务、政务和各领域办事公开制度，一些权力部门逐渐去神秘化，反响很好。党的十八届四中全会强调，坚持以公开为常态、不公开为例外，推进决策公开、管理公开、服务公开、结果公开。一些地方和部门依据权力清单，向社会全面公开政府职能、法律依据、实施主体、职责权限、管理流程、监督方式等事项。这些为加强对权力运行的制约和监督，防范和遏制腐败现象，推进廉洁政治建设发挥了重要作用。

"科技防腐"。大多数学者认为，近现代科学的源头可追溯到古希腊。在天文、地理、医学和几何学等方面，古希腊欧几里得等科学家做出的巨大贡献，推动了古代西方科学的发展。文艺复兴以后，以实验为主、以逻辑分析为理论工具的近现代科技，在推动了人类科学飞速发展的同时，赢得了普遍的崇敬和赞誉，"科学"成为"正确""有效""价值"的代名词。把"科学技术"运用到反腐败领域，辅助制度发挥作用，减少腐败机会，增加腐败成本，让腐败者付出更高代价，成为许多国家反腐败的重要手段。比如，意大利为公民建立税号，设立了专门国有公司负责管理公民纳税情况，并实现全国联网，实施全日式的动态监控，每位公民涉及交税的交易行为都会在网络上显示，这对防止腐败和查处腐败发挥了重要作用。

借鉴融合国外"科技防腐"的有益做法，改革开放以来，我国积极运用科技手段提升预防腐败的能力和水平。一些地方和部门为了防止行政处罚过程中对自由裁量权的滥用，运用科学技术手段，发挥网络和信息技术，把监督制度形成量化指标，通过计算机网络对掌握行政处罚权部门进行监督。在"互联网+"时代，不断创新工作方法。中央纪委监察部网站开设群众身边"四风"和腐败问题监督举报曝光专区，既方便群众举报监督，又集中通报曝光所查处的典型问题。北京、河北等地纪委利用手机APP客户端等新媒体，开展“‘四风’问题随手拍”活动，动员干部群众用手机、相机、摄像机随手拍摄身边的“四风”现象，并向纪委监委举报，有效打击和遏制了“四风”问题的蔓延。

“以市场手段阻断腐败”。十八世纪工业革命以来，正如马克思在《共产党宣言》里指出的那样，“使农民的民族从属于资产阶级的民族，使东方从属于西方”。“市场”在西方国家得到了充分的发展，市场机制的等价交换、自由竞争等特征，对于打击和摒弃封建特权腐败、权力干预经济等发挥了重要作用，同时造成了严重的“两极分化”和社会不公。“市场”作为经济手段，也可以积极借鉴。邓小平同志指出，“计划和市场都是经济手段”。“市场手段”划出了“市场”与“政府”的边界，彰显了“官商应两道”的理念，对于阻截腐败具有重要意义。一些国家引入市场竞争机制，将大多数公共产品纳入政府强制采购的范畴，通过公开招标、选择招标和单一来源等方式进行，一定程度防范了商业贿赂、暗箱操作、收取回扣等问题的发生。权力对经济过度干预是滋生腐败的重要原因。党的十八大以来，中央多次强调，市场决定资源配置是市场经济的一般规律，健全社会主义市场经济体制必须遵循这条规律，着力解决市场体系不完善、政府干预过多和监管不到位问题。各地区各部门认真贯彻中央决策部署，加大简政放权、放管结合改革力度，取消和下放行政审批事项，清理规范中介服务，制定市场准入负面清单，公布政府权力清单、责任清单，对于压缩寻租空间，铲除滋生腐败的土壤发挥了重要作用。

中国特色反腐败理论不是对古今中外反腐败思想简单的“拼凑”与“混搭”，而是坚持运用辩证唯物主义世界观和方法论，结合中国特色社会主义事业新的实践和时代要求，对我国历史上以及国外反腐败理论的批判性转化、创新性发展。伟大的时代孕育伟大的创新。以习近平同志为总书记的党中央在党风廉政建设和反腐败斗争中的成功实践，发展了中国特色反腐败理论，必将进一步坚定干部群众反腐败必胜的“道路自信”“理论自信”和“制度自信”，打赢党风廉政建设和反腐败斗争这场攻坚战、持久战。

2. 法国的反腐败机制

就全球范围而言，法国是较为廉洁的国家之一（在“透明国际”廉政指数排名中位列20～24名之间）；但单就发达国家特别是欧洲而言，法国则是腐败问题较为严重的一个国家，近几年更有大案频频曝光。因此，在反腐败问题上，法国正反面的经验都值得我们关注。

其一，教育措施。教育是从根本上预防腐败的一个重要途径。由于国家公职人员是贪污腐败的主体之一，因此，法国预防腐败教育的主要对象是国家公务员，重视对公务员队伍整体进行职业道德、操守和行为规范教育。此外，各行各业的公务员还分别有各自的行为规范，虽然这些规范主要不是作为反腐败措施而出现的，但它们有利于提高公共生活的透明度，因而在一定程度上有利于杜绝腐败现象的发生。但是，法国缺乏全民范围的、普及性的反腐败教育，所以，法国公众对腐败行为较为不敏感，持一种事不关己的冷漠态度，致使民间社会难以对腐败形成强大的舆论压力。因此，透明国际法国分部决定给法国补上这一课——在法国民间开展大规模的教育活动，以加强法国公众对腐败行为之危害性的认识，培养其对腐败现象的敏感性。教育的主要对象为年轻人、大学生、企业管理人员和行政管理人员。教育的主要方式是在大学和某些职业培训中心（如警察学习与培训中心）开设专门课程。2003年11月还专门出版了一本题为《面对腐败》的、以大学生为主要对象的反腐败教材。除大学生外，中学生甚至小学生也将被逐步纳入教育范围。

其二，预防性立法、制度与相关执行机构。法国的反腐败重在预防，“预防为主、铲除犯罪根源”是法国反腐败工作的指导思想，法国通过立法确立了几项行之有效的预防腐败制度。

反腐败专门立法及制度。《政治生活资金透明法》制订于1988年，并据此建立了“公职人员财产申报制度”，由一个专门机构——政治生活资金透明委员会来负责此项制度的落实。按照《政治生活资金透明法》及其修正案的规定，“公职人员财产申报制度”的主要内容是：法国的高级公职人员——包括总统候选人、国民议会和参议院议员、地方议会主席、当选议员、中央政府组成人员、大区区长、海外省议会议长和3万人口以上城市的市长以及经营规模较大的企业负责人，必须依法对其拥有的财产状况，包括财产数量、来源、增减等情况向指定的监察机关作出报告，以接受审查和监督。一旦发现公职人员所拥有的财产与其合法收入不符，而又不能说明其正当来源，即视为非法所得并予以惩处。财产申报制度有严格的时间期限，官员所申报的财产状况必须真实具体，并以名誉保证。对于当选的总统候选人，在公布他当选的同时必须公布他的财产状况，以便公众监督。《预防腐败和经济生活与公共程序透明法》（即《反贪法》）。制订于1993年，其主要内容是对最容易滋生腐败现象的一些行业和部门（如房地产业、公共服务业、公共市场、国际贸易、城市建设等）活动的透明度作出规定，宣布建立以预防腐败为使命的专门机构“预防贪污腐败中心”并对该中心的任务作出了详细规定。

关于政党活动经费的立法。其中主要有 1990 年的《限制选举经费法》和 1995 年《政治生活资助法》及修正案。前一部法律对法人向政党和议员候选人的捐赠作出了严格限制；后一部则进一步规定彻底禁止法人向候选人捐赠，包括以低于市场价提供优惠的间接赠与，为此还专门成立了一个独立委员会来监督法律的实施，违法者将被取消候选人资格。

国家稽查特派员制度。法国向国有企业派出的“国家稽查特派员”一般是在经济财政部门工作多年、具有丰富管理经验的资深官员。目的是在保证国企的自主权、使之在激烈的市场竞争中高效运作的同时，兼顾国家对国有资产的监督，防止国有资产流失。为确保特派员的公正无私，主要从从政多年的高级公务员中选拔，以确保他们在工作中从国家利益的大局出发；特派员所拿的薪金是公务员中最高的，以保证他们不贪外财；另外，大多数特派员都即将退休，因此，出于保持晚节，也会较少贪图私利。稽查特派员对国有企业主要职能除通报情况、监督开支外，还有评价业绩，影响决策及预测风险、防止风险等职能。

机构设置。“政治生活资金透明委员会”成立于 1988 年，是一所以预防腐败为宗旨的监察机构，由法国行政法院、审计院和高等法院的工作人员组成，全体人员每四年更换一次。委员会的主要使命是落实《政治生活资金透明法》中的财产申报制度，按照法律规定审查政府成员、议员和企业负责人的财产状况，对来历不明的财产进行调查。“预防贪污腐败中心”成立于 1993 年，是一所专职的预防腐败机构，挂靠法国司法部，受法国总理直接领导，由来自税收、警察、宪兵、海关、司法和内政部门不同行业的专家组成，以尽可能全面地掌握不同部门的腐败情况。全体成员每 4 年一更换。中心拥有完全独立的工作自由。中心的基本任务是通过媒体报道、个人揭发、司法部门案例和研究机构的研究等途径收集政府和经济部门中有关贪污腐败的信息，分析腐败案件的类型，总结反腐败经验，研究利用新科技手段进行行贿受贿、贪污腐败的可能性并及时发现新的腐败形式。中心每年向总理和司法部长提交一份年度报告，其内容主要是就可能出现腐败特别是最容易滋生腐败的部门（如公共卫生、交通、能源、教育部门等）进行分析并提出预防性建议和制裁措施。除上述基本任务外，中心还具有向政府部门提供反腐咨询、帮助大型企业建立职业规范、开展国际防腐败合作职能。议会的作用。按照法国法律规定，议会依法享有监督、制约政府和官员的权力。具体如下：通过法律案审议权、每周一次专门质询权、对政府提出不信任案等方式监督政府；通过弹劾案监督总统和政府成员；审查行政部门的预决算方案等。

其三，惩罚机制。法国《刑法典》对盗用公款、滥用职权、内部交易、收受贿赂、非法占有财务、渎职等各种被动和主动的贪污腐败犯罪行为都有相关规定。民法中的《劳动法典》主要对关于代理或委托、反对不平等竞争等条款中作出有关惩治贪污贿赂的规定。《公务员总法》则为预防公务员利用职务之便贪污腐败行为作出十分详细的规定，如公务员诈取罪、盗用公款罪、从事与职务不相容之商事罪、一般受贿罪、滥用职权受贿罪等。制裁一般分为两类：精神性的和实质性的。前者包括申诫、警告、记过等，后者包括取消一次晋升资格、减薪、降职、调职、降级、临时解除职务（不超过6个月）、强制退休直至撤职等。情节严重的，触犯《刑法典》中有关规定的，则将受到法律追究。

3. 德国的反腐败机制

独特的社会文化环境。德国人给人的总体感觉是严谨、守法，这一独特的社会文化特征对德国的反腐机制有着重要影响。它是由多种因素形成的，其中包括学校和家庭的教育、宗教的影响和历史的因素。

学校和家庭教育。德国教育理论认为，德育的目标不是教给学生现成的东西，而是塑造品格。品格是支配人的行为和态度的内在精神统一体，它是在后天的环境和教育中形成的。德国各州的学校法中关于德育的规定，都将遵守行为规范，做到公正、诚实、对国家和社会负责、具有群体精神、承认并且运用自由和民主的基本条例、展行国家公民的权利和义务等列为重点。这种教育有助于培养未成年人今后自觉远离腐败，自觉抵制腐败。德国人重视宗教道德和宗教对人格的完善在道德教育中的作用，强调个人品质的塑造和个人的自我完善。在德国学校中，宗教课程实际上承担的就是专门德育课程的任务。宗教课由教师和教士进行讲解。一般每周2～4课时，因州而异。除了正式的宗教课，学校也还开展宗教仪式活动，如集体祷告等。通过宗教教义来潜移默化地塑造人们的心灵中正直善良的一面。在德国的家庭教育中则强调培养子女的生活能力、履行义务的能力、行动的能力以及批判能力。要求孩子们具有知识、诚实、勤奋、秩序、公正、正直、团结、容忍、认真等品格，这些后天的塑造对德国人形成了民族整体上严谨、认真、守法的性格，从而在一定程度上有利于抑制腐败思想的滋长。

宗教和历史影响。德国有近三分之二的人信仰基督教。尽管宗教组织的影响在近一两个世纪以来一直处在不断衰退之中，但是基督教精神依然深深扎根于人们的日常观念和行为之中。从历史上看，德国在宗教改革之后，新教的勤俭、简朴的精神对德国的发展产生了重要的影响，受到宗教意识影响的人会对自己的犯罪行为和腐败行为产生愧疚和负罪感，这也是宗教对社会稳定有利的一方面。在历史上，两次世界大战深刻地改变了德国的历史发展，使德国人在处理政治机构和机制、历史、文化、意识形态方面问题时格外谨慎，以防止悲剧重演。纳粹统治时期是德国历史上最为黑暗、最为专制的时期，也是腐败横行的时期，对德国人的精神世界、民族传统造成了深刻的伤害。因此，战后德国的重建和反思是全方位的，其中也包括对自身和传统的重新认识。战后德国追求政治生活的朴素和务实，对行政、立法和司法分权制度的建设以及由此而形成的政治结构和政治生活，不仅使德国的政治多年来比较稳定，同时也形成比较廉洁的政治社会风气。

反腐败的法律基础。德国反腐败的主要法律依据是《德国刑法典》，其中有关贿赂罪的条款是确定腐败行为法律后果的主要依据。1997 年 8 月 13 日，德国联邦议会通过了《反腐败法》。其中提高了贿赂罪的量刑幅度；对公职贿赂罪则规定了从重处理的情况等。通常情况下，刑法对贿赂等涉及腐败行为的制裁有两个：有期徒刑和罚金。有期徒刑最短 3 个月，最长 10 年。对法官的处罚重于对一般公务员的处罚。对于罚金的规定更体现了可操作性的特点。如把受贿处罚金额定为 5 欧元，连续三次受贿 5 欧元就要开除公职，并且对行贿与受贿者的处罚是对等的。公务员法律专门规定，任何公务员接受礼品包括公务礼品都必须申报上交，征得上级同意才能留给个人。如果不是礼品而是金钱，50 至 80 欧元之内，交机关内部处理，超过这一限额的交上级机关组织和人事部门处理。1998 年德国联邦政府颁布了《联邦政府关于联邦管理部门反腐败的行政条例》，对联邦公务部门制定反腐败措施进行了指导性的规定。2004 年联邦内政部颁布了新的《联邦政府关于在联邦行政机构防范腐败行为的条例》。在条例的附件中将可能发生腐败的迹象概括为中性迹象和报警性迹象两类。中性迹象包括：公务员有不合理的高水准生活；对变换职务或者调动工作表示出令人费解的抵制；在未获得批准或未进行说明的情况下从事其他兼职工作；出现酗酒吸毒或赌博等社会问题；同一些企业之间有不同寻常的私人交往；特别夸奖和照顾一些企业以及获得企业方面的慷慨赞助等现象。报警性迹象包括：公务员无视有关规定；不断发生“小过错”；做出不同寻常且令人费解的决定；滥用裁量空间；有意回避检查；隐瞒某些事件和情况；试图对不属于自己管辖范畴的决策施加影响；以沉默的方式容忍违法行为；对可疑的现象或事件没有反应等现象。

反腐败机制。联邦议院是在联邦重要的反腐败机构，联邦议院不但有立法权和重大决策的审批权，还对政府和官员有监督的职能。联邦议院。德国联邦议院通过行使其监督职能，对政府官员、行政机构进行制衡和监督来防止权力被滥用，减少腐败行为的发生。联邦议院中如果有1/4的议员要求对联邦政府在行政管理中产生的官僚主义、贪污腐化、行贿受贿或公众十分关注的问题进行调查，联邦议院有权利和义务成立一个调查委员会。调查委员会由专家组成。调查委员会可以利用刑事诉讼的规定，传唤证人，通过公开和秘密的途径搜集必要的证据。它可以就议员们对政府工作中存在怀疑的问题展开调查、进行澄清。委员会要向联邦议院报告其调查结果，联邦议院将根据报告考虑是否形成决议。调查委员会一直是监督政府工作的一个“锐利的武器”。另外调查委员会还负责处理官员受贿案。调查委员会与联邦检察院共同调查和审理这类案件。调查委员会经过长期、周密的调查后，写出报告，上报联邦议院，议院经过辩论最后交法院处理。

政府各部门和各州的反腐败机构。德国各级政府部门都设有内部监督机构并设立防腐联系人，如果发现腐败现象，就向上级报告，封存计算机以及工作档案，然后转交检察院。审计机构是德国反腐败的一个重要力量。德国审计机构分三级，联邦、州和市均设有审计局。审计工作完全按照法律的规定进行，独立于立法、行政、司法之外，不服从任何上级指令，不受任何诉讼程序的限制，可以随时进行审计。作为联邦制国家，德国没有统一的反腐败机构，16个联邦自治州在反腐败上有充分的自主权。有的州设置反贪中心，如柏林市（州），属市议会领导；有的设监察专员，如北威州，属内政部国务秘书（副部长）领导。还有些联邦州成立腐败案件清理中心，作为州检察院的一个部门，隶属州司法部。

公务员制度。德国公务员制度相对完善，主要表现在：第一，公务员实行公开招聘。第二，公务员的职业道德和廉洁培训制度化。第三，实行轮岗制度和权利约束机制。政府规定：5年必须轮岗交流。对于容易滋长腐败的部门，则规定一般3年必须轮岗；对重大工程项目的招投标、财政相关支出、警察执行公务等必须坚持两个人以上把关和同行，不能个人单独行动。第四，实行高薪养廉和公务员终身制，原则上禁止公务员从事第二职业；同时严厉惩治违反纪律的公务员。第五，详细的有关法律条文、行政规定，具有可操作性。第六，行为决策公开透明，接受多层监督。

透明国际。德国透明国际组织于1995年成立，有300多位成员，在柏林和慕尼黑各设一个小组，主要任务是防止德国对外经贸活动中腐败问题的出现。德国的透明国际组织提出了类似于我国“社会治安综合治理”的概念，叫做反腐败的“机能整合系统”，认为仅靠立法是不能解决问题的，而应建立一种有效遏制腐败发生的社会机制，在立法和行政总体权能指引下，通过媒体的力量，借助于审计署的监督职责、司法部的反腐败职能，并动员个人的和社会组织的力量，编织一张反腐败的大网。这种综合治理之所以必要，是因为公共权力的反腐败不可靠。例如德国透明国际就认为，在有些国家，政党、司法部和警察是“最腐败”的公共机关。

舆论监督。舆论媒体监督是防止腐败的一种行之有效的形式。德国的舆论监督力量非常大，被称为“第四种权力”。根据法律规定，检察院发现有腐败方面的报道，有义务进行调查。德国拥有100多家电台、25家电视台、27家通讯社、380多种报纸和9000多种期刊。德国的舆论媒体大都是独资或合资的股份制企业，以盈利为目的，依法享有高度的自由。为了占有读者，它们一般都雇有耳目，专门收集政府要员和公务员的政治丑闻和绯闻。德国实行新闻自由，报刊、电台、电视台可以报道政府、政党内部的情况，只要内容属实，不泄露国家机密，即属合法，而消息来源受法律保护，任何人不能对消息来源进行调查。政府官员和公务员的腐败丑闻和绯闻一旦曝光，就要引咎辞职。原则上，德国政府不能干预新闻媒体的活动，因而一些新闻媒体依法对政府实施监督。

4. 英国的反腐败机制

范围要比前者广得多，不仅包括一般意义上的腐败（贪污、受贿、滥用职权等），而且还包括诸如不作为、失职、渎职等种种不良行政行为。英国的反腐败机制主要由以下几个方面构成。道德教育。道德教育中一项非常重要的内容就是守法。英国学校的道德教育主要通过以下几种方式得以实现：（1）借助宗教教育进行道德教育。（2）直接开设道德教育课程。（3）注重礼仪、仪表、个人品行的教育。（4）通过其他学科和活动来进行，最通常的是将道德品质教育蕴含在文学、艺术、历史、健康教育及为人父母和家庭生活的准备教育等课程中，帮助学生了解社会的发展以及人在社会发展中的作用。此外，英国还比较注重课外活动中的德育功能。除学校教育外，走上工作岗位的英国人仍要继续接受各种道德教育，尤其是职业道德教育，这也是英国公务员制度的一个重要组成部分。在“公共生活标准委员会”1995年发表的报告中，提出了“公共生活七原则”，即无私、正直、客观、负责任、公开、诚实和发挥典范作用。除了自律之外，英国还形成了一套用以规范公务员行为的法律规范。此外，一些特殊的行业还有专门的行为规范守则，例如《检察官准则》等，从而对公务员的行为形成了严格的约束机制。

立法和司法机构对政府机构的制约。英国奉行权力分立与制衡原则，即国家权力划分为立法权、司法权和行政权，分别归属于议会、法院（与检察院）和政府，三者之间相互制约。特别值得一提的是议会和司法机构对政府（行政机构）的制约和监督。英国是“议会内阁制”国家，政府要对议会负责。因此，从法理上说，议会是英国的最高国家权力机构，它不仅拥有立法权和财政权，而且还拥有监督权，即监督政府的政治方针、政策和政府成员行为的权力，具体包括质询权、调查权、倒阁权和弹劾权等。根据权力分立原则，司法机构完全独立于行政机构，不受行政机构的任何干涉。司法机构有权对行政机构及其官员的行为进行监督。英国是普通法国家，没有专门的行政法院，因而可以通过普通的法律程序对行政机构进行监督。与大陆法系国家相比，这样的机制既有优点又有缺点。优点是其法律的适用范围比较广；缺点则是缺乏针对性。因此，为了更有效地对行政机构进行更有针对性的监督，英国设立了2000多个行政裁判所，负责对涉及税收、社会保障、退休金等上百个部门的案件进行审理。此外，英国还根据2002年的“犯罪收益法”成立了“资产追缴局”，专门对那些超过1万英镑以上的非法所得进行追缴，追缴期限可达12年之久。这一机构的设置十分独特，因为它可以通过普通民事法院追缴资产，即使在追缴对象从来没有受到过犯罪起诉的情况下，它也可以通过上述方式追缴资产。

主要反腐败机构和监督机制。英国没有专门的和单一的反腐败机构，负责反腐败的机构分散于议会、司法部门、审计部门以及政府部门内部，从而形成了广泛的反腐败网络。

（一）审计机构。英国是世界上最早设立审计机构的国家，早在13世纪就建立了王室财政审计制度。英国审计机构主要包括以下几个部分：1. 国家审计署。它负责对所有政府机构（包括超过半数以上使用公共资金的社会团体）的财务开支进行审计，此外还对某些国外组织的机构进行审计。2. 公共账目委员会。是下院的常务委员会。政府必须在2个月内对该委员会提交的报告建议予以回复，该委员会再根据政府的回复决定是否进行进一步调查。3. 审计委员会。负责对一般性的审计问题进行监督，并且负责在公共审计机构和私人公司之间分配审计任务（比例一般是1:2）。此外，审计委员会还负责对审计行为提出建议、监测全国的欺诈与腐败行为的发生几率，并且就当前趋势和技术发展提出报告。4. 地方审计机构。2002 年以前，地方审计机构负责对国家卫生系统和地方政府进行审计，并向审计委员会报告；2002 年以后被并入审计委员会，成为后者的一个总司。

（二）政府内部监督。英国有多个政府部门设有内部监督机制，其中 5 个部门的反腐败最有特色，对腐败行为的管理也最直接。（1）财政部。英国财政部每年都对发生在政府机构（不仅仅是财政部）内部的欺诈行为的性质、类型、原因、数量、金额和追缴方式等提交一份详细报告。此外，它还发布一些指导政府各部防止欺诈行为的原则，例如 1997 年发布的“管理欺诈的危险——给管理人员的指导”，特别指出发生在政府机构的三种最严重的欺诈行为：偷盗、假账、贿赂和腐败。（2）国家保健署。设有“反欺诈与安全管理处”，主要针对国民保健系统出现的行政管理人员和供药商相互勾结合伙欺诈国家钱财，医生和患者相互勾结多开多报、虚报冒领等严重欺诈行为进行调查。（3）国内税收署。设有特别办公室专门负责对税收方面的欺诈行为进行调查。而且，国内税收署本身就是一个具有起诉权利的机构，有权自主提起诉讼。（4）工作与养老金署。设有针对各项社会福利的专门反欺诈机构（包括地区性机构），并设有联合工作组，以便与其他政府部门更好地合作。（5）国防部。设有反欺诈小组及防务欺诈分析小组和内部审计制度，主要针对军备采购过程中的欺诈和腐败行为。

（三）监察员。英国的监察员分为三种，即议会监察员、地方政府监察员和国家卫生署监察员。议会监察员是一个独立机构，负责对政府官员（尤其是高级公务员）的行为进行监督，但其权限远远比不上芬兰、瑞典等北欧国家，仅限于公民由于中央行政机关的不良行政而使利益受到侵害时的投诉。国家卫生署监察员负责监督国家卫生署系统的不良行政行为。调查结果将公开发表。地方监察专员的管辖范围包括地方议会和议员、地方政府有关机构及官员等不良行政行为造成的侵害公民利益的事件。

（四）舆论和媒体监督。在英国，舆论和新闻媒体素有对政府进行监督和批评的传统权利，是对政府滥用职权的一种有效制约，使权钱交易实际上对当事人来说变成了一种困难的行为。

英国反腐败的司法惩处。英国是世界上第一个制订反腐法律的国家。迄今为止，它已经先后通过了一系列与反腐败有关、或者包含反腐败内容的立法。1889 年，英国颁布了第一部反腐败法，即《公共机构腐败行为法》，该法令将“一切行使公共职能或法定职能的机构”均认定为公共机构，特别禁止公共机构的任何人员在与公共机构有关的任何交往过程中收受或者要求收受、同意收受任何形式的礼物、贷款、费用、酬劳或利益；同样，此类人员也被严格禁止在此类事务中承诺或提供任何形式的礼物、贷款、费用、酬劳或利益。也就是说，公共机构成员或官员的主动或被动受贿均被定义为腐败行为。对于犯有此类罪行的公务人员可处以6个月至7年的监禁，或者加上不设上限的罚款。此外还包括对某些政治权利的剥夺，例如，除了解除职务以外，还规定，从犯罪之日起的5年内相关人员不得担任任何公职；如果第二次再犯类似的罪行，则永远不得担任任何公共职务，而且，在从犯罪之日起的5年内，剥夺其在议会和其他任何公共机构选举中的投票权和选举权，此外还有可能被剥夺获得养老金的权利。1906年通过的《防止腐败法》将《公共机构腐败行为法》的范围扩大到不仅包括公共机构的工作人员，而且包括公共机构本身。1916年通过的《防止腐败法》再次扩大了公共机构的范围，即包括一切地方性和公共性机构。除了上述三部专门规定反腐败行为的法律以外，英国在二战以后通过的多部法令中，例如1948年的《人民代表法》、1962年的《北爱选举法》、1964年的《许可证法》、1972年的《北爱地方政府法》、1988年的《犯罪审判法》、1989年的《地方政府和住房法》、2001年的《反恐、犯罪和安全法》等，均有针对政府官员腐败行为的法律条文。为了将1999年签署的经合组织"关于公共官员受贿的协议"纳入国内法，尤其是为了解决域外适用问题，英国政府开始着手对其反腐立法进行改革。改革的另外一个目的是对以前的各项相关法令进行简化和整合，以便有一项统一的反腐败立法。2003年3月，英国政府在整理、综合和修订现存各种反腐法律条文的基础上，公布了新的《反腐败法》。

5. 世界反腐败现状及趋势

一、世界反腐败主要趋势

世界各国在加强司法和行政部门反腐职能的同时，借助媒体监督、民众举报、签订反腐公约等多种方式，加大反腐斗争力度，惩处高层腐败。如越南在反腐工作中重视发动人民群众的作用，对案件的突破起到重要作用。西欧国家的新闻媒体对官员腐败丑闻的追踪、揭露起到了廉政监督的积极作用。各国反腐的力度加大使得越来越多的高官纷纷落马。如菲律宾前总统埃斯特拉达因涉嫌受贿、贪污腐败被弹劾、起诉并被罢免。赞比亚前总统奇卢巴因被指控犯有“窃取国家资源罪”被警方逮捕。以色列总理沙龙因涉嫌腐败面临被起诉的窘境。涉嫌腐败导致韩民选总统卢武铉被弹劾等。

尽管各国社会制度、国情不尽相同，但在反腐败领域国际交流与合作的趋势愈来愈强。近年来，各国的高官携资金外逃、进行国际“洗钱”或跨境转移资金的现象越来越多，给本国社会和经济发展带来极大危害。腐败日益成为一种国际公害，越来越多的国家意识到，打击腐败必须积极开展跨国合作，调动各国的制度资源和国际社会的力量。各国要求国际社会建立多边反腐合作机制的呼声日益强烈，各种区域性的反腐合作机制也纷纷建立和加强。非政府组织在世界反腐斗争中影响越来越大，作用越来越突出。国际组织特别是以“透明国际”、世界经济论坛和商业国际组织为代表的一些非政府组织，致力于在世界范围内与各种腐败现象作斗争，并试图通过各种腐败评价指标对腐败进行有效分析和把握，其影响力日益扩大。力促各国政府和世界经济界加强合作，共同打击勒索和贿赂行为。一些国际金融机构也积极参与国际反腐斗争。世界银行于 1997 年发表了《帮助各国与腐败作斗争》的政策声明，并制定了一项全面的计划，其中包括有力的监控措施，以防人们为得到世行资助的项目而行贿。国际货币基金组织、亚洲开发银行、美洲开发银行和欧洲开发银行等其他国际金融机构也都效仿了世行的做法，对它们资助的项目采取了更加严格的监控措施。

开展声势浩大的反腐败运动。许多国家为打击腐败行为曾集中力量和时间开展了大规模反腐败运动。1992 年意大利开展了“清廉运动”。这场反腐大扫荡牵涉了 4 名前总理，10 多名前政府部长和近三分之一的参众两院议员，导致了 3 名部长辞职，5 个执政党和 1 个在野党的总书记下台，三级议会和政府中 4000 余人被指控贪污，许多著名大公司企业也受到调查。1993 年春，韩国通过新闻曝光、群众举报、财政审计、官员财产登记、存款实名、清查财产等一系列手段，掀起韩国有史以来最大的反腐败运动。在这场斗争中，上至总理、内阁部长、将军、国会议员，下至一般官员，有 1800 多人或被解职或被判刑。另外，巴基斯坦、波兰、保加利亚等国家都开展过反腐败运动。

国际间反腐败协作不断加强。为了对付和治理贪污腐败的“世界瘟疫”，许多国家要求联手合作，共同探讨医治腐败的良方。目前，国际性的反腐败协作活动主要有：一是联合国各会员国讨论国际性反腐败问题。二是国际司法组织联合行动对付腐败犯罪。三是各国政府间组织反贪污反腐败策略研究。此外，还有国际经济组织也向腐败采取行动；各地区洲际组织也积极开展反腐败合作；非政府反腐败组织的活动也非常活跃。目前各国在反腐败斗争中加强合作，开展国际联合行动，是反腐败斗争发展的新趋势。

二、世界各国反腐败斗争的主要做法

（一）健全反腐败法律法规

为震慑和惩治腐败，各国纷纷制定相关法律条例。如美国早在1921年就出台了《预算和会计法》、《政府行为道德法》，以此来规范经济活动和政府行为；1978年又颁布《监察长法》，并通过《独立检察官法》，将任命独立检察官的做法制度化、程序化。新加坡制定了《防止贪污法》，对贪污调查局的职能做了全面规定，并赋予其广泛的权力，强化其侦查权限和侦查措施，增大其执法的权威性。对付贪污者，新加坡法律规定，除了要没收其所贪污的钱财，还要给予数倍、数十倍的罚款，并责令贪污者的上司与其一起接受处罚。法国的《资产透明法》规定，政府官员上任后短期内，应向有关部门提交一份财产状况的清单，政府每3年对这些政府官员的财产变化情况作一次评估报告，在政府公报上公布，接受公众监督。韩国2002年制定了《反腐败法》，并实行“内部举报”制度，严格保证腐败举报人的人身安全和自身利益安全。越南还制定了世界上第一部《申诉控告法》，规定人民群众有权向有关党政部门、群众组织控告违反党纪国法的现象。中国香港法律规定，一定级别的官员必须出席立法会议接受质询，廉正公署内部成立4大委员会负责监察，并设立专门的投诉机构接纳市民投诉。同时，世界各国普遍采取了一系列有效的制度规范及举措。其主要包括：实行透明政治；新闻监督；建立弹劾制度；规范政党筹款制度；实行政务官与事务官分开的现代公务员制度；实行金融实名制度；实行集中采购、招标投标的制度；司法监督；议会监督；审计监督；内部监督；公众监督以及对官员的选任和管理等。

各国经过长期的法律和制度建设，在反腐败法律和制度方面有很大发展，有关廉政和反腐败法律及制度规范的特点：一是比较周全、缜密、具体，是与非，罪与非罪的界定清楚，对某一违法犯罪行为的适用法律一目了然，法律的可操作性很强。二是认定有罪标准和处罚措施严格，凡是口头同意、企图获取利益而未实施的行为，仍认定有罪，这对隐形犯罪和预谋犯罪都有极大威慑。三是专门的防止腐败法律和制度规范越来越多，专门法便于公民了解和举报腐败罪行，也便于执法机构依法查处腐败行为。

（二）健全反腐败组织机构

世界各国为了惩治腐败，遏制腐败的蔓延，均设立了专门反腐败组织及机构，其主要有：司法检察机构。许多国家的司法检察机关负有对违法官员进行调查、取证，直至公诉的职权。立法机关。西方国家依照“分权”的原则设立的议会，具有立法权和监督权。监察机关。包括议会监察机关和行政监察机关。专门的反腐败组织：这类机构有专门法律保障，有司法手段，一般具有司法检察和行政监察的多种功能，在反腐败斗争中成果显赫。反腐败协调组织：有的国家根据国情需要，设立专门的组织协调各监督监察机关的反腐败工作，或作为反腐败咨询机构。例如美国除了有检察机关、联邦调查局等综合性反贪机构外，还在一些专业部门中设立了负责特定领域的廉政机构：如设立直接向国会负责的审计署，以加强对公共资金的收入、支出和使用的监督审查，约束和减少行政官员滥用职权、贪污挥霍的行为；在人事管理局内设立廉政公署，管理政府各级官员的财产申报事务和监督政府官员的道德行为，直接接受总统领导，并向总统和国会报告工作；在政府的各行政机关内设立监察长办事处，在联邦行政机关内部强化防贪肃贪；在司法机构中设置独立检察官，独立检察官由司法部长提名产生，负责大案要案。为保证独立检察官调查时的公正性，他们通常都不是现任政府官员。法国在 1992 年设立了中央预防贪污局，其主要职责是侦破和预防公职人员和普通人贪污受贿、盗用公款等违法犯罪行为。新加坡的贪污调查局，既是反贪污腐败的专门机构，也是《防止贪污法》的执行机构，直属总理办公室，权限很大，信息灵通。韩国设立了直属总统的反腐败委员会，根据《反腐败法》负责反腐工作，其职能包括：接受关于公务员腐败的举报，保护举报人的安全并给予奖励；研究制定防止腐败行为的政策方案；完善反腐败制度并检查评估履行情况；进行反腐败宣传教育和国际合作等。俄罗斯设立了总统直属的反腐败委员会，主要任务是研究腐败现象的根源，在立法和执法等方面制定有效的对策。中国香港廉署设置执行处、防止贪污处和社区关系处，分别执行查、防、教任务。近年来的民意调查显示，香港廉署的工作得到了市民的广泛信任，超过 99% 的市民支持廉署的工作。由此可见，国外的监督监察机构和反腐败组织已经形成了比较严密的体系。立法、行政、司法大机关都有独立的监督权和办案权，实行互相监督、协作办案。专门的反腐败机构是对常规监督监察制度的补充，是当代反腐败斗争的产物，是反腐败斗争的主角，其特点是任务专一，力量集中，手段强硬，成效显著。

（三）加强政党的组织纪律建设和纪检监察制度

政党在社会政治生活中发挥着举足轻重的作用，尤其是执政党掌控着巨大的行政资源和权力，因而大多数国家的主要政党都建立了一套较为完善的纪律监察制度，监督、检查、惩处违纪党员。老挝人民革命党制定了《省委书记、省长工作准则》和《党员干部行为准则》，明确规定接受 100 美元以上馈赠必须上报。越共颁布了《党员 19 条不准》，同时在反腐措施上加大对腐败党员的惩处，彻查建国以来最大的黑社会性质的犯罪团伙“五甘”案为契机，严厉查处了涉案的两名中央委员以及一大批涉案的各级干部，后又对4名中央委员进行党内纪律处分。保加利亚社会党章程明确指出，全党监察委员会的职责是：检查党员、党的机构和组织遵守党章及规则的情况，追究违纪者的责任；研究和解决有关申诉、党内争议及党风问题；对党的预算执行情况、经济活动和财产管理进行内部财务监督。

三、国外反腐败成功经验

（一）发达国家成功经验

发达国家并非始终像现在这样腐败程度较低。以美国为例：美国从建国到19世纪末20世纪初，其腐败程度经历了一个由低到高和由高到低的演变过程。其腐败程度的逐步降低，主要得益于持续的政府改革运动，它由推动政府改革的社会运动和政府相应的改革努力共同构成。在美国腐败程度降低的过程中，有几次大的政府改革运动起到了关键性的作用；第一次是土地改革运动。美国建国后，联邦政府拥有2亿多英亩的西部国有土地，政府的土地政策便利了土地投机商和大公司购买土地，他们廉价从政府手中买进土地。高价卖出，普通移民深受其害。西部移民从18世纪后期就开始为争取无偿获得土地而展开斗争。1860年，国会参众两院通过了宅地法，1862年该法案经林肯总统签署生效。该法案确立了无偿分配西部国有土地的原则，有2亿多英亩土地分配给了农户。第二次是文官制度改革运动。文官制度改革运动的发起是1865年、1883年参众两院通过了由民主党参议员乔治·亨特·彭德尔顿提出的《文官制度法》（即《彭德尔顿法》）并由总统签署生效，文官制度改革运动对于防止由政党分赃制带来的各种腐败现象起到了十分重要的作用。第三次是进步主义运动：它始于1890年，进步主义运动针对的是工业化和城市化所带来的各种社会和政治问题，如贫困问题、腐败问题等，知识分子、新闻界和作家群体是进步主义运动的主要推动力量。他们通过著书立说，出版报刊杂志，揭露社会的阴暗面和腐败丑闻，引起公众对有关问题的广泛关注。各种民间性改革团体大量涌现，进步主义运动成为一场全社会的改革运动。1900年以来，进步主义由社会运动发展为大规模的政府改革浪潮。消除政府腐败，改善政府管理，扩大公民政治参与，成为这场改革运动的主要目标之一。改革的内容包括：创造了两种新的城市管理体制即市政委员会制和市政经理制，打破了地方党魁对城市的控制权；提高行政管理的专业化和科学化水平，高度重视改进政府工作效率：制定反腐败立法，加强对政治性捐款和院外活动的管理，限制大公司的政治影响；实行参议员民选，党内直接预选，公民创制权，妇女投票权，公开表决和公民罢免权等，这些政治改革对于改善政府管理和推动美国政治的进一步民主化发挥了重要作用，同时对于降低腐败程度发挥了十分重要的作用，第四次是政府道德革新运动。20 世纪 60 年代以来，揭发政治丑闻的调查性新闻报道一浪高过一浪，并在对水门事件的新闻报道中达到了高潮。这些揭丑性新闻报道，引起了公众对政治家道德品质的广泛关注，并迫使政府采取相应行动。提高公职人员道德水准成为 20 世纪 70 年代以来反腐败立法浪潮的一个主要内容。旨在革新政府道德的反腐败立法在民主党的卡特总统任期内达到了高潮。20 世纪 70 年代以来通过的反腐败立法包括：1970 年通过的《有组织的勒索、贿赂和贪污法》，1977 年的《对外贿赂行为法》1978 年的《文官制度改革法》、《监察长法》和《政府道德法》。具体措施包括：确立政治家从政道德准则；设立直属于国会的特别检察官，调查政府高官的腐败行为；实行财产审报制度；扩大联邦司法机关在惩治腐败上的管辖权和加大处罚力度；确立文官行为准则，大幅度扩大平等竞争政府文官职位的数量；在行政机关建立监察长制度等。这场政府道德革新运动一直持续到 20 世纪 80 年代，它对于降低美国政治腐败的程度发挥了积极的作用。从历史的角度来看，目前美国腐败的程度是比较低的。但若从国际比较的角度来看，美国政治腐败的程度在西方发达资本主义国家中属于中等水平，它和日本、法国同处于一个层次，与意大利、西班牙、葡萄牙等腐败程度较高的国家相比要好一些，但比北欧国家以及英国、德国等部分西欧国家要严重得多。就目前美国政治腐败主要领域而言，民选和政府任命的政治家中的腐败现象比文官中的腐败现象更严重，州和地方政府的腐败比联邦政府要严重，政治竞选捐款和院外游说活动中的违法现象尤为严重。美国的民主政治在某种意义上就是金钱政治，工商业和金融业巨头在政治过程中的影响力远远高于其他任何社会集团。从美国的反腐败经历过程中可以清楚看到，反腐败是一个长期的过程，反腐败斗争的成功需要公民社会和私人部门持续向政府施加压力，推动政府改革不断向纵深发展，逐步建立起比较完善的政治和行政管理制度，只有这样，腐败的程度才能逐步降下来。

（二）新兴工业化国家或地区成功经验

一些新兴工业化国家或地区在经济起飞和现代化加速进行时期，反腐败斗争也取得了明显的成效，这方面的成功事例也很多，主要包括新加坡、博茨瓦纳和我国香港地区。以新加坡和我国香港地区的成功为范例：新加坡在殖民时期特别是“二战”后到 1959 年人民行动党执政前，腐败曾是该国人民习以为常的一种生活方式。1959 年李光耀领导的人民行动党执政后，决心清除腐败现象，建立一个廉洁、高效的政府。为此，他们主要采取了一系列措施：寓廉政要求于公务员制度建设中，建立和逐步完善现代公务员制度，并不断提高公务员的福利待遇以减少腐败动机；厉行法治，依法行政，建立起高效运转的行政管理体制，尽量减少腐败的机会；建立精干的、高效能的反腐败机构，严厉调查和惩处公务员中的腐败分子，增加从事腐败行为的成本。这些方面的措施相互配合，共同发挥作用，从而做到了使公职人员“不想贪，不能贪，不敢贪”。新加坡如今被公认为亚洲的“清廉先生”，该国的经济发展也取得了骄人的成就。我国香港地区在上世纪50和60年代经济迅速发展的同时，有组织的腐败（主要集中在警察系统中）也变得十分猖獗，警察和黑社会的勾结成为香港的一大公害。腐败的恶性发展在70年代初终于引起公众的大规模抗议，从而迫使港英当局下决心粉碎有组织的腐败问题。1974年，港英当局成立了直属于总督的廉政公署，并从整肃警队中的有组织腐败犯罪开始重拳打击腐败分子，香港廉政公署采取了“三管齐下”的反腐败策略：一是赋予反腐败机构很大的独立调查权，高效率地调查和起诉腐败分子；二是成立防止贪污处，致力于消除政府部门和私营机构中存在的可能导致腐败的漏洞；三是加强对公众的教育，使他们认识到贪污的祸害并争取他们对反腐败工作的积极支持。经过多年不懈的努力，香港的廉洁程度从90年代至今一直保持比较良好的记录。在有组织的腐败得到有效遏止的同时，整个80年代和90年代香港的经济继续保持了高速增长的势头。我国香港地区所创造的教育、惩治、预防“三管齐下”反腐败的策略得到国际社会的高度肯定，澳大利亚、新南威尔士以及一些非洲国家也纷纷采取这一策略并获得了成功。

6. 丹麦反腐败的十条经验

过去，全世界的众多社会研究分析机构均把目光对准了丹麦这个仅有500多万人口的北欧小国，这里夏天日照稀少，冬天寒风呼啸，资源并不丰富，征税还高得吓人。但就是这个小国，却拥有全世界最清廉的公务员系统和最幸福的国民。政府清廉，国民幸福，这是全球任何一个国家的民众都梦寐以求的目标，丹麦到底有什么秘诀？

一、不可逾越的道德底线

相对于以严厉的惩罚手段来遏制腐败，丹麦更主张以事先教育为主。丹麦政府每年会花费大量人力、物力培训丹麦企业，加深它们对腐败的认识，教它们如何应对腐败环境。在丹麦，反腐意识作为一种公共道德已经深入人心，清廉成为人们心中不可逾越的一条道德底线。大多数接受采访者认为，丹麦政府自上而下的清廉行政提高了民众对政府的信任度以及同胞间的信任度，人们生活在这样的社会感到安全。

二、行贿也是一种犯罪——腐败的成本是双向的

丹麦刑法典里对腐败这样解释："滥用权力以牟取个人私利"。刑法规定，向丹麦官员行贿是一种犯罪行为。2000 年，该国刑法还把犯罪范围扩大到行贿外国官员。对于官员收受贿赂，刑法典也作出了相应规定。

三、腐败的文化土壤贫瘠

丹麦的文化、社会里就没有腐败问题，在历史传统上没有腐败问题。在丹麦，反腐意识已经作为一种公共道德深入人心。此外，丹麦政府每年还会花费大量人力物力培训丹麦企业，加深它们对腐败的认识，以避免他们在进行商业活动时向官员行贿。

四、高薪养廉——腐败不划算

丹麦的公务员、公共雇员的酬劳都非常高，相对很多国家来说，丹麦的工资标准要高得多，可谓是高薪养廉。这得益于丹麦经济的高速发展，最新数据显示，丹麦的人均 GDP 高达 6 万多美元。这从经济方面解释了丹麦为什么没有腐败

五、零腐败法宝：官员财产公开，腐败无处可藏

完善的财产公开和申报制度也是丹麦零腐败的原因。丹麦的税务部门负责统计丹麦全体个人和公司的财产，并对其经济价值作出评估，因此税务部门对包括政治人物和公

务员在内的所有丹麦民众和公司的财产状况了如指掌。丹麦有完善的个人所得税和财产税征收体系，税额很高，每个人都必须如实申报以保证税款的征收。

但如何监督这种个人申报，保证没有漏报、瞒报呢？在丹麦，人们的住房、财产、土地都是经过所有者注册的，财产登记部门不会允许任何瞒报的事情发生，在当今的电子信息时代，你要想隐瞒你的某处财产、土地或其他资产都是几乎不可能的事情。

六、透明的公共财政——权力都在阳光下

反腐败也体现在对公共开支的监督上。所有的公共部门都必须公开他们的预算和开支情况，丹麦有一个独立的机构——国家审计局，负责对这些预算和开支进行调查、研究，检查是否有违规和滥用的情况发生，并把相应情况上报给丹麦议会。此外，在每年的年度预算白皮书中，每个市民都可以看到所有公共资金的分配和使用情况。所有的公共开支信息也会在互联网上公布，以供民众监督。

七、机会均等的社会制度设计——社会上升和流动渠道畅通，腐败收益不大

贡纳尔·布拉舍是一名有着多年从业经验的电视摄像记者。他表示：“我个人觉得生活在丹麦，能充分感受到平等——所有的人从某种意义上都是机会均等的。而这其实意味着我们每个人都有更好的机会。所以，我当然很高兴，我能生活在这样的清廉环境之下。”在哥本哈根开面包店的苏珊姐妹是中国侨民，20 年前移民到丹麦。她们对于丹麦社会的清廉和机会均等深有感触。“4 年前，我们攒够了一笔钱就开了这家面包店。开店至今，我们并没有因为不是土生土长的丹麦人而受到异样的对待。我们唯一要做的就是把面包做好，吸引更多顾客，让店铺达到丹麦餐饮业的各种标准。”

八、高税收基础上的实质公平——全球最公平分配制度

丹麦有句俗谚，“不要认为你有什么特殊——你和我们每个人都一样”。丹麦拥有可能是全世界最公平的收入分配制度和财产分配制度，高额税收就是用来重新分配财产和收入的一种手段，用以保证社会公平。丹麦国民通过交税可以获得免费的教育、医疗和养老金等社会福利。尽管税额很高，几乎达到个人收入的 50%，但丹麦人民乐意交税。因为，他们会发现他们交的税物有所值。

九、高福利使腐败的边际收益为零

而丹麦之所以能成为最幸福国家。第一，丹麦人觉得很有安全感。丹麦的社会福利体系保证了人们能生活在一个相对高的生活水准上，尽管人们可能会失业，但他们依然能通过社会保障体系的失业津贴等福利，维持自己原来的生活水准。第二，丹麦的社会非常有活力，人们在丹麦从事的是他们感兴趣的工作，而不是赚钱多的工作。在很多国家，许多人工作“向钱看”，追逐高薪工作，但在丹麦，人们却是为了自己的兴趣而工作，做最让自己“快乐”的工作。人们想做律师、牙医都只是因为兴趣。因为人们知道税收很高，你很难在这种社会中真正成为大富翁，因为不论你赚多少，高税收都会“均贫”。因此，金钱的诱惑减少了，人们就更趋向于做他们感兴趣的工作，这也使得丹麦的社会非常有创新精神和活力。

十、人口少，预腐反腐的成本较低

丹麦仅是一个拥有500多万人口的小国，这使得在丹麦推行反腐和司法制度都相对容易，但在一些人口众多的大国，政府治理和成功的方式就会更复杂。

7. 制度反腐的美国做法

腐败曾经是美国的痛。在美国历史上，最腐败的时期，则非镀金时代（1865～1900年左右）莫属。镀金时代尤其是格兰特时期（1869～1877年）的腐败横行，尽管形式多样，原因不同，但都与联邦及地方政府权力缺乏监督有关。20世纪初最主要的政治运动，即进步主义运动的主要目的就是为了消除腐败，进步时代（1901～1921年左右）反腐的成功经验显示，既要打老虎、拍苍蝇，更要加强对权力运行的制约和监督，把权力关进制度的笼子里，使腐败变成高难度、高风险的犯罪冒险，避免其狼牙利齿伤害经济和社会的健康发展。

一、领导者要有反腐决心

罗斯福总统（1901～1909 年在任）的反腐热情说明了领导人的决心在反腐中所起到的关键作用。事实上，在纽约州的时候，老罗斯福就已经是一个反腐的强势人物了，接替遇刺的麦金莱成为总统之后，罗斯福更是大刀阔斧地张开反腐之网。

罗斯福先从最腐败的部门之一——邮政部下手。在与邮政部领导深谈后，罗斯福认识到腐败情况的严重性，经过深思熟虑，他相信来自堪萨斯州的参议员布里斯托是最合适的人选，因为他有直面现实所必需的钢铁般的无畏精神，并且有着丰富的反腐败经验。在接过调查任务之前，布里斯托特意来找罗斯福总统，说他不想趟这浑水，除非总统明确保证支持他，无论他调查到哪里，都坚定不移地支持他。罗斯福做出了肯定的回答。

事实证明，有了最高领导人的无条件支持，下面的人反起腐败来才会底气十足。在取得总统支持后，布里斯托及其团队开始不留情面地进行彻查，挖掘出数量惊人、情节骇人听闻的腐败案件，这个部门得到了彻底的净化，以往问题成堆的邮政部的腐败问题竟然被彻底斩草除根了。邮政反腐行动引起了全国的注目，对其他领域的腐败分子产生了极大的震动，最重要的是，它反映出最高层的决心，使人们意识到，罗斯福的反腐是能打苍蝇，更敢打老虎。在罗斯福刚上任的时候，流行着一句话，“大人物和有钱人是不会被投到监狱的”。而令人欣慰的是，罗斯福在任内将很多大人物和有钱人送进了监狱，其中有很多银行家和参议员。

二、账目要公开，财政要在阳光下暴晒

事实证明，“腐败是一种机会主义性质的传染病。哪里的公民和政治制度羸弱无能，哪里就会流行起这种通病。美国城市在腐败和增长方面的经验揭示了地方制度在约束腐败以及促进腐败政府实施良治上的重要性。”一个地方不仅要有廉洁的领导者，更要有反腐败的制度设计，如此才能保持一个地区乃至一个国家长期的政治清明。而为了防治这种“机会主义性质的传染病”，财政公开是最行之有效的办法之一。在进步时代，公

开账目成为城市反腐的关键之举，也是进步时代实施最早、争议最少、最为成功的改革举措之一。该举措先是在个别城市实施，后来在联邦政府的要求下，所有城市都被要求公开账目。1902 年，美国普查统计局开始聘请和培训会计师来汇总和审计这些城市账目，并公开城市支出年报。这与多年前特威德集团将纽约市的账目据为秘密形成鲜明对比。美国的反腐败历史证明了，将政府账目视为“城市秘密”，是暗箱操作得以如蟑螂般不绝的重要原因。

财务公开极大程度地恢复了人们对城市的信心。许多城市的信用水平也得以恢复，不仅腐败问题得到最大限度的遏制，而且直到 1929 年经济危机之前，规模较大的城市都没有出现拖欠债务的情况。以财务公开这种阳光方式进行的反腐败努力，就这样不知不觉地成了防范和化解地方债危机的关键之举。

现代会计制度也应运而生，并不断走向成熟。1900 年之后，会计成为社会公认的职业，市政会计作为膨胀的政府合法性的工具，同样有了政治意义，使公民名义上可以要求他们选出的代表对其行为“负责”。到了 20 世纪头十年，改革者一本正经地宣称，“会计成为了民主的仆人”。

镀金时代的反腐不力也提升了现代会计制度的地位。在许多城市，反腐的成效或者不明显，或者有反复，一个重要原因是缺乏制度设计。到了进步时代早期，越来越多的人意识到，城市政府权限边界的模糊，以及这种模糊形成的灰色地带，是腐败滋生的土壤，以纽约为代表的城市丑闻和腐败，部分原因是城市权力划分不当所致。随着 19 世纪成为历史，围绕城市权力性质以及范围的争论开始集中到城市的财政管理制度上来。事实证明，这种日趋健全和完善的城市财政管理制度，在很大程度上遏制了公共权力成为畸形的半公半私权力的现象，即便还做不到监管无处不在，但至少会让当权者感到社会监督如影随形。

财政公开的光芒照亮了进步时代，也令改革者欢欣鼓舞。在市政改革者看来，公开精确的财政报告可谓一举多得：①会计公开可以使公众知晓他们的政治代表的决策。②它提供了制约公共服务企业的手段（城市公民权的保障），其对城市事务的影响看似日益增长。③它促进金融稳定，加强城市信用。④它提供了城市比较的基础，使得每座城市都可向其他城市学习。⑤通过征收州政府税收等功能，加强州的中央行政管理控制，强化州对城市活动的监督。也就是说，财政公开的努力不仅加强了民众对政府官员的监督，平衡了民众与公共服务业的力量对比，也有利于城市之间的竞争与学习，有利于州对城市的监督。最重要的是，这种阳光下的政治，最大限度地减少了暗箱操作。

听证会制度也非常有效。在城市反腐的过程中，很多腐败的线索都是在听证会暴露出来的，许多潜在的腐败，也正是被听证会“扼杀在摇篮之中”。一般来说，听证会所能反映出的反腐根源有：将合同分配给亲友、熟人或利益相关方，招标书作假，伪造用于材料报销的凭证，冒领薪水，偷工减料等。这其实是通过公众和媒体的力量，将原本属于市长或极少部分人的权力公开化了。并且，这种听证会并不是一次性的，如果工程通过，此后还会不断有听证会举行，如汇报工程进展，就工程方案的重要修改做出说明，都在很大程度上减少了工程进度中的腐败，也有效地保障了工程质量和公共安全。

纽约市在进步时代的预算公开尤其值得一提。为了搞好预算公开，从1910年开始，纽约市每年都要举行多次预算听证会，邀请各行各业的市民参加，尽管有些缺陷，比如参加的老人较多，说话也比较唠叨，但纽约市政研究局还是努力地将其发展成为“纳税人一段严肃的、有益的和启蒙的经历”。

益处是显而易见的，由于监督的眼睛越来越多，暗箱操作少了，公共关系的努力多了，政府官员对民众的态度越发诚恳起来，也更加重视与民众的交流。在那以后，很多政府都有了自己的公共关系办公室，重点进行政府形象设计和民意疏通工作。社会也因此变得更加和谐起来，由于民众的很多意见和建议都得到了重视和采纳，不仅使得决策更加科学化了，而且民众对政府的信任感也在上升，久而久之，城市政府也便多了几许公信力和话语权。

与听证会相映成辉的，是预算展览。1908年10月5日，纽约市举办了美国历史上首个预算展览，为时将近一个月的展览描绘了纽约市新的政治蓝图，也让市民更深入地了解到城市预算的方方面面，有7万人参观了展览，超过100万人从报纸了解到情况，激发了更多的人反对政府中的浪费和腐败。此后几年的展览，无论规模还是范围都不断刷新纪录，1910年的展览吸引了80多万人参观，并吸引了全国范围的注意力。此后，全国城市都纷纷以纽约为榜样，举办各自的预算展览，预算公开也逐渐在全美推开。

预算展览不仅达到了控制政府浪费的目的，也促进形成了普遍的市民认同。出乎很多担心预算展览及预算公开会影响市政发展的人意料的是，由于市民对市政发展前景及细节有了更多、更深入的认识，预算宣传促进了市政扩张，同时也减少了诸多实施过程中的阻碍。这是一个多赢的局面。

从根本上说，这种以预算公开为代表的财政公开，催生了新型城市领导人的出现。

与以往习惯于暗箱操作的领导者不同，阳光施政下的领导者，必须具有严以律己的精神，并且要善于说服民众和各界来支持自己的主张，这不仅有利于施政的科学性，而且起到了反腐败的作用。自此以后，越来越多的市长由热心公益事业以及具有管理经验的精英出任，美国的城市面貌由此得以根本改变。

三、稀释审批权，防止“一支笔腐败”

在多数情况下，腐败都与自由裁量权有关。一般来说，有三种自由裁量权容易滋生腐败，一是工程预算和招投标方面的自由裁量权，二是用人方面的自由裁量权，三是将政府资产转移给个人的自由裁量权。而这些自由裁量权，或多或少体现在地方及内阁部委领导人的“一支笔”上，权力高度集中，很难不滋生腐败。工程腐败曾经将很多地方领导拉下水，而事实证明，市政建设审批权归议会所有，是遏制工程腐败的好办法。尽管承包商贿赂政府主管领导后，也可以考虑贿赂议员，但问题是，这不仅导致“成本”倍增，而且还有被举报和“泄密”的风险。也就是说，你收买一个人时，他可能守口如瓶，但要收买几十、上百人时，就不能排除有人因为不满行贿金额、出于政治目的或者恰恰本身就是一个正直的人而东窗事发。人非圣贤，难保一支笔下没有私心。

镀金时代美国的教训表明，一旦地方政治家获得了单方面规制公用事业费率的能力，他们就会滥用这种权力来赢取选举或向私人公用事业公司榨取贿赂。这就提高了私人公用事业的经营成本，从而抑制其未来发展。1872 年特威德集团的曝光也给美国城市反腐以巨大的推动。人们开始尝试着限制和削弱市长的权力，将决策权分配给三个相互交叉的局际委员会和审计部门，从而使政府难以肆无忌惮地进行掠夺，一个抵制腐败的现代政府雏形开始形成。

在大城市中，芝加哥走得比较远一些，芝加哥道路也为进步时代的人们津津乐道。当一些地方政府继续将权力集中在市长手中时，芝加哥的改革派却考虑要不断地剥夺市长的权力，直到他成为一个有名无实的首脑，还要不断地将他的权力托付给直接代表民众的市政委员，而那些市政委员年年都在变动。这一制度创新的关键词是“分权”和“年年变动”。前者尽可能地将市长的权力关进了笼子里，后者则最大限度地保证了市政委员的“流水不腐”。

四、文官制度改革与新政治文化

美国反腐败的经验表明，政府质量在很大程度上关系着腐败的存废。如何构建一个好政府，是现代决策者面临的挑战。美国从 1870 年开始制度反腐，到 1910 年左右取得较大成果，用了 40 年的时间。这也说明了反腐是一个持久战，需要精巧的制度设计，不能治标不治本。美国的经验是：①地方政治家和精英与民众利益的相结合非常重要。②健全且财政独立的新闻媒体，能够抑制腐败和提高政府绩效。③建立一套防治腐败的机制，是一个复杂和长期的过程。而在所有机制中，文官制度改革及其所倡导的新政治文化，起到了关键作用。

美国文官是指“除选举产生的官员，须经议院同意而由总统任命的官员，一般工人及军官以外的所有政府文职人员”。从杰克逊时期开始，美国文官的任命逐步坠入“政党分肥制”的套中，这种体制下选任的官员，任职期间往往是贪赃枉法，无所不为，并且形成了恶性循环，导致官员素质普遍低下，从政也为精英人物所不屑，这一点在镀金时代体现得淋漓尽致。

为纠正这些弊端，美国于 1883 年颁布了文官制度条例，即《彭德尔顿法》，对文官制度进行了改革，其核心变化是对文官的录用实行公开竞争考试办法，择优录取；对官员进行定期考核，按能力和政绩大小予以升降奖惩；严格禁止进行金钱授受，文官须忠实于政府。作为文官制度的必要补充，美国政府还敢于大胆使用人才，从精英中选拔干才出任政府高官。这也符合“彼得原理”中“每个人都有其不胜任的层级”的理论，如果让一些有抱负、有能力的人一级级地爬上来，可能没过多久就会深陷在不胜任的层级中不能自拔，或者在长年的打磨和等待中失去政治家所必需的霸气和胆识。并且，这种不拘一格降人才的做法还有反腐作用。

自进步时代以来，美国政府的许多高官，尤其是部门负责人，大多来自社会精英，有律师、教授、记者，也有企业高管。这样做的好处是：①由于有着广泛的社会阅历和人脉，他们既容易适应政治角色，也容易打开局面，并且，他们与部门内的人没有太多个人恩怨和利益纠结，所以更能放开手脚。②由于有了相当的物质积累和成功经验，他们相对来说更容易抵御外来的诱惑，也更能够心平气和地享受这段实现自我价值的政治生涯。这一点非常有反腐意义。

充分考虑人的物质需求，是反腐成败的关键。无论是美国，还是新加坡等国的反腐经验表明，让公务员能够有尊严地生活，并且有充足的退休后的生活保障非常必要。在政府工作期间，公务员往往享有高出社会平均标准的工资及其他收入，退休时则不但从此拥有相应社会保障和养老金，而且还能获得一笔数额巨大的退休年金，足够退休后安居和旅游所用。但与此同时，公务员必须遵纪守法、安守本分，一旦徇私枉法，则不仅可能身陷牢狱之灾，而且可能会失去退休后的全部年金，可谓得不偿失。

在社会精英一边，由于他们在各自行业中扮演着重要角色，都是成功人士，收入高，积累多，其从政根本无需考虑钱的问题，因而会一心将工作做好，并且会非常爱惜自己的羽毛。同样重要的是，他们家底殷实，一般的贿赂很难打动他们。值得一提的是，由于这些政治精英有着扮演多种社会角色的能力，在告别政治舞台之后，仍能体面而富有活力地从事其他工作，他们在从政过程中所积累的人脉以及不俗的政绩，也将为他们离开政府后的政治生活赢得更多资本。而社会对这些人的回馈，无论是舆论肯定，还是给予更多的机会，都在事实上激励着大多数政治家们在从政的日子里克己奉公，从而也为自己从容和更具成就感地进行“下一次漂流”打下基础。

五、两手都要硬，法律惩罚与精神折磨并举

对行贿者重罚和重判，也是美国的一项历史经验。1898 年，在圣路易斯市，一家地方铁路公司为获得在该市经营的特许权，向当地政客每人支付了 3000 ~ 17500 美元不等的贿赂，这家公司的发起人总共支付了约 25 万美元的贿赂款。但最终，发起人被判有罪，处 5 年监禁，该市的几位知名政客也落得同样下场。这类处罚起到了相当程度的震慑作用，也使得行贿者意识到，如果要收买过多的人，就会有很大可能被“泄密”，而自己还可能身陷囹圄，而如此处罚，也反映出美国人对公共事务行贿和受贿者的极大厌恶和零容忍。

事实证明，美国重点打击行贿者的做法，非常有效。由于行贿的风险倍增，企图行贿的人必然慎重考虑法律后果，这样行贿者少了，受贿的毒瘤自然得到了极大程度的遏制。美国学者提出过制约腐败的三大因素：法律惩罚、职业或社会成本、精神折磨。而腐败的总成本取决于各种惩罚的力度及其可能性。这也说明了惩罚在反腐中的重要性，并且它是一个系统性的工程。

如果说法律惩罚是达摩克利斯剑的话，那么职业或社会成本，就是让企图行贿受贿的人感到得不偿失。对于公务员来说，由于自身有较好的待遇和相应的社会地位，往往

没必要“涉险”贪腐，因为一旦暴露，不仅会面对法律惩罚，而且很可能会失去公职，身败名裂，至于高额的退休年金也将因此丧失。久而久之，公务员队伍就会形成“爱惜羽毛”的风气，这是一种非常有效的“文化反腐”。

精神折磨也值得一提。由于腐败的成本越来越高，那些面临贪腐诱惑的人，以及刚刚坠入其间的人，会承受比较大的精神折磨，对于牢狱之灾的恐惧，对于失去社会地位的忧虑，了解或目睹过的前车之鉴，以及可能会给家庭尤其是子女带来的打击，都会让这些人感到煎熬，很多人在权衡利弊之后就选择了“踩刹车”。

城市之间的信用竞争，也可起到很好的反腐效果。在美国城市腐败高发的后期，城市之间的竞争，有效地遏制了腐败。一方面，政府或高官的腐败作为，会严重影响到外来投资者的投资信心，导致城市招商引资等出现大问题；另一方面，一些城市的腐败和低效，在影响其城市信用的同时，也映射出其他城市的廉洁和高效，这些相对廉洁的城市的信用就会上升，自然就会引来更多的投资，其中，很多都是从腐败城市迁移出去，或原本考虑在腐败城市落脚的投资者。这反过来会对腐败、信用低下的城市产生极大的冲击，压缩腐败空间，也引发媒体和民众的强烈不满，进而强化对政府官员的监督和规制。

事实证明，进步时代的制度反腐效果明显。从镀金时代的贿赂横行，到此后腐败成为美国社会和政治、经济生活中非主流问题，都可见“将权力关进笼子里”的重要性，也说明了：反腐需要领导者的魄力，需要舆论和媒体的监督和支持，更需要科学的制度设计。

8. 芬兰清廉建设的经验与启示

芬兰被认为是世界上清廉度最高的国家之一。他们的经验是抓住“信任、法律、道德”三个方面建设，同时注意“法律必须清晰严肃，官员要高薪养廉，突出职业人士的道德意识，及时惩罚控制腐败行为”四个环节。这些做法和经验，值得我们借鉴。

（一）把权力关进法律和制度的笼子里。芬兰遏止贪腐的第一利器是法律法规明确、具体、细致、不断更新，力求做到底线清晰、公开透明。芬兰在上世纪70年代也是腐败多发的时期。几个大的腐败案件都是发生在城市规划部门和市政采购部门等有利于权力寻租的部门，如地铁腐败案、西门子行贿案等。此后重视清廉建设，完善了有关制度和法律，才遏制住腐败。预防打击腐败行为主要在三个重点领域进行：一是负责公共设施规划建设管理的部门，这些部门的工作人员接受任何收益都足以使人们对政府失去信心。二是国会议员。这些人受贿，就很难保证国会的决策不受影响。三是私人企业领域。他们可以在国内也可以在国外行贿。芬兰、欧盟颁布法律，涉及公司内部反腐败，这些法律对所有在外国的公司都适用。与北欧几国比，芬兰在用刑法控制腐败方面比较突出。芬兰《公务员法》和《刑法》中有关于行贿受贿的条例，对公务员及政府雇员的行为加以规范。根据这两部法律，中央政府及下属各部门制定了具体的规章制度。特点比较明显：一是构成腐败犯罪的起点较低。不论实际上是否影响了公职行为，只要收受了贿赂就足以构成刑罚的条件，利益贿赂不仅仅局限在金钱，也包括对公职人员家庭、子女未来的承诺等，只要公务员的行为会削弱公众对政府行为公正性的信心，该公务员的受贿罪名就成立。芬兰流传最广的一句话是："公务员可以接受一杯热啤酒和一个冷三明治，但如果喝上葡萄酒那就危险了。"二是公务消费的规定十分详细。为了防止公务员公私划分不清，芬兰政府各部门、议会、军队等部门均设有专职的管理人员，替出差人员按规定标准订购旅馆和车船票或机票。三是实行财产申报和公示。所有公职人员都要申报他们所有财产的状况和收入来源。芬兰实行金融实名制度和官员财产信息公开制度，公众和新闻媒体可以查阅到官员的财产、工资、纳税情况。四是完善的监察专员制度。监察专员向议会报告工作，与行政、立法、司法机关均无任何隶属关系，其主要职责是监察中央和地方政府、法院、警察、军队以及国有企业的工作人员，政府部门的部长除外。

（二）营造诚信为本、崇廉鄙贪的清廉文化环境。芬兰人坚信，"很难强制让一个人不腐败"，"只有自己内心的强大才是防止腐败的利器"。与腐败作斗争不能只靠风暴式打击让腐败分子受到指责惩罚，关键要形成诚实信任的社会环境。芬兰的反腐败教育与其公平、平等的理念紧密结合，深深地植根于社会。这种理念的发展已有上百年了。因与公民意识联系紧密，官员和平民就拥有共同的道德上的标准，都自愿服从共同的规范。具体做法上，一是面向社会进行廉洁教育。芬兰中学就开设法律基础教育课程，培养公民的守法观念。二是面向公务员队伍进行廉政教育。芬兰年轻人从大学毕业进入公务员体系后，最重要的就是通过培训使其弄清“腐败”的界限，即接受礼品或受请吃饭的上限在哪里，个人的权限是什么。三是重点抓执法系统的廉洁自律教育。一位赫尔辛基大学的教授讲：“我对政府机构及其内部的公职人员都是信任的。他们受到良好的廉洁自律教育，各层级的权限清晰，下级无需请示上级的事，打招呼不太管用。我去警察局等部门办事从来没有担心过不行贿就办不成。当然他们可能犯错，也可能理解法律有偏差，这种情况下我可以和他们讨论，甚至到法院起诉他们，但从来没有想过通过行贿来解决。”芬兰通过长期的廉政教育、完善的法律制度、各方面有效的监督，营造了崇廉鄙贪的浓厚文化氛围，使得贪污受贿行为如同偷盗抢劫一样，被视为卑鄙肮脏的不义之举。外国的一个调查机构曾举行全球一些大城市丢钱包交回实验，芬兰赫尔辛基因回收钱包最多而获得世界最诚实城市称号。

（三）社会广泛参与监督，严惩腐败行为。芬兰人认为，“任何人都有权利来举报腐败”。一是媒体的监督起着至关重要的作用。政府官员一旦有丑闻被曝光，就会威信扫地，甚至被起诉。比如芬兰有一个议员接受别人送的戏票看演出，被记者曝光。因事出有因，虽然最终该议员未被送上法庭，但他的政治前途到此为止。二是社会团体的监督活跃。芬兰约有 11 万个民间团体，其中 6. 3 万个十分活跃。律师也有自己的机构控制自己的行为，能自我清除败类。若你做错了，会被组织清理出去。学者认为社会组织机构如果不这样做，甚至参与腐败，就会变成系统性的腐败犯罪。这种情形是可怕的。三是公民的监督比较便利。在芬兰，任何公民都有权自由地检举和揭发违法的政府官员。像芬兰议会就设有网站，受理公众对议员的投诉。

（四）实行严密的税收监管，使高级公职人员腐败难逃惩处。一般高级官员的腐败行为不易受到监督，芬兰政府通过遍布全国的税收系统严密监视行贿受贿行为。如一位管理城市规划的部长级官员自己花钱装修房子，没有向装修公司要发票，税收部门在对装修公司的税收审计中发现问题，质疑这位官员帮助对方逃税，直到他解释清楚，其中没有任何可疑寻租问题才算罢休。

（五）从权力寻租的供求关系入手，有助于清除腐败滋生的土壤。从行贿者讲，目的是对官员施加影响，以使其决策对自己有利。在芬兰已建立起比较好的组织通道。想对政府施加影响的人，有公开透明的通道从不同的层面展示其影响。比如要制定一个法律，就会有一些组织或社团出面，代表不同群体的利益，表达他们的诉求，通过各方面参与讨论形成共识，在此基础上制定政策和法律，这样，大大削减了通过行贿影响官员决策的必要性。

（六）把依法管理与促进社会公平密切联系起来。芬兰是世界上第一个修改罚款系统的国家，即把罚款和收入挂钩，按被罚款人每天的工资来计算罚款额。如开车超速，开车的人是学生的话，罚款很少；若是公司的总裁，就要罚很多。比如前者是500欧元，后者可能就会达到1万欧元。通过这一调节措施，促进了社会公平和公正，这一系统已推广到其他北欧国家。

（七）大政府、大社会的治理模式。政府治理和社会管理两者不能偏废。芬兰是完全的市场经济国家，但政府这只手也很强大有力，既强力参与社会建设管理，又不放松对经济活动的调控。比如，在环境保护相关法规的制定上，美国的法律与芬兰非常不一样。美国是谈判式的，工业能做什么，农业能做什么，更多的是通过谈判。芬兰是命令执行的方式，由政府来制定统一的标准。这是两种环境治理的模式，学者认为欧洲这种模式要好一些，环境保护不是能通过谈判解决的，必须通过法律法规以及行政来决定标准。谈判既影响了效率，又为寻租留下空间，而由政府统一制定标准，既严肃、公平，又堵塞了可能带来的腐败。在芬兰，大政府并不意味着小社会，政府非常注重发挥社会组织作用，政府不该管、管不好的事，都交给社会组织。把政府的部分管理事项下放或让渡给有能力管理的社会组织，形成政府为主导治理、社会组织协调配合的良性管理格局，减少不必要的政府权力的同时，也减少了权力的滥用。

9. 世界各国政党如何执纪监督

腐败是和平时期执政党的最大危险

金钱和权力是政党政治绕不过的迷宫。在和平建设时期，执政党最大的危险是腐败。无论是法定执政型政党，还是自由竞选型政党，很容易受到腐败滋生、党纪废弛、派系斗争等“政党疾病”困扰。特别是长期执政的政党，因长期掌握国家权力和公共资源，一旦监督制约力量受到削弱，极易导致累积性腐败，有的甚至出现政权易手、党旗变色。

原苏联共产党在有 20 万党员时顺利建国，有 200 万党员时成功卫国，有 2000 万党员时却亡党亡国，主要原因之一是腐败蔓延，党纪涣散，干部群众离心离德。苏共于 1920 年成立中央监察委员会，与中央委员会平行地行使职权。斯大林时期，中央监察委员会变成中央委员会的下级机构，监察机关地位急剧下滑。赫鲁晓夫时期，重建国家监察委员会，合并党和国家的监察机构，监察工作呈现出新气象。但勃列日涅夫上台后，行政监察机构被分拆为党的监察委员会和人民监督委员会，人民监督委员会主席不再兼任中央书记和部长会议副主席，地方监察委员会完全归当地党委领导。自此，原苏联权力监督体制彻底遭到破坏，并最终造成灾难性后果。

印度国大党作为百年老党，历次选举失利都与腐败有或多或少的关系，特别是取消党内监督委员会后，腐败之风愈演愈烈。1977 年选举失败与英迪拉总理的选举舞弊和家人干政行为直接相关。1989 年选举失利主要是因为拉吉夫政府因"博福斯军火贿赂案"名誉扫地。1996 年惨败是因为拉奥政府牵涉"哈瓦拉贿赂案"，一半以上的内阁部长涉案。2014 年全国大选中，腐败丑闻缠身和反腐败不力依然是国大党的最大软肋。

墨西哥革命制度党连续执政 71 年，但由于长期忽视党的自身建设，贪污腐败丑闻迭曝，党的威信一路下滑。1995 年，前总统萨利纳斯的哥哥因涉嫌贩毒和巨额财产来源不明被捕，萨利纳斯流亡海外。1997 年，国家缉毒局局长雷沃略将军因参与贩毒被捕。2000 年总统大选期间，国家旅游部长比利亚雷亚尔因涉嫌贪污 4500 万美元逃往国外，使革命制度党因成功发展经济建立起来的威信瞬间瓦解，最终丧失执政地位。

日本自民党成立于 1955 年，曾一党连续单独执政长达 38 年，但党内腐败丑闻不断，特别是 1992 年佐川快件公司贿赂丑闻牵涉到竹下登、金丸信等党内元老，导致 1993 年大选失利，不得不黯然下台。

执政党坚定反腐败是国家廉政建设的根本保证

政党一旦执政，就变成了权力的主人。执政党的反腐败决心和反腐败举措，不仅关系到民心向背和政党命运，还直接决定了国家反腐败事业的兴衰成败。在当今法治时代，实现依法用权和加强监督制约成为政党政治并行不悖的发展趋势。

在发达国家，履行党内监督职责的主要机构是议会党团，议会党团内的督导员或干事长（又称“党鞭”）由党的领袖直接任命，负责贯彻党的意志，防范权力和金钱的腐蚀作用，维护政党的生命力。美国民主党、共和党等过去比较松散，现在越来越强调严格党的组织纪律，加强党的团结统一，发挥议会党团和党鞭的独立监督作用。英国保守党将议员党团、中央总部和全国联合会合并为“保守党管理委员会”，督导员改由党的领袖直接任命，实现监督力量的集中统一。德国社会民主党设有监察委员会，监察委员会委员不得担任党的其他领导机构的职务，规定党员遵守纪律不分八小时内外，并为每个党员建有诚信档案。法国社会党、德国基督教民主联盟等建立了完善的党内仲裁制度，仲裁委员会由各级党员代表大会选举产生，享有独立的裁判权，仲裁制度和诉讼程序皆仿照国家司法体制，以此体现“依法治党”。

2008 年全球金融危机以来，发展中国家，特别是新兴经济体的执政党，纷纷强化党内纪律检查机构建设，健全党内法规，加大惩治腐败力度。巴西劳工党于 2009 年出台《劳工党道德和纪律条例》，强化全国道德纪律委员会的职能，要求对违反党纪的党员必须给予处分，若涉嫌犯罪，党组织和个人必须支持司法机关进行调查处理。越南共产党第十一届五中全会决定加强党中央对反腐败工作的直接领导，中央反腐败委员会主任由越共中央总书记担任，重点是加强顶层设计，解决党政机关负责人反腐败决心不足、惩治不严等问题。南非非洲人国民大会于 2012 年底成立廉政委员会，负责党内财产申报，治理党员干部贪污腐败问题以及捍卫党的核心价值观，凡是挑战党的权威、违背党的决议、违纪违法的党员可立即开除党籍。尼日利亚人民民主党学习中国经验，于 2013 年 9 月成立全国纪律委员会，加强党内纪律建设，保证党员廉洁从政。印度国大党于 2013 年底联合主要在野党通过 1968 年就列入立法计划的《公民监察法》，为建立独立的最高反腐败机构扫清了法律障碍，被印司法部长称为“具有里程碑式的历史意义”。

精英党员是党和国家的反腐败执法重点

精英党员在国家政治生活中发挥着关键性作用，是各个政党获得和维护执政地位的领导力量，但权力掌握者被权力腐蚀的风险亦较高。新加坡前领导人李光耀多次表示，“如果我要贪污，没有人可以阻止，但代价是整个制度的崩溃”。因此，加强对精英党员的监督一直是各个政党和各个国家反腐败工作的重点和难点。

在西方，党内监督主要体现在督促议会党员遵守党纪。一般情况下，议会党团事先会将党内立场通知本党议员，议员投票时必须与本党保持一致，违者将受到严厉惩处，甚至葬送掉政治生命。

除政治纪律外，随着世界各地反腐败呼声的高涨，越来越多的政党对腐败采取“零容忍”态度，支持国家大力惩治腐败。英国议员违规报销事件曝光后，373 名议员或前议员被勒令退款，27 人辞职，迈克尔・马丁成为英国 300 余年来首位被迫下台的下议院议长。2012 年以来，德国前总统武尔夫、巴西前总统卢拉、菲律宾前总统阿罗约、意大利前总理贝卢斯科尼、爱尔兰前总理埃亨、斯洛文尼亚前总理杨沙等因涉嫌贪污贿赂或利益冲突，先后被立案调查或被判入狱。

巴西劳工党以“反腐斗士”形象上台执政。2011 年以来，罗塞芙政府先后将涉嫌腐败的总统办公厅主任、交通部长、农业部长、旅游部长、体育部长、劳工部长、城市部长等一大批高级官员解职。在最高法院审理“大型月费案”过程中，劳工党两任前主席、前财务主管等党内高官锒铛入狱，罗塞芙顶住了党内部分元老压力，支持司法机关独立办案，并提拔案件主审法官巴尔博萨为最高法院院长和国家司法委员会主席。

俄罗斯反腐败工作经常被认为是“只抓小虾，不动大鱼”。普京第三次就任总统后，强调反腐败没有“不可触碰的人”，要“用烧红的铁燃尽腐败”。2012 年 11 月，深得普京信任的国防部长谢尔久科夫被解职，这是俄罗斯 20 年来第一次以涉嫌腐败名义解除部长职务，国防部三名副部长和国防订购总局局长沃罗比约夫也相继被解职。此后，彼尔姆州前州长帕诺夫、农业部前部长斯克伦尼克、俄罗斯航天系统公司总经理乌尔利奇和联邦资产管理机构负责人斯捷尔秋克等均因涉嫌腐败接受调查，有的甚至被判刑。

10. 香港地区和新加坡的反腐败制度经验

本文想着重讨论两类问题。一是，香港地区和新加坡的反腐败经验是不是重要？是不是值得我们系统地、认真地去学习和借鉴？二是，香港地区和新加坡的反腐败经验，包括制度经验主要有哪些？

一、香港地区和新加坡的反腐败经验很宝贵

直接、正面肯定香港地区和新加坡经验的重要性，是非常重要的，有利于我们客观、系统、深入地学习和借鉴香港地区和新加坡的反腐败经验，包括制度经验。多年来，很多不正确、不客观的认识严重阻碍着我们对于香港地区和新加坡反腐败经验的学习与借鉴。对于我国的反腐败和廉政建设来说，这是非常不利甚至是十分有害的。常常听到关于香港地区和新加坡反腐败经验的评价，这些评价大多是轻视、忽视甚至不屑一顾。尤其是来自政府官员包括反腐败机构官员的评价，更是如此。理由主要有这么两类：一是，香港地区和新加坡太小，又是一个城市地区，中国内地地广人多，地区、城乡发展差距大，中国内地的情况非常复杂，香港地区和新加坡的经验无法解决中国的问题。二是，中国国情太特殊，香港地区和新加坡经验是不错，但水土不服，我们学不了。在这些认识下，多数地方是不重视甚至排斥对于香港地区和新加坡经验的学习，少部分愿意学习的地方，也由于主观认识上的偏差以及一些客观的原因，导致多年学习下来仍在邯郸学步。这两类理由其实都站不住脚，经不起推敲，驳倒很容易。提出的一个反问就是：内地的一个城市，尤其是一个规模与香港地区和新加坡相当的发达城市地区，例如深圳、广州、杭州，是不是可以学习借鉴香港地区和新加坡？他们的经验是不是可以移植过来？如果回答仍是不能，那又是为什么呢？中国内地作为一个整体很大，或许也真复杂，国情上有其特殊性，可一个发达的、规模相当的城市地区，为什么不可以学习？反对者的理由其实是回答不了这个反问的。从正面讨论，为什么香港地区和新加坡的经验重要、宝贵，且具有相当的普适性。

首先，腐败是人类社会共同面对的问题，也是一个顽疾。发生在不同国家或地区的腐败虽有一定的差异，但共性是主要的。打一个比喻，好像流感，不论在哪个国家的人群中发生，防治的基本规律是一样的。不论是哪个国家或地区，如果能够解决腐败问题，其成功经验都非常重要，值得其他国家重视。另外，常识告诉人们，借鉴的成本要比原创低很多。放着成功者的经验不去深入学习，而非要坚持自己在黑暗中摸索，一定是不明智的甚至是愚蠢的。

其次，香港地区和新加坡的成功经验并不是先天获得的，也都是在交了很多学费后

才取得的。六七十年代的香港地区和新加坡，甚至在此之前长达百年以来，两地腐败都曾十分严重，腐败也蔓延到全社会。在长期的严重腐败之下，也都形成了腐败的文化，腐败成为人们生活的一部分。在这个过程中，他们也都付出了很多的反腐败努力，反腐败却都陷入越反越腐的恶性循环。新加坡从1959年自治，人民行动党执政开始，发生改变。香港是在1973年底发生了葛柏腐败事件，引发全社会危机时开始发生改变的。在改变或反腐败转折过程中，他们才逐步找到今天的成功之路。另外，香港地区和新加坡社会占主导的也都是华人文化，虽然不能说他们的经验就放之四海而皆准，但很值得中国内地去借鉴。

下面对香港地区和新加坡成功经验的介绍将表明，这些经验，特别是其中的制度经验，是具有普适性的。从逻辑上说，不存在什么水土不服的问题，中国特色也不应成为我们不能向他们学习的理由。

二、香港地区和新加坡的反腐败制度经验很系统

香港地区和新加坡的反腐败经验，特别是制度经验不仅宝贵，而且还很系统。在“三不”（即不敢贪、不能贪、不想贪）方面都很有建树、卓有成效，值得我们认真、全面地学习和借鉴。

在介绍香港地区和新加坡的系统制度经验之前，先从逻辑上论证一下他们经验的系统性。在逻辑上，要想证实一个东西，必须要周全，复杂且困难；但要证伪一个东西，只要一个反例就足够了。同样逻辑，一个国家在面对腐败挑战之下，如果你要战胜腐败、取得成功，那你的做法就一定要系统、科学和有效。而一个失败国家，只要有一个方面没有做好，就足够了。香港地区和新加坡反腐败经验的系统性首先就来自于他们都是反腐败的成功者。香港地区和新加坡是亚洲仅有的两个反腐败成功样板或标杆，国际社会一致公认。不是说失败的国家或地区就没有任何经验可言，但这些经验一定是不成系统的，甚至是支离破碎的。所以，要选择学习对象，首先就要选择那些反腐败成功者，因为他们能告诉你系统的成功经验。人类在漫长的古代文明中，没有任何一个成功者。在当代世界，全球来看，也只有十个左右的国家或像香港这样的地区是成功者，其他大部分国家或地区都不成功甚至陷于腐败的泥沼之中。因此，选择这些成功者，尤其是基于地缘和文化因素，选择的香港地区和新加坡，是我们学习的首选。决不能因为他们地域狭小或种种肤浅的理由，而拒绝学习。

简要介绍一下香港地区和新加坡在“三不”方面的经验，特别是反腐败制度经验。首先，在“不敢”方面，他们的经验十分重要。要做到“不能”，主要依靠的是打击或惩治腐败的制度设计。通过打击形成威慑或震慑，让人不敢腐败。香港地区和新加坡分别建立了各自的反腐败机构，廉政公署和贪污调查局。二者都是卓越的反腐败机构，均肩负着执行使命，且执行力一流。考察这两个反腐败机构，有四大共同特征：独立、权威、廉洁、专业。而每个特征背后都有复杂的制度体系支撑。这里仅举廉政公署的廉洁作为一个例子。廉政公署坚持的是最高的廉洁标准，“白过白色”。事实上，他们也几十年如一日地做到了。试想，如果一个反腐败机构也利用他们的反腐败权力，搞腐败甚至大肆腐败，那将会怎么样？不仅不能肩负起反腐败的使命，还会彻底摧毁人们的反腐败希望。廉政公署的廉洁来自于自成立伊始就精心设计出来的一套外部和内部兼备的、严密的制约和监督体系。在我国，如何“监督监督者”是一个才刚开始受到人们关注的议题。我国十分重视对于纪检监察机关和干部的监督，制度性措施目前也只限于内设的监督室。

其次，在“不能”方面，他们的经验十分重要。要做到“不能”，主要依靠的是约束性的预防制度设计，最具代表性的就是权力监督制度，由此让人不能腐败。这方面的制度是非常复杂的，尽管可从宏观、中观和微观几个层级去分类，但要穷尽这些制度几乎是不可能的。在此仅列举香港地区和新加坡的一些主要的制度，例如分权制衡、法治、权力监督、新闻舆论监督、政府信息公开制度、防治利益冲突制度、财产申报与公开制度等。考察香港地区和新加坡，制度已经形成了一个密实的网，人人都得照章办事，个人手中的权力极少，即使有也很难任意行使而不受监督。大部分制度都很严密，极少有漏洞。我国又是什么情况呢？相当多的权力都掌控在一些人手中，随意性很大且没有监督或无法监督。即使这些年通过改革，把一些权力交给了制度，事实上却都留有后门，权力依然操纵在个人手中。因此，我们旨在“不能”的制度建设任务还十分繁重。更关键的是制度建设的决心，如何克服那些不愿意放弃权力者的阻力。

第三，在“不想”方面，他们的经验也十分重要。要做到“不想”，主要依靠两个：一是，廉政或廉洁教育；二是，激励性的预防制度设计。相比而言，后一个措施更可靠、作用更大。在廉洁教育方面，香港地区和新加坡都有重要的经验。香港地区的经验更是世界一流。自 1974 年廉政公署成立，香港就提出了一个全员廉洁教育战略，并由社区关系处（有 200 多名专业宣教人员）负责执行。经过长达 30 余年的不懈努力，彻底改造了香港社会的腐败文化，建设起了廉洁文化，实现了全社会对腐败的“零容忍”，把廉洁确立为香港社会的核心价值观。应当说，这个全员教育战略做出了巨大的贡献。在激励性预防制度建设方面，香港地区和新加坡也都有系统的建树。例如，大名鼎鼎的“高薪养廉”制度，公正、公平、竞争性的公务员选拔制度，新加坡的中央公积金制度等。从世界各国制度建设的实际情况来看，激励性预防制度都十分稀缺，开发的潜力还很大。相比之下，我国确实还有大量的工作要做，而香港地区和新加坡都有很成熟的经验可以借鉴甚至简单“拿来”。

11. 反腐败立法的国际经验

加强反腐败立法，建立起较为系统、完备的反腐败法律制度，是世界各国预防和治理腐败的基本路径。纵观世界上有关反腐败立法的做法，大体可梳理和总结出两种模式，即集中立法模式和分散立法模式。集中立法模式是指制定一部全面、集中针对腐败问题防治的综合性立法，其最典型的表现形式是专门的反腐败法。例如，美国有《联邦贪污对策法》，英国和新加坡有《防止贪污法》，俄罗斯有《反腐败法》，韩国有《腐败防止法》等。分散立法模式是指并不针对腐败或反腐败制定专门的龙头性法律，而是根据腐败发生的不同环节和领域，以及惩治腐败的不同法律手段，制定相关的单行法。

这两种反腐败立法模式各有利弊。分散立法模式的优势在于，能够密切结合权力运行和腐败发生的不同领域、不同环节，加以有针对性的防范、惩戒和治理，并根据具体情况的变化适时加以修订；而集中立法模式的优势在于，有利于提高反腐败法律制定的系统性、整体性和协调性，防止或减少法律漏洞，体现立法合力，有效节约立法资源和成本。相对而言，集中立法模式的优势更为明显，在反腐败形势比较严峻的国家更是如此，因此，随着全球范围内腐败问题的凸显，相当多的国家开始趋向于采用集中立法模式。但应当注意的是，集中立法模式中的反腐败综合性立法，只是国家反腐败法律制度体系中的龙头和统领，而不能将其等同于反腐败法律体系的全部，腐败的防范与治理还有赖于其他单行法律的配合。以美国为例，在《联邦贪污对策法》之外，还重视健全权力行使要求及其规则，如《行政程序法》等，并制定有利于预防和治理腐败的单行法，如《政府道德法》等，这些立法都属于广义反腐败法的内容，但无法为反腐败综合立法所全部涵盖。其他反腐败集中立法的国家，也莫不如此。

法治反腐是多数国家行之有效的做法。很多国家制定了大量的反腐败法律，逐渐形成预防惩治腐败行为的法律体系，收到良好效果。从各国反腐败立法的规律看，呈现出以下特点。

注重事先预防腐败的立法。多数国家都有预防性的制度规范，注重运用法律手段约束政府和政府官员的行为，防止腐败滋生和蔓延。如美国有《政府行为道德法》，英国有《荣誉法典》和《防腐化法》，新加坡有《防止贪污法》和《公务员惩戒规则》，德国有《利益法》《回扣法》《反腐败法》等。这些法律规定，禁止公务员经商、禁止接受礼品，限制兼职，实行回避制度等。其中，美国的预防腐败立法内容详尽、可操作性强。具体包括：有关财产申报的制度；有关公职人员行为准则的规定；有关政治捐款的规定；有关行政公开的规定；有关涉外贿赂的规定；关于廉政机构的规定等。

注重将公务员的道德义务上升为法律规范。美国在 1978 年修订的《文官制度改革法》对政府雇员的义务作了明确规定，要求公职人员必须奉公守法、廉洁自律，不得贪赃枉法、不得以权谋私、不得营私舞弊、不得参加政治捐款等政治性金钱收受活动。新加坡政府先后出台了《公务员法》《公务员纪律条例》《防止贪污法》《财产申报法》《现行反贪污法》《没收非法利益条例》等，同时，还配套出台了一套五卷本《指导手册》。菲律宾在 1989 年推出《公共官员与雇员品行和道德标准法》，以立法形式规范公职人员的从政道德，并以法制的力量保证其有效实施。

注重确立反腐败标准。如俄罗斯在 2008 年颁布了《反腐败法》，该法引入了反腐败标准，即对统一体系相关领域的活动设定禁止、限制和许可性条件，以保障在该领域达到预防腐败的目的。这些标准不仅体现对各个领域（如政府采购）确立和提出这样或那样的禁令、限制及许可，而且应考虑到在实现有关标准时，法律主体行为的各个方面。

注重构建综合系统的反腐败法律体系。很多国家普遍形成了健全完善的反腐败法律体系，有关反腐败的法律囊括了预防腐败和惩治腐败的法律。美国宪法第 2 条第 4 项规定："总统、副总统及合众国的文官，受到叛国罪、贿赂罪或其他重罪、轻罪的弹劾并被判定有罪时，应受免职处分。"在联邦政府层面，1883 年的《文官制度法》确立了任人唯贤的政府官员选任制度；1921 年的《预算会计法》加强了对公共资金的收入、支出和使用监督审查，并根据此法成立直接向国会负责的审计总署；其他如《有组织的勒索、贿赂和贪污法》（1962年）、《对外行贿行为法》（1977年）、《政府道德法》（1978年）等，也是联邦行政机关内部防治贪腐的主要法律。美国《刑法》第201～209条具体规定了政府官员有关贪污行贿的各种罪名和处罚措施。上述法律从根本大法到具体执行条文，建立起了一个相对完善的反腐法律体系。

分析国外反腐败立法，可以得到如下启示：反腐败是一项系统工程，必须通过立法，建立预防惩治的系列制度，实现标本兼治；许多国家预防和惩治腐败的法律是一体化的，在同一法律中规定了预防和惩治两方面的措施，把惩治犯罪作为预防犯罪的一个有机组成部分；对反腐败机构都授予极大的权力并明确其责任，并规定了有效的刚性措施，从制度、管理和监督上减少犯罪产生的可能性；反腐败是世界各国的共同任务，没有哪个国家可以置身其外，必须加强立法合作，形成共识。《联合国反腐败公约》首次就预防、侦查和返还腐败分子转移的财产规定了一系列基本的原则，并为各国就追缴非法财产问题加强合作提供了法律框架。

在我国全面推进依法治国的大背景下，法治反腐渐成共识。加强反腐败立法，需要借鉴国外经验，结合我国立法实际和反腐败需要，制定系列法律法规，形成预防惩治腐败的法律体系。制定《反腐败法》，完善《监察法》。通过制定统一的《反腐败法》确立反腐败的标准。既要明确腐败的内容和形式，又要明确界定公共权力的边界，规范权力授予的形式、行使的程序和适用的范围等，就监督、预防和惩处腐败等作出具体化、明确化的规定。《反腐败法》应当重点规定反腐败主体的职责及义务，预防和惩治腐败的各项措施，如权力清单制度、公务人员财产申报制度等，反腐败的监督与保障、法律责任等内容。通过实施《监察法》，认真履行监督执纪问责和监督调查处置双重职责，对所有行使公权力的公职人员进行全面的监督和监察，确保监督执纪工作全覆盖、零容忍、无禁区。

加强预防腐败方面的立法。主要包括：第一，制定信息公开法，完善政务和各领域办事公开制度，推进决策公开、管理公开、服务公开、结果公开，确保各项国家公权力都受到监督制约。第二，完善行政组织法和行政编制法，明确政府权力的边界，划清政府部门之间的权力关系，明确各个部门的法定职责，实现用制度管权管事管人，保证权力的正确运行。第三，加快制定行政程序法。确立各类行政行为的程序标准，约束和规范重大决策程序，确保国家机关按照法定权限和程序行使权力。第四，制定公务人员财产申报法。在完善领导干部报告个人有关事项制度基础上，探索制定国家层面的统一立法。

完善反腐败信息举报立法。检举、申诉、举报制度对于反腐败具有重要作用。虽然我国宪法、刑事诉讼法和个别部门法中有保护举报人的条款，但缺乏可操作性。必须加强有关举报人的保护制度。要健全办案保密规则，切实有效保护举报人依法举报的权利和人身财产的安全。随着近年来互联网技术的发展，政府机关已经建立起高效、便民的网络举报平台，严格规范网络举报受理程序。制定明确的网络接办人员失职行为量纪标准，允许司法机关对相关部门的不作为或不当管制行为进行司法审查，实行举报救济补偿制度。

完善反腐败的刑事立法。我国《刑法》规定对贪污等腐败犯罪行为要予以刑事处罚。但是，当前反腐败面临的严峻形势，要求我们必须加强反腐败刑事立法，通过严厉的刑事处罚形成震慑。应当尽快出台《反贪污贿赂法》，根据我国贪污贿赂犯罪出现的新情况、新特点，使其全面涵盖贪污贿赂犯罪的各种情形，以利于准确而有效地打击腐败犯罪。

腐败，就像一个纠缠不休的幽灵，困扰着每一个国家，严重威胁着各国经济发展和社会安定，侵蚀着执政党的执政基础。为此，各国都在进行不懈的探索，试图遏制腐败的发生，可在多数国家反腐效果不尽如人意。令人振奋的是，有几个国家的做法却取得了巨大成功。

（一）专门立法依法治腐

丹麦、瑞典、新西兰、新加坡、芬兰、瑞士、冰岛、荷兰、澳大利亚、加拿大等国家均为崇尚法制的现代市场经济国家，法治理念深入人心。它们在打击腐败时，首选的武器自然是法律。早在20世纪初叶，北欧国家就开始制定反腐败法律，强调预防与惩治相结合。瑞典于1919年、1962年、1978年制定和完善了《反行贿受贿法》。芬兰在20世纪20年代制定了《公务刑法》。丹麦则在其刑法典的有关章节中明确规定了有关贪污受贿罪的罪刑规范，对贪污罪的刑罚大大高于其他经济犯罪的处罚标准。新加坡在1960年颁布了该国第一部《防止贪污法》，此后又根据形势变化的需要对其进行了多次修改，从而使其更加完善，且更具可操作性。同时，新加坡政府还推出了《公务员惩戒规则》，这是对《防止贪污法》的补充。1988年又出台一部专门惩治腐败犯罪的程序法——《没收贪污所得利益法》。

（二）独立机构专司反腐

为了治理腐败现象，这些国家都设立了高效、独立、专司反腐的机构，负责彻底查处各类腐败案件。新加坡于1952年设立贪污调查局。2000年，该机构与专事查处非法交易的商业事务局合署办公。它不但拥有很大的权力而且直接隶属政府首长，还有独立而不受政府官员干扰的法庭作支援，其职能主要有三方面：接受举报和调查相关情况；调查公职人员的腐败行为，《防止腐败法》第15条还授予调查专员可以在没有逮捕证的情况下逮捕违法人员；通过审查公共部门的工作方法和程序发现存在的问题来预防腐败。瑞典于1998年成立国家经济犯罪署，专门治理经济犯罪，主要管辖斯德哥尔摩—哥德堡等大城市。在中小城市和边远地区，则通过与地方检察机关和警局合作实现目标。2003年，瑞典又成立国家反腐败办，专门负责调查政府腐败和各种贿赂案件。加拿大于1878年成立了负责反腐败的机构——审计署。它是一个独立的机构，内设一专门委员会负责向议会报告工作，委员会主席一般由反对党代表担任，其职能主要是监督政府财政支出。澳大利亚新南威尔士于1989年成立的独立反腐委员会是一个公共权威机构，独立于政府部门，具有重要权力：通过公正的调查，揭露腐败事物；向公共部门提供警示建议和预防措施，防止腐败事件发生；在公共部门和社会团体中，开展有关反腐败的教育，宣传新南威尔士独立反腐委员会任务的活动。其目的是维护公共利益，防止社会诚信破坏，指导公务员的行为，揭露和最大限度地减少潜藏于公共部门中、并可能造成恶劣影响的腐败现象。

（三）透明政治阳光拒腐

在这些国家，官员的财产都是公开的，人们对官员的财产有疑问可以投诉，有关部门应调查并向人们作出解释。在瑞典，从1766年开始，公民就有权查阅官员直到首相的财产与纳税状况。在芬兰，政府档案馆及公共部门的所有档案不仅对专家学者开放，也对新闻媒体和公众开放，以接受公民和媒体的监督。此外，芬兰法律还规定，任何人都不得开设匿名账户，每个公民和团体的收入与财产每年都要在纳税表上予以公布，税收当局有权了解全国所有账户的情况。后来，北欧国家都实行了金融实名的存款制度和官员财产信息公开制度，成为名副其实的阳光政府和透明官员。

（四）严格执法利剑惩腐

这些国家，在惩治腐败行为时，可以说是剑锋所指，所向披靡，真正做到了“执法必严”。在新加坡，事无巨细均有章可循，有法可依，并“严”字当头。公职人员哪怕接受一听咖啡、一盒香烟、吃一顿饭都被视为违法，都要受到惩罚。《没收贪污所得利益法》对贪污受贿更是作出了严厉的惩罚规定。公职人员贪污受贿一经查实，不仅要处以5～7年的监禁，而且还要处以最高10万美元的罚金，还要没收无法说明来源的一切财产，同时没收本人的公积金和退休金。该国环境发展部前政务部长曾接受了印尼商人赠送的7张机票，携带家人旅游，被发现后不仅被撤职，还被判刑4年。原国家发展与建设部部长郑章远算得上是新加坡的开国元勋，曾为"政府组屋"建设立下汗马功劳，新加坡贪污调查局发现他两次受贿50万元，但他拒不承认，最终在铁证面前畏罪自杀。在芬兰，公务员接受金钱、珠宝、家电、低息贷款、公费旅行均被视为受贿，甚至接受荣誉头衔和有关部门的推荐也不例外。公务员如果被指控受贿，罪名成立，将被立即免职。

（五）倡行廉德文化御腐

长期以来，北欧国家塑造了较高的公民道德水准和良好的社会风气，人们对通过旁门左道满足个人欲望的行为嗤之以鼻，认为只有通过自己的劳动所得到的财富才是合理的。芬兰在初中教育阶段就开设了社会学课程，学生在高中阶段便系统地学习法律知识，因此，青年人在步入社会之前就具备了基本的法律知识和遵纪守法的观念。芬兰年轻人从大学毕业进入公务员体系后，最重要的就是弄清"腐败"的界限，即接受礼品或受请吃饭的上限是什么。新加坡政府在20世纪70年代末发动了自上而下的"文化再生运动"，推动以儒家文化为核心的东方价值观。1991年正式发表了《共同价值观白皮书》，确立了新加坡国民"国家至上，社会为先；家庭为根，社会为本；关怀扶持，同舟共济；求同存异，协商共识；种族和谐，宗教宽容"的五大价值观，并提出"忠孝仁爱礼义廉耻"八德作为新加坡人的具体行为准则。其中，廉耻就是廉洁奉公，反对各种形式的腐败。

（六）落实制度细节防腐

这些国家在预防和惩治腐败时主要采取了以下制度：（1）现代文官制度。西方国家克服了早年的恩赐官职制、政党分肥制的种种弊端，逐步发展为如今的政务官和事务官分开的现代文官制度。其中占职位少数的政务官由党派轮流充任，占职位多数的事务官由考试录用。政务官官职不得作为竞选的许诺；事务官不受政务官更迭的影响，其升迁实行考绩制，不犯过失即不得被解职。（2）公务员日记制度。新加坡政府每年发给公务员一本日记本，公务员随身携带笔记本，随时将自己的活动记载下来。日记本定期接受检查，由主管官查毕签名后发还。如果发现有疑点，要交贪污调查局进行审查核实，否则，如果贪污调查局一旦从另外的渠道查明公务员有贪污腐败的行为，该主管官也将作为知情不报者予以相应的刑事处分。这种具有"连环保"特征的考核方式，不仅迫使公务员本人而且也包括其主管官员都必须对公务员品德负连带责任。(3) 财产申报公开制度。在新加坡，每个公务员在任职之初，必须详细申报个人财产，包括其担保人或家庭成员所拥有的投资和利息情况；若财产在任职后有所变动，应自动填写变动财产申报清单，并注明变动原因；每年 7 月 1 日，各政府部门的职员必须填报个人财产申报表，申报财产如果说不清来源，特别是有关部门调查时，不能给以满意的答复，这部分财产就会被推定为贪污所得。(4) 高薪养廉制度。新加坡制定了一套较为完善的《中央公积金制度》(CPF)，为公务员提供甚为丰厚的退休金。这一制度规定，所有参加社会工作的人员，包括政府公务员、企业职员、一般工人等，每月个人出资，政府出资，存入个人公积金账户，工龄愈长，公积金愈多。若任内没有出现贪污受贿或其他渎职违法行为，退休后就可提取这份公积金。据统计，高级公务员司局级到岁数退休时，公积金总额大约有 80 万 ~ 90 万新元，相当于人民币 400 万 ~ 500 万元。因此，新加坡公务员是个非常令人羡慕的职业，始终居于社会高收入阶层。高福利伴随着的是高要求，一生衣食无忧的前提是一生勤政廉洁。(5) 集中采购制度。北欧国家解除了政府对企业的行政管制，减少了对经济的干预，让资源充分地市场化、私有化，这样，从源头上断绝了钱权交易的机会；同时，政府对于办公用品、市政建设、公共服务等，都实行集中采购、招标投标的制度。(6) 举报人制度。新加坡政府实施举报人制度，并加强对举报人的保护，积极鼓励和支持公众参与反腐倡廉，从而在社会上形成一种强大的声势，使贪赃枉法者犹如过街老鼠，人人喊打。(7) 监督制度。在芬兰，监督包括议会监督、法院监督和政府内部监督。司法总监和议会督察员是政府机关中的最高检察官，其主要工作是依据宪法监督总统、内阁成员以及政府其他官员是否遵守法律，履行职责。监察官一般均由著名法学家担任，每年都要到全国各地巡视，倾听民众意见，接受和审理普通公民对官员与公务员的举报。在新闻舆论监督方面，通过自主的新闻报道、转播、调查、评论等，发达国家的各级官员都暴露在众目睽睽之下，一言一行都得十分谨慎小心。在公众监督等方面，任何公民都可依法自由检举和揭发政府官员的违法行为。(8) 控权制度。以丹麦为例，以前，该国警察局内部设有纠察处。1995 年，丹麦议员认为，警察不能自己监督自己，必须实行他律，所以在当年取消了纠察处，在全国各地警区设立了由议员、群众代表和律师组成的警察诉讼委员会，负责处理诉讼警察案，有权决定对警察渎职及其他违法行为进行调查。

12. 为什么俄罗斯难以遏制腐败

俄罗斯是存在严重腐败的国家。2008年，它在透明国际清廉指数排行榜上排名第147位(共180个国家和地区)。腐败对俄构成了最大威胁。梅德韦杰夫总统在2008年的总统国情咨文中指出：腐败是现代社会的“一号公敌”。俄罗斯制订了不少反腐计划，采取了一系列反腐措施。普京在2002年就提出惩治腐败的两项措施：一是要改革行政机关，二是加强法制，但效果甚微。2007年12月12日美国《时代》周刊向普京提问时说：俄“腐败蔓延，这是您的一个障碍”，普京回答说：“这个问题我们解决得不成功，也未能控制住局势。”梅德韦杰夫上台后，提出了更多严厉的反腐措施：2008年7月31日，签署了《反腐败国家计划》；2008年12月25日出台了《俄罗斯联邦反腐败法》，规定公务员及其配偶、子女必须提交收入与财产信息；2009年5月18日，在五项总统令中，规定除国家与地方行政官员外，法院、检察院、警察、军队、安全部门、选举机构的工作人员都被纳入申报人之列，还把财产申报主体范围扩大到国有公司的领导人；2010年4月13日，签署《反腐败国家战略》与《2010—2011年国家反腐败计划》的总统令，这表明，俄罗斯已从国家发展前途的战略高度对待反腐问题了。尽管法律没有要求总统申报个人与家庭收入及财产，但梅德韦杰夫为了表示反腐决心，2009年4月6日在官方网站公布了个人与家庭财产情况，普京总理接着于4月7日公布了财产情况。梅德韦杰夫强调，如果官员拒绝提供收入与财产情况，将被开除公职。

俄高调强力反腐，取得一些效果。据一项民意调查显示，2007年只有12%的人认为俄政府反腐行动是有效的，而在2009年达21%。但总的来说，反腐行动收效甚微。2009年俄行贿金额平均价码涨了1倍多，达到2.3万卢布（约7700美元），而2008年为9000卢布（约3000美元）。据俄有关学者估计，腐败涉及的金额几乎与国家财政收入相当。那么，俄罗斯缘何难以遏制腐败呢?

腐败已制度化、合法化

2008 年 5 月 19 日，梅德韦杰夫在反腐败会议上指出，当今俄罗斯的“腐败已变成一个制度性问题，我们应该用制度性的对策来应对”。制度性因素表现在很多方面：一是行政机关系统办事效率低但权力大，对经济干预多，使得公司、公民要办成一件事就得靠行贿解决。企图参政的金融寡头与官员结合，营私舞弊，成为腐败的重要温床。二是存在不少垄断性的国家大公司。梅德韦杰夫批评俄罗斯近年来过度重新国有化的做法。他在 2009 年的总统国情咨文中指出，目前俄政府控制着 40% 以上的经济，这些企业效率低，加之是派官员任大型企业的领导人，这容易形成官商一体的垄断组织，是滋生腐败的重要因素。据 2010 年 8 月 17 日俄报纸网公布的一份报告说，俄企业界人士表示，行贿支出占到企业总支出的一半。腐败的普遍性问题尤为突出。据俄罗斯总检察院 2004 年的初步估计，俄 80% 以上的官员有腐败行为。据俄社会舆论基金会 2008 年 9 月的一份调查数据显示，有 29% 的俄罗斯人曾被迫行贿，经常被迫行贿的企业家高达 56%，即使在那些从未行贿过的人中，也有 44% 准备向俄政府公职人员行贿。据俄反贪污组织 2010 年 8 月 17 日发布的最新材料，俄官员贪污金额总数已占 GDP 的 50%。此外，在俄罗斯，四分之一的学历是伪造的。在大部分教育机关、学习机构和高校，80% 的流动资金是不走账的。学历造假造成严重后果，据全俄患者维权联盟统计，俄每年有 5 万人死于医疗事故，其中不少就是丧命于持假文凭的医生手里。为了取得假文凭，还得造假成绩，每次取得考试的假成绩，5000 美元起价，若是知名学府要价可能高达 4 万美元。（俄罗斯《消息报》，2010 年 7 月 20 日）至于警察的腐败，已惹民怨。拿交警来说，俄报刊是这样描述的：他们经常“埋伏”起来，抓到违规司机后，如果不严重，司机“反应快”就会“私了”。俄司法系统的腐败也是尽人皆知的。俄罗斯纳税人为每英里高速路支付的价格是欧洲人的三四倍，主要因为贿赂和回扣。即使造价如此之高，工程质量仍低劣，使得修缮成为必要，于是有了更多的腐败机会。在俄罗斯不少腐败行为已合法化或半合法化，如各种小费、向医生送红包与向老师送礼等，已司空见惯，在客观上人们默认了其存在的合法性。为何有些民众不希望惩罚行贿行为，俄罗斯之所以出现上述情况，有以下原因：

一是作为苏联继承国的俄罗斯，在叶利钦执政时期的经济社会转轨，出现了严重的混乱与制度缺失，特别在私有化过程中，腐败大肆泛滥，而在普京执政 8 年，在反腐方面又未取得明显成效。有人认为，腐败在俄罗斯已成为顽疾，无法根治。甚至还有人认为，腐败已发展成为人们的一种生活方式。在此背景下人们对反腐失去了信心。俄民众对腐败的容忍度高，实际上是对惩治无所不在的腐败丧失信心的表现，是一种无奈。

二是普京时期经济高速发展，人民生活水平的大幅提高与腐败的蔓延是同时进行的。普京执政8年，坚持实行居民收入超前增长的政策。从1999年到2007年，俄GDP增长了68%，而居民实际收入与退休金都增加了1.5倍，失业率与贫困率下降了50%。同时，普京还特别注意解决俄罗斯最紧迫的问题，提出让老百姓买得起房、看得起病与上得起学的社会政策。另外，普京提高了俄罗斯在国际社会的地位。这些因素，对缓和广大俄罗斯民众对腐败问题的不满起了不小的作用，提高了对腐败的容忍度。对此，俄有学者指出，“俄罗斯政治稳定在很大程度上是靠金钱买来的”。

三是由于行政机构官僚化，使得人们通过行贿来解决问题，并由此提出不要惩治腐败的观点。2009年5月20日，俄罗斯司法部长科诺瓦洛夫在国家杜马汇报工作时坦言，有25%的俄罗斯人愿意让腐败继续存在下去。他还认为，这是个被大大压缩的数字。实际上，这与俄行政机构办事效率低下，故意失职不作为，不给好处就不办事有关。据2007年列瓦达分析中心的民意调查结果，39%的俄罗斯人认为，俄罗斯腐败不会根除，因为腐败比法律途径更能解决各种日常生活和生意上的问题，而且速度更快、成本更低，所以，人们宁愿选择腐败而不是法律途径。（《俄罗斯中亚东欧市场》，2009年第11期）

13. 借鉴国外经验加强我国大数据反腐败能力建设

信息时代，数据作为信息化的重要战略资源，大数据管理已经上升为国家战略，大数据应以更加积极姿态应用于公共管理和政府治理中去，未来，大数据将在惩治腐败过程中发挥不可替代的作用。

党的十九大报告着眼于实现新时代党的历史使命，针对反腐败斗争提出要“巩固压倒性态势、夺取压倒性胜利”。大数据时代的到来在给人们的生活和工作带来深刻影响的同时，也为反腐败插上了科技的翅膀。大数据反腐，就是要将“互联网＋”运用到反腐监督之中，利用强大的数据信息源泉和先进的技术手段，发挥“互联网＋纪检监察”功能。信息时代，数据作为信息化的重要战略资源，大数据管理已经上升为国家战略，大数据应以更加积极姿态应用于公共管理和政府治理中去，“得数据者得天下”，未来，大数据将在惩治腐败过程中发挥不可替代的作用。

我国利用大数据反腐败存在的问题

（一）信息孤岛难题仍待破解

从横向渠道看，各个部门信息衔接不通畅现象仍然存在。大数据收集的主体，主要是党政机关、事业单位工作人员，建立党员、公职人员基础信息数据库，涉及到个人的婚姻状况、家庭情况等各类关系，也涉及到房产、工商、税务、医保、社保、水电气缴费等多个部门，收集海量数据，由于牵扯到部门利益，因此受到的抵制力量较大。从纵向整合看，要实现全国上下的信息联网还有待时日。当前，中央与地方各省区市存储的相关信息还没有实现有效衔接，个人违纪信息等的跨省查询还没有实现，这已经严重不适应现代反腐形势的发展需求。

（二）大数据管理技术低下，人才缺失严重

利用大数据反腐必须掌握大数据技术，分别是数据收集、存储、挖掘、分析、可视化等，只有技术达到一定水平才能发掘出大数据反腐的价值。现阶段中国反腐败机构涉及大数据的各项技术都不尽成熟，在数据收集、数据存储、数据处理等方面还存在诸多问题，仍缺乏一套完善的网络系统集中处理网民提供的数据信息。此外，当前的人才建设与大数据反腐需求相脱节，目前能够真正理解与应用大数据的创新型人才还属于稀缺资源。受理网络反腐案件的政府公务人员由于自身业务素质和技能低下，不能适应大数据反腐的要求，大数据反腐相关技术人才的缺失，无疑成为大数据反腐所面临的严峻挑战。

（三）泄露个人隐私问题突出

在大数据时代，人们的教育、消费、医疗、交友、纳税、犯罪等一切生活轨迹都可以被数据记录。而大数据系统本身不考虑个体和群体是否愿意共享，而是不自觉地吸收着各种数据信息。大数据反腐过程中，监督主体具有随意性、自发性、盲目性的特征，一般而言，普通大众并没有公安机关特有的调查取证权，只能通过人肉搜索或通过曝光官员及其家人的个人隐私、照片来反腐。因此，在对官员的行为进行披露和追踪报道的过程中，很有可能已经侵犯了包括其家人在内的隐私权。

国外大数据反腐的实践与经验

（一）采取多种途径提升政府的大数据反腐能力

为提升大数据反腐的效率，各国也在积极探索新的途径和方法，目前，国外相对成熟的做法主要包括两个方面：一方面，提升自身的数据分析能力，着力培养具备数据分析能力的团队。目前，已有部分国家建立了政府层面的数据分析团队，并积累了一些数据分析方法。比如丹麦、英国、智利、墨西哥、巴西等国，通过建立政府层面的数据分析实验室，加强利用数据分析结果来修改反腐方案，完善相关法规政策。另一方面，在利用大数据反腐方面，各国也在创新和应用一些新的分析方法和数据软件。例如，印度一款名为“我行贿了”的应用程序，该程序主要功能就是为公民举报官员受贿贪污行为提供平台和渠道；再比如哥伦比亚政府推广了一款同样功能的应用程序，让公众监督公共工程的进度和资金使用情况来防治贪腐。

（二）增加数据透明度，发挥公众监督效应

保证数据公开透明并接受公众监督已成为很多国家的反腐利器。目前，很多国家已加快推动数据透明化改革。早在 2009 年，英国政府就设立公共网站，对公众公布了七个政府部门 8633 条数据资料，美国也在奥巴马任期内将众多数据公布在政府网站上，首次对公众开放数据信息，方便公众查阅监督。巴西的非营利组织 Contas Abertas 通过审查政府透明门户网站联邦预算网等公开的预算数据和文件，发现了巴西总统迪尔玛·罗塞夫挪用政府财政预算资金的犯罪行为，助力巴西联邦审计法院执行反贪行动。在这个案例中，政府层面强制性地公开重要领域的信息数据起到了至关重要的作用，同时，该案例也证明信息量大而范围广泛的数据透明行动能够有效促进公众参与到大数据反腐行动中来，行使监督权力。

（三）提升数据质量，扩大数据覆盖范围

来源广泛且质量可靠的数据是大数据反腐的基础。目前，国外关于大数据反腐方案的讨论逐渐从强调开放和使用大数据转向关注有效数据的产生，力求政府能够统计、收集、公开高质量的官方数据，并建立相关数据的有效管理登记系统，以此发挥高质量数据对反腐的支撑作用。例如，2016 年，国际调查记者联盟联合 76 个国家的记者报道了 1976 年以来富人们在全球范围内隐瞒财产、逃税避税的行为，涉及非法获得财富的不透明离岸公司、信托公司、基金会以及某些犯罪集团等。此次行动用的数据信息主要来源于多国记者和数据专家常年对一家律师事务所的秘密调查，在调查过程中记者们获得了专业数据分析公司的大力支持，信息的云端存储让全球近 400 名记者得以在这个项目上协同工作，数据挖掘技术和可视化工具的大量运用，保证了高质量反腐数据的获取，从而推动反腐行动取得成功。

菜单八

地方社会经济发展

超越

CHAOYUE

1. 由生进中南海、死入八宝山看党的纪律和规矩

党的十八届中纪委六次全会公报指出，尊崇党章，严格执行准则和条例。要把纪律建设摆在更加突出位置，坚持纪严于法、纪在法前，健全完善制度，深入开展纪律教育，狠抓执纪监督，养成纪律自觉，用纪律管住全体党员。习近平总书记在中纪委六次全会上的讲话中三次提到政治野心问题。他讲到：党的十八大以来，党中央反复强调领导干部要严守政治纪律和政治规矩，但有的置若罔闻，搞结党营私、拉帮结派、团团伙伙，一门心思钻营权力；有的明知在换届中组织没有安排他，仍派亲信到处游说拉票，搞非组织活动；有的政治野心不小，扬言“活着要进中南海，死了要入八宝山”；有的在其主政的地方建“独立王国”，搞小山头、拉小圈子，对党中央决策部署阳奉阴违，为实现个人政治野心而不择手段。《习近平关于严明党的纪律和规矩论述摘编》中也多次强调严守政治纪律和政治规矩。

一、几个事例

国资委原主任蒋洁敏就说过相同的话。据媒体报道，当时已位居青海省副省长的蒋洁敏曾对看望他的老同事放出豪言：“生进中南海，死入八宝山。”履新国资委主任半年后，蒋洁敏被查，因滥用职权罪，被判处有期徒刑十六年。原总后勤部副部长、“军中第一贪”谷俊山曾嚣张地叫道：“我下一个职务是总参第一副总长，上将，4 个中央委员中，也将有我一个”。据有关方面统计，其他野心家有周永康、薄熙来、郭伯雄、徐才厚、令计划、苏荣等。

二、多角度分析“生进中南海，死入八宝山”

从进中南海、八宝山人员看：中南海是中国的权力中枢，位于故宫的西侧，这里是

党中央和国务院的办公所在地，要进入其内当高级领导，前提是官必须当得够大。八宝山是一大片公墓，非一般的人死后才能葬在这里，这是一种身后的政治待遇。1949 年新中国成立后，成为中共领袖的长眠地。1950 年初步建成，定名为北京市革命公墓。1970 年，经周总理批准，北京市革命公墓改名为北京市八宝山革命公墓。一直用于安葬我国已故党和国家领导人、民主党派领导人、爱国民主人士、著名科学家、文学家、高级工程技术人员、国际友人、革命烈士和县团级以上领导干部。综合起来看，生进中南海，死入八宝山基本都是高层领导等人员享受的经济、政治待遇。大部分够条件的人员只能享受死入八宝山，生前无缘进中南海。蒋洁敏等贪官将这样一句话奉为人生理想，作为他们的“鸿鹄之志”，把党的纪律和规矩抛在脑后，实在是应该引起国家有关组织、人事部门的高度警惕和反思。

从国家一些领导人的做法看：青年时也曾立志的周恩来、邓小平等人，他们即使是进了中南海，死后也不入八宝山，而是将自己的骨灰撒入祖国的青山、江河和大海。毛泽东、刘少奇、胡耀邦等人的遗骨均未安置在八宝山革命公墓。毛泽东的遗体陈放在毛主席纪念堂，刘少奇的骨灰在拨乱反正后从开封迎回北京，胡耀邦的骨灰则安葬在江西省的共青城。1999 年，彭德怀的骨灰迁回湘潭老家；2009 年，贺龙骨灰回到家乡张家界的贺龙公园；2011 年，陈赓的骨灰迁至湖南湘乡的故居中安放；2013 年，中共“五老”之一的林伯渠的骨灰也从八宝山迁出，回到湖南临澧老家。可见，革命前辈及其后人已经在这方面起到了带头作用，没有把“生进中南海，死入八宝山”当做人生目标去看待，严守党的纪律和规矩。

从《党章》要求看：中国共产党是中国工人阶级的先锋队，同时是中国人民和中华民族的先锋队，是中国特色社会主义事业的领导核心，代表中国先进生产力的发展要求，代表中国先进文化的前进方向，代表中国最广大人民的根本利益。党的最高理想和最终目标是实现共产主义。中国共产党以马克思列宁主义、毛泽东思想、邓小平理论、“三个代表”重要思想和科学发展观作为自己的行动指南。中共元老薄一波，曾嘱咐其女儿：“要做大事，不要做大官”。若只把做大官作为唯一的目标、终极的追求，把包括自己的知识、能力、人格、理想甚至身家性命，都用来作“赌注”，都为着做大官，并且非要实现，并且立誓，不顾一切地为之奋斗，这样去做就非常可怕。官场上的种种不可预测性、不确定性、不可知性，使一些领导干部不信马列信鬼神，抛弃《党章》，什么讲规矩、当守法纪的明白人都是一句空话。什么“三严三实”“两学一做”等活动都是作秀的表面形式，没有真正用心去学、去改、去做，只一心一意关心自己的“美好前途”。如原山东省泰安市委书记胡建学，听人讲自己命中要官至副总理，但必须在某地修一座桥——得有“官轿”。而刘志军，也相信“大师”的话，立“靠山石”保其不倒。但最终都是没有进中南海就进监牢，或者就是进了中南海，还得搬到秦城监狱。

从领导讲话看：习近平总书记在十八届中纪委五次全会议上强调，“要严明政治纪律和政治规矩、加强纪律建设，把守纪律讲规矩摆在更加重要的位置。”“讲规矩是对党员、干部党性的重要考验，是对党员、干部对党忠诚度的重要检验。同时，习近平早在1980年代末期到柘荣县考察时，告诫官员当官不要以钱为念，要以理想为基础，“不要看到经商发财而感到怅然若失……如果觉得当干部不合算，可以辞职去经商搞实业，但千万不要既想当官又想发财，还要利用手中权力谋取私利，官商结合必然导致官僚主义”。李克强总理也曾在记者见面会上谈到：“自古有所谓‘为官发财，应当两道’，既然担任了公职，为公众服务，就要断掉发财的念想”。这些谆谆教诲都道出了“生进中南海，死入八宝山”之奥秘。

从现实情况看：中今中外，立誓做大官者，有好下场的鲜有所闻，而身败名裂者，俯拾皆是。反而，许多人，包括高官，甚至是位居帝王、国君等的，也是自己从来就没有想到或者说的，在相当长一段时间内没有想到的事。如果立志做大官，他肯定深知官场是一个倒金字塔形的，如同是千军万马过独木桥，越往上越困难。这时，若靠小聪明，搞小手段，往往会害人误己，如果搞阴谋诡计，拉帮结派，买官卖官，同样也会造成更多的政敌和越来越走向万劫不复的深渊。如果我们的官场中，都是如蒋洁敏这样的官，虽然智商不错，能力很强，但他们却都是“精明的利己主义者”，这个官场、这个社会是多么的可怕？而如果我们的各级领导干部，其世界观都真正的是立志为人民，真正严守党的纪律和规矩，那么，建设全面小康社会指日可待，人民群众才会有安全感、幸福感，才会真正地爱戴、拥护他们，社会才会真正和谐、美好。这样，即使他们离开官场，离开人世，人们还是会深深地怀念他们，讲述和传颂着他们亲民爱民为民的故事。

从开展的活动看：在全国县处级以上领导干部中开展的“三严三实”专题教育活动，是对作风建设的进一步升华，简明扼要，切中要害。各地也相继展开各类形式多样的教育活动。汉中市委开展“三讲三当”活动，以讲规矩、当守法纪的明白人，讲学习、当懂经济的实干家，讲担当、当有作为的先锋者为主题深化作风建设，是实现经济中高速增长和“十三五”良好开局的重要保证，是巩固教育实践活动和“三严三实”专题教育成果的现实需要，是务实目前有效开展“两学一做”学习教育的提前预热和组织准备。要求每一个共产党员要遵守政治纪律和政治规矩，必须维护党中央权威，在任何时候任何情况下都必须在思想上政治上行动上同党中央保持高度一致。作为一名党员干部，能不能守纪律、讲规矩，是检验党员、干部的试金石。只有从思想上、行动上严格践行，才会不走岔路、少走弯路。也只有每名党员、干部都做到守纪律讲规矩的践行者，才能永葆党员干部队伍的为民务实清廉。要调整心态，淡泊名利。消除急功近利的思想和心理上的不平衡，耐得住寂寞、把得住小节、守得住清贫，毫无怨言地做好每个人的本职工作，真正做一名合格的共产党员。心中筑牢政治上的“高压线”、道德上的“耻辱线”、法纪上的“警戒线”。

三、几点反思

第一，领导干部要在党性修养方面发挥模范带头作用是前提。

党性修养是按照党的本质属性来要求和规范党员言行，加强党性修养是对党员价值观和人生观改造的过程。党性修养是一个长期的不间断的过程：既是一个不断克服人性弱点的痛苦过程；又是一个不断克服不正确的思想、不健康的情趣、不道德的行为、不文明习惯的变化过程；也是一个批判自我、挑战自我、超越自我，不断从思想上入党的成长过程。党章是全党必须遵循的根本行为规范。全面从严治党，在于坚定对马克思主义的信仰、对中国特色社会主义和共产主义的信念、对党和人民的忠诚。

加强党性修养，关键在领导机关、领导干部。领导机关要带头，在加强党员干部党性修养、推动作风养成上狠下工夫，努力营造风清气正、心齐气顺的为政环境，推动各项工作的顺利开展。领导干部要带头，充分利用当前开展的“两学一做”等活动，提高党员干部的党性修养，用社会主义核心价值观占领党员干部的思想阵地。倡导党员干部廉洁修身、廉洁齐家，把家风摆在重要位置，从思想上做到不能腐、不敢腐、不想腐，以高标准严要求服务于民。坚持勤奋学习、坚定信念，坚持开拓进取、干事创业，坚持牢记宗旨、服务群众，以自己的实际行动影响党员、带动群众。主要领导干部要带头，敢于讲规矩、讲学习、讲担当，从自身做起，以更高的标准、更严的要求加强党性修养，以身作则、走在前列，当好模范、做好表率，时刻做到共产党人始终坚持把人民的利益当作自己的最高利益。要多想到为人民群众办实事、办好事，持之以恒落实中央八项规定精神，着力解决群众身边的不正之风和腐败问题，不能老想到“生进中南海，死入八宝山”。

第二，抓住把权力关进制度这个笼子里是关键。

习近平总书记说，“没有健全的制度，权力没有关进制度的笼子里，腐败现象就控制不住。……建章立制非常重要，要把笼子扎紧一点，牛栏关猫是关不住的，空隙太大，猫可以来去自如”。他还提到了“破窗效应”，“打碎一块玻璃没人管，最后所有玻璃都会被打碎，因为打了不受惩罚。很多方面都有政策规定，现在也还适用，就是因为讲面子、讲人情，最后都突破了”。

牛栏关猫等同虚设，说明制度的栏杆缝隙太大；破窗效应，原因在于人情面子大于制度，大于法律，出了事情没人管，事情也就接二连三地出。所以，要令权力不能买卖，仅将权力关进制度的笼子里还远不够。制度若有隙，人情若大于法，笼子同样关不住权力，权力同样可以照常买卖。要真正解决腐败问题，要真正“老虎苍蝇一起打”，就必须在制度上下大功夫，要治标更要治本。指望疾风暴雨式的运动反腐，一时一地能起到震慑作用，但只要权力缺少好的制度约束监督，它早晚会如猫一样跳出牛栏，继续腐败寻租。曾放出豪言“生进中南海，死入八宝山”的蒋洁敏，现在只能“生进监狱房，死入火葬场”。一个贪官的倒下，内因是主导，但外因的环境染缸作用又岂可小视？如果制度的笼子扎得够紧，官场潜规则不是那样泛滥，蒋洁敏的今天也不至于如此吧。所以，要树立全民制度意识，它是反腐倡廉制度创新的前提，通过制度的优化与创新去实现。正如党的十八届中纪委六次全会公报中提到的通过体制机制改革和制度创新促进政治生态不断改善。

第三，创新监督形式是重点。

党的十八届中纪委六次全会公报强调，要抓住“关键少数”，破解一把手监督难题，领导干部责任越重大、岗位越重要，就越要加强监督。对“一把手”的监督制度，要从治本与治标两个方面同时展开，并从党内民主和分权制衡两个切入点着手。英国历史学家艾克顿曾经指出：“权力导致腐败，绝对的权力导致绝对的腐败。”这充分说明，一个不受制约的权力最终必然会走向腐败。《中国共产党党内监督条例》第三条规定：“党内监督的重点对象是党的各级领导机关和领导干部，特别是各级领导班子主要负责人”，“特别是各级领导班子主要负责人”这句强调得比较好，这种地位特殊、权力大，如果监督失控或监督不力，就会独断专横，滥用权力，给国家、集体造成重大损失和危害，甚至影响一个地方、一个单位、一个部门的发展和稳定。从各地曝光案件中，党政“一把手”违纪犯罪案件仍呈上升趋势。因此，必须加强对权力集中部门的监督，重点是对“一把手”的监督。

按照党的十八届中纪委六次全会的要求，要完善监督制度，做好监督体系顶层设计，既加强党的自我监督，又加强对国家机器的监督。要整合问责制度，健全问责机制，坚持有责必问、问责必严。要健全国家监察组织架构，形成全面覆盖国家机关及其公务员的国家监察体系。要强化巡视监督，推动巡视向纵深发展。对巡视发现的问题和线索，要分类处置、注重统筹，在件件有着落上集中发力。要用好批评和自我批评这个武器，让批评和自我批评成为每个党员、干部的必修课。

一是强化上级监督，主要是确立直接领导对“一把手”的监督责任，实行监督责任追究制，避免一些上级领导只管工作不管人，对下级“一把手”放弃监督的不正常现象，下级“一把手”出了问题，除追究当事人的法律违纪责任外，应视情况追究上级直接领导的监督责任，以增强上级直接领导监督下级“一把手”的责任感和自觉性。二是规定资金审批程序和资金审批的数额。三是坚持个人和家庭财产申报制度。如何防止虚假申报？怎样查处故意隐瞒资产、欺骗党组织的行为？四是实行领导干部个人重大事项和工作报告制度。五是做好在任期间和离任审计工作。在监督方面做好了，那种只把人生唯一目标确定为“生进中南海，死入八宝山”的人也会越来越少，而心里永远装着党和人民群众的焦裕禄式官员会越来越多。如西乡县纪委创新监督方法，推行联组巡查制度，组织开展了政府采购执法监察，重点对县采购办2013年以来实施的8个重大采购项目进行了专项检查，共查纠问题12个，督促相关部门限期整改规范，效果较好。

第四，加大责任追究是反腐倡廉建设的动力。

习近平总书记在党的十八届中纪委六次全会上讲到：“坚决遏制腐败现象滋生蔓延势头。惩治腐败这一手必须紧抓不放、利剑高悬，坚持无禁区、全覆盖、零容忍。”立“明规矩”、破“潜规则”。《中国共产党廉洁自律准则》和《中国共产党纪律处分条例》明确了党员追求的高标准和管党治党的戒尺。解决“制度落实难执行难”问题，建立制度不难，难于落实和执行。要加大责任追究，更加注重维护反腐倡廉制度的权威性，惩处是反腐倡廉建设中不可缺少的重要手段之一，在惩治和预防腐败体系中具有特殊的功效。认真贯彻党风廉政建设责任制，严厉打击、惩治腐败分子，落实好中纪委六次全会要求的坚决减存量、遏增量，确保实现不敢腐的目标，强化不能腐、不想腐。突出惩治重点，把党的十八大后不收敛、不收手，问题严重、群众反映强烈，现在重要岗位可能还要提拔使用这三类情况同时具备的，作为重中之重。把那些“生进中南海，死入八宝山”的政治野心家们挖出来，还一个清明、公正的政治生态。对反腐倡廉制度的落实情况要加强责任追究，做到有法必依、执法必严、违法必究。坚持反腐倡廉制度面前人人平等，严格惩戒和责任追究。在严格区分一般错误与违纪违法的界限，以及在改革开放中因缺乏经验出现失误与违纪违法的界限的情况下，加大力度查处违反反腐倡廉制度行为，切实纠正和严肃追究不执行或者不正确执行反腐倡廉制度的行为。通过对典型的违反反腐倡廉制度行为进行公开曝光，教育本人改邪归正，吸取教训，警示他人严以律己，不蹈覆辙，有效地教育和有力地警示广大干部严格遵守反腐倡廉各项制度，更加注重维护反腐倡廉制度的权威性，更加注重提高反腐倡廉制度的执行效果，也是反腐倡廉制度创新的动力。今年以来，西乡县纪检监察系统共立案查处上班玩游戏、值班脱岗、违规操办宴席等干部作风类典型案件 27 件，党政纪处分 27 人，形成了有力震慑。

此外，加大责任追究，提高反腐倡廉制度执行力，有一个问题不能回避，就是对制度执行者的激励问题。制度的实施者需要受到适当的激励，他才会有动力去积极执行制度。因为反腐败是一项程序复杂、难度较大、有风险性的工作，因此，对制度执行者要要给予适当的激励，要保护他们的执法执纪行为、降低执法执纪风险，对优秀执法执纪者在精神上和利益上都应给予一定奖励。令人可喜的是，目前陕西省委已经出台“三项机制”，分别是鼓励激励机制、容错纠错机制、能上能下机制，需要认真贯彻落实好这些机制，以更好地在“两学一做”中大显身手，为建设美丽、和谐、富裕的新农村而努力奋斗。

（发表在汉中市纪委天汉清风网 2016. 9. 20 理论纵横）

2. 西乡县率先在全汉中市举行“广场问政”的反思

西乡县在全汉中市率先举行广场问政活动，旨在拆掉官员和群众之间的“隔离墙”，搭建群众与政府之间沟通联系的“连心桥”。为建设“六个西乡”，加快实现撤县设市奋斗目标提供坚强作风纪律保证，该县出台《西乡县广场（电视）问政管理办法（试行）》和《西乡县广场（电视）问政工作实施细则》等配套措施。开通了一条解决普通老百姓老大难问题的渠道，探索了一条综合监督、民主政治建设的新路子。

一、“广场问政”活动情况

今年以来，该县深化“激情干净超越、打造五型干部”主题作风建设活动，推行广场问政，促进干部作风转变，奋力追赶超越发展。“广场问政”活动的县城樱花广场人潮如海，县民政局、林业局、环保局班子成员作为“考生”，面对台下“考官”的质问，有解答政策，有介绍情况，还有的认领失误，耐心解答群众提问，现场不能办理的承诺完成时限。此次广场问政活动，邀请了部分老干部代表、党代表、人大代表、政协委员，特邀监察员，以及县政府各部门、直属机构，驻县各单位干部职工代表，服务对象代表和群众代表共约600余人参与。活动采取群众问政、满意度测评、嘉宾点评、公开承诺、公布测评结果等方式，由三个单位“一把手”对脱贫攻坚、大病保险、环境保护、惠农政策落实等群众最关心的16个热点问题进行了一问一答式解答，对回答满意的群众举牌“点赞”，现场还进行了满意度民主测评打分，三个单位的群众满意率均达99%。陕西理工大学教授等专家进行了点评。对问政对象公开承诺事项和群众现场提出的问题及意见建议及时问效问责，跟踪督办，限时办结，真正把群众满意不满意、答不答应作为检验各级党员干部工作实绩的第一标准和作风转变的“试金石”。

二、“广场问政”的主要做法

（一）重视组织领导

该县县委、政府对广场问政活动高度重视，县上主要领导多次作出重要批示，成立西乡县广场（电视）问政活动领导小组，领导小组在县委、县政府的领导下，依法依规开展工作。领导小组组长由县委书记担任，县委常委、常务副县长，县委常委、纪委书记等任副组长，县委常委、纪委书记任办公室主任，办公室设在县纪委（监察局），县委作风办、县委督查室等单位主要负责人为成员，下设综合协调组、查找整改组、宣传报道组和维稳安保组等四个专项工作组，分工组织实施。县财政局做好问政活动经费保障。

（二）坚持五项原则

依法依规原则。坚持法治思维，按照依法行政的要求，依照有关法律法规、政策规定和权责清单开展问政。

问题导向原则。坚持实事求是，不遮遮掩掩、不避重就轻，开放式搞活动，公开揭短亮丑，主动晾晒问题。

群众参与原则。坚持以群众为主体，认真倾听民意，广泛收集民智，集中解决民生，对群众反映的问题，现场答复办理，现场接受评议，提高群众支持参与的主动性和积极性。

当面承诺原则。被问政对象就群众密切关注的基础设施、经济发展、民生事业、脱贫致富等生产生活方面的问题，现场答复解决办法及办理时限，当面做出承诺，接受社会监督。

限期整改原则。坚持限时办结制，实时公开被问政对象承诺整改内容、目标、责任和进展情况、办理程序和结果，确保承诺事项在规定时间内办结。问政活动原则上每半年组织开展1次，每次问政3至5个部门单位或镇（街道）。

（三）做好问政准备

领导小组办公室会同有关单位，根据全县经济发展、民生事业、重点工作和重大项目推进实际，群众期盼、信访矛盾、社会稳定形势等具体情况，研究确定被问政单位及问政时间，拟定活动实施方案，报领导小组审定后组织实施。问政活动四个专项工作组根据职责做好问政活动的通知发送、公告发布、活动宣传、现场布置、设备安装调试、人员组织培训、问题收集整理等各项筹备工作。被问政单位根据职能职责，全力做好问题汇总、整改措施、承诺事项等材料准备工作，报送综合协调组审查备案。被问政单位先自查做好查找问题等方面准备工作。

（四）严格问政程序

问政活动现场参与的所有干部和群众都可向被问政对象进行问政，提出具体问题。对回答问题不满意的被问政对象可再次提问。群众在问政现场直接向被问政对象提问，也可以在问政活动后以书面形式向活动领导小组办公室反映问题，提出意见、建议，并注明具体联系方式，以便核实内容、反馈结果。问政过程中，提问人必须遵守问政程序，服从现场工作人员和主持人安排，提问应当有理有据，不得恶意中伤、谩骂侮辱他人，扰乱现场秩序。对不听劝阻者，由维稳安保组带离问政现场，触犯法律法规者，依法追究相关人员责任。

被问政对象在问政现场发言和回答群众提问时，要严格遵守国家相关法律、法规、政策的有关规定，有理有据，严谨负责，语言文明，态度热情，着装规范，内容具体，简洁明了，不得拒绝答复、答非所问、敷衍应付。

（五）紧抓问题交办

综合协调组对问政现场的记录进行整理完善，对承诺事项、群众提问及意见建议认真归类汇总，形成书面材料转交相关部门。县委、县政府各部门、各镇（街道）依据管理权限和工作职责，负责问政活动涉及本单位事项的办理、答复工作；查找整改组对未及时办理、答复事项的有关责任单位进行提醒、督促。被问政对象要针对问政现场的承诺事项、群众提问及意见建议制定专题整改落实方案，明确分管领导、具体工作人员和办理措施，书面报活动领导小组办公室审查备案。

对问政现场不能办理的事项及重点问题，由综合协调组及时转交县委督查室、县政府督查室采取挂牌销号和“三色”督办的办法，发送专题督办通知，实行专门督办。群众在活动现场以外问政涉及事项，相关部门单位要根据管理权限和工作职责，主动接受，认真办理，及时反馈。

（六）正确评议奖惩

由查找整改组适时组织开展对被问政部门、镇（街道）承诺事项落实情况评议工作，并面向社会公示评议结果。考核的对象为全县所有参与问政的单位。考核主要内容以群众对问政对象的现场满意度和问题整改落实情况为主，考核得分按一定权重计入年度目标责任考核结果。

对群众反映问题不落实、答复处理推诿应付、问题交办后超过一个月未书面回复或超过公开承诺办理期限未作出处理和书面回复的，在问政工作中玩忽职守、失职渎职、弄虚作假或者报复投诉举报人的，以及因主观原因造成工作失误且影响到全县问政活动整体形象的，视情节轻重，由纪检监察机关依据有关规定，对相关单位和责任人进行问责处理。问责意见由县纪委监察局提出建议，报请县委研究决定。

三、几点反思

第一，深刻理解广场问政的内涵。

广场（电视）问政是指组织党委、政府部门或镇（街道）主要负责人在室外广场或走进电视直播现场，面对群众公开回应群众关切，干部群众自愿参与，主动向相关单位提出咨询、建议或诉求等问题，相关单位进行现场答复、承诺、办理等工作过程的总和。广场问政不是报告会、汇报会，也不是演讲会，问政是履行职责的督察会、检查承诺的问责会、政府与民众沟通的交流会。问政的现场应该少一些舞台上的豪言壮语，更不能作报告，而是找问题，查责任。“广场问政”是一档节目，但不只是一个节目，它是新形势下政府与民众沟通的一个工作平台。在问政节目中，由于被问责的对象必须直接在现场回答、解释、承诺，专家、学者、领导现场共同点评剖析，被曝光的问题既容易得到解决又不失之于浅薄，舆论监督的功能得到了显现和强化，这就是让观众和百姓最满意的地方。

广场问政让官员们不再高高在上，而是推动他们扑下身子，耐心倾听百姓诉求，虚心向百姓请教，真心接受百姓批评。要想不在问政中难堪，官员就不能只顾着“围着权力转、绕着上级跑”，而是要更敬畏民意表达，更重视民生诉求。这样的问政方式，有利于找准官僚主义问题，找到效能低下根源，找出责任缺失缘由，有利于推动官员中形成勇于担当、敬业有为的工作作风，促使官员在工作中加强责任心，对百姓反映的问题仔细过问督查，认真履职。

第二，密切聚焦民生热点。

开展广场问政要切忌跟风作秀、虎头蛇尾、一“问”了之。要突出平民特色，聚焦民生热点，反映百姓心声，保障和发挥群众的诉求表达权、监督评议权。要“零距离”调查走访。促进部门变被动接受群众问政为主动问计于民、问需于民。结合精准扶贫、“两学一做，重拾自信”等活动，开展“民情大调查、大走访”活动，广泛听取群众意见建议，抓好整改落实。开展暗访，了解群众反映强烈的热点难点问题。同时，还要对干部工作能力、机关效能等方面存在的突出问题，以及干部公信力差、部门执行力差的具体表现进行暗访。新闻媒体应深入群众和企业开展采访，收集问题。从各级党代表、人大代表、政协委员、特邀监察员中选定群众代表和行风督查员，分别开展走访，收集社情民意。

第三，不断跟踪与挖掘。

广场问政触及官员的层面还很有限，问政效力往往是短暂的，所以，除了邀请高级别领导以外，还可多让基层干部出镜，以提高问政的覆盖面与实效。不应止于官员的现场承诺，而要就所暴露的问题进行及时、长期的跟踪回访，对相关负责部门的整改行动及其效果应如实反馈报道，给有关单位和社会以交待。如此长期监督，既可督促政府勤于执政、加强整改力度、防止问题反弹，也能强化官民沟通，消除社会负面情绪，深化媒体监督的影响力。还要变官民“问答”为媒体“深问”，挖掘表面问题的深层次问题及其原因。

第四，正视存在“四大问题”。

一是认识问题。一些官员由于认识不深、理解不够，仍然存在惧怕、逃避甚至逆反心理，认为它是一门“表演艺术”，甚至只是“语言艺术”。只要说得正确、滴水不漏，就是上策。于是，在工作中屡试不爽的官话、套话，就出现在了问政上。而一些群众也以为广场问政只是一场“官员秀”，是在“走过场”，不敢大胆发言、大胆提问、大胆质疑。二是形式单一。问政多数只限于问政于官，官员问政于民的局面并不可观。这说明信息公开的内容流于表面化和形式化，暂时无法满足民众对政府解决问题的期望。三是尚未普及。当前，广场问政的效果主要取决于某些官员、部门的思维开明程度，并没有形成良性的问政绩效考核机制，尚未全面普及和推广，因此还没有真正成为沟通政府与民众、广纳民智、倾听民声的桥梁和纽带。四是问政中的“标准答案”。问政现场热闹，会后冷清，承诺“高度重视、立即解决”的问题得不到落实，这种“套路”更容易影响百姓对问政的信心。一些几年未解决的问题竟然在一夜之间就解决了，这种解决问题的“套路”暴露出来的官僚主义、形式主义、应付主义等问题也值得深思。

第五，充分利用三项机制。

广场问政虽是医治懒政的一剂良药，但似乎也让某些官员产生“抗药性”。多次“出镜”的官员，会在应试的实战中积累应对的经验，心理素质、应对技巧和“表演”水平都会有所长进。即使那些暂时没有轮到接受电视问政的官员，也会注意“观摩”，或在单位进行模拟问政，把别人的“教训”，转化成了自己的“经验”。这样，他们在接受问政时，也能从容应对。

可将广场问政的成绩作为干部年度考核重要组成部分，与单位“一把手”的政治和经济待遇挂钩，权重还可适度提高，并在媒体上公开考核结果。广场问政成绩不合格者，取消年度奖金，连续两年考核不合格者，就地免职。年度考核优秀者，年度奖金提高发放，优先提拔使用。年度考核合格者，不加不减。形成干部管理奖勤罚懒的正向激励机制，使干部真正实现“能上能下”“鼓励激励”“容错纠错”，探索干部想干事、能干事、多干事、干成事的工作机制，从而促进经济社会又好又快发展。

第六，落实完善制度。

任何形式的监督，都要在制度的框架下运行。搞广场问政，手段是晒问题、亮不足，目的是解决问题，谋求长效。从本质上讲，问政仅仅是一种促进作风转变和改进工作的手段，它本身并不能代替常规监督，不能包治百病，更不能超越制度发挥作用。能被列入问政的问题毕竟是少数，能被请到直播间问政的官员毕竟也是少数。而法规、制度是一个社会、一个地区乃至一个单位有序运转的基础和关键，制度有活力则运转有活力，制度完善则行为规范。当同一类问题、同一类现象普遍发生并逐渐形成风气的时候，肯定是制度出了问题。但这种新的问政方式如何通过法制化、程序化的机制，变成城市乡村或公共管理中的日常化制度，才是问题的关键所在。而如何将“广场问政”栏目常态化与机制化，则是对各地方的一种考验，也是大家碰到的一道普遍难题，如何较好地破解这道难题，应成为各地方下一步办好“广场问政”栏目应该思考的问题，从而在选题、策划、提问、制作、跟踪、推进等方面上下足功夫。

（发表在陕西省纪委秦风网 2017. 8. 28 经验交流）

3. 探索省市县党校三级联动调研模式，提升县级党校科研资政水平

党校条例中指出党校要“围绕国际国内出现的新情况新问题开展科学研究，承担党委和政府下达的调研任务，推进理论创新。”科研是党校各项工作的基础，它既服务于党校教学，又服务于当地经济社会的发展。党校通过调查调研，了解当地经济社会发展状况，把握咨政的方向，撰写有价值的调研报告，为党委、政府决策提供理论参考。科研作为党校教研人员的重要工作内容，要创作出对本地社会、经济、文化等各方面有价值、有水平的科研成果，党校科研尤其需重视调查研究，需要探索省市县党校三级联动调研模式，提升县级党校科研资政水平。

一、提高认识，在思想定位上有高度

从《中国共产党党校工作条例》和《干部教育培训工作条例》的相关规定来看，党校是学校，中心任务是教学，是培训干部；科研是基础，是教学质量的支撑；咨政是党校的重要职能，也是党校围绕中心、服务大局的现实体现。我们党校站在“西乡发展新起点”“党校发展新起点”的高度，充分认识到咨政工作是发挥党校思想智库作用的重要抓手，也是事关党校科研工作的整体水平，事关党校人的科研能力的充分展示，事关我们党校在全县中的重要地位。所以，我们实行了省市县党校三级联动调研模式，提升县级党校科研资政水平。在实践层面上把科研咨政对于提升党校地位的优势和重要性充分地展现出来。也就是以“党校科研为主平台”赋予其三大方式，即“提高党校科研水平的能力”“提高科研理论成果转化为实践的能力”以及“充分发挥党校的咨政服务的能力”三大体现方式。真正围绕西乡县经济社会文化发展过程中的热点难点问题，把党校的声音发出来。要早日实现我们的宏伟蓝图和奋斗目标，就必须决策自信、发展自信，就必须提高我们服务党政决策的咨政自信。所以，要抓住思想定位上的高度不放松。

二、明确几个关系

1. 调查研究与党校科研的关系

随着党的各项事业不断发展，科学研究的重要性得到进一步重视，科学研究对于党校而言，是能够促进对党政管理层和社会中遇到的现实新旧问题、难点问题、焦点问题进行研究、探讨，提出解决对策。在社会建设管理中，党面临着来自国内外环境的双重影响，中国社会转型与社会多元化发展趋势、国际社会全球化趋势等，要适应这些变化和实际遇到的各种问题，作为资政机构，党校应努力担当，积极发挥本职功能。而党校科研最常用的方法是调查研究，它也是使科研成果实现针对性、实效性、可操作性的关键方法。它要求深入到实地去探索事物存在问题，找寻其发展规律，揭示事物真相，是一种认识社会与改造社会的科学方法，调查研究目的是依托于现实问题所产生的各种环境、人、逻辑关系等要素上，经过严密、系统地科学分析得出更为正确的结果。党校科研之目的为促进教学、为党委政府资政献策、促进社会经济发展。缺少调查研究，党校科研犹如“闭门造车”，脱离实际，难以形成有实用价值的科研成果。毛泽东同志曾提出：“没有调查就没有发言权。”可以说，调查研究是党校科研的重要方法和组成内容，党校科研离不开调查研究。

2. 调查研究在科研中的重要性分析

毛泽东同志在早年探索中国革命发展之路过程中，就给我们关于调查研究重要性的诸多启示，而其中最重要一条就是切实重视各项事业中的调查工作，保持政策、战略、方针制定的接“地气”性。而对党校科研的重要性具体表现在：

2. 1 调查研究对科研工作的促进作用

习近平总书记曾对领导干部提出明确要求，要“经常走出领导机关，深入实际、深入基层、深入群众，进行各种形式和类型的调查研究，非常有益于促进领导干部正确认识客观世界、改造主观世界、转变工作作风、增进同人民群众的感情，有益于深切了解群众的需求、愿望和创造精神、实践经验。”这对于党校科研工作者的启示，则是要深入基层、深入学员进行多形式的调查研究，这有利于了解学员之所求所想，基层单位之所需所求，有利于提高成果的针对性，把科研转化为教学内容，进而提升教学水平。同时，了解本地发展现状，为党委政府资政提供参考。调查研究的根本目的是要解决科研中的问题并推动科研工作的又好又快发展，要高度重视并做好调查研究成果向科研成果转变的过程，争取每一次调研活动都能得到较为理想的成果。开展调查研究必须要收集较为全面的第一手资料，不能遗漏其中的每一个细小的问题，并将调查与科研相结合，通过科研人员运用多学科专业知识，对材料进行综合分析、去粗取精、由表及里，促进调查研究成果实现有效性、实用性，为科研成果转化为生产力提供坚实基础。

2.2 调查研究可改善科研中存在的困境

近年来，党校科研工作得到了广泛重视，但由于科研工作者经常为了科研而科研，使得科研成果与实际生活脱节，导致科研中存在一些问题，如科研意识不足、重数量轻质量、缺少深入细致的研究、科研人员科研能力后劲不足等。为此，党校科研工作要进一步取得成效，需重视科学研究及调查研究的重要价值。党校科研由于科研条件限制，尤其是图书资源有限性，重大的基础理论研究出现创新性不足，其根源是缺少实时分析，并受党校科研定位的影响，不清楚科研的分层性和类别，也未意识到技术应用研究的重要性，从而出现科研模仿现象。为此，可采用调查研究的一系列方法，明确科研方向、做好科研定位，根据党校性质和任务完成科研任务。

另外，科研工作以实际问题的解决为目的，以探究新工艺和新方法为重点，以将新知识、新原理转变成新技术和新方法为主要任务，为此，科研工作必须坚持创新，重视调查研究。通过调查可以促进科研工作创新，改善党校科研中的困境。一是通过调查研究增强科研人员的科研兴趣和科研意识，在调研过程中，贴近现实，更为全面了解问题，引发思考，提升科研人员研究的主动性、积极性；二是通过调查研究促进党校科研队伍自身建设，对同级党校或向上级党校调研考察，博众取长优化队伍建设，打造一支具有特色的科研队伍；三是提升科研成果质量和水平，改善偏重数量轻质量的科研导向。

3. 调查研究的具体方法

目前，科研调查研究方法呈现多样化的趋势，按照调查规模可分为普通调查法和典型调查法；按照调查事件的发展情况，可将科研调查研究方法分为追源调查法、现况调查法以及回顾调查法；按照科研的目的可分为总体特性调查法以及相互关系的调查法；按照调查事件的特点等分类方法，本文不详细介绍，着重介绍党校科研中应常用到的调查方法。

3.1 座谈调查

座谈调查需围绕调查的主题、目的、要求，以座谈方式和调查对象讨论或表达关于相关问题的观点看法，从而获得的调查数据。该方法可分为综述和咨询两种，这两种方法共同之处在于必须要挑选和调查问题有紧密联系的人员，并且要提前告知座谈内容，让其提前做好相关的准备，该方法参加的人数在十五人以下较为合适。

3.2 文献资料调查法

该方法主要是收集有关资料（书籍、技术档案、录音、录像、视频）等，并对收集到的资料进行整理编辑，进而分析得出有关结论。文献资料调查是其他调查方法的基础，其主要作用在于了解课题的背景、熟知基本概念、发展现状、研究存在的不足等，从而对科研课题进行脉络梳理找到研究的空间和着力点。

3.3 现场调查法

该方法采用较为客观的态度在报告会、座谈会等现场进行调查的方式，其受时间和地点的约束较大，为此，进行现场调查之前一般都要熟悉好现场的有关情况，配备好有关的工具（记录本、录音笔、照相机等），调查完毕之后，采用统计学的方法进行分析得出有关结论。

3.4 专家访谈

该方法主要的对象是专家，依照专家的定性分析完成定量评价。一般来说，这个过程需要几轮反复的咨询才得出有关结论，就是采用函询的方式征求各个专家的意见，然后进行汇总整理，通过定量分析得出有关结论，并将这些结论再发给专家，让专家提出新的论证，如此反复可以得出较为可靠的结论。

3.5 问卷调查

问卷调查是较为常用的方法，通过不断考量和研究设计出针对对象提问的合理性问卷，从而了解研究对象的意见、观点、看法等，随着载体的多元化，问卷形式也逐渐丰富起来，除了传统的纸质问卷，网络问卷成为较为新颖的调查方法，但从党校工作任务和工作对象的偏向性而言，传统的纸质访问问卷和送发问卷较为常用，通过得出整理问卷，进行结果分析，得出结论。

党校应积极开展对马列主义、毛泽东思想以及中国特色社会主义理论进行探索，党校科研工作者应努力结合党的中心任务和各级党委和政府的部署，对具体现实问题进行调查研究，贴近实际、贴近对象才能写出有水平的科研成果，才有利于起到为各级政府的决策提供理论支持和智力支持的作用。

三、遵循科研内在规律，不断提升科研管理能力

党校系统科研工作应遵循科研内在规律，强化科研服务理念，推进教研咨一体化建设，进一步探索西乡党校特色的体现科学化水平的科研管理模式。

1. 遵循科研内在规律，深化科研重要性认识

《党校工作条例》明确规定，“科学研究是党校教育的基础”，科研成果的多少、优劣等体现了党校师资队伍能力结构的实际状况，只有加强师资科研能力建设，才能建设好一支为党的理论创新、为繁荣哲学社会科学做贡献的科研队伍，最大程度地发挥科研的基础性支撑作用。正是基于党校科研的重要性，将科研作为教师绩效考核不可替代的项目。

2. 强化全过程、细致化服务，营造科研氛围

科研管理部门要鼓励引导教研人员牢固树立问题意识、登高意识和创新意识，“变被动服务为主动服务”“变二线服务为一线服务”“变局部服务为全程服务”，通过加强全过程、细致化服务，有效提高教师的科研能力。

3. 制度规范管理，机制引导科研

以制度规范管理，减少“人治”因素，以科学的激励机制引导科研发展，是做好科研工作的重要保障。目前，各基层党校结合各自工作重点，制订了系列科研制度。通过强化科研管理的公平性和公开性，极大地激发了科研人员的积极性和创造力。

4. 推进教研咨一体化，促进科研成果的“三个转化”

习近平同志在全国党校校长会议上的讲话中指出：“推动科研成果更多地转化为教学精品课程，转化为对党和政府的政策建议，转化为理论创新成果，为提高党校教学质量和促进党委、政府科学决策发挥了重要作用”。科研成果的“三个转化”可以理解为：教学型科研、决咨型科研、学术型科研。各党校在实践探索中形成了一些行之有效的成果转化机制，推动了教研咨一体化的协调发展。将成果应用于教学，提升了干部教育培训质量，达到了教学与科研、咨询的良性互动。

5. 提升决策咨询能力，发挥党校思想库作用

党校作为党的哲学社会科学研究机构，必须充分发挥在党委政府决策中的思想库作用。提升决策咨询能力，关键要强化问题意识和前瞻性研究，提高关注问题的敏锐性；要整合理论资源、学员资源、专家资源和实践部门资源；撰写决咨报告要具有针对性、实用性、操作性、简洁性和时效性特点。在横向上同县级党校形成较紧密的合作研究关系；在纵向上同省、市级党校形成较紧密的借鉴研究关系。借助横向、纵向的网络，逐渐建立信息沟通平台、合作研究平台和成果共享平台，在决策咨询工作上取得显著效果。

四、重视专题调研工作

开创党校工作新局面，必须推进理论研究和理论创新。实践证明，教员的科研水平高，讲课的科研含量就高，质量就高，效果就好。教员要把教学工作与科研工作紧密结合起来，重视科研，具有一定的科研能力和科研水平，对有关问题或课题的研究要有一定的广度和深度。要求教师必须掌握方针政策的最新发布、学科专业的前沿知识、广泛流传的社会信息。成为研究县域经济社会发展的重大问题的行家里手。成立课题组，要求教师带着专题去调研。围绕党的一系列方针、政策，围绕地方经济社会发展有关全局性、战略性、前瞻性的重大问题进行调查研究，撰写理论文章，使党校科研工作为推进理论创新服务，为提高教学质量服务，为党委和政府决策咨询服务。配合县委县政府及有关部门一起进行调研。

五、精选课题，在研究调查上有深度

在调研选题方面，每年根据县委、县政府的中心工作，一是选题坚持问题导向，针对县委、县政府工作和经济社会发展的理论和现实问题进行选题。这样做的目的是防止了在最初的选题时出现的是否具有现实性问题；是否具有针对性问题；是否具有理论和现实的滞后问题或者是无意义问题。因此，在选题时我们做到“三个突出”。也就是突出原创性；突出现实针对性；突出地域性。从而真正使调研能够起到为县委、县政府服务的咨政作用。二是选题坚持小而实。目的是要有现实可操作性，每一个选题都是为了解决现实问题，解决实际问题的。选题要做到三个结合：坚持与西乡县情相结合；坚持与自己的理论研究方向相结合，坚持广泛调研与典型案例分析相结合。通过这三个结合，达到研究成果既有一定的深度，又有很强的实际效用性。

六、深入基层，在工作创新上有精度

科研咨政材料的来源要有一定“接地气”的深度，要获取第一手最详实最基层的材料。为此，要求调研人员采取“三深入四进入”的方式展开调查研究。“三深入”就是深入基层、深入厂矿、深入一线。“四进入”就是进企业、进社区、进农村、进百姓。彻底告别过去唯上唯文件的书桌调研方式。

通过召开座谈会、个别访谈、征求意见，还应该再应用网络调查、抽样、信息反馈等形式掌握实情、发现问题，针对疑点或难点问题作深入的调查和剖析，提出对策，切实解决群众最关心的富民强村、富民强县以及社会经济文化发展过程中的热点、难点问题，以增强调研咨政的实践性和可行性。

在科研咨政工作中，虽然取得了一定的成绩，但是咨政意识、精品意识还有待于进一步提高。多年以来形成的“等米下锅”的慵懒习惯，使得党校调研人员习惯于等待指令，滞后研究，很少主动寻找问题，很少提出建设性对策，会造成咨政成果单一化和局限性的问题。所以，在科研咨政工作中，需要做的事情还很多，需要提高的方面还很多，需要完善的规章制度也不少。面对新常态下的新局面，我们一定要强化咨政服务意识，创新思路，开创出党校科研工作的新局面。

七、完善机制，在激励保障上有力度

近年来，我们不断地建立和完善科研咨政方面的有关制度，尽力做到在激励保障上有力度。比如，一是不断加大调研激励力度，从人员安排，单位协调、经费保障方面给予调研人员更大的调研咨政支持。二是加大决策咨政的实效性。本着“咨政服务社会”的思路，坚持科研工作“走进现实，贴近中心，服务社会”，密切联系县委、县政府的中心工作，进行跟踪调研，使调研内容有代表性和参考性，充分发挥科研调研的咨政参谋作用，使领导认识到党校的价值，认识到党校人的能力和水平。所以，凡调研报告、调研成果成为县委、县政府送阅件或者被县委、县政府领导批示肯定或者被采纳，都应该给予较高的奖励。三是完善科研咨政的成果转化机制。鼓励科研咨政材料的发表和参与评奖征文活动，鼓励科研咨政“进课堂”活动。让科研咨政从本质上做到“来源于实践而又服务指导实践”。

4. 对西乡县抓作风建设力促脱贫攻坚工作的思考

去年以来，西乡县认真贯彻落实党的十九大精神，及时召开全县动员大会，对主题作风建设工作进行全面动员和部署，抓住作风建设这个“牛鼻子”，力促脱贫攻坚工作上新台阶，取得了优异的成绩。

一、主要做法

1. 加强组织领导，持续学习教育。制定下发《关于开展以“激情、干净、超越”为主题作风建设实施方案》，调整充实了县委深化作风建设工作领导小组，抽调5名干部到作风办工作，加强人员力量。县委中心组开展了作风建设专题学习，各镇（街道）、部门单位及基层党组织集中时间对重点内容开展了集中学习。坚持把学习教育贯穿始终，采取县级领导党课辅导、专题讨论、知识测试、主题演讲比赛等形式，持续加强作风纪律教育，促使党员干部提高思想认识。

2. 深入查摆问题，提出目标措施。县委召开作风建设对照检查会，全体县级领导逐一对照检查，查找存在问题，提出追赶超越的目标和措施。各镇各部门结合实际，分类分层开展专题讨论，深入查摆问题，逐人制订军令状，支部提交承诺书，党委（组）制定作战图，并张榜公示。全县共查摆问题4813个，制定整改提升措施4568条，制定军令状17613份，承诺书654份，作战图63份。

3. 抓好节点纠四风，强化专项检查。紧盯元旦、春节、清明、五一、端午、国庆、中秋等节假日节点，在节前及时下发通知、编发手机短信，早提醒、早安排；节日期间，成立监督检查组，深入镇、部门及酒店、商场、旅游景点开展明察暗访，加强对节假日期间作风纪律、廉洁过节规定执行等情况的监督检查，传导从严监督执纪压力。由县纪委领导带队，组成4个检查组，对全县17个镇（街道）69个部门、单位贯彻落实八项规定精神情况进行了全面检查，重点检查各单位“三公经费”管理使用、机关食堂运行管理、个人通讯费报销、省市纪委反馈的大额发票支出、工会经费管理使用等方面情况，发现问题及时整改督促。县纪委先后下发 4 个文件，专门就规范特岗津贴、公款购买茶叶、八项规定精神落实“回头看”、公款购买高档白酒等 4 项工作作出安排部署，传导压力，形成震慑。

4. 周密安排部署，助力脱贫攻坚。印发了《落实“三个助力”加强监督执纪问责工作实施方案》、《关于开展脱贫攻坚领域违纪违规问题专项治理行动的通知》、《西乡县助力市场环境规范监督执纪问责实施方案》、《西乡县助力生态环境保护监督执纪问责工作实施方案》等文件，及时召开全县脱贫攻坚领域违纪违规问题专项治理行动工作会议，传达省、市会议精神，安排部署落实“三个助力”工作。制订下发《关于做好扶贫领域涉嫌违纪问题信访举报工作的通知》，督促 17 个镇（街道）设立了脱贫攻坚举报中心，设立、公布了专门举报电话、举报箱和网上举报邮箱。出台《西乡县脱贫攻坚领域问题线索有奖举报办法》，全县张贴脱贫领域有奖举报通告 447 张、设置举报箱 233 个，受理脱贫领域信访举报问题线索 65 件。同时，强化监督检查。印发了脱贫攻坚整改提升工作专项督查方案，成立了 2 个专项督查组，对全县脱贫攻坚工作存在问题整改情况、“1 + 20”行业部门和 10 个专项工作组工作清单完成情况、干部履职及作风纪律情况开展了多轮次专项督查，对镇（街道）、村开展数据清洗工作情况及第一书记、驻村工作队在岗履职情况进行监督检查。对中央环保督查组反馈相关问题进行了核查，对秸秆禁烧工作进行了督导检查。

5. 强化督导问责，加大查处力度。成立了作风纪律、民生政策、重点项目、精准脱贫 4 个专项督查组，加强对主题作风建设、干部作风纪律以及重大项目建设、民生政策落实、精准扶贫等重点工作的监督检查力度。深入开展一季一督、一季一评、一聚焦三对标活动，对各镇、部门每个季度的主题作风建设、推动追赶超越情况进行了考核点评。组织开展了集中查处作风案件专项行动，加大执纪问责力度，全年立案查处作风类案件 119 件、处分 119 人，提醒约谈函询诫勉 346 人次，对 13 起作风类典型案件进行了通报曝光。省市纪委对开展集中查处违反八项规定精神案件工作做出部署后，该县及时研究部署，落实任务、措施和责任，全面摸排违反八项规定精神问题线索，建立线索管理和案件查处工作台账，加大协调督促力度，先后对省、市纪委交办的 3 批问题线索进行了认真核查、从严处理。对国家审计署反馈该县扶贫工作中存在的 17 个问题，逐一进行了调查核实和责任追究。围绕扶贫工作履职尽责情况、扶贫政策落实情况、扶贫资金管理使用情况、扶贫项目实施管理情况 4 个方面重点，强化监督检查，深入摸排问题线索，加大线索核查和执纪审查力度。去年以来，全县立案查处扶贫领域违纪违规问题

77 件、党政纪处分 110 人，运用提醒、诫勉、批评教育、通报等方式追责 194 人；立案查处环保领域违纪违规问题 7 件，党政纪处分 9 人，运用提醒、诫勉、批评教育、通报等方式追责 19 人；立案查处市场环境领域违纪违规问题 17 件，党政纪处分 19 人，运用提醒、诫勉、批评教育、通报等方式追责 12 人。全县纪检监察机关共立案查处违反中央八项规定精神案件 22 件、党政纪处分 24 人。

二、几点思考

第一，充分认识脱贫攻坚作风建设年的现实意义。

习总书记在十九大报告中提出：坚决打赢脱贫攻坚战；坚持精准扶贫、精准脱贫；深入实施东西部扶贫协作；重点攻克深度贫困地区脱贫任务；确保到 2020 年我国现行标准下农村贫困人口实现脱贫，贫困县全部摘帽。这一系列讲话为坚决打赢脱贫攻坚战进一步坚定了信心，鼓舞了士气。作为打好脱贫攻坚战的关键一年，国务院扶贫开发领导小组印发了《关于开展扶贫领域作风问题专项治理的通知》，国务院扶贫开发领导小组决定将 2018 年作为脱贫攻坚作风建设年，用 1 年左右时间集中力量解决扶贫领域存在的责任落实不到位、工作措施不精准、工作作风不扎实、资金管理使用不规范，以及形式主义、官僚主义和腐败等突出问题。这一决定，是贯彻落实党的十九大精神和中央、省关于脱贫攻坚的重大决策部署的重要体现，也反映出中央在治理腐败等问题上的决心。

作风是党的形象和生命，要打赢脱贫攻坚战，必须打赢作风攻坚战。充分认识开展扶贫领域作风问题专项治理的重要意义，是脱贫工作取得时效的关键，必须要摆在突出位置，提高政治站位，以贯彻落实习近平总书记重要指示精神为新的起点打赢脱贫攻坚战。同时，深刻学习领会习近平总书记关于进一步纠正“四风”、加强作风建设重要批示精神，深刻认识脱贫攻坚中存在的问题说到底是作风问题、落实问题，始终把作风建设摆在突出位置、贯穿脱贫攻坚全过程，切实解决脱贫攻坚中存在的“浮”“假”“躁”“松”的问题，全面系统清除作风问题形成根源，较真碰硬压缩作风问题滋长空间，严惩严治作风问题，用作风建设的成果促进各项扶贫举措的落实。

第二，重点落实党委主体责任。

坚持在脱贫攻坚道路上履行党风廉政建设主体责任，做到一手抓扶贫、一手抓廉政，认真履行“第一责任人责任”和“一岗双责”具体要求。坚持做到对党风廉政建设亲自抓、具体抓、经常抓、深入抓，把党风廉政建设与经济建设、政治建设、文化建设、社会建设、生态文明建设和脱贫攻坚建设紧密结合，做到一起部署、一起落实、一起检查、一起考核，确保脱贫攻坚与党风廉政建设双推进、双落实。要利用成立的脱贫攻坚作风建设年工作领导小组，推动作风建设积极有序精准实施，确保工作务实、过程扎实、成果真实。各级领导干部特别是主要领导要高度重视扶贫领域作风建设，把扶贫领域作风建设作为管党治党具体行动和本地区本部门重点工作，压实工作责任，明确工作重点和工作措施，确保扶贫领域作风建设落到实处。

第三，加大对扶贫干部的培训力度。

加强帮扶干部队伍的领导与管理，加大对镇村干部和帮扶单位驻村干部扶贫政策和业务的培训力度，进一步提高扶贫干部的工作能力，要组织扶贫业务干部开展“脱贫攻坚作风建设年”业务培训，对党中央、省委脱贫攻坚相关政策和精神进行认真学习，对精准识别、易地扶贫搬迁、产业扶贫、金融扶贫等业务知识进行再培训，使各级干部充分认识加强作风建设的重要性和必要性，切实提高脱贫攻坚业务技能。驻村干部（包村干部）要加强学习，熟悉党在农村的各项路线方针政策和脱贫攻坚各项政策，深入群众家中开展调查研究，积极协助第一书记做好政策宣传和落实工作。抓党员教育培训，提升党员创业带富能力。整合各部门优势资源，充分利用远程教育资源和邀请农技人员、知名专家等进行授课，按照党员自身需求，有针对性地开展“订单式”“菜单式”培训，重点培训种养实用技术、市场意识、拓宽创业思维。同时开展传帮带培训，致富能人与党员群众结对，采取一对一、一对多的形式进行培训，提高农村党员的创业能力。

第四，强化督查考核过程。

要加大督查检查力度，建立脱贫攻坚作风建设工作研判机制、督查检查机制、考核问责机制，把督查巡查、暗访检查作为常态，真正把脱贫攻坚抓出成效。坚持立行立改与制度建设相结合，集中突破与持续推进相结合，确保取得阶段性成效，构建治理长效机制，要建立举报追查制度，组织开展明察暗访，对扶贫领域不正之风，一经举报追查到底，建立查实曝光制度，对查实的扶贫领域案件，及时向各方面通报，建立主体责任和监督责任追究制度，对涉贫作风问题高发地区、部门和单位，严肃追究领导和个人责任。真正把作风建设贯穿脱贫攻坚全过程，以促进脱贫攻坚各项政策措施全面落实，确保如期完成脱贫攻坚目标任务。

第五，严肃监督执纪问责。

习近平总书记在参加十三届全国人大一次会议内蒙古代表团审议时强调，今年是脱贫攻坚作风建设年，要认真开展扶贫领域腐败和作风问题专项治理，加强扶贫资金管理，对挪用、贪污扶贫款项的行为严惩不贷。从近年来的一些典型案例反映出有些干部群众观念淡薄，纪律规矩意识不强，党性观念淡薄，同时也说明扶贫领域是腐败和作风问题易发多发的领域，各级党组织和纪检监察机关必须高度警醒，要加大监督执纪问责的力度，查典型案件，教育党员干部引以为戒。各地各部门要整合力量开展常规性的督查督导和暗访巡查，对脱贫攻坚工作实施最严格的考核评估，严肃考核问责，对作风建设中发现的问题，要严格按照“自查从宽，被查从严”的原则，加大责任追究力度。纪检监察机关要建立举报追查制度，组织开展明察暗访，对扶贫领域不正之风，一经举报，追查到底；建立查实曝光制度，对查实的扶贫领域案件，坚决予以曝光；建立主体责任和监督责任追究制度，对涉贫作风问题频发的地区、部门和单位，严肃追究有关单位和个人的责任。

此外，应充分发挥正面典型的激励和反面典型的警示作用。注重选树在脱贫攻坚工作中作风扎实、业绩突出的先进人物，让广大党员干部学有榜样、追有标杆。对在脱贫攻坚工作中作风不严不实、群众工作不深不细、违规违纪的人和事，从严从快处理，并集中通报、公开曝光，形成震慑。

（发表在陕西省纪委秦风网 2018. 6. 5 经验交流）

5. 对县级巡察工作的几点建议

党的十九大报告指出，建立巡视巡察上下联动的监督网。这是党中央推动巡视巡察向纵深发展的重要举措，有利于压紧压实管党治党责任，打通全面从严治党的“最后一公里”。这是对新时代推进全面从严治党不松劲、不停步、再出发的新要求，充分体现了习近平总书记巡视工作思想的精髓要义，体现了党中央对管党治党规律的深刻把握，要让巡视巡察利剑高悬、震慑常在。

第一，领导重视是做好巡察工作的根本保证。

习近平总书记指出：“巡视是党章赋予的重要职责，是加强党的建设的重要举措，是从严治党、维护党纪的重要手段，是加强党内监督的重要形式。”党的十九大报告提出，要把党的政治建设摆在首位，深化政治巡视，坚持发现问题、形成震慑不动摇；在市县党委建立巡察制度，加大整治群众身边的腐败问题。真正把巡察工作作为党委主体责任的具体化，对落实中央部署和省委、市委决策，加强组织领导、研究部署工作、听取巡察汇报、决定成果运用的方式、程序、标准等予以明确规范，促进履行全面从严治党政治责任。严格落实各级党委开展巡察工作的主体责任，明确党委书记第一责任人的职责，并对巡察工作涉及各方的相应责任给予制度化，建立责任清单，形成制度规范。巡察领导小组组长应深入指导基层巡察工作，经常听取巡察工作汇报，随时掌握和了解基层巡察工作。

第二，主动发现问题是巡察工作的关键。

对照巡察内容和重点，列出问题清单，逐项查找突破。坚持群众路线，把群众满意作为衡量巡察工作的标准。紧紧依靠被巡察单位干部职工以及当地群众，寻找问题线索，真正做到一切为了群众，一切依靠群众，从群众中来，到群众中去，让群众满意。巡察要变被动监督为主动监督，变被动查处为主动帮助整改，牢牢掌握党内监督的主动权。注重总结每轮巡察的做法经验，多渠道收集好的经验方法，可借鉴学习先进县市巡察模式，在做好常规动作的基础上，结合实际探索开展特色自选动作，多采取实地检查、专项审计、明察暗访、召开座谈、深入群众、调研项目等方式。主动作为、主动出击，围绕发现问题、印证判断、找准矛盾的聚焦点、问题的风险点、工作的薄弱点，真正找准、找实问题。

第三，注重方式创新是巡察工作的手段。

巡察是巡视工作向市县延伸的有效方式，是以《巡视工作条例》作为基本遵循和制度保障的。要采用灵活多样的巡察工作方法，通过听、测、谈、访、查、看等手段，采取信访受理、民意测评、座谈了解、财务审计、实地调研等方式，广泛收集被巡察单位政治纪律和政治规矩执行、党的建设、党风廉政建设、干部作风等方面情况的问题信息，做到“毛病”早发现早治疗，防止“小病”不治酿成“大病”。具体采取明察与暗访相结合的方式，多渠道多角度了解掌握情况，分别进行个别谈话，深入村、组、群众进行走访，发放问卷调查表，设置意见箱，公布联系电话，接待群众来访，广泛征求群众意见，倾听群众呼声，引导干部群众说实话、说真话、说心里话，同时查阅相关痕迹资料，查找相关问题线索，切实找准基层组织和干部中存在的突出问题。巡察后，要发挥长效建设的作用，针对发现问题，建立强有力的整改督办机制，督促被巡察单位明确方案、制定措施、倒逼整改、建章立制，确保巡察取得实效。

第四，强化巡察工作成果运用是巡察工作的重点。

巡察工作成果的有效运用，是保障巡察发挥尖刀、利剑作用的基石，光查不用和查而不究等现象都是对巡察工作发挥作用的偏移和淡化，影响了党的形象和党风廉政建设的有效开展。因此，有必要在强化巡察工作成果运用上，进一步加强力度，制定出行之有效的落实措施，要体现“件件有回应，事事有着落，问题必追责，追责必曝光”等要求，保障巡察成果的有效运用，充分发挥巡察震慑作用，从而全面推动被巡察单位党风廉政建设的深入持久开展。巡察整改应当贯穿巡察工作全过程，针对发现的问题，督促即知即改、立行立改、全面整改。进驻巡察中，对巡察发现的问题能改的要求立行立改；进驻巡察结束后，及时梳理反馈被巡察单位存在的问题，明确时限，落实责任，逐一挂号，督促进行全面整改。在整改时限内，巡察组对被巡察单位的整改进度、整改成效要经常过问，不能一巡了之。对整改不力、效果不佳的，抓住典型，严肃问责，视情“回头”，形成震慑。如陕西省西乡县不断强化监督检查，深入摸排问题线索，加大线索核查和执纪审查力度。去年以来，全县立案查处扶贫领域违纪违规问题 77 件、党政纪处分 110 人，运用提醒、诫勉、批评教育、通报等方式追责 194 人；立案查处环保领域违纪违规问题 7 件，党政纪处分 9 人，运用提醒、诫勉、批评教育、通报等方式追责 19 人；立案查处市场环境领域违纪违规问题 17 件，党政纪处分 19 人，运用提醒、诫勉、批评教育、通报等方式追责 12 人。全县纪检监察机关共立案查处违反中央八项规定精神案件 22 件、党政纪处分 24 人。

第五，注重队伍选配是巡察工作的基础。

注重队伍选配。重点选择有财经、审计、执法专长的，政治过硬、正直正派、责任心强的干部加入巡察队伍。强化责任担当。坚守巡察工作底线，不越党政纪红线，不碰法纪高压线，不为权势所惧，不为人情所困，敢于较真、敢于碰硬、敢于亮剑。巡察干部要熟练运用党规党纪等武器，较快掌握法律、法规、经济、审计、财务等专业知识，争当专家型、权威型的巡察干部。一是构建巡察工作人才库。在人才库建立的基础上，探索建立人才数据管理系统，有效提升巡察组发现问题的突破能力。二是强化人才队伍培训力度。注重对象分层分类，根据巡察干部的个人特点、能力倾向，细分领域、细化科目，分批分期组织开展不同层级、不同侧重点的专项培训。要注重方式多样，利用集中培训、专题培训、委托培训等，丰富巡察干部眼界视野。三是拓展巡察力量引入视野。在明确参与巡察条件、巡察范围、巡察阶段的基础上，探索选用具备中高级技术职称的党外专业人才参与巡察，探索购买会计师事务所、审计师事务所等第三方机构提供的社会化服务，在充实巡察力量、增强专业问题突破能力的同时，有效规避由此带来的政策风险和泄密隐患。最后是拓宽巡察干部发展出路，建立一支能打胜仗的巡察工作队伍。

（发表在江苏省《南通论坛》2018 年第 4 期）

6. 西乡县抓非公企业党建促精准扶贫工作的实践与启示

深入学习贯彻党的十九大精神，坚持以习近平新时代中国特色社会主义思想为指导，按照全面加强新时代党的建设总要求，切实抓紧抓好非公企业党建工作。非公有制基层党组织是党的群众工作的新领域，是努力扩大党组织和党的工作覆盖面的新的着力点，是扩大党执政的群众基础和社会基础的需要，也是培养造就一批有思想、有文化、懂技术、会经营的新型农民，打好贫困村脱贫攻坚战的关键。改革开放40年来，在党建引领下，非公企业和社会组织承担社会责任的意愿越来越强，广大企业和社会组织能够充分发挥产业优势和行业特长，在助力脱贫攻坚中发挥了重要作用。陕西省西乡县注重抓非公企业党建工作，力促精准扶贫取得较好成绩，在全县开展“百企帮百村”活动，采取“一企帮一村”“多企帮多村”等形式，通过产业联村、项目带村、智力扶村、捐赠帮村等手段，全面推进精准脱贫工作，初步实现了企业尽责任、群众得实惠、社会反响好、村企共发展目标。

一、基本情况

西乡县纳入台账管理的非公有制企业199家，建立党组织143个，覆盖157家企业，覆盖率为78.9%（其中单独组建91个，单独组建率63.6%）；纳入台账管理的社会组织164家，建立党组织137个，覆盖145家社会组织，覆盖率为88.4%（其中单独组建37个，单独组建率27.6%）。所有非公企业和社会组织均下派了党建指导员，四星级以上非公企业党组织均下派了第一书记，党的工作覆盖率达到100%。全县共有五星级非公企业党组织1个，四星级5个，三星级15个，二星级以上党组织占比为83%。社会组织党组织中四星级1个，三星级4个，二星级以上党组织占比为52.6%。非公企业党支部积极响应县委县政府“百企帮百村”的号召，投身到精准扶贫大局中来，结合自身企业特点，开展多种帮扶措施，切实助力贫困户增产增收。据统计，目前，西乡县141

个企业和专业合作组织结对帮扶117个贫困村11913户35740人，各企业累计投入资金114.14万元，实施产业帮扶、就业帮扶、技能帮扶、公益帮扶等项目25个，举办技术培训班35期，培训人数961人次；吸纳贫困户务工733人次，帮助输出劳动力68人次。

二、主要做法

1. 依靠党建引领，参与精准脱贫

立足县情实际，通过抓非公企业党建，帮扶农业龙头企业带动贫困户增收。充分发挥非公领域党组织的战斗堡垒和党员的先锋模范作用，全面提升非公和社会组织党建服务发展能力，努力把非公企业打造成为脱贫攻坚的中坚力量。明确把抓党建促脱贫作为当前和今后一个时期全县非公经济组织和社会组织党建工作一项重要任务来抓，把帮助贫困群众增收致富与非公有制经济组织和社会组织开拓市场、服务“三农”、回馈社会结合起来。该县非公和社会组织党工委及成员单位把精准扶贫作为一项政治任务，制定印发了《推进非公经济和社会组织党组织助力精准脱贫实施方案》，倡议全县非公企业广泛参与精准扶贫行动。广大非公党组织与贫困村积极开展结对共建、结对帮扶活动，有效加强与贫困村的信息交流、资源共享、人才互补、互利共赢。结合前期深入开展的“百企帮百村”工作，持续推进党建扶贫示范点打造，打造并推出了五丰农业园、军鑫农业、东升食用菌、嫁茵农业、东裕茶业等一批党建扶贫示范点，带动群众增收致富。探索出“贫困户产业补助资金入股+公司代养+贫困户分红”“贫困户养殖+技术指导+公司统一收购”“公司担保+贫困户贷款入股+分红”等模式助力精准脱贫。

2. “党建+精准扶贫”，创新脱贫模式

该县以非公企业党支部为引领，以产业为纽带，采取“企业+合作社+贫困户”“企业+贫困户”“订单农业”等多种模式，在搭建企业与贫困户的合作“桥梁”，拓宽贫困户增收渠道的同时，助力非公企业做大做强，形成稳定脱贫的长效机制。按照“党建+精准扶贫”的模式要求，各非公企业和社会组织充分发挥党组织在技术、人才、信息、资金、就业岗位等方面的优势，聚智聚力，帮助脱贫致富。重点扶持农业龙头企业，构成了种植、养殖、加工的产业格局。在推动“百企帮百村”扶贫中，注重以产业发展来扶持带动贫困户脱贫，组织非公企业党员职工全面了解帮扶村贫困户的基本情况、致贫原因，对症施策精准到户到人制定脱贫方案，与贫困户建立“1+1”“1+N”结对帮扶关系。军鑫农业公司党支部针对有发展生猪产业能力的贫困户，公司为其免费提供养殖技术服务和指导，建立“贫困户养殖+技术指导+公司统一收购”的模式，帮助贫困户增收。锦湖集团为解决农户销售难题，结合旗下酒店餐饮企业的需要，先期试点同峡口镇麻柳村签订精准脱贫包销协议，对贫困户的肉、蛋、禽、菜等农资实行订单购买，解决养殖户丰产后销售难的问题，下一步将在其他有条件的镇村铺开推行。

3. 落实就业帮扶，联手同谋发展

该县把非公企业党组织为具有劳动能力的贫困户提供就业岗位作为其助力脱贫攻坚的主要抓手，解决贫困户打工难的问题。通过吸纳周边贫困户到非公企业从业，实现贫困户就近就业，让其既有稳定工资收入，又能照顾家庭，提高贫困户脱贫致富的积极性。以“党支部+合作社（企业、产业园区、扶贫互助资金协会）+农户”的形式，吸纳贫困户就业，让贫困户通过自身劳动摆脱贫困。军鑫农业公司积极吸纳有劳动力的贫困户来公司务工，现在已入园务工的贫困户有10人，平均工资2200元；庆华公司解决吸纳贫困户就业52人次；天域玫瑰生态开发有限公司吸纳62户贫困户入园务工；东裕生物科技公司投入资金250余万元，帮扶81户250人，吸纳就业146人。贫困户不用外出打工，家门口就能增收，既经营了家庭副业，又使留守老人和儿童得到精心照顾，实现了多赢的目标。

4. 突出技能扶贫，技术引领发展

该县非公企业党支部借助人才和技术优势开展技能帮扶，利用信息的强大优势，向村民传授致富信息，为扶贫对象传授技术、免费培训，帮助群众更新生产生活观念，提高生产技能，引进资金帮扶贫困村发展村集体经济，力求“精准式滴灌、造血式扶贫”，最终实现“精准脱贫、稳定脱贫”目标。让贫困户掌握一门技术，才能从源头上拔“穷根”。利用自身行业优势，针对本地区产业发展特点，开展针对性强、实用性高、贫困户易接受的技术培训和指导。军鑫农业公司由党支部牵头，邀请汉中职业技术学院农林系畜牧兽医专家实地开展种、养殖实用技术培训，组织贫困户参加培训480余人次，提高贫困户养殖技术，增强其就业、创业的能力。鹏翔茶业公司安排专项资金18.5万元，在帮扶村开展茶叶技术培训，提高农户种茶、育茶、制茶技术。兴富生猪养殖有限公司在传授养殖技术的同时，为帮扶村10户贫困户各发放能繁母猪1头，产仔后贫困户留存2只仔猪养殖，其余上缴后分发给其他贫困户，实现循环帮扶。

5. 党建+利益联结，建立扶贫机制

该县以脱贫攻坚工作为统领，逐步建立起了一条将政府、企业和贫困群众三者之间紧密结合的脱贫路径。通过在非公企业抓组织建设，扶持企业发展壮大，企业承担社会责任，制定各自的精准脱贫计划，通过入股、订单、劳务等多种形式，带动贫困群众参与发展产业，建立稳定的利益联结机制。而土地流转、参股分红是拓宽贫困户增收渠道的有效方式。贫困户以土地、小额贴息贷款等为股金，直接入股参与企业经营分红。军鑫农业公司对无发展能力的贫困户，由公司出面担保贷款，农户用小额贴息贷款资金到公司入股享受分红；精诚农贸公司采取土地流转、入股分红、合作经营、技术扶贫等方式，帮扶 5 个村 217 户 666 人；天域玫瑰生态开发有限公司在帮扶村流转 55 户贫困户土地 180 亩，种植玫瑰，共同发展致富。

三、几点启示

第一，抓好非公企业党组织领导班子建设是关键。

非公有制企业党组织能否在脱贫攻坚中发挥好作用，是否有创造力、凝聚力和战斗力，关键在于能否抓好企业党务人员队伍特别是党组织领导班子建设。一是拓宽渠道，配强班子。培养党建带头人队伍的关键是做好非公企业党组织书记的选配。要把政治上坚定、业务上过硬、熟悉党的工作，并且善于协调各方面关系的优秀党员，选配到党组织书记岗位上。鼓励党员业主兼任党组织书记。规模较大、党员较多的企业，要配备专职书记或副书记，专门负责党建工作。放宽选人视野，拓宽任用方式，采取内选、下派、外聘兼任等方式，积极稳妥地做好非公有制企业党组织领导班子特别是党组织书记的选配工作。二要建立各级领导抓非公企业党建工作责任制。明确主要领导是第一责任人，真正做到一级抓一级，层层抓落实。建立健全领导联系点制度，引导相关领导主动参与、指导非公有制企业投身脱贫攻坚工作，帮助企业解决碰到的困难和问题，力争把领导联系点建设成为非公有制企业党建工作示范点，带动整体水平的提高。同时，建立健全非公有制企业党建工作指导员制度。选好配强非公有制企业党建工作指导员，加强对非公企业党建工作的指导和帮助，特别要选派与企业生产管理紧密相关的部门单位的干部到非公企业担任党建工作指导员，做到既指导党建工作，又帮助企业抓好发展。

第二，提高思想认识是前提。

党的十九大报告提出了新时代党的建设总要求和八个方面的重点任务，其中很多方面都与非公企业党建工作密切相关、紧密相连，是做好新时代非公企业党建工作的根本遵循和行动指南。紧密围绕党的十九大精神的学习，引导非公企业党组织和党员充分认识脱贫攻坚工作的重要意义，站在对社会应尽的职责和义务的高度，提高思想认识，充分发挥先锋模范作用。通过做好非公有企业党建工作，进一步形成浓厚的非公企业党建氛围，把非公企业党建工作摆上重要议事日程，做到“有群众的地方就要有党的工作，有党员的地方就要有党的组织，有党组织的地方就要开展党的活动”。切实加强对企业主的宣传教育，通过举办培训班、企业家沙龙等活动，让企业主真正了解党建工作对企业生产经营、职工队伍建设、企业文化的积极推动作用，从而发自内心地支持企业党组织工作的开展，为其提供必要条件。着力培养一支非公企业党建带头人队伍和党员骨干队伍，引导他们在促进企业和谐发展、科学发展中发挥先锋模范作用。注重对非公企业党组织负责人和党员骨干的教育培训，提高整体素质。

第三，创新帮扶模式实现互利双赢目标是重点。

以打造服务型党组织为目标，创新非公企业党组织参与脱贫攻坚的新模式，实现企业与贫困户互利双赢目标。以党支部为引领，以产业为纽带，采取“企业 + 合作社 + 贫困户”“企业 + 贫困户”“订单农业”等多种模式，在搭建企业与贫困户的合作“桥梁”，拓宽贫困户增收渠道的同时，助力非公企业做大做强，形成稳定脱贫的长效机制。一是实施产业扶贫，引领带动发展。由各镇扶贫办公室牵头，在尊重困难群众意见、确定帮扶关系的基础上，指导非公企业党组织按照人性化要求精准制定个性化、一对一方案，缺什么补什么，做到一户一个扶贫计划，一户一套帮扶措施和目标。同时，积极探索贫困户和村集体土地出租入股的形式与非公企业组织进行合作，增加村集体和贫困户收入。非公经济党组织也可以通过鼓励和帮助贫困户发展与非公企业业务相适应的产业，激发贫困户的内生动力和创业奋斗精神，加快脱贫致富步伐。二是创新开展“双建双培”工作。着力建强党支部，建好市场主体，将政治合格、群众威信高的非公企业法人培养成党员和村干部，鼓励支持有带富能力的党员和村干部创办市场经营主体，实现每个贫困村都有龙头企业、经济组织和致富带头人，打造一支党性觉悟高、把握市场能力强、愿意带领群众共同致富的永不走的“扶贫工作队”。

第四，建立鼓励激励机制是动力。

建立鼓励激励机制，发挥非公企业党员先锋模范作用，督促非公企业的职工党员亮身份、亮职责、亮承诺，引导他们铭记党员身份，立足岗位争做贡献，在加强党性锻炼、提升服务能力、谋划技术创新上争先进、当优秀，在企业生产经营、脱贫攻坚、科学管理中发挥先锋模范作用。通过党员示范带动，营造一个干事创业的好环境，助力非公企业发挥扶贫脱贫的积极性。各级非公企业党工委要定期对非公企业参与精准扶贫情况进行指导考核，加大对非公企业和社会组织扶贫先进事迹、成功经验做法的宣传报道，不断提高参与扶贫企业和社会组织的影响力和知名度。同时，把非公企业在脱贫攻坚工作中的表现作为评先评优和推荐“两代表一委员”的重要依据，引导更多非公企业和社会组织参与脱贫攻坚。要将非公企业党建与企业评优评先等相结合，每年安排一定资金用于企业党建工作和优秀党务工作者的奖励补助。对行动、措施缓慢的非公企业予以通报批评，对不参与精准扶贫工作、未完成精准扶贫任务的非公企业和法人代表，不得申报各类项目，不得申报创建各类园区，不得享受政府各类扶持，不得列为各级人大代表、政协委员考察提名人选。

第五，统筹资源建立联盟是路径。

按照广泛动员、自愿申请、推荐加盟、统一组织的方式组建非公企业和社会组织"党建扶贫联盟"，引领更多非公企业和社会组织承担社会责任、参与脱贫攻坚，提升党建扶贫示范效应。通过党建搭台、扶贫唱戏，坚持统筹组织和精确引导，最大限度地整合两个领域扶贫资源，实现非公企业和社会组织扶贫意向与贫困群众脱贫需求之间无缝对接，促进非公企业和社会组织在参与精准扶贫与自身壮大发展互利双赢。因村因企施策，确保帮扶成效。按照"一企一法、一村一策"思路，通过产业帮扶、医疗帮扶、教育帮扶、扶贫济困等方式，推动社会扶贫资源向贫困村和贫困人口汇聚，让贫困户通过发展产业、流转土地、劳务用工、订单销售、爱心帮扶等方式实现稳定增收脱贫。同时，强化党组织建设。把建立党的组织、开展党的工作作为加强非公企业和社会组织党建工作的前提基础和首要任务。针对没有党员无法建立党组织的非公企业和社会组织，采取联合组建、派驻组建、成立复合型党组织等方式，努力消除工作"空白点"，有效提升党的组织和工作覆盖率。强化党员队伍建设。积极在非公企业和社会组织中发展党员、寻找"口袋党员"、推荐和吸收党员，有效壮大党的力量，为组建党组织创造条件，进一步推进非公企业帮扶贫困户早日脱贫。

第六，增强非公企业党建工作凝聚力是核心。

针对非公企业党建工作实际，应注重抓班子、建队伍、提素质，充分发挥非公企业党组织的政治核心作用，增强非公企业党建工作凝聚力。大力实施党员素质工程，广泛开展"三学一融合"活动，通过党建"联姻"，结对学经营、学管理，激发活力。要切实消除自我感觉良好、学习走马观花、融合停在表面等三种倾向，完善学习机制，畅通学习渠道，提升学习效果，坚持每月联合举办一次党建主题活动，真正使党员教育管理制度化、经常化、规范化。不断改进活动方式，创新党员教育管理模式。非公企业党组织开展活动，完全不同于机关事业单位，企业党员的标准，也不同于机关党员。一个企业党组织是否发挥了作用，要看党组织在企业经济发展中贡献了多少份额；党员是否具有先进性，要看他在日常生产工作中的现实表现。各级党组织要根据企业党员数量少、分布散、参差不齐的特点，宜提倡分散自学，分层次交流讨论，减少集中学习次数；提倡自警自律，减少组织控制；以企业生产经营活动为中心，围绕精准扶贫工作，灵活开展党内活动，一企一策，不断丰富活动内容，改进活动方式，加速融合步伐，助推精准扶贫工作全面发展。

（发表在陕西省委政策研究室和省委深化改革办主办的《调研与决策》2019 年第 3 期）

7. 对立足西乡工业经济实际打造绿色能源聚集区的思考

“十三五”时期是我国能源革命发力提速的关键时期，党中央总揽国情的深刻发展，明确了四个全面的战略布局，鲜明地提出“创新、协调、绿色、开放、共享”五大发展理念，针对性提出了新时期我国能源发展，建设绿色低碳、安全高效的现代能源体系。我国绿色能源发展仍处于可以大有作为的重要战略机遇时期，为实现我国 2020、2030 年非化石能源消费占一次能源消费比重 15% 和 20%，以及二氧化碳排放达到峰值的刚需目标。必须加快转变能源开发利用方式，不断提升绿色能源在能源结构中的比重。如何在贯彻落实党的十九大精神、全面建成小康社会工作中，坚持生态立县，牢固树立尊重自然、顺应自然、保护自然的生态文明理念，发挥生态优势、做大绿色文章，推进绿色发展、转型发展，建设特色鲜明、独具魅力的秦巴强县。真正走出一条由绿色能源聚集区带动的新型工业化的发展路子，是“十三五”乃至今后一定时期西乡县经济社会发展中急需研究和破解的重点，事关发展全局。

一、西乡县工业经济概况

“十二五”期间，西乡县工业经济工作在县委、县政府的正确领导下和省市相关部门的大力支持下，紧紧围绕“生态立县”“工业强县”战略，依托县域资源禀赋和产业基础，以项目建设为抓手，以产业园区为平台，强化政策、资金扶持，推进金融、技术和管理创新，大力发展循环工业，取得了一定的经济效益和生态效益。到“十二五”末，全县工业总产值由 2010 年的 22. 2 亿元增加到 65 亿元，是“十一五”末的 2. 93 倍；

工业增加值由2010年的6.06亿元增加到20.96亿元，是“十一五”末的3.45倍。“十二五”期间，全县工业企业累计完成工业固定资产投资56.4亿元，实施重点项目40个，完成固定投资24亿元。2018年，入园5户，新培育规上企业17户，规模工业总产值85亿元，增长19%，实现增加值28.5亿元，增长12%。

目前，西乡县工业经济将在夯实工业基础，在补齐发展短板上实现大突破。培育工业体系，紧盯第二个工业翻番目标，优食品、提建材、兴药业、引装备、促能源，加快构建绿色循环工业体系。增强园区承载，把园区建设作为加快新型工业化进程、促进实体经济振兴的重要载体。深化企业服务，严格落实工业促投资稳增长措施，继续推进“一企一策”、重点工业企业帮扶制度，规范运行“诚信贷”业务，解决企业用电、融资、用工难题。争取实现工业第二个翻番的宏伟目标。

二、发展绿色能源的社会经济效益分析

从发展天然气及液化天然气产业的优势看：相对于煤炭和石油，天然气比较清洁。与等热值燃料相比，天然气产生的二氧化碳排放量比煤炭少近一半，比石油少近30%，其他污染物排放也少许多。天然气发电还可促进电力节能减排，世界上最先进的天然气联合循环发电机组净效率已超过60%，是最先进煤电机组的1.3倍，二氧化碳排放强度仅为最先进煤电机组的40%左右。天然气的优越性在于，它的开发技术比较成熟，使用成本较低，可以替代煤、油，用途广泛，不受气候影响，输送便利，供应稳定。众所周知，天然气可通过管道长距离运输。如果把天然气变成压缩气或液化气，体积分别缩小250倍或625倍，则不受管网限制，以专用汽车或其他交通工具（如轮船）输送，可通向四面八方。因此，国际能源署认为，“21世纪是天然气的黄金时代”。天然气需求增速在传统能源中居首位，“石油时代”向“天然气时代”过渡。

LNG是液化天然气的简称，是通过超低温（-162℃）加压液化，将天然气变成液体，其液态体积约为气态时的1/625，燃点650℃，比汽油高230℃。LNG在工业上主要作为冷源用于生产速冷食品，以及塑料、橡胶的低温粉碎，玻壳厂、工艺玻璃厂等行业；汽化后可供城市居民作为清洁燃料使用，为城市天然气管网提供补充和保障；尤其是可以作为双燃料汽车及液化天然气汽车燃料使用，具有运行安全可靠，噪声低、污染小的特点。全球LNG产业总体呈上升趋势，供应和需求都将增加，LNG液化和接收站快速建设，未来全球LNG市场供需出现宽松。有利于国家大力转变经济增长方式，发展绿色产业，促进高新技术和绿色技术，为改造提升传统产业提供了条件。

从国内发展看：党的十九大再次提出了生态文明和依法治国的建设任务、改革任务、法律任务，为进一步加强生态环境保护指明了方向。新的《环境保护法》全面实施，环境法治建设成为依法治国的重要突破口，生态文明制度体系与健全国土空间开发、资源节约利用、生态环境保护的体制机制正在形成，生态环境保护总体上进入一个变革期，环境治理手段呈现“多样化”，环境治理模式出现“多元化”，环境管理能力实现现代化，这些改革创新举措将为环境保护释放更多的“红利”。在我国，进入21世纪后对天然气的需求更是以年均两位数的速度快速增长，2017年国内天然气的表观消费总量已达2373亿立方米，预计2020年将达到3500亿立方米，这将为我国的能源革命与生态文明建设起到保障作用。与此同时，LNG作为天然气的一种生产与消费方式也在我国悄然崛起，并随着雾霾天气在我国东部的肆虐而被加温，从而引发了一个国内LNG产业建设的热潮。据有关资料报道，到2020年时，我国的LNG接收能力将达6500万吨，国内LNG的产能为750万吨。国家发改委表示，到2020年中国的天然气供应能力要达到4000亿m^3，力争达到4200亿m^3，2020年中国天然气需求量应在4500亿m^3/a左右，2030年将介于7000亿~8000亿m^3/a之间。天然气需求将在“十三五”期间实现高速增长，天然气需求占比有望从2014年的6%提升至10%以上，到2030年，有望进一步提升至11%~13%，产业前景十分广阔。

从国家能源建设方面看：2014年11月，国务院办公厅发布了《能源发展战略行动计划（2014—2020年）》，提出，2020年天然气占一次能源消费比重达到10%，利用量达到3600亿立方米。近年来，国家对于环保的重视开始日趋严格，中国的能源消费结构也在悄然发生着变化，逐渐由煤炭为主过渡到多元化能源的消费结构，天然气作为清洁能源，需求前景一度看好。目前中国天然气消费占比依然较低，存在着较大的上行空间。天然气价格下降有利于改善我国能源需求结构，拉动天然气消费。我国能源结构以煤为主，开发利用方式粗放，资源环境压力加大，主要污染物和温室气体排放总量居世界前列，生态环境难以继续承载粗放式发展，迫切需要绿色转型发展。当前，天然气在我国一次能源消费结构中的比重仅为3.8%，与世界平均水平的24%相比差距较大。早在2013年9月，国务院印发《大气污染防治行动计划》，明确提出要控制煤炭消费总量，到2017年，煤炭占能源消费总量比重降低到65%以下；加快清洁能源替代利用，加大天然气、煤制天然气、煤层气供应，到2015年，新增天然气干线管输能力1500亿立方米以上。在国际石油价格震荡的情势之下，引进LNG将对优化我国能源结构，有效解决能源供应安全、生态环境保护的双重问题，实现经济和社会的可持续发展发挥重要作用。

从省市委、政府的要求看：陕西省政府制定出台了《加快县域工业化发展纲要》，进一步明确了今后时期工业发展的方向、重点；国家、省、市相继出台了调结构、扩内需、促增长的一系列举措，有利于获得更多的政策和资金扶持，也能更多承接沿海发达地区的产业转移，工业快速增长势成必然。陕西省提出，自2015年起，全省煤炭消费总量控制在1.275亿吨以内，到2020年，力争实现“零增长”（陕政发〔2012〕33号）。这些“倒逼措施”为天然气产业发展提供了广阔空间。“气化陕西”工程（一期）全面建成。省上提出“着力打造以西（乡）汉（阴）石（泉）为中心的汉江上游区域板块”，市上提出“加快西乡撤县设市”“打造西乡、镇巴有机食品及绿色能源聚集区”，为西乡培育新型产业、打造开放开发高地提供了强大支撑；随着阳安二线、西成客专全面建成，西乡至镇巴高速公路、秦巴环线路网等项目的相继建设，为西乡县加快融入“一带一路”提供了畅通快捷的大通道。

从县委、县政府的宏伟目标看：西乡独特的区位优势决定了西乡的发展定位，按照县委、县政府的宏伟目标是打造“两市五区一极”，即打造汉江上游区域板块中心城市，实现撤县设市；建设国家级城乡统筹示范区、绿色循环示范区、美丽乡村示范区，有机食品和绿色能源聚集区，着力构建完善强化支撑牵引区域经济发展增长极。在工业发展方面，要以循环经济为抓手，建好食品及生物提取、建材工业、花岗岩综合利用、清洁能源及石化工业四大工业园区，打造新兴循环工业产业体系。走西乡循环、绿色、有机发展的路子。

从西乡县情自身实际出发，随着特色工业主导地位的明确和外部基础设施的建设改善，以及十二五以来坚持不懈地抓招商、上项目，特色工业已经初具规模，形成的几大支柱产业，其拉动作用已经凸显，因势利导，在原有的工业基础上培育优势企业，可以形成新的经济增长点和招商引资平台，有利于工业在一个较高和较好的基础上加快发展。从内部环境来看，西乡有资源、市场和劳动力优势。县内资源丰富、优势独具，特别是茶叶、生物、矿产、水能等资源，极大地吸引了外界的关注，也将掀起新一轮的投资热潮。同时，LNG作为一种新型能源，在加工过程中只是进行天然气分离、液化、储存和运输，生产过程中除生活污水以外，不会产生其他污染物，符合县委、县政府提出的“生态立县”战略。项目投产后通过延伸产业链还可以建立天然气分布式能源系统，建设燃气发电厂、农产品冷库和游乐设施。LNG项目落地西乡县，可以明显改善西乡县产业结构，增加就业岗位和税收，为企业带来经济效益的同时还可以促进改善地方能源消耗结构，减少燃煤、燃油使用，为节能减排做出积极贡献。另外，陕西省天然气股份有限公司西乡分输站夏季日输气量7000立方左右，冬季日输气量14000立方左右，年输气量约200万立方左右，可以满足西乡县目前的用气量。与我县相邻的镇巴油气田建设进展迅猛，西乡县为其提供了良好的加工生产基地，力争镇巴油气资源综合开发项目尽早落地西乡。因此，积极发展绿色能源聚集区是西乡县下一步工业振兴的方向和道路。

从目前实施的情况看：西乡县LNG及分布式能源项目建设、运营方、投资方为陕西恒阳伟业能源科技有限公司，法人代表：高伟。该公司主要从事新能源的开发、利用，包括天然气相关领域的研发、生产、销售。项目总规划占地面积1000亩，计划总投资27.9894亿元（其中建设投资26.2609亿元、铺底流动资金1742万元、贷款利息9615万元），建设周期36个月，计划建设内容为：（一）日处理天然气$100x10^4Nm^3$的液化装置二套，20000立方的LNG储罐2座，LNG装车站及公用工程装置、辅助生产装置、服务性工程（选址在建材工业园，投资10.53亿元）；（二）配套20MW燃气发电及余热供暖系统一套（投资1.723亿元）；（三）10万平方米农产品冷库（投资3.3亿元）；（四）2万平方冰雪大世界（投资10.68亿元）。目前，已与中石油西南管道局就气源和用气指标等问题达成一致意见，早已拿到了陕西省天然气股份有限公司的回复函，同意本项目开口接气。投资方完成了可研编写、安评、环评等备案手续，并与安徽黄山市政府达成了LNG销售协议，项目已具备启动建设条件。该项目填补了天然气液化在陕南区域的空白，将对缓解全市供气管网压力，调节陕南地区冬季用气高峰，满足周边城市管网供气的高峰负荷和事故调峰，改善当地大气环境及节能减排等方面具有深远意义。项目建成后可实现年销售收入42.5亿元、利税6.02亿元、税后利润3.61亿元，解决就业约1000人。解决西乡县食品、蔬菜、肉类等储存的问题，并带动旅游、冷链物流业发展。项目切实可行。

从当前面临的主要问题看：一是基础设施滞后。绿色能源集聚区需要的基础建设不完善、层次低，道路、供排水和污水管网、供电、通信等基础设施和配套公共服务设施薄弱，服务功能不完善。二是集群效应不突出。产业集聚区内产业“集而不群”，产业关联机制没有建立起来，产业集聚程度不高，集聚区内部还没有充分形成布局集中、特色鲜明的产业链和产业集群，企业仅仅是空间的集聚，缺乏关联、配套与协同效应。三是投融资机制不活。园区基础设施建设融资渠道狭窄，靠政府投入依赖性强，没有形成商业化开发、吸引多方投入的良性循环。目前现状是政府主导投资，企业参与积极性不高，难以在较短时间内形成大规模投资。四是专业技术人才匮乏。高素质、高技术人才较少，对外依赖性过强，园区企业自主研发能力较弱，产业发展后劲不足。五是保障体系不健全。缺乏专业培训机构、法律服务、融资服务、市场咨询、物流配送等中介服务机构和商业、文化娱乐、医疗等配套设施。六是开发管理不够规范，经营管理水平低。绿色能源聚集区的开发利用缺少一个综合的部门。一些新能源项目存在多头管理，主体不明，责任不清的情况。七是存在垄断市场行为。目前在西乡县的天然气能源经营权是中能天然气公司一家。陕西省天然气股份有限公司西乡分输站只负责供气，不参与经营。从长远看，不利于西乡县绿色能源聚集区建设的健康、稳定发展。

三、对打造绿色能源聚集区的几点建议

第一，解放思想、开拓进取。

所有经济的超常规发展，都得益于思想的大解放，得益于观念的转变，得益于始终坚持发展是硬道理。与发达地区比，西乡县最大的差距就在于思想观念、体制机制和发展环境上的差距。因此，西乡县工业要想发展，经济要想腾飞，就必须彻底摒弃经验主义、本本主义，增强忧患意识、危机意识，充分利用好“两学一做”“激情、干净、超越”主题作风建设等系列活动，把一切工作都服务于经济建设这个中心来思考、来谋划，要把眼光放得更远，视野放得更宽，目标放得更大，树立“跳起来构想，跑起来实践”的拼、抢、赶、超的发展意识；必须切实克服“小富即安”“只求过得去，不求过得好”的陈规陋习，必须在全县树立不发展就是后退的观念，敢于想大事，谋大业；必须彻底摒弃官僚主义和形式主义，要善于紧密结合工作实际，创新领导方式、工作方式、工作机制和工作措施，善于实行“拿来主义”，敢于创造性地执行上级的政策，把经济发展作为发展要务中的第一要务。只有这样，才能真正以自身思想的大解放、观念的大创新、方法的大改进，引领和推动县域特色工业发展和县域经济的大提速、大跨越。

第二，强化政府主导作用，加快绿色能源推广进程。

利用绿色能源，初期成本高，风险大，其低排放与可循环等优势暂时不能体现在价格上，因此，与传统能源竞争一开始会处于劣势。这一特性，也决定了政府必然要成为绿色能源发展的主导力量。政府要加大绿色能源开发利用方面的宣传，在政策上鼓励和支持绿色能源产业的发展和技术开发。政府的主导作用应该从以下两个方面体现：一是政策引导、积极扶持。二是重视宣传、提高意识。没有民众的广泛参与，建设节约型社会的努力是不可能取得成功的。为此，提高民众的节能意识十分必要。政府应承担起组织、宣传者的角色，在公共机构、企业、社区中开展形式多样的宣传活动，营造全民积极行动、依法使用绿色能源的良好氛围。

第三，以科学规划引领绿色能源集聚区建设。

实现产业集聚区的预期目的，精心设计、科学规划非常重要，规划的优劣直接关系着产业集聚区建设和发展的成效。产业集聚区建设要切实做到规划先行。规划编制要坚持“三结合”：把产业集聚区发展规划同城镇总体规划、土地利用总体规划结合起来，与能源、交通、水、电、通讯等支撑经济社会发展的基础设施规划与建设结合起来，与文化、教育、卫生、环保等公共服务设施规划布局结合起来，做到功能互补，同步推进，统筹考虑，科学规划。要科学合理布局主导产业、基础设施及生产性、生活性服务业，使集聚区既具备产业支撑以聚集财气，又具备生活功能以聚集人气。同时要认真落实规划，确保规划一张图、建设一盘棋、实施一个调，确保规划的科学性、严肃性。规划好西乡县未来绿色能源集聚区发展的宏伟蓝图，在西乡形成以城南里河为起点向东全面挺进，带动城南五渠村、堰口镇五星村、官兵村、南坝村等地的迅猛发展，打造一条绿色能源集聚区长廊。

第四，加快园区建设，搭建绿色能源产业发展平台。

工业园区是推动生产要素集聚的重要载体，是对外开放的重要窗口和招商引资的战略平台。各地工业经济发展的经验表明，以工业园区为载体，吸引工业要素的空间集聚和产业提升，是加快产业集群推动区域经济发展的成功之举。在园区建设上，要按照“布局集中、产业集聚、土地集约、生态环保”的原则，点线结合、横纵拉伸，合理调整产业内部分工，使园区发展规划与产业集群发展规划相互衔接；要完善提升园区基础设施，突出建设公共服务平台，创造良好产业集群发展环境，培育一批新能源产业集群发展的重点园区，形成一批具有区域竞争力的优势企业；要坚持主导产业引领关联产业、主导企业带动配套企业，以合理布局项目和完善产业体系为主线，鼓励新能源企业向园区集中；要改善和优化园区投资环境，规范简化各类审批手续，推行“一企一策”和“一站式服务”，增强园区的集聚效应，把园区打造成绿色能源产业集群发展的服务高地、政策洼地、创业福地、投资宝地。

第五，聚贤集能，发挥人才的智力支持。

实行积极的人才引进政策，用事业留人、待遇留人、感情留人，形成以业聚才，以才兴业的良好氛围，为西乡绿色能源聚集区发展提供人才保障和智力支持。积极引进高层次人才，重点引进复合型人才。建立“决策型”“管理型”“技术型”三个层面的人才库，推行人才优惠政策，促进人才合理流动。加强与大中专院校的合作，强化职业教育，提高员工队伍素质，重点是培养一批产业化项目策划人才、投融资人才和懂技术、会管理、善营销的复合型人才以及技术精湛、善于钻研、能打硬仗的高级技工，不断提高企业发展策划、建设和运营的能力，以适应循环工业发展的需要。引导企业与相关高校合作建立大学生实习实训基地，组织大学生参与项目攻关等，以建立循环工业发展后备人才库。

第六，完善服务体系优化绿色能源集聚区建设。

充分利用基础设施资源便于共享的特性，采用专业化、社会化、市场化的办法搞服务配套。切实加快完善西乡绿色能源集聚区配套服务体系建设，大力发展区域性物流园区、物流中心、配送中心，积极发展第三方物流，鼓励集聚区企业联合采购、集中管理、统一配送。同时建立健全资产评估、物业管理、法律服务等中介服务机构，满足集聚区在科技、劳动、培训、信息、市场等方面的服务需求，对医疗、就业、养老保险等所有服务性事项全部实行社会化服务。

8. 浅议西乡县工业经济翻番

工业是经济起飞的引擎，工业化是实现现代化不可逾越的阶段。加快工业发展，实现工业再翻番，对于全面贯彻落实好县十五次党代会精神，确保“十三五”宏伟目标的顺利实现和推动西乡县东部崛起至关重要。到“十三五”末，全县工业总产值达 110 亿元，增加值 36 亿元，规模以上工业总产值年均增速保持在 13% 以上，突破 98. 5 亿元，在 2014 年的基础上实现再翻番。

一、全县工业发展现状

1. 工业经济持续增长。2018 年，新培育规上企业 17 户，规模工业总产值 85 亿元，增长 19%，实现工业增加值 28. 5 亿元，增长 12%。工业技改项目（市重点项目）完成投资 2. 56 亿元，占全年任务的 162%。非公经济增加值占比 57. 1%。

2. 园区建设步伐加快。加快工业园区整合力度，以国动产业园建设为抓手，全面提升循环经济园区基础设施建设水平，加速传统产业改造升级，大力打造服装产业集群，建成循环经济聚集区工业大道。工业园区营业收入28.5亿元，同比增长14%。园区入园企业达到63户（新增入园企业5户），入园项目投资完成2.75亿元，完成基础设施投资5000万元。

3. 产业体系日臻完善。以尧柏水泥、林森为龙头企业的建材加工工业；以磊鑫、华林、金平为龙头的矿产综合利用产业；以东裕、大华医药为龙头的生物科技产业；以鹏翔、信一食品、汉晶粮油为龙头特色食品加工业和以西玛机床为代表的装备制造等产业体系初步建立，支持循环发展的基础不断夯实。

4. 国家中小企业创业创新示范基地建立。2018年11月，全省4个示范基地（含西乡县裕添建材商贸城）成功入围2018年国家小型微型企业创业创新示范基地，得到国家工业和信息化部的批复与授牌。

二、存在的主要问题

西乡县发展工业经济取得了一定成绩，但仍然存在一些问题。由于历史原因，工业发展起步晚、基础薄弱、发展滞后、总量偏小，在全市仅高于镇巴、留坝、佛坪、宁强。有丰富的资源，却还没有全部转化为工业产能，如：石膏、石材开采隐患较多，附加值低；作为产茶大县，茶饮料、茶食品加工产业刚刚起步；拥有万亩樱桃园，而加工企业仅有一家；作为粮油大县，却没有叫得响的粮油著名商标。工业产业链条不长，产品关联度和资源利用效率不高等问题还很突出，这都有待于在发展中逐步加快。主要表现在以下几个方面：

1. 对发展工业认识不到位。在思想上，对工业经济的地位认识上还不统一，没有形成合力扶工的氛围与舆论环境，发展工业经济的责任感和紧迫感不足。

2. 工业经济总量偏小，产业化水平不高。工业经济占全县GDP的比重偏低，离“撤县设市”要求的二、三产业占GDP的比重达70%以上还有很大差距。而且大多数企业之间没有建立起上中下游产业和产品发展的连带关系，产业化水平不高，互不依赖，各自为战，没有延伸成产业链条，这是该县产业集群起步缓慢的根本症结。

3. 园区建设亟待加快、龙头企业偏少。园区是承载经济发展的航母，亟待加快建设。突出表现在：园区规划上，不是规划长远，而是常搞规划，导致建设的随意性较大；产业布局上，产业集群不集中，产业布局不合理；土地利用上，低水平重复建设，多占少建，投资强度较低。目前园区企业是大类产业的小聚居，细分产业的大杂居，引进的企业多属于专业化、技术化程度较低的粗放型、附加值低的加工企业。

4. 工业科技人才匮乏。全县工业企业规模小，个人发展空间有限，难以留住技术人才，这成为工业翻番的一块绊脚石。

5. 企业自有资金不足、融资难。大部分企业缺少前瞻性意识，自有资金不足。加上企业融资难度大，严重影响了企业的生产经营。

6. 在外部环境方面，部门服务的主动性不够。一是投入不到位，水、电、路等基础设施落后。二是服务的效率、质量、体制有待提高和完善。

三、几点建议措施

紧紧围绕县委、县政府确定的建设“六个西乡”实现全面小康，牢牢把握、追赶跨越，绿色循环、优化升级的主基调，以调结构、转方式为主线，坚持走新型工业化和循环发展的道路，按照大集团引领、大项目支撑、集群化推进、园区化承载的总要求，以项目建设为抓手，全力打造现代材料、绿色食品、清洁能源及生物医药和装备制造五大工业体系。

第一，坚持改革创新，为工业经济翻番提供思想动力。

“十三五”是该县加快建设小康社会的关键时期，也是加快结构调整、转变发展方式和培育财源保持财政收入稳定增长的攻坚时期。西乡县要在发展工业经济上有所作为，实施工业翻番，必须革除西乡没有条件、没有能力大力发展工业的思想观念，树立起“无工不富”“工业化是通向现代化的必由之路”“抓经济关键是抓工业”的强烈理念。工业大发展，领导干部是关键。要引导领导干部把主要精力放在支持和促进西乡工业经济发展上，不断学习工业经济知识，培养造就一批懂经济、会管理，勇于开拓创新的领导干部，不断提高驾驭和领导工业经济的水平。切实落实好领导挂钩帮扶制度。一些有碍于企业发展的审批制度，要逐步改变或取消。按照县级领导及部门包抓工业企业及项目工作机制，协调解决企业在建设经营过程中土地、电力、环境保障等问题，促使企业为区域经济发展多做贡献。其次是落实好发展西乡工业经济的机构、人员问题。做到设立专门机构，借鉴周边县区的做法，建议将全县工业、商贸、园区三大块机构分开，细化分工、专职专责、增加人员。同时要培养全民的创业精神和创业激情，出台政策，建立干部职工、社会能人领办工业企业的激励机制，形成人人乐于创业、人人争做老板的工业经济发展氛围。

第二，狠抓园区建设，为工业经济翻番提供有效载体。

加快园区建设，确保承载有力、吸引有力。一是对园区建设统一规划，建设标准化厂房。二是加快园区基础设施建设。完成工业大道建设，积极开展石材园区后续发展的土地规划，制定石材产业孵化园建设方案；三是全力做好园区福润、高密度板等“僵尸企业”的处置工作，为下一步项目招商打好基础；四是加强对入园企业的管理，努力为入园企业做好协调服务，促进企业达产达效。

第三，抓好重点项目和优势产业，为工业经济翻番提供生命力和引领作用。

工业园区必须做大做强优势支柱产业，提升综合竞争力。要围绕优势产业、特色经济下功夫，千方百计提升和创新优势产业，做大总量，使规模产生效益。一是突破发展清洁能源产业。重点抓好 LNG 项目的推进力度，确保工业固定资产投资完成不断壮大。以 LNG 项目的良好推进和镇巴油气田的探采启动为契机，力争建设西乡清洁能源产业园区，加强与陕西恒阳伟业和省天然气集团的合作，建成国内大型油气炼化项目和天然气开发利用及下游深加工项目，以增加西乡的财政收入。二是遵循绿色生态、法治安全、节能环保的理念，加大茶叶综合开发利用。重点加强茶叶在食品、保健、医药等方面的技术示范应用，扩大产品研发、企外贸出口、扩展市场、提升西乡茶叶的知名度和市场份额。三是促进新型建材工业化产品转型升级。鼓励石材加工企业加大设备升级改造，在精加工和石材工艺品上下功夫，打响“西乡黑”品牌；提高石膏开采企业在开发石膏装饰系列产品上的档次，指导好已竣工投产的项目加强运营管理，早日实现达产达效。四是加大生物医药企业培育。充分发挥秦巴山区“中草药宝库”优势，大力推进中药生产工艺创新。支持大华医药、秦自然、东裕等企业在中药饮片加工及保健食品、膳食补充剂等植物提取高端产品，培育高端品牌，不断壮大发展。五是加快装备制造工业发展步伐。围绕先进制造、航空航天、环保与资源综合利用等重点领域需要，积极参与汉中航空智慧新城产业协作配套，以西玛机床为重点，承接一批精密化、精细化零部件生产项目，招引更多的加工企业落户西乡，为实施西乡工业翻番工程提供好的引领作用。

第四，强化人才培养，为工业经济翻番提供智力支持。

工业经济的发展取决于有一批高素质的企业管理人才和企业家。要牢固树立人才资源是第一资源、人才是核心竞争力的观念。充分发挥西乡企业家协会的积极作用，帮助企业家搭建交流学习平台，在产业引导、服务、企业管理等方面互相学习，共同进步。在人才培养方面，注意落实其政治、经济待遇，凡企业报送、选送职工去学习的，政府应该给予一定奖励。县上相关职能部门通过劳动技能培训、项目整合为企业提供支持。建立专业化营销队伍，可采取企业家协会抓创收，通过各地商会推介西乡企业的产品。建议把全县招商与企业家协会工作有机结合起来，政府在招商过程中，搭建平台，由企业家协会将西乡的产品推向全国。注重电子商务对工业产品的销售，确定专职人员，由政府购买第三方服务，顶层设计，确定合作企业，建立县级电商平台，线下体验馆，引领县域电商发展。加大政策性奖励，对西乡工业经济有贡献的企业家和技术人才，给予重奖。努力培养一批善经营、精管理、有现代经济头脑和创业精神的西乡企业家队伍。

第五，强化社会环境支撑，为工业经济翻番提供外部条件。

首先是要有廉洁高效的政务环境，实施“一站式服务”。建议成立县工贸园发展领导小组，由县长任组长，分管县长任副组长，下设办公室，成员为涉及工业、商贸、园区管理服务的部门，办公室设在县政务大厅，保证为企业提供“一站式服务”，抓服务，促企业增收。加大协调服务力度，完善监测分析和预测预警手段，做好政策指导和信息引导，为企业经营提供决策依据，协调解决企业在生产经营中的问题，引导企业强化管理，安全生产，节能降耗，提高效益。认真解决工业项目建设中遇到的困难和问题。其次是建立长效机制，实施包抓责任制，包抓企业前期、引进、建设、运营、服务等，对规模企业，领导一包到底，新引进企业，确定一名县级领导、一名部门领导包抓。制定符合西乡实际的优惠政策，加快工业基础设施建设，对规模大、产业链长的企业采取“一企一策”的政策。三是要形成互利互惠的银企合作环境。政府要加强金融部门与企业的联络、协调与服务工作，采取有效措施，增强金融部门服务全县经济建设的主动性与创造性。四是要形成文明守信的信用环境。政府部门与企业一道，共同打造“信用西乡”。最后要在全县形成支持工业发展的舆论环境。要加大工业经济工作的宣传力度，形成正确的舆论导向，对阻碍工业发展的典型人和事，要予以曝光。最后要改善投资环境，吸引更多的客商来西乡投资兴业。形成人人关心西乡工业、支持西乡工业、人人为工业经济作贡献的良好氛围。

第六，拓宽融资渠道，为工业经济翻番提供改造投入。

一是加强银企合作。积极争取信贷技改资金，促进银行对技改项目早介入、早入贷、早生效。二是加快企业直接融资步伐。充分利用股权转让、股份制等手段，多渠道筹措资金。三是推动改革、改组、改造与加强管理相结合，促使那些较有实力的企业以技术改造为纽带，以提高市场竞争力为目的，兼并、联合那些自身无力改造又拥有好产品、好项目的企业，优化资源配置。四是组织筛选高水平、上规模、效益好的项目，争取列入专项计划盘子，以得到更多的资金支持。继续落实工业发展专项基金，重点用于规模工业和中小企业项目的贴息、技术创新、技术引进、人才培养、纳税大户奖励，同时落实好上级关于对工业的配套资金。不断加大财政资金投入，逐步完善园区的基础配套设施，依靠优良的环境和便利的条件，吸引商客入园，做好“僵尸”项目遗留问题的处置，盘活闲置资产。进一步完善工业投资、公司的运营机制和“诚信贷”业务的管理，使之发挥作用为诚信企业融资服务。落实好关于对工业的配套补贴政策，兑现相应的配套资金，加大财政资金支持西乡工业发展的力度。

9. 对西乡县中药材协会专业合作社发展药材产业的思考

中药材产业是一个新兴的朝阳产业，是一个新的经济增长点。充分开发药材资源，大力发展中药材产业，既可促进农业结构调整，增加农民收入，又可有效保护生态环境，达到强县富民的目的。发展中草药产业对地方经济具有很强的带动作用，西乡县地处具有丰富的土地资源、良好的气候条件、显著的区位优势，是发展中草药产业的理想之地，可以将其作为新兴优势产业大力发展。如何发挥好县中药材协会、专业合作社的积极作用，将中药产业培育成为西乡县的支柱产业之一？只要找准优势，抢抓机遇，因势利导，加快发展，完全可能把它培育成一大重要的支柱产业。

一、基本情况

西乡县中药材协会成立于2006年5月，原有会员60人，现有会员960人，其中农民技术员35人，聘请专业技术人员6人。协会在县科协的领导、支持下，不断健康发展，2012年，被中国科协及财政部评为全国科普惠农兴村先进单位。

西乡县中药材专业合作社成立于2008年4月28日，位于西乡县堰口镇古城街，注册资本200万元。合作社成立初期有社员103人，经过几年来的发展，现有社员2680人。主要种植品种有乌头、丹参、苦参、元胡、桔梗、柴胡、大黄、拐枣树、茯苓、银杏树、枳壳树等品种。合作社法人、协会会长庞定才，大专学历，从事药材种植、购销、加工28年。合作社现有初级职称技术人员8人，农民技术员56人。合作社把药材种植、销售作为工作重点，积极探索中药发展产业化、现代化的新路子。将药农增收作为工作发展的出发点，发挥组织、引导职能，解决农业产业化过程中遇到的疑难问题，调动社员及药农种植药材的积极性，同时抓好对社员及药农的培训。

合作社现有加工厂房600平方米，晾晒场地600平方米，加工机器10台，烘烤房180平方米。已发展中药材繁育基地1处，建立药材种植示范园4个、中药材种植基地3个。几年来累计药材种植面积3.4万亩，总销售产值累计达14800万元，药材总产量12611吨，发展药材种植大户40余户，于药农签订产品购销合同9000多份，2015年，社员及药农户均收入已达2.2万元，并全部兑现。合作社为药农提供销售信息500余条，全年在各乡（镇）、村组开展培训10期，累计培训人员达1.2万多人次，发放资料4万多份。吸引外来客商加工枳壳500余吨，加工银杏叶1000余吨，受到广大药农的好评。2010年被县政府评为先进示范园区。2011年合作社被汉中市协评为科普惠农兴村先进农村专业技术协会。2013年被西乡县农业局评为先进农民专业合作社示范社。庞定才本人被评为汉中市首批市级优秀农村实用人才。2015年被评为全国农技推广补助项目县科技示范户。

二、主要做法

1. 充分发挥协会、合作社的积极作用

目前在全县发展的药材品种及面积为：苦参1500亩、丹参2000亩、川乌6000亩、银杏树15000亩、拐枣树3000亩、枳壳树6000亩、丹皮1000亩、大黄1500亩、桔梗1000亩、荆芥1500亩、白芍1200亩、元胡2000亩等药材。其中，2015年新发展白芍1200亩、荆芥1500亩、茯苓25000窝、丹参1000亩、拐枣树1000亩、枳壳树1200亩。协会、合作社会员人数不断增长，通过培训学习解决了中药材种植盲目、零散、信息不通畅、销售困难等实际问题，会员经济效益逐年增长，受到社会的好评。

2. 抓好技术培训，及时为药农排忧解难

协会、合作社坚持经常深入到会员及药农田间地头检查指导，随时发现和解决有关问题。每到一处的中药材培训都受到各级领导大力支持，通过培训学习，增强了会员及药农的积极性，会员及广大药农均与协会、合作社签订了药材种植合同，种植收益显著。协会共计发放药材种植资料4万多份，同时公布专业技术人员电话号码，让农户随时咨询，及时为药农排忧解难，社会反映良好。

3. 认真抓好基地建设，培养科技示范户

协会经过认真考察，拟定发展项目，培养科技示范户20户。协会新发展基地2个，其中，峡口镇井坝村250亩濒危药材品种繁育基地，柳树镇高家店村150亩药材基地。

4. 与外界企业联合组织开展科普工作

协会、合作社注重与外界企业联合组织开展科普工作。开展一定面积的基地示范，以便使农户看得见，学得到。去年和四川、安徽等地药商合作加工川乌20吨、元胡50吨，和陕西天士力合作种植加工丹参60多吨。和江苏商人合作加工银杏叶900吨。加工枳壳20吨。产值达5000多万元。

三、存在的主要问题

近几年来，该县协会、合作社一直在探索中药材规范化、规模化种植经验，得到了政府和相关部门的大力支持，也建立了部分药材品种的种植和种苗繁育基地及示范园区，取得了可喜的成绩。但与全国的中药材种植大县及全国中药材生产飞速发展还有一定的距离，还不能完全适应中药材生产发展的需要。存在的主要问题是：

1. 观念陈旧。首先是农民的观念依然比较落后，一是重粮轻经，重眼前轻长远。粮食种在好地里，药材种在坡地、贫瘠地里。二是农民不了解市场行情及变化规律，盲目"赶浪潮"，看别人种什么药材发了财，自己也跟着种，要知道中药材少了是个宝，多了就是草，中药材市场是周期性变化的，盲目"赶浪潮"，只能赶上价格低峰期，有时可能挣不到钱，甚至还会亏本。三是部分农民对土地流转政策还不知道、不理解，不愿意参加产业合作社或出租土地，或者有人租地就是漫天要价，有的土地宁愿荒着也不愿出租。其次，中药企业观念跟不上形势发展，舍不得花钱建立基地，或者建立基地只是圈一块地，根本不按有关要求去做。

2. 中药材种植户散户居多，部分种植户盲目、零散种植，造成销售困难。

3. 科技人才缺乏。缺少中药材种植方面的人才，种植户多数年纪较大，沿用传统观念种植，药农新老交替，新人不会种，老人干不动。

4. 种植不规范，信息沟通不畅。

5. 社会服务体系滞后。目前全县尚未建立健全与产业发展相配套的产前、产中和产后系列化服务体系，对中药材种植的种苗供给、种植管理培训、技术指导以及产品回收等都未达到规模化和产业化发展的要求，无技术服务机构，无行政监管部门，一些地道中药材没有得到有效保护。

6. 存在资金短缺问题。由于中药材产业在西乡县不是主导产业，基本没有政策性资金投入，一些刚刚起步的合作社和农户无力筹集更多的资金，在资金周转上存在较大困难，影响了中药材产业的发展和产品品质的提高。

四、几点建议

第一，加强宏观引导，大力发展中介组织。

要充分认识发展中药材产业对促进农民增收、财政增长、经济发展的重大战略意义，把中药材产业作为一项新兴的朝阳产业，高度统一思想，切实加强领导，政府在推动中药材产业发展中具有关键作用。政府要为中药材产业发展提供高效优质的服务，可根据西乡县中药材产业发展的现状及发展目标制定有关促进中药材发展的政策，为中药材发展创造良好的政策环境，理顺为中药材产业发展制定政策，提供支持和服务各部门的关系，明确责任、协调管理，为中药材产业发展创造良好的环境。同时，大力发展中药材产业相关的专业合作社、专业技术协会等中介组织，把千家万户农民组织起来和市场有机结合起来，把市场交给农户，锻炼培养农民，提高农民适应市场、规避风险的能力，从而提升影响，增加效益，促进中药材产业的发展。

在发展中药材产业中形成强大合力。要在深入调查研究的基础上，准确分析市场需求，明确发展目标，制定好发展规划，引导群众根据规划发展生产。要针对制约中药材产业发展的主要问题，认真研究完善相关的配套政策。建议县上在“十三五”中后期经济社会发展规划中把中药材列入重点发展的产业，各级政府应对中药材种植进行规划，因地制宜地建立规范化、规模化中药材种植基地，培养种植大户，加大对农户的宣传，吸引更多的农户加入中药材种植，提高农户的收入，对外形成强有力的市场竞争力，扩大西乡县在全国中药材市场的影响，逐步形成中药材种植产业化。

第二，加快基地建设，争取建立中药材产业园。

坚持以市场为导向，以效益为中心，大力发展中药材产业基地，形成陕南重要的中药材生产基地。要把壮大中药材产业与推进农业结构调整相结合，引导农民种植适销对路的品种，并把发展中药材产业纳入各镇产业结构调整考核范畴，特别是要在山区镇形成“户户种药材，村村闻药香”的格局，不断扩大药材种植面积。要在稳定土地承包政策的基础上，加快农村土地流转，鼓励农民以地入股、租赁经营等多种形式，促进适宜种药材的土地向种植大户集中，充分发挥种植大户的典型带动作用，引导广大群众积极投入中药材开发，争取建立多个西乡县中药材产业园。积极开展中药企业招商，“攀高亲、结豪门”，积极引进一批高科技制药企业，吸引国内知名中药企业来西乡投资建厂，力争把中药产业园建成一个高科技产业园区。

第三，加强科技研发，着力培育科技新优势。

科技是提高中药材生产水平、产品质量和种植效益的支撑。目前，中药材生产、加工以及新产品开发的技术储备不足，先进适用技术应用面不广，科技含量不高，已经成为重要的限制因素。一是要进一步建立健全科技创新体系。坚持开发与引进、消化与吸收相结合，依靠科研单位和企业的创新能力，突破育种、无公害生产、病虫害防治、产品深度加工等技术。二是要完善技术推广体系。发挥好县科协、科技局的积极作用，支持各种协会、专业合作组织和企业与科研单位以多种形式开展技术推广，形成“产学研”一体化的产业联合体。三是要加快建立长期、稳定的培训制度。广大农民群众是吸纳和应用技术的主体，要通过“走出去”和“请进来”等方式，专业户带业余户和大户带小户等形式，加强培训和生产指导；要发掘中药材种植乡土科技拔尖人才，引进专业人才，壮大科技队伍；要总结推广科学的种植制度和经验，进一步提高科技应用水平，促进增长方式转变，使科技转化为现实生产力。

第四，健全服务体系，完善服务功能。

随着中药材产业的发展壮大，对产前、产中、产后的系列化服务必然要提出新的更高要求。要以中药材园区为载体，加快推进中药材专业市场建设和仓储集散中心的建设，通过市场，提供信息、购销、仓储、加工等系列化服务；要依托龙头企业，建立中药材质量检测中心，建立药用植物栽培研究所，解决好大宗药材的质量控制和安全评价，树立西乡县中药材的良好信誉；要以县中药材协会、专业合作等合作组织为主体，加快中药材良种繁育基地，逐步健立规范化的良种繁育体系。要把扶持发展协会、专业合作社作为核心，充分发挥好专业合作社的职能，起到外联市场，内连农户，组织社员，全程服务的作用。需要引起重视的是，必须解决好目前普遍存在的“口袋”合作社、牌子合作社的问题。通过合作社之间的联合互动，在重点镇、村，建立集信息咨询、技术服务、产品购销与一体的服务网络。

第五，培育龙头企业，带动中药材产业发展。

中药材产业化的关键是培育和发挥龙头企业的作用，龙头企业具有上连市场，下带基地的中轴作用。把具有带动中药材生产发展能力的企业作为培育龙头企业的对象，从政策、资金、税收、项目等方面，扶强扶壮龙头企业，鼓励企业根据自己的需要，建立原料基地。基地建设可以考虑与西乡县的茶叶节、樱桃节、汉中市油菜花节等生态旅游相结合，逐步培育成大规模、高水平的中药材基地，适时推出“中药材节”，提高西乡中药材的知名度。通过市场牵动企业，企业带动生产基地，生产基地连接农户的生产方式（公司+农户），把千家万户的农民同千变万化的市场结合起来，加速中药材产业化的发展。

第六，多方筹集资金，提供必要的物质保证。

一是要鼓励农户个人出资、集资，争取银行贷款，充分利用民间资金；二是政府在财政方面给予一定的资金支持，主要支持示范基地的建设和“西乡地方药材”等品牌建设，同时支持对农户种植技术培训等；三是加大招商引资力度，吸收外来资金注入，加快中药材产业的发展。四是政府相关部门应给予大力扶持，为西乡中药材种植产业化做出努力，在落实好现有政策的基础上，研究制订和完善有利于西乡县中药材发展的扶持政策措施，从项目、资金和优惠政策角度，给予必要的倾斜，促进产业发展。

中药材产业的发展是一个长期的系统工程，在发展过程中必然会遇到不少的困难和问题，只要贯彻落实好党的十八届四中、五中全会精神，只要有信心和决心、有科学的发展理念、有真抓实干的精神，相信西乡中药材产业的发展必将成为支撑生态美丽茶乡经济的又一支柱。

（发表在《汉中论坛》2016 年第 4 期）

10. 浅谈乡村生态旅游发展与观光茶园建设

我国是茶叶种植的发源地，茶在我国有悠久的历史，早在神农时期就被发现，并逐步发展，至今已成了人们日常生活、生产中不可或缺的一部分。将茶园秀美的景色，茶文化宁静的气息与旅游结合起来发展的茶文化旅游产业正渐渐为人们所乐道。随着经济的飞速发展，人民生活水平日益提高，休闲生态农业已经成为农业发展领域一个重要的研究议题，休闲让农村更美好，生态观光茶园就是其中之一。生态观光茶园是集休闲娱乐、观光旅游为一体的，能驱动茶消费、带动茶产业发展的高效益模式产业。把全市干部群众的智慧和力量凝聚到省委、市委关于“追赶超越”的决策部署上来，努力实现“追赶超越”各项任务，西乡县搞好农村产业结构调整，增加农民收入，对生态良好的茶园率先建设生态观光茶园，通过“四大茗园”建设带动乡村生态旅游、茶叶产业快速发展。生态观光茶园必将成为西乡县茶产业发展中的又一个新亮点，将成为有机茶深化发展的一个产物。

一、乡村生态旅游与观光茶园建设的现实意义

第一，乡村生态旅游与观光茶园建设将成为新世纪旅游休闲业的重要组成部分。

茶业旅游活动最早出现在我国。历代的文人墨客以及旅行家对茶叶旅游都情有独钟。明代大旅行家、地理学家徐霞客在《徐霞客游记》中，多次提到在庐山、黄山旅游与品茗的意境，体现了茶叶是旅游的最好伴侣。清代乾隆皇帝一生六次下江南巡视，曾几度到杭州的龙井寺、狮峰山下胡公庙游览，品尝龙井茶，并下旨把龙井茶作为每年的贡品。所有这些都说明，我国茶业旅游一直伴随着茶叶生产的发展，可惜的是近年来人们只注重单一收获茶叶产品这一经济功能，忽视了茶旅游这潜在的巨大的经济、社会、生态效益的功能。

现代的都市人特别是年轻一代，很少接触农事活动，在工作余暇自然想寻找一些农事活动放松自我，享受田园风光。随着我国人民生活水平和文化素质的提高，特别是我国实行双休日制和“五一”“十一”长假制以来，都市居民渴望有更多时间和机会享受大自然和农村的特有风貌、生态气息。因此，到农村旅游休闲的人数也逐渐增加。如越来越多的年轻父母在周末或节假日全家到农村进行“庭院式”旅游度假就是很好的例证。因此，旅游农业的形成是适应了人们这种旅游观念的转变。另一方面，随着改革开放的不断深入，到我国旅游观光的国外游客迅速增加，原来的旅游资源已不能适应经济和社会的发展，必然要开发更多的旅游资源，其中农业旅游资源的开发和利用是一种必然的趋势。另外，茶与旅游是天然的孪生姐妹，名茶多生长在山清水秀、地理环境幽雅的地方，所谓“好山好水出好茶”的说法就概括了名茶产生的地理、生态环境的特点，如“西湖龙井”、安徽“黄山毛峰”、江西的“庐山云雾”等均产自著名的风景胜地。而且茶园本身又是一幅天然的风景画。

第二，茶园生态旅游的兴起必然促进茶叶产业的发展。

被陆羽誉为“南方嘉木”的中国茶叶，栽培史已长达3000多年。随着茶文化旅游业的日益繁荣，茶叶作为旅游纪念品或馈赠亲友的礼品，也必将得到健康发展。茶叶礼品除要求包装精美外，更需要提高茶叶的品质，增加香高味醇的高档名优茶叶，促进茶叶产品结构的多元化发展。从休闲冲泡品尝、速溶即饮方便携带的茶饮料和茶宴、茶味食品等多渠道促进茶叶消费，以及通过包装精美品质优异的茶叶作为旅游纪念品、馈赠礼品，起到无形的“广告”和促销的作用。

因此，通过发展茶文化旅游，可以进一步宣传茶保健功能的作用，扩大饮茶人队

伍，促进茶叶消费，从而推动茶叶产业的持续发展，提高生态旅游的经济效益。由于茶文化开发可以把茶文化旅游线路、茶旅景点景观、茶品购物、茶食餐饮、茶会娱乐、茶旅住宿等环节串联起来，形成茶旅游消费。这无疑可以培育茶叶消费、刺激茶叶消费，从而带动本地整个茶产业的快速发展。西乡县全力打造“四大茗园”建设，茶叶茶业发展势头喜人，截至目前，全县17个镇（街道办）全部产茶，茶园分布全县211个村，面积达31万亩，年产量1.3万吨，产值16亿元以上，建成清洁化生产线41条，建立省级“一村一品”茶叶示范村30个，培育示范户498户。

第三，茶园生态旅游可以加快农村经济发展和农民增收。

生态茶园旅游是传统农业的后续产业或替代产业，可以为农民提供第二个收入来源，带来更多就业机会，减少人口流失，带来城市生产生活新观念。同时，观光茶园旅游给城市人群提供体验乡村生活的机会，提升和改变他们对乡村问题的认识，休闲让农村更美好。参加观光茶园旅游活动的人群以有孩子的家庭、老年人、追求新鲜体验的城市人、教育水平中等偏上者为主，这样一个群体的消费观念比较超前，消费能力比较强，对旅游内在品质的欣赏和鉴别品味较高，同时对旅游品牌的树立和宣传可发挥的作用也较大。大力发展旅游产业，尤其是与农村密切相关的观光茶园旅游产业，则会有效开发第一、第三产业的发展潜力，有效拉动一、三产业的增长，改善经济增长的结构和效益。更为重要的是，在国家战略大力重视农村经济发展、农民增收的大环境中，发挥观光茶园旅游不可替代的作用，大力推动乡村生态旅游的大发展，将会使经济发展的含金量得到不断提升，使农民不断增加收入、得到实惠。

自然资源、人文资源与茶文化的融合，可以让茶兴旅，使旅兴茶。茶文化与旅游资源的融合是一种必然的趋势，足以见到茶旅相结合的无限魅力与未来发展方向。茶文化旅游的开展，作为茶文化的一种活动，将使茶文化逐渐成为一种新的产业，对增加农民的收入，促进茶产业的发展有重要的现实意义。如西乡县有种茶农户6万余户，茶农年增收8000元。全县70%贫困户直接或间接地参与到以茶为主的旅游产业中，将带动全县近2万贫困群众脱贫。

第四，观光茶园生态旅游有利于促使农村产业结构调整，增强农业可持续发展能力。

茶园生态旅游的发展能带动当地农民从事旅游商品的生产、交通运输业、种植养殖、建筑业等相关产业，从而实现农村富余劳动力向第三产业的延伸和渗透，促进传统农业向现代农业的转变，加快农业产业结构的升级换代。

二、存在的主要问题

1. 观念落后，缺乏商品意识

部分乡村居民在长期的生产活动中形成了散漫、自由、不受约束的习惯，与乡村生态旅游接待服务的要求存在较大的反差。同时，农民从自我管理的农业生产转向服务接待工作，其旅游服务意识还处在较弱的状态。提供的产品单一，旅游大多以专项旅游产品出现，如观光茶园、休闲渔场等，与景区和自然资源结合程度不够。许多人仍整天为家庭谋生而忙碌，还没有休闲让农村更美好的意识。

2. 基础配套设施不全

目前，在乡村生态旅游中，许多地方基础设施仍然适应不了游客的需要，例如，道路、停车场狭窄，可进入性差；厕所、洗浴室等设施简陋；客房、餐厅等主要食宿设施条件差，卫生状况叫人难以接受。乡村生态旅游的主要目标市场是城镇居民，近年来，随着我国城镇居民收入的不断增长，其生活质量也相应有了很大的改善，他们对住宿、餐饮的卫生条件要求较高。大部分游客对乡村生态旅游的自然风光较为满意，而对周边环境、接待设施和条件则普遍感到不满意，无法达到休闲让农村更美好的基本条件。

3. 接待档次和服务水平低

旅游业是劳动密集型的服务产业，在具备相应的硬件条件下，旅游人才是提高旅游服务水平的根本所在，因此，提高旅游从业人员的整体素质是旅游业竞争取得成功的关键。从业人员服务意识不强，服务不规范，旅游旺季服务人员严重不足。现有宾馆酒店、农家乐档次不高，接待能力有限，旅游纪念品开发缓慢且门类较少，游客参与性娱乐项目较少，交通、标识等配套服务设施还不健全，不能完全满足游客“吃住行游购娱”需求。

4. 在旅游管理上存在问题

在乡村生态旅游的管理中存在的问题具体表现为：一是景区周边卫生状况不好，“脏、乱、差”现象普遍；二是乱搭乱建现象严重，破坏了古建筑、古村落的古朴风格；三是有的景点个体工商户太多，浓厚的乡村文化氛围或宜人的自然风光被商业气息所冲淡，让旅游者找不到“返璞归真”“回归自然”的感觉；四是管理与经营体制不健全，缺乏相应的政策法规，许多开发和经营行为得不到应有的规范，影响了休闲让农村更美好的实施。

5. 功能单一，档次不高

近几年来，乡村生态旅游有了一定的发展，但总体上形式单一，各景点一般以纯自然观光和“农家乐”餐饮服务为主要类型，以棋牌、垂钓、喝茶、吃农家饭等为主要内容，其他的体验型、度假型、参与型项目较少，特色不明显，文化内涵挖掘不充分。目前，乡村生态旅游的主体“农家乐”是由市场需求的拉动而自发发展起来，大都没有进入规划层面。规划的缺乏使处于成长阶段的“农家乐”，受制于各种因素难以摆脱低层次徘徊并提升到乡村生态旅游的更高层面。

三、几点发展思路

第一，加强乡村生态旅游、观光茶园建设。

乡村生态旅游中的观光茶园与一般茶叶生产园既有相同之处，又有明显的区别。观光茶园是供旅游者参观游览、休闲度假的茶园，应有风景可观，有茶可品，有茶的纪念品可购。这样，既要考虑茶叶生产的要求，又要考虑观光休闲度假的要求；既要符合茶树生物学特性的栽培管理要求，又要符合园林的美学要求。因此，必须以茶园为主体，充分体现茶的特色。观光茶园必须以生态学、经济学原理为指导，根据可持续发展战略思路设计，实现茶叶生态的经济效益、生态效益和社会效益的统一，对茶业资源进行深层次、多方面的开发，改变传统的低效益单一的茶叶生产模式。同时茶园管理本身又是一门艺术工程，所以，要把观光茶园建设和茶艺园建设结合起来。观光茶园的总体规划要合理，做到茶树树冠造型、建筑物设计、布局与环境协调一致。要在茶园布局设计、树冠造型、建筑物配套实用性的基础上加强艺术性，由传统农事上升为一种艺术活动，增强观赏、娱乐价值。日本有名的冈山后乐园茶园是日本的三大名园之一，园内茶行修剪成浪状，与濑户内海的景观十分协调，每年吸引了无数游客，大大促进了茶叶消费和弘扬了日本茶道。在惜土如金的新加坡，也十分重视开辟观光旅游茶园，年收益超百万美元，不到两年就收回投资，取得可观的经济效益。

第二，转变观念，实现特色化发展。

要转变观念，确立休闲让农村更美好的意识。因旅游是人类文明的一种现象，现代旅游既是经济消费，更是文化消费。随着社会经济的发展，人们生活水平和文化素养的提高，旅游的需求发生了变化，即由观光为主到集观光与休闲娱乐为一体文化的含量越来越高。这一深刻的变化，对旅游的内容和方式提出了新的要求，文化旅游应运而生。人们开始重视文化旅游，研究文化旅游。茶文化是中华优秀文明的重要组成部分。以茶作诗、以茶作画，以茶歌舞、以茶会友，以茶健身、以茶休闲，已逐渐成为民众崇尚之风。以茶产地尤其是名茶产地的山水景观和人文景观、茶文化的历史遗痕和艺文韵迹、以茶树和茶艺的地方特色、以茶制品的千姿百态为内容的旅游，构成了茶文化旅游。

充分依托各具特色的自然环境、资源条件、民俗文化、农渔特产等优势，深入挖掘人文底蕴厚、旅游观光价值高的景点，提升休闲观光农业的品位内涵，实现特色化、多元化发展，避免低层次的雷同。注重项目的策划和创意，融当地自然景观、民俗文化于休闲观光农业项目之中，不断挖掘和激发游客的消费潜力和体验兴趣，精心打造一批富有特色、反映山水特点、体现人文内涵的休闲观光农业产业品牌。要正确处理好开发与保护的关系，在充分挖掘区域具有吸引力的乡村自然景观、深厚民俗文化的同时，也要充分考虑到当地的环境承载能力，防止破坏性的开发，确保观光茶园旅游景点生态环境和文化资源的可持续发展。

第三，搞好乡村生态茶趣园的规划。

促成观光茶园旅游客观需求的因素有很多，其中有城市化、工业化所造成的诸多问题逐渐成为一个重要方面。人与自然分离、环境污染、生活空间狭小、交通拥挤、快节奏而且单调的生活，还有近年来引起城市人群恐惧的饮食不安全等现象，协同、集中地刺激着城市人群渴望到农村去享受景色优美的田园生活、放松身心的休闲生活、品尝有机绿色食品的天然生活的消费需求。有机茶生产区形成的乡村风情、自然景观及可提供给游客的各种体验式活动，如承包部分茶树、直接参与生产和加工、享用自己劳动成果等，都是城市游客的兴趣点，可以直接转化为旅游产品提供者的赢利点。在一些产茶的景区或茶生长环境条件较好的景区，做好茶树和其他保健茶开发、植物资源的种植与抚育工作，并根据旅游的需要，做好茶趣园的规划设计。可考虑林、茶间作，药、茶结合，花、茶混栽，果、茶套种。拓宽思路，引进良种，使茶园成为天然绿色植物园，名茶品种示范园、新奇独特的立体生态茶趣园。并在自然美的基础上巧设人工景点，依山傍水顺势，将茅棚、竹楼、小木屋、简易茶舍有意识地点缀其间，让游客在此品茶小憩留影拍照，体会休闲让农村更美好的真正内涵。

（1）设计多样的茶文化专题旅游产品。景区可根据自身不同的自然、人文条件，选择组合合适的茶文化旅游产品，根据游客需求和偏好，不断调整和组合出一些旅游产品。（2）茶文化学习考察游。在一年四次的采茶季节中，让旅游者参与茶叶的采摘与制作，让他们融入到茶农的日常生活中。从中学习中国的传统茶艺、茶道、茶俗、植茶知识等。（3）茶保健旅游。茶保健与“真山真水真空气”的生态旅游相得益彰，可以让旅游者在身心得到放松的同时，还可以品尝药茶并学习制作调配方法。（4）茶乡生态游。好山好水好茶，出产名茶有数种，名茶孕于灵水名山中，可以选择条件适宜之处发展茶乡山水生态旅游。（5）茶乡夏令营。在活动过程中，请专家学者为他们讲授有关茶文化知识，如茶艺、茶礼等，并让他们到茶场亲身体验采茶、制茶的过程。在茶园户外地区，建设设施较为全面的休闲吧。为游客在参观茶园以及体验茶制作项目后，提供较为舒适的休息环境。在休闲专区，可引进市场上受年轻人热捧的桌游、自助烧烤、运动类等娱乐项目，为游客提供一站式休闲服务，增加休闲生态茶园的其他经济效益。主要是在茶园建设一些比较有创意的文化景点，如设置茶文化交流专区，给爱茶之士创造良好的品茶环境，空间上可露天可室内，灵活变动。目前市场上有许多茶类衍生的糕点、甜品等食品加工成品，受到广大消费者的欢迎。休闲茶园可以引进自制茶类衍生食品的制作工艺，把简单工艺教给游客，让游客体验不一样的茶娱乐项目，即可体验过程，又能享受到健康的茶类食品，为茶园创造效益。

第四，注重茶园生态旅游的科学管理。

贯彻资源和环境保护的思想，立足休闲让农村更美好，推行协调有序的管理，这是开发取得成功的措施，也是预防资源和环境遭到破坏的重要保障。茶园生态旅游是一项科技含量很高的绿色产业，集自然保护、科学考察、传统文化、观光度假为一体，其资源开发需要生态学、社会学和经济学的多学科论证。首先要对茶园的地质资源、生物资源和涉及到环境质量的各类资源进行认真地调查，对环境承受能力进行充分评估；然后根据自然生态环境的承载力制订严格的游客控制计划，控制旅游资源开发范围和路线；最后要对开展旅游活动可能带来的环境损害进行监测，并采取积极措施，消除或减少污染。

第五，当地村民积极参与是前提。

观光茶园旅游开发可以有多种形式，而有当地社区居民参与的观光茶园旅游开发经营活动是最符合可持续发展的乡村生态旅游开发模式。当地居民广泛参与到有机茶特色乡村旅游开发经营活动之中，或直接经营旅游服务（开办家庭旅馆、出售旅游产品），或在集体、合资、个体旅游企业内从事旅游服务和管理，或参与有机茶特色乡村旅游有关联产业的生产经营活动（有机茶的种植、养护、加工、生产，或旅游纪念品的生产），可以为当地居民带来就业机会、增加收入、提高素质，还有利于旅游资源和生态环境的保护，利于当地居民形成对有机茶特色乡村旅游的积极、正面的态度。只有保持好乡村风光、乡村环境的特色、活力和美感，保存好乡村生活的独特方式、习惯、风俗，有机茶特色乡村旅游的乡村性才有保障；也只有达到旅游资源的利用可持续、旅游地的环境可持续、旅游地居民与游客的关系友好和谐可持续，有机茶特色乡村旅游业的发展才是可持续的，也才能实现休闲让农村更美好。

明确主体，形成合力。（1）政府应发挥其主导职能，建立一个各相关部门参与的协调管理机构，加强部门协调，实施部门联动扶持计划，把乡村生态旅游和观光茶园建设作为新兴产业来扶持，制定一系列的奖励、扶持政策。观光茶园旅游发展重点乡（镇）、重点村以及旅游产业发育较为完整的重点区域，要列入景点、景区、旅游线路推荐目录，统一包装营销。（2）以农为根，依托农村，依靠农民，立足农业。首先，要以自然、随和、舒适、生态为主题，突出城市和农村的差异。其次，要调动村、组、农民的积极性，鼓励其参与观光茶园旅游项目开发。按照"有资源、有条件、有积极性"的标准，对重点乡镇、村落、农户重点扶持；要简化程序，从优从快提供办证服务。

第六，把握好几个原则。

一是坚持地方政策符合国家大政方针的原则，把握政策性；二是坚持开发利用与依法办事的原则，克服盲目性；三是坚持政府规划与业主开发的原则，管理规范性；四是坚持生态旅游业与其他产业共同发展的原则，讲求整体性；五是坚持资源开发与环保建设同步规划、同步实施的原则，突出科学性；六是坚持资源开发利用与保护农民利益的原则，注重目的性；七是坚持经济效益、社会效益和生态效益三兼顾的原则，保障可持续性，完成休闲让农村更美好的目标。

第七，强化培训，提高从业人员素质。

建立农家乐休闲旅游从业人员培训制度，深入开展多层次、多形式的培训，区分不同的岗位开展相应的培训，提高培训的针对性和有效性，重点对农家乐财务、营销、厨师、服务等岗位从业人员进行轮训，全面提升农家乐休闲旅游业经营服务水平。对农家乐休闲旅游经营业主和从业人员的知识技能培训，纳入农村劳动力素质培训，由劳动保障部门进行技术等级鉴定，考试合格核发相应的技术等级证书。

要进一步规范调整提高茶园观光旅游接待的整体水平，就要提高相关人员的整体素质，强化旅游服务意识。一是旅游知识的培训。大多数游客都希望同从业人员进行直接交流，了解一些旅游方面的基本情况。对旅游知识缺乏和不足，势必影响游客的整体感受。增强旅游知识培训，有利于旅游从业人员更好地了解当前旅游业发展的形势和趋势，进一步抓好日常管理和积累经验。二是强调服务规范培训。观光茶园旅游以"特色"吸引人，但这种特色是建立在规范服务的基础之上的。可以说，没有规范和标准化的服务，特色就不可能存在。根据旅游服务上还存在诸多不规范的现象，要针对当地实际情况，加强这方面的培训，以规范的服务来引导和促进观光茶园旅游的发展。三是加强对本土民俗文化和风土人情的培训。要认真挖掘，总结地方民俗文化和风土人情，并加强旅游从业人员在这方面的培训，使乡村旅游与当地民俗风情和乡土文化实现有机结合，提高旅游文化品位和服务档次。

第八，加大促销力度，树立品牌。

把乡村生态旅游、观光茶园产品纳入旅游宣传促销计划，纳入旅游线路之中。发挥政府和村组两个积极性，积极开展宣传促销活动，制作广告宣传牌，拍摄电视宣传片，编辑优美精致画册和宣传光盘，展示农村的人文景观、农家情调和氛围，吸引游人的关注和向往。在黄金周、节庆活动专题中推荐观光茶园旅游专项节目，积极引导广大市民参与乡村生态休闲游。对自然资源、人文资源、民俗风情资源进行文化开发和包装，整体宣传促销。一是制定观光茶园旅游宣传促销总体方案，系统宣传乡村生态旅游，使休闲让农村更美好家喻户晓；二是制作观光茶园旅游宣传品、网络视频短片、DVD 光盘、画册等；三是在“黄金周”新闻发布会上，专题推荐“农家乐”；四是在报刊上作专刊，大张旗鼓宣传推销观光茶园旅游。

（发表在《汉中论坛》2017 年第 4 期）

11. 甘肃成县电商发展对西乡县的启示

甘肃成县位于甘、陕、川三省交界处，是“国家秦巴山集中连片特困片区县”。全县辖区面积 1676. 54 平方公里，辖 17 个乡镇，245 个行政村，总人口 27. 03 万人，其中，农村人口 16. 43 万人，有建档立卡贫困村 102 个，截止 2016 年底，有贫困人口 2. 21 万人。从 2013 年 6 月开始，成县立足山大沟深、交通不便、贫困面大、贫困程度深和农民增产不增收的县情实际，全县形成以核桃为主导，中药材、养殖、蔬菜、鲜果、烤烟为支撑的特色产业体系；以微博、微信等新媒体营销为手段，以打造电商全产业链为重点，以助农增收为目标，探索发展农产品电子商务，助力精准扶贫、精准脱贫，走出了一条成县电商扶贫模式被全国推广。2015 年 9 月 14 日，国务院副总理汪洋在中南海主持召开“互联网 +”现代农业座谈会，成县作为唯一县级地方政府代表参加会议并就成县农村电商发展情况作了汇报。为学习外地经验，促进西乡县农村电商扶贫工作，2017 年 6 月 7 日，县委党校调研组赴甘肃成县就电商发展情况进行了调研，深受启示。

一、成县发展电商的主要做法及成效

1. 构建五项电商扶贫系统，全面保障电商发展和推广。一是行政推进系统。成立了县、乡电商（扶贫）领导小组，设立了县电商中心（电商办）、乡（镇）电商（扶贫）工作站，建成了村级电商（扶贫）服务点，出台了“两意见两办法”等政策文件，确定了“六位一体”推进机制（政府推动、市场主导、社会参与、协会示范、金融支撑、媒体助力）确保电商有序推进。二是基础保障系统。全县245个行政村无线网络覆盖率100%，有线宽带网络覆盖率达85%以上。实施以农村道路硬化、农电网改造等为主的九大类电商扶贫工程，加快贫困村基础设施改善。快递物流企业40家，投递业务范围覆盖196个行政村，覆盖率80%。采取政府贴息等方式，鼓励和引导金融机构开发多种扶持电商发展的信贷产品，支持电子商务产业发展。三是产业支撑系统。把发展壮大富民增收产业与农产品网货生产、网货供应等电商发展措施相结合，实施了特色产业培育工程，累计嫁接改良核桃树780万株，发展农民专业合作社704家，龙头企业17家，特色产业面积达到78万亩。建成网货供应平台24家，初步形成以核桃、土蜂蜜、手工挂面、大樱桃等农特产品为主的30多个系列100多个品种的网货供应体系。积极引导电商经营主体，注册了“山泉老树”“陇上山珍”“云雾芳果”“农民小段”等20余类商标，打造电商品牌，提升农产品市场竞争力。四是平台服务系统。紧抓全国电子商务进农村综合示范县项目和陇南电子商务产业孵化园建设等发展机遇，逐步完善县、乡、村三级电子商务公共服务体系，初步建成了2个县级电子商务公共服务中心、17个乡（镇）电子商务服务站和130个村级电子商务服务点在内的县、乡、村三级电子商务公共服务体系和以顺通电子商务物流园区为中枢、乡（镇）物流配送站为支点、村级物流配送点为终端的县、乡、村三级物流配送体系。五是宣传推广系统。“今年成县核桃长势很好，欢迎大家来成县吃核桃，我也用微博卖核桃，上海等大城市的人都已开始预定，买点我们成县的核桃吧！”。县委书记李祥因为不停地通过微博推销成县核桃，他被大家亲切地称之为“核桃书记”。随着李祥书记微博的走红，成县的众多官员都开通了微博，开始加入微博卖核桃的行列，成县核桃也随之升温。

发展农产品电子商务助力精准扶贫、精准脱贫的有效做法引起了人民网等新闻媒体、国务院扶贫办等党政部门、中国社科院等研究机构、阿里巴巴等电商企业的关注和支持，得到了中央、省、市和社会各界的高度关注和充分认可，被中国社科院信息化研究中心、阿里巴巴研究院等研究机构作为县域电子商务发展的典型案例在全国范围内推广。

2. 四级平台拓宽电商发展领域，提供良好的电商经营环境。一是建立陇南电子商务产业孵化园，带动周边产业的全面发展。作为全市电子商务产业集聚平台和人才集聚中心，2015 年，陇南电子商务产业孵化园被商务部列为国家电子商务示范基地。二是通过招商形式建立了“特色中国 · 陇南馆”。该馆上线后全市上下联动，运用微信、微博等媒体进行集中宣传推介农特产品、手工艺品，成为陇南展示对外形象的重要窗口。三是打造农村淘宝成县服务中心。2015 年 1 月 15 日，成县作为西北首个试点县与阿里巴巴集团成功签署农村淘宝“千县万村”计划合作协议，通过多方协作努力，成县已建成农村淘宝成县服务中心和 55 个农村淘宝村级服务站，共完成交易 26 万余单，交易额突破 2200 余万元。四是成立陇南市电子商务创新创业孵化中心，实施“电子商务 + 产品展示 + 商务办公 + 业务洽谈”一条龙模式，为商户提供一个良好的经营环境。

3. 畅通电商供货渠道，确保电商成效。为了推进电商良性、有序发展，电商销售产品品质有保障，在农村淘宝成县服务中心的引导下，建立了（1）成县农民专业合作社。具体模式为“电商 + 合作社 + 农户”，实行“签订合作协议、成员种植、合作社加工收购、产品统一销售”的方式，互惠互利，合作共赢，为山区农民调整产业结构寻求出了一条好路子。（2）成县深山源农产品电子商务有限公司。真正做到让贫困山区的农民足不出户便可收益，激发他们的自身发展动力。（3）成县农民小段电子商务有限公司。通过开办网店、创建电子商务公司，为贫困户提供就业岗位。同时与贫困户签订帮扶协议，帮助贫困户销售农产品，网店带贫和就业带贫效益明显。

截至目前，全县共有 920 家网店，22 家电子商务企业，40 家物流快递公司，线上销售产品 30 多类 100 多个品种，累计销售总额 9. 87 亿。全县农村居民人均可支配收入由 2013 年的 4876 元增长到 2016 年的 7020 元，贫困发生率由 2013 年的 25. 4% 下降到 2016 年的 10. 05%。全县贫困人口通过电子商务人均增收 640 余元。电子商务在农村的普及应用，转变了群众观念，改变了传统的生产、生活方式，提升了农民综合素质，培养了“互联网 +”时代新型农民。农村水、电、路、宽带网络等基础设施全面改善，拓宽了农产品销售渠道，把更多的农产品变为促农增收的商品，激发了广大群众调整种植结构的积极性，加快了农业供给侧结构性改革。按照县委旅游全域化发展战略，依托得天独厚的旅游资源，积极推进电子商务与全域旅游融合发展，以“一核两翼”全域旅游为规划，形成“环城依景、融产托村”的乡村旅游发展格局。

二、对西乡县电商发展的启示

西乡县紧扣电商助推精准脱贫工作目标，按照“夯基础、建体系、强保障、树典型”的总体思路，大力实施“电子商务进农村”工程，先后出台《西乡县农村电子商务三级体系建设实施方案》、《关于下发 2017 年度电子商务扶贫工作任务的通知》、《关于印发县电子商务发展奖扶政策（草案）的通知》等文件。截至 6 月 25 日，完成县电商服务中心一期工程、17 个镇（街道）电子商务服务站、93 个贫困村和 45 个非贫困村电商服务网点建设；计划 6 月底全县 117 个贫困村全面完成电商服务网点建设；7 月底前完成 86 个非贫困村电商网点建设。县电商服务中心与县邮政公司、西乡县职业技术高中合作，加强业务指导和技术服务，目前已引进县内 9 家企业入驻，电商销售势头良好，取得了阶段性成效。

尽管该县发展电商起步快、基础好，但受诸多因素制约，电商工作还存在一些问题和差距，主要表现在以下方面。一是电子商务人才缺乏，仍有一些干部群众对电商认识不够、思路眼界不高，发展方式方法墨守成规，尤其是领军型、统筹型、创新型电商人才极其缺乏，不利于电商事业的全面普及推广。二是电商在传统产业优势发挥不明显，电商产业与传统产业结合不够紧密，电商助推传统商贸业的支点作用不强，促进网络经济和实体经济融合的成效尚未充分体现。三是相应的电商扶持政策不够完善，部分企业、专业合作组织发展电商意愿不强。西乡县与甘肃成县同属山区国定贫困县，有许多共性特点，结合西乡电商发展实际，借鉴成县电商发展经验，有以下几点启示：

第一，加强组织领导，搭建电商发展平台。建议尽快组建完成西乡县级电商发展中心，加大镇级电商服务中心和村级电商服务站建设力度，充实工作人员和基本设备，夯实电商发展基础，健全完善电商发展行政推进体系、网店服务体系、网货供应体系、网络物流体系、人才培训体系、考核评价体系等六大体系，助力西乡农村电子商务发展。

第二，大力宣传推广，营造电商发展氛围。利用主流媒体、微信、微博、黑板报、会议平台、发放资料等方式，大力在全县掀起宣传电子商务知识热潮，转变企业、群众传统发展观念。在全县宣传介绍成县发展农村电商的好经验，搭建西乡县农村电子商务宣传推广服务平台，加强与媒体的沟通与合作，积极宣传电子商务普及应用，开展“互联网 + 农业、互联网 + 专业合作社、互联网 + 商贸、互联网 + 创业、互联网 + 物流”等行动，营造部门、协会、网商、企业等之间相互扶持、共同发展的良好氛围。同时继续开展电商座谈、电商发展论坛等一系列活动，进一步提高党政干部、企业经营者、农户等各类市场主体对西乡农村电子商务发展的认识和重视，激发他们投身家乡电商事业的积极性和主动性。宣传西乡县电商成功典型事例，通过树立典型、经验推广，示范带动更多社会力量、广大镇村干部、贫困群众革新观念、发展电商，实现农产品促销、农民增收。

第三，突出引进和培育人才，提升电商队伍素质。一是建立体系。要将网商的人才需求纳入西乡已有的人才政策体系中来，进一步完善政策。二是多渠道培养。通过联合高校、电子商务企业共建实习和培训基地，鼓励在校大学生网络创业等方式，打通网商与所需人才之间交流与合作不足的障碍。也可以直接与高校建立更为灵活的“订单式”培训课程。三是注重引进来。积极搭建人才供需交流平台，可以通过专场招聘会、赴外招聘、网络招聘等形式，为西乡农村和企业引进紧缺急需电商人才。

第四，加大投入，夯实电商发展基础。一是积极培育电商孵化园区。按照成县发展模式，积极组织企业对接电子商务招商活动，重点抓好与京东、腾讯等知名电商平台企业的对接，加大力度推进电商项目尽快落地，促成更多电子商务企业落户西乡县，按照电商集聚、服务集中、资源集约、功能集成的要求，逐步完善电子商务孵化园区建设，让西乡在“互联网＋”的跑道上加速前进。二是建立健全农村电子商务基础设施。西乡农村虽然都开通了通信网络，但网络运行的信息内容、资费水平、宽带速度、安全保障等条件还难以适应农村电子商务的发展需要。因此，要统筹规划，加大资金投入，迅速改善农村的网络通信条件，达到宽带到村、到户。同时，配备好县、镇、村三级电子商务网站的设备，并安排专业人员维护，为农村电子商务的发展奠定物质基础。要在县级财力十分紧张的情况下，积极协调各方资金，保障各镇（街道）负责的镇村电商服务站点建设所需资金。

第五，构建激励机制，增强电商发展动力。成县的实践告诉我们，制定电商产业发展政策，对电商企业和创业人员给予一定激励，形成成长型激励机制，有利于刺激农村电子商务快速成长。要完善西乡电商发展的政策奖补。细化相关政策，对电子商务企业在人才引进、融资等方面加大奖扶力度，推动西乡电商企业做大做强。落实好补助资金，为引导电商企业的快速发展，激活发展活力，县上除对电商企业及个人进行奖扶外，针对县域内农副产品上行销售的物流寄递业务，县政府与邮政公司签订战略合作框架协议，以最低标准执行物流费用，帮助电商企业发展。同时参照外地农村电商物流补贴办法，对每件农副产品上行销售包裹，给予县邮政公司 1 元补贴，通过完善的财政保障机制，不断提升电商服务经济社会的质量和水平。

第六，提供精准服务，打造电商品牌。对于许多农民来说，电子商务还是一个新兴事物，这就需要我们有针对性地做好服务工作，在西乡电商产品包装、品牌培育、营销策划等方面，聘请专业人士给予农村电商服务点更多的帮助和指导，不仅要“送上马”，还要“扶一程”，让其更好更快地掌握运用电子商务。要特别重视西乡农产品质量追溯体系的建设，推进农产品质量监管从“线下”向“线上”覆盖，实现产地、检测指标等关键信息可查询、可追溯，让消费者买得放心、用得安心。强化技术保障，县邮政公司要充分发挥行业优势，负责好全县农村电商服务中心建设、物流仓储中心、镇村物流配送体系的建设，确保农村电子商务持续健康发展。

12. 对加快西乡县脱贫攻坚工作的思考

反贫困是古今中外治国理政的一件大事。消除贫困、改善民生、逐步实现共同富裕，是社会主义的本质要求，是我们党的重要使命。党的十八届六中全会提出全面从严治党。必须把坚持全心全意为人民服务的根本宗旨、保持党同人民群众的血肉联系作为加强和规范党内政治生活的根本要求。全党必须贯彻党的群众路线，为群众办实事、解难事，当好人民公仆。十八届五中全会提出：“实施脱贫攻坚工程，实施精准扶贫、精准脱贫，分类扶持贫困家庭，探索对贫困人口实行资产收益扶持制度。到2020年，我国现行标准下农村贫困人口实现脱贫，贫困县全部摘帽，解决区域性整体贫困。”全面建成小康社会，难点在农村，特别是贫困地区。西乡县属国家确定的秦巴山片区特困县、国家扶贫开发重点县、革命老区县。回顾西乡县扶贫工作历程，经历了九十年代的“八七”扶贫攻坚、2000年后的新阶段十年扶贫开发，取得了可喜的成就，贫困面和贫困程度均有一定程度的减小和减轻。党的十八大提出了2020年全面建成小康社会的奋斗目标，且要让人们全面、够格、不落一人地进入小康社会。具体到西乡县，就是到2018年，全县6. 8万农村贫困人口和1950户2785名城镇贫困人口全部脱贫，摘掉贫困县帽子，以更好地贯彻落实习近平总书记来陕视察重要讲话及各项追赶超越目标。

一、西乡县脱贫攻坚工作情况

实施扶贫开发、富裕农村群众，一直是全县总体工作的重要内容。近年来，该县认真贯彻落实中央、省、市扶贫开发工作部署，坚持精准扶贫理念，以现代农业科技为支撑，以陕南移民搬迁为突破口，以主导产业为载体，持续加大扶贫资金投入，努力改善贫困村基础设施条件，不断提高贫困人口自我发展能力，使扶贫开发工作迈上了新的台阶。

一是强化组织领导，实施精准扶贫。坚持把扶贫开发工作列入重要议事日程，坚持推行县级领导包镇、干部包户、县级部门包村等行之有效的帮扶措施，深入实施联镇包村扶贫、“千企千村”等社会扶贫工程，将考核结果作为评价各级班子和领导干部工作成效的重要依据，持续增加扶贫开发在年度考核中的分值，形成了全县上下共同关心、关注、参与扶贫工作的强大合力和浓厚氛围。同时，依照“精准识别、精准施策、精细管理”要求，全面推行“一村一策、一户一法”和精准扶贫“五步工作法”扶贫模式，严格精准扶贫识别程序，全县共确定6.8万农村贫困人口和1950户2785名城镇贫困人口。2016年完成3个镇办、16个村（社区）、8066户21903人的年度脱贫任务，在此基础上，抽调362名干部，组成122个驻村工作队，122个县级部门单位结对帮扶117个贫困村，采取方式自选、项目自定、多种扶持、能人帮带的方式，仔细逐户确定增收项目、摸清贫困原因、制定帮扶计划，筹措帮扶资金，强化技术服务，力促项目见效。

二是增强造血功能，狠抓产业扶贫。目前主导产业、特色产业已基本实现县域全覆盖，为贫困地区群众增收搭建起有力平台。坚持把产业扶贫作为治本之策，积极培育设施蔬菜、水产养殖、花卉苗木、桑蚕、林果等五大区域性特色产业，因地制宜发展壮大茶叶、生猪、食用菌、烤烟四大县域主导产业，其中主导产业、特色产业收入占农民人均纯收入的六成以上。在产业发展过程中，紧紧按照“政府主导、企业牵头、农户参与”的思路，大力引导农民转变生产观念和生产方式，积极参与“公司+合作社+农户”的经营模式，有力地降低农户个体经营成本和风险。全县共投入产业扶贫资金2.87亿元，其中财政专项产业扶贫资金2404.2万元、现代农业产业试点项目资金4000万元。培育扶贫龙头企业47家、专业合作社83家、产业园区18个，扶持带动117个贫困村2万余户贫困户通过发展产业增收脱贫。

三是实施移民搬迁，加快城镇化步伐。严格按照“搬得出，稳得住，能致富”的原则，将移民搬迁与“十三五”规划、新型城镇化、产业发展、农村综合改革、美丽乡村建设相结合，把移民搬迁作为就地转移农民、推进农村城镇化的战略抓手，推进人口向县城、景区、园区、集镇聚集，切实解决了搬迁群众的收入来源问题。依照“三年任务、两年完成，一次性规划、同步建设”思路，对全县符合易地移民搬迁条件的7277户贫困户，2016年搬迁3850户、2017年搬迁3427户。其中：2016年共建集中安置点79个、安置3610户10985人，分散安置240户735人。

四是突出科技扶贫，增强发展能力。认真抓好扶贫技能培训工作，以提高贫困农民自身发展能力为目标，大力实施“雨露计划”创新试点，培训内容从过去传统的车工、缝纫、电工、护理、幼教等项目，逐步扩展到农家乐厨艺、挖掘机、巧娘手工制作、茶叶加工、汽车驾驶等领域。培训方式从短期学习培训，发展到目前的实地操作培训和中长期职业教育。“十二五”以来，该县有1560名贫困劳动力顺利实现转移安置就业，累计开展农村实用技术培训7.8万人次，贫困人口的脱贫致富能力和综合素质逐步提高。

五是整合资源要素，放大综合效益。围绕建设美丽幸福西乡目标，按照“渠道不乱、用途不变、统筹实施、各记其功”的原则推进行业扶贫，科学整合扶贫移民搬迁、整村推进连片开发、农业综合开发、农村环境连片整治等各方面项目资金，全面实施村容村貌整治、基础设施建设、主导产业培育、绿化美化亮化等工程。同时，充分发挥中央彩票公益金、贫困村互助资金、妇女发展资金和贫困大学生救助等项目的示范引领作用，积极整合财政、信贷等资源，大力发展农村小微金融。持续抓好社会扶贫，积极协调145个中、省、市、县单位帮扶132个低收入村，今年累计投入各类资金、物质和项目折合人民币4188.332万元，帮助引进项目110个，有效地改善了贫困村的基础设施建设，有力地促进了全县农村经济社会健康快速发展。

六是各项扶贫改革措施得到有效落实。一是完善扶贫开发考核机制。在年度考核中，增加贫困人口减少数量、收入增长及城乡居民收入比等反映扶贫开发成效的指标，提高县对镇扶贫开发考核分值，2014年由原来的1分提高至3分。并明确把扶贫工作考核结果作为分配扶贫资金、领导班子评价和领导干部使用的重要依据，引导县镇党政领导班子和领导干部把工作重点放在扶贫开发上。二是建立精准扶贫管理机制。建立精准识别、精细管理、精准施策为主要措施的精准扶贫工作机制。通过入户调查，算账对比，以省上确定的现价3015元扶贫标准为基准，张榜公布，群众评议，确定贫困人口并建档立卡。三是健全干部驻村帮扶制度。在现有各级部门单位包村扶贫的基础上，全县抽调362名干部，组成122个驻村工作队，下派第一书记117人，结对帮扶117个贫困村，并开展驻村联户帮扶，主要负责落实各项帮扶措施。四是完善金融扶贫机制。小额信贷扶贫到户和金融扶贫已成为新阶段精准扶贫的突破口。该县研究制定了《西乡县扶贫小额信贷扶持产业发展促进精准扶贫工作实施办法》。自2015年起，县政府注资1000万元，成立担保基金，为全县贫困户小额贷款提供担保。“12578”财政金融保障是该县独创的精准扶贫财政金融投入政策。“1”是每年由县财政出资1000万元，按照1:10的比例放大，三年撬动银行发放小额扶贫贷款3亿元；“2”是县财政每年投入专项资金2000万元，专门用于扶贫专项资金、行业配套项目无法覆盖的贫困村基础设施建设；“5”是在每个有条件的贫困村建立互助资金协会，把协会的资金额度提高到50万元；“7”是给各驻村工作队每年落实7000元工作经费；“8”是为每个贫困村解决8万元产业扶持资金。对有意愿、有发展产业、有还款能力的建档立卡贫困户，每户可以贷5万元以下，期限2年内免担保、免抵押金额贴息的小额扶贫贷款。同时，对茶叶加工、茶叶品牌包装生产、养殖场等符合条件的小微企业，可以提供10万~200万元、月利率6.6‰优惠利率的扶贫贷款，并按年利息的50%给予财政贴息扶持。五是改革财政扶贫资金管理机制。县扶贫开发领导小组依据扶贫相关政策和资金管理办法规定的用途，科学确定具体扶持项目，报省市相关部门审查备案。把扶贫工作考核和资金绩效评价结果作为资金分配的重要因素；坚持和完善财政专项扶贫资金项目公告公示制度、使用审计制度。六是完善社会扶贫参与机制。继续发挥省级“两联一包”、市县两级包村扶贫和千企千村扶助行动在社会扶贫中的引领作用，开展好“10.17”扶贫日活动，支持鼓励引导各类企业、社会组织和个人以多种形式参与扶贫开发活动。

二、存在的主要问题

1. 贫困面大、贫困程度深的状况依然存在。经严格按建档立卡工作程序识别，全县有6.8万农村贫困人口和1950户2785名城镇贫困人口。这些扶贫对象主要集中在边远高寒山区和丘陵区，生存条件差、社会公共服务薄弱、基础设施落后，农民科技文化素质低，自然灾害多、容易导致返贫，需要投入的扶贫成本高，是最难啃的“硬骨头”。

2. 基础设施“瓶颈”制约仍未解除。表现在县乡公路等级较低，还有个别行政村不通水泥路，移民社区（新村）道路等基础设施尚未完全建设到位；境内洪涝、滑坡、泥石流等自然灾害频发，基础设施薄弱，抵御自然灾害能力差，容易造成因灾致贫现象。

3. 扶贫工作体制机制和具体政策实施中的问题。一是行业扶贫应进一步加大力度，在瞄准扶贫对象精准扶贫方面做的还不到位；二是在整合项目资金方面，由于受各部门行业管理规定等因素的制约，整合难度较大；三是在上级每年度分配给县上的财政扶贫资金中，用于移民搬迁的份额较多，占四分之三，真正用于扶贫项目的份额相对偏少。

4. 干部作风和干部扶贫工作能力尚有差距。全县各级干部联户帮扶，总体形势是好的，但也有少部分干部工作不扎实，做贫困户工作的水平较低，效果不明显，流于形式。

三、几个问题的探讨

1. 扶贫中注重扶“志”问题。对这个问题已经在报刊、网络上有很多评论。一些贫困户主观脱贫意识差，对精准扶贫认识模糊。思想消极保守，缺乏发展动力，安于现状，认为精准扶贫国家政策多、投入大，“大有搞头”的心理预期高，“等、靠、要”思想严重。对国家扶贫政策的认识仅停留在表面上，将扶贫等同于救济，认为扶贫就是国家给贫困户拨付现金、提供衣食。甚至认为只要自己贫困，党和国家就应该给其捐款捐物，不会让自己饿着、冻着。还有的贫困对象，致贫的主要原因就是好逸恶劳，缺乏自我脱贫的内生动力，“靠着墙根晒太阳，等着别人送小康”是其真实写照。这些现象无疑给精准扶贫工作提出了严峻挑战。

贫困群众是决战决胜贫困的内在因素，各级党委、政府出台的一系列扶贫攻坚举措是外部条件，是外部因素。马克思主义哲学告诉我们，外因是变化的条件，内因是变化的根据，外因通过内因而起作用。因此，要解决好贫困群众“思想贫困”问题，扶贫中注重扶“志”，是群众摆脱贫困的内因所在。要激励他们树立脱贫致富的信心，帮助他们制定脱贫计划、具体措施，督促他们从小事做起，发展小产业。强化社会服务，树立贫困家庭发展信心。既要对贫困户进行经济层面的帮扶，也要有思想观念、教育、技能等方面的帮扶。探索开展贫困家庭社会工作，为他们提供生存辅导、心理慰藉等服务，克服消极的思想情绪和“等、靠、要”的惰性心理，鼓励他们增强自信，积极发展生产，自力更生。在西乡县的脱贫攻坚战役中，也要时刻注重扶“志”问题，防止陷入贫困—脱贫—贫困的怪圈中。

2. 加强贫困村党组织建设和社会扶贫工作是脱贫攻坚的动力和“帮手”。党的十八届六中全会提出全面从严治党，认为办好中国的事情，关键在党，关键在党要管党、从严治党。加强贫困村党组织建设是脱贫攻坚的动力，是促进农村各项事业发展进步的重要保障。各地的成功发展经验表明：农村基层党组织的带头示范作用是促进农村经济发展的重要推动力。国务院印发的《关于创新机制扎实推进农村扶贫开发工作的意见》中明确指出，要“加强服务型党组织建设，健全党员干部联系和服务群众制度，切实发挥基层党组织推动发展、服务群众、凝聚人心、促进和谐的作用。选好配强村级领导班子，突出抓好村党组织带头人队伍建设。”在推进精准扶贫工作过程中，一定要不断强化农村基层党组织建设，尤其要选好基层党组织的带头人，注重在退伍军人、致富能人、返乡青年中选拔配强党支部书记，采取公推直选的办法，通过下派、引进、选调大学生村官等方式，优化充实村级班子，整顿软弱涣散班子。充分利用基层党组织“七个全面过硬”工程活动，实施村干部素质提升，抓好村干部能力建设，注重从优秀村干部中招录公务员，招聘乡（镇）事业编制人员，引领群众共同致富，充分发挥基层党组织的战斗堡垒作用和党员的模范带头作用。以“领头雁”的示范作用推动广大党员干部充分发挥模范带头作用，进而带领广大贫困群众走上脱贫致富的道路。目前，西乡县建立产业党组织 86 个，培育党员创业致富带头人 866 人，建立产业脱贫示范点 178 个，共有 5600 余贫困户参与到茶叶、食用菌、生猪、中药材等产业，形成了党建带扶贫、党员帮脱贫的良好格局。

注意在抓好贫困村党组织建设时，不要忘记扶贫的帮手是“社会”。扶贫工作是一项复杂的社会系统工程，是政府的事，也是全社会的事，邓小平同志在改革初期就指出：“先让一部分富起来，带动全民富裕。”所以，扶贫工作不仅要实行政府部门的一对一帮扶，同时也应该实行有钱老板与贫困人群的一对一帮扶，国民营企业与贫困人群的一对一帮扶；爱心人士与贫困人群的一对一帮扶。针对扶贫攻坚可由相关单位牵头成立相关协会，经常性组织社会成功人士、爱心人士、企业负责人与贫困群体开展手拉手活动，可以开展专题节目以跟踪报道活动成果，政府每年要召开社会扶贫专题会、表彰贫困帮扶工作的社会爱心人士。着力营造一个全社会都在关注、帮扶贫困人群的良好氛围。积极引导社会组织和其他力量广泛参与扶贫。动员全社会各方面力量参与扶贫工作，坚持政府引导、多元主体、群众参与的脱贫攻坚原则，构建“人人皆愿为、人人皆可为、人人皆能为”的扶贫新格局。在西乡县的脱贫攻坚工作中，要认真贯彻党的十八届六中全会精神，把加强贫困村党组织建设和社会扶贫工作贯穿始终，使脱贫攻坚的动力更强、“帮手”更多。目前，全县 114 家企业与 100 个贫困村建立了结对帮扶关系，通过土林地流转、劳动务工、租赁设施加工生产、入股分红、提供技术及产销服务等方式，直接帮扶和吸纳带动贫困户 5294 户，累计投入资金 5966 万元，实施产业、就业、技能、公益帮扶等项目 215 个，派出到村帮扶人员 1880 人次，举办技术培训班培训 15018 人次，帮助劳务输出 6960 人次，资助贫困学生 367 人，慰问贫困群众 2778 户。

四、几点措施

在党的十八届五中、六中全会精神指导下，西乡县将牢牢抓住国家实施精准扶贫和秦巴山区区域扶贫攻坚重大机遇，在中省市联县扶贫单位的支持帮助下，创新理念，强化措施，狠抓落实，加快精准扶贫精准脱贫进程。

第一，强化组织领导，夯实领导责任。

党的十八届五中全会提出要在2020年，全面建成小康社会，这是党中央给各级党政组织下达的一项政治任务，也是一项必须在规定时间内全面完成的工作目标。因此，各级基层党政组织，各包扶部门必须高度重视，形成党政主要领导负总责，亲自抓，分管领导具体管，班子成员齐心协力、各负其责共同抓的工作格局，真正把此项工作当作一项政治任务来完成，放在重要的工作日程上来抓，当作硬仗来打，落实好全县“十三五”扶贫开发规划，才能确保精准扶贫目标的如期实现。必须以脱贫攻坚统揽经济社会发展全局，全面落实国家加快实施重点贫困区域振兴发展规划，坚持各项措施直指脱贫目标、各类项目向精准脱贫靠拢、各项工作与精准脱贫结合，聚集要素、整合资源，引导全社会积极构建社会扶贫、专项扶贫、行业扶贫互为补充的工作格局。

第二，创新思想，改革扶贫开发的体制机制。

改革创新是推动扶贫开发的动力，继续解放思想，创新机制，消除扶贫开发工作的体制机制障碍，结合西乡县情实际，增强扶贫开发的活力和动力。引导党政领导班子把工作重点放在扶贫开发上，改进目标责任工作考核机制。探索适合西乡县发展的扶贫路径、模式。建立扶贫开发全程精准工作机制，转“大水漫灌”为“定向滴灌”，实行靶向锁定。围绕“两不愁、三保障”和“三年全面脱贫、两年巩固提高”目标，聚焦“六个精准”“六个一批”和“六到”（即帮扶工作要做到人到、情到、神到、心到、力到、效到），以产业精准扶贫为示范引领，扎实推进“五步工作法”和“三个一”机制，健全干部驻村帮扶机制。明确驻村工作队帮扶职责，对列入规划的贫困村确保每个村派驻帮扶工作队、每户有帮扶责任人，实现驻村帮扶制度化、长期化。认真落实“1+20”配套支持计划和“12578”财政金融保障，开发精准扶贫信贷产品，探索创新担保模式，破解资金支持难题。采用以奖代补等竞争性分配办法，增强资金使用的针对性和时效性。改革财政专项扶贫资金管理机制。扶贫资金分配要引入竞争机制，与资金使用绩效评价结果、扶贫工作考核相结合。

持续开展驻村结对帮扶，完善发展规划，落实发展项目，强化帮扶措施，强力推行精准扶贫“五步工作法”，力争通过驻村帮扶和干部联户扶贫，帮助低收入村和贫困户改善生产生活条件，发展产业增加收入，三年实现帮扶村和贫困户收入在自然增长的基础上再增1000元，实现贫困户稳定脱贫。

第三，坚持产业扶持，建立增收长效机制。

深入推进现代农业产业精准扶贫试点工作，不断完善新型经营主体与贫困户利益连接机制，引导贫困户依托产业脱贫致富。在产业布局上，形成一村一品、一镇一业，做到有规模有特色，有数量有质量。在发展方向上，要把引进新品种与传统特色产业相结合，长远见效与短期见效相结合。加快农业产业化进程，围绕扶贫村的最大优势，提升产业化经营水平，实现贫困地区优势资源的转换，扶持发展绿色、无公害、有机农产品，搞活农产品加工、流通、销售渠道。创新土地流转机制，发展农村土地股份合作，增强贫困村和贫困群众的自我发展能力，增加农民合作经营收益和土地收益，变“输血”为“造血”。鼓励种养大户、农业龙头企业、工商企业、科技人员创办农民合作组织，建立风险共担、利益共享的运行机制。大力推进金融扶贫，用好用活扶贫贴息政策，扶持培育产业园区，壮大龙头企业，发挥示范带动作用，促进产业升级；认真落实“一村一策、一户一法”方略，积极引导贫困户发展茶叶、食用菌、烤烟、养殖、蔬菜等特色产业，不断增加贫困户收入。

第四，注重提高贫困户自身发展积极性。

要把贫困群众主动脱贫的信心“扶”起来、把“内因”激活起来。“只要有信心，黄土变成金”。让群众重拾生活信心和脱贫信心，关键要加强教育、引导，变贫困农民“要我脱贫”的被动督促为“我想脱贫”“我要脱贫”的迫切愿望，才会“人穷志不穷”，从而激发强大内生动力。因扶贫工作是外因与内因相互作用的结果，内因是主要的因素。因此，必须注重提高贫困户自身发展积极性，让贫困户自己主动工作起来，不要再单纯“等、靠、要”。因多年扶贫项目补助标准偏低，农户自筹资金过多，造成绝大多数贫困户无力自筹而不能享受扶贫政策。因此，首先要教育引导群众“脱贫先立志、致富靠自己”，只有完全激发他们自身强烈的致富愿望，精准扶贫工作才能取得事半功倍的效果。要善于发现和扶持脱贫致富典型，让贫困群众看到希望，激发内生动力，增强信心，努力早日脱贫，增强造血功能与内生能力。否则，仅靠国家的“输血”，自己不能“造血”，这样只会依旧贫困，或者即使富裕了也会重新返贫。其次，积极培育贫困村农民合作组织，实现生产、资金、销售、技术、加工等互动合作，提升贫困户在产业发展中的组织程度，建立合作组织、金融机构、企业与贫困户的利益联结机制，让贫困群众更多地受益产业发展，更好地参与产业发展。最后，要转变贫困户的发展观念、提高贫困户项目补助标准、增强其自我发展能力、激发其发展积极性就变得十分重要。

第五，加大资金投入，提高扶贫效果。

一是建立金融扶贫引导机制。引导金融资源向贫困村倾斜，加大对贫困户的信贷支持。应出台激励措施，在有效防范金融风险的前提下，要用好用活《西乡县扶贫小额信贷扶持产业发展促进精准扶贫工作实施办法》。二是要制定出台帮扶贫困户发展的到户扶持政策，加大扶贫项目落实力度。理清思路，因地制宜，完善规划，找准突破口，致力于解决贫困村发展所面临的实际问题，真实有效地帮助贫困村人口实现脱贫致富。三是要建立受扶企业和“大户”帮带贫困户考核机制，打牢“大户”、企业与贫困户之间利益链接链条，夯实“大户”和企业的帮带责任，使贫困户能够从多渠道、广范围得到帮扶。四是建立涉农资金整合统筹机制。当前，涉农资金多头下达，“天女散花”、零打碎敲、平均用力的现象仍然存在，要进一步加大对涉农资金进行科学规划和统筹归并力度，集中财力办大事，做大扶贫资金总量，提高资金使用效益，推进涉农资金整合统筹。五是要加大对现代农业企业的招商引资力度。根据贫困户生产能力反租倒包给贫困户，引导农户产业向规模化、标准化方向发展，加快土地流转步伐，采取反租倒包、企业流转形式，形成产供销一条龙格局，促进贫困户产业效益、发展提升。

第六，强化监督检查和考核。

严格落实《中国共产党问责条例》和《脱贫攻坚督查问责办法》。紧盯任务，夯实责任，压茬推进，大力抓好贫困户易地搬迁工作，认真落实驻村工作队、“第一书记”、干部和企业的帮扶责任，坚持“一户一策”，增强贫困人口脱贫内生动力，打赢脱贫攻坚总体仗。要认真贯彻执行县委办、政府办印发的《精准扶贫考核办法》，以贫困村、贫困户年度稳定脱贫成效为重要考核指标，把扶贫成绩作为考核镇（街道）和帮扶单位党政主要负责人工作成效的重要依据。县委督查室、县政府督查室、县组织、人事部门、县脱贫办、扶贫办要加强平时的检查考核，实行月查、季通报、半年考核、年终总评的考核模式，考评结果通报全县。加强扶贫绩效考核、社会监督和满意度调查，围绕第三方评估，严格执行脱贫攻坚督查问责和“一票否决”制度，同步抓好城镇贫困人口脱贫工作。要严格落实关于改进工作作风和干部驻村联户扶贫的有关要求，纪检、监察、组织、人社、扶贫部门要加强明察暗访力度，督促包扶单位和联户干部改进服务方式，提高工作效率，切实为贫困群众解难事、做实事、办好事。对扶贫工作成绩优异、帮扶成效显著的单位和个人予以表彰。对履职不佳、帮扶成效不明显的进行通报批评。

此外，要做好加大专项、行业和社会扶贫投资力度；抓好科技扶贫培训；加强干部作风建设，选派好驻村工作队等工作。

（发表在国务院扶贫开发领导小组办公室主办的《扶贫开发》2017 年第 5 期）

13. 对陕西省西乡县“百企帮百村”精准扶贫工作的新思考

陕西省西乡县不断创新脱贫工作新思路，把企业作为精准脱贫的重要力量，在全县开展“百企帮百村”活动。采取“一企帮一村”“多企帮多村”等形式，通过产业联村、项目带村、智力扶村、捐赠帮村等手段，全面推进精准扶贫工作，初步实现了企业尽责任、群众得实惠、社会反响好、村企共发展目标。一年多来，全县114个企业和专业合作组织与100个贫困村建立结对帮扶关系，各企业累计投入资金5966万元，实施产业帮扶、就业帮扶、技能帮扶、公益帮扶等项目215个，使11913户35740名贫困人口直接受益，人均增收1000元以上。在“百企帮百村”活动的推动下，全县3个镇（街道）、16个贫困村整体脱贫退出，贫困地区农民人均纯收入增长12.5%。2016年，全县共实现7642户20895人脱贫，其中通过“百企帮百村”脱贫的有1324户4012人。

一、主要做法

1. 强化组织领导，激发企业热情

该县将企业作为精准扶贫的重要力量，纳入扶贫工作总体布局。成立以县委常委、统战部长为组长，工商联主席、扶贫办主任为副组长，农业、经贸、水利、林业、茶叶、住建、慈善协会等9个部门单位为成员的“百企帮百村”精准扶贫行动领导小组。及时制定出台《关于企业参与精准扶贫工作的决定》、《企业全面参与精准脱贫工作实施方案》，按照多层次、分领域、全覆盖的要求，综合分析企业经营情况、与贫困村产业关联度等因素，将37个贫困人口多、脱贫难度大的村作为重点，由实力较强的企业开展重点帮扶，其余77个村按距离远近和产业情况进行对口匹配，并实行实名挂牌管理和动态调整。通过召开企业脱贫攻坚动员会、现场会，广泛动员，极大地激发了企业履行社会责任、参与脱贫攻坚的热情。

2. 注重树立典型，发挥示范作用

在工作推进中，注重发挥典型示范引领作用，边实施、边宣传、边总结、边推广，联合23家省、市媒体对全县12户结对帮扶先进企业进行重点宣传，并以县委、政府名义对25户在脱贫攻坚中做出积极贡献的企业进行表彰奖励，极大地提升了企业形象，营造出了全县上下共同关心关注脱贫攻坚的浓厚氛围。陕西庆华房产公司先后投入530万元，帮助帮扶村硬化道路2.4公里，为所帮扶的70多户贫困户量身定制产业项目，并吸纳52人到企业就业；鹏翔茶业公司安排专项资金18.5万元，在帮扶村开展茶叶技术培训，并对15户帮扶户种植的茶叶进行高价收购，实现了互利共赢。陕西东裕生物科技公司投入资金250余万元，帮扶81户250人，吸纳就业146人。精诚农贸公司采取土地流转、入股分红、合作经营、技术扶贫等方式，帮扶5个村217户666人。目前，95家企业采取“公司+基地+农户”等方式，流转土地近3500亩，带动2127户贫困农户参与产业发展，吸纳带动4000余名贫困人口就业，贫困人口就地转移就业比例达43%，脱贫步伐进一步加快。

3. 加大投入力度，实现互利双赢

该县坚持把加大资金投入作为调动企业积极性、实现贫困户脱贫致富与企业发展壮大互利双赢的有效手段，充分发挥被省政府确定为产业脱贫试点县的政策机遇，积极组建“陕西供销集团西乡菌业有限公司”，成功争取省供销集团投资4000万元，入股到5家食用菌龙头企业和1家茶叶企业，使企业得到发展、产业链得到延长、贫困户得到带动。

4. 突出产业引领，提升支撑作用

在脱贫攻坚中，针对贫困人口多、范围广、程度深的实际，该县把发挥产业的支撑作用和企业的带动作用有机结合，紧紧依托茶叶、生猪、烤烟、食用菌四大主导产业和水产养殖、林下种养、苗木花卉、牛羊养殖、中药材等六大特色产业，以农业园区、专业合作社、工矿企业、商贸服务及建筑建材运输等企业为重点，从目标任务、保障措施、用工比例、政策扶持、考核奖惩等方面做出详细规定，明确产业联村、项目带村、智力扶村、捐赠帮村等企业参与扶贫的方式和途径，鼓励引导全县114家企业与100个贫困村846户2083名贫困对象建立了结对帮扶和利益连接机制，为企业尽责任、群众得实惠、村企共发展奠定了坚实基础。

5. 健全帮扶机制，从严督导考核

建立健全帮扶机制是“百企帮百村”的重点，发展产业脱贫，建立健全了建档立卡、协议签订、挂牌管理、公开公示、信息报送、贫困户收入银行卡等制度，督促指导企业分类制定三年脱贫规划、扶持政策、年度脱贫计划及帮扶措施，让贫困户通过土地林地流转、劳动务工、产品回收、入股分红等多种途径增收，使每名贫困户都能融入产业链条。同时，全面实行县级领导、包扶部门、结对帮扶干部等五个层面“一月一安排、一月一督查、一月一评比通报”的“三个一”工作制度，并将落实情况作为企业评先表模的重要依据，不断加大对企业全面参与精准脱贫工作的督查力度，有效推动各项帮扶措施落到实处。对积极参与精准脱贫、成绩突出的企业，在政治上给予肯定，项目上给予支持，税费上给予奖补，媒体上给予宣传。对不参与精准扶贫工作、未完成精准扶贫任务企业和法人代表，不得申报各类项目，不得申报创建各类园区，不得享受政府各类扶持，不得列为各级人大代表、政协委员考察提名人选。

二、几点启示

第一，企业参与精准扶贫是“百企帮百村”的重要生力军。

积极鼓励并高效引导企业参与精准扶贫，可以实现多赢局面，有助于补齐政府扶贫的“短板”，是重要生力军。当前以政府为扶贫主体的模式面临“钱从哪里来”“钱花哪里去”的双重困境。企业参与进来，可有效缓解这两大难题，尤其是企业通过教育、产业扶贫等模式，扶到“点上”“根上”；有助于释放经济发展的潜能。鼓励和吸引更多非公企业到贫困地区投资创业，由被动“输血”变主动“造血”，既可帮助贫困人口提高收入，也可实现企业发展的战略延伸和可持续，释放贫困地区的市场潜力，形成新的经济增长点；有助于形成促进和谐的合力。广泛动员企业参与精准扶贫，有利于促进不同社会群体和阶层的沟通交流，降低社会结构变动期的预期隐患，强化社会共同认知，促进社会和谐稳定，为提高国家治理能力现代化奠定坚实基础。

第二，加强组织领导是“百企帮百村”的保障。

群众富不富，关键看支部。真正把基层党组织建设成带领群众脱贫致富的坚强战斗堡垒。通过加强组织领导，落实工作责任，做到“百企帮百村”有目标、有计划、有措施、有检查、有奖惩。要进一步转变作风，深入开展调查研究，积极帮助贫困村解决问题和困难。始终把扶贫工作作为一项政治任务，相关职能部门要加强协调配合，形成企业扶贫工作合力。研究企业扶贫开发政策、规划、计划并组织实施，检查资金使用，整合社会力量支持贫困农村发展。要实行企业扶贫开发社会公示制，不仅要把帮扶单位、责任人、任务完成情况等进行公示，同时要把扶贫资金使用、项目确定、产业发展等列入广大人民群众的监督之下。

第三，引导树立典型是“百企帮百村”的动力。

对企业结对帮扶工作中表现出的先进典型进行表彰，切实增强责任感。及时总结提升各级各地组织引导企业参与扶贫开发的经验和做法，形成一批可复制、可推广、可持续的好模式、好典型，构建起一批知名度高、影响力大、号召力强的社会扶贫精品公益品牌，作为项目和工程来推进，统一组织、引导和有效管理。出台具体支持政策。鼓励引导企业特别是农业产业化龙头企业参与产业扶贫，在资金扶持、贷款贴息、土地流转、“上市”融资、基地建设、兴办农业产业协会、专业合作社和申报国家级农业产业化龙头企业方面应给予重点倾斜。加大宣传引导力度。积极宣传社会力量参与精准扶贫的先进典型和优秀案例，不断发挥典型引领作用和辐射效应，最广泛地动员各方面社会力量参与精准扶贫。注重荣誉利益激励。对于企业参与精准扶贫作出突出贡献的，在政府项目资金支持、政治安排和社会安排、各种评比表彰荣誉等方面给予优先考虑。

第四，增加投入力度是“百企帮百村”的基础。

强有力的物力、财力、人力的投入是做好企业扶贫工作的必要条件，大力拓展帮扶资金渠道，想方设法筹措帮扶资金。强化金融支持，要充分发挥金融扶贫资金主体作用，利用好扶贫小额贷款、扶贫再贷款等政策，鼓励金融机构创新符合贫困地区产业发展特点的金融产品。积极整合企业各方面的资源，改变“碎片化”、各吹各号的现象，落实专项资金的倍增机制，整合企业资金使用，形成合力，提高扶贫工作的有效性。

第五，依托产业引领是“百企帮百村”的关键。

产业是发展的根基，是脱贫的主要依托。党中央、国务院高度重视产业扶贫工作，把产业扶贫摆在“五个一批”的首位。企业参与精准扶贫，关键要了解当地资源环境实情、致贫原因、贫困户需求和政府扶贫规划，因地制宜、目标导向，个性化辅助、专业化提升，切实发挥好企业“先富帮后富”的产业化、市场化等优势，力争脱贫不返贫；必须坚持党委、政府的主导作用，把企业扶贫资源和当地政府脱贫规划结合起来，有针对性地、有目标地探索精准扶贫新模式。由于发展产业时间长、见效慢，产业链条长、工作涉及面广，一些地方急于脱贫摘帽，不愿意把主要精力放在产业培育上，产业选择不深入研究、匆匆上马、一哄而上，更愿意搞基础设施建设等易见成效的事。要扎实建设一批贫困人口参与度高的产业基地，切实通过产业发展提高贫困地区和贫困人口的自我发展能力，避免贫困户短期内收入得到增加、长期却没有产业支撑持续增收的现象。

第六，建立健全帮扶机制是“百企帮百村”的重点。

深化平台支撑，建设企业扶贫公共平台。在建立企业精准扶贫工作机制的基础上，依托互联网和移动网络技术，结合建档立卡工作成果，建立统一的企业扶贫工作信息交流平台。狠抓制度落实，是搞好企业帮扶工作的必要前提，也是构建长效机制的有效保障。一是完善企业扶助体系。要整合和利用企业资源进行帮扶，有效调动社会各界积极开展帮扶活动。二是完善企业结对帮扶体系。要建立结对帮扶和定期走访制度，对贫困户实施定目标、定措施、定时间、定人、定点、定事长期帮扶，增强帮扶的针对性和实效性。三是完善企业帮扶考评体系。要强化责任意识，建立定期考评和通报制度，形成长期有效的激励机制，促进帮扶工作顺利开展。四是构建新型经营主体扶贫的风险分担机制、补偿机制和奖励考核机制。引导企业资金、技术和管理向贫困村倾斜，形成帮扶与协作、输血与造血、制度建设与项目实施相结合的扶贫开发工作机制。在帮扶效果上实现三个转变。既由“临时性帮扶”向“长效性帮扶”转变；由“典型性帮扶”向“结构性帮扶”转变；由“单纯物质帮扶”向“多方位帮扶”转变。

第七，激发内生动力是“百企帮百村”的源泉。

习近平总书记强调，脱贫致富终究要靠贫困群众用自己的辛勤劳动来实现。内因是根本，是事物变化的根据，是事物发展的根本原因，外因是事物变化的条件。激发内生动力，要加强扶志教育，在丰富内容和方式上下功夫。把重点放在培育贫困户自我发展能力上，坚持贫困群众的主体地位，不能等、靠、要企业扶贫，加强教育培训和政策引导，帮助贫困群众摆脱思想贫困、意识贫困，激发贫困群众的信心和斗志，发挥积极性和主动性，切实改变“靠着墙根晒太阳，等着别人送小康”的现象，培育人穷志不穷，穷则思变、穷则思勤的奋斗精神和脱贫的勇气和决心。真正让贫困群众心热起来、身动起来，靠自己双手摆脱贫困。

（发表在国务院扶贫开发领导小组办公室主办的《扶贫开发》2017 年第 9 期）

14. 好日子是通过辛勤劳动得到的

——来自西乡县群众脱贫心态的调查

党的十八届五中全会明确提出，到 2020 年我国现行标准下农村贫困人口实现脱贫，贫困县全部摘帽，解决区域性整体贫困。“好日子是通过辛勤劳动得到的。”这是习近平总书记在宁夏考察时发出的响亮声音。实施精准扶贫，是扶贫开发的重大创新。如何准确分析和正确把握当前群众对脱贫工作的心态，进一步创新机制、精准发力，把全市干部群众的智慧和力量凝聚到省委、市委关于“追赶超越”的决策部署上来，努力实现“追赶超越”各项任务，成为新时期打赢扶贫攻坚战的关键。随机抽取了西乡县好、中、差3个村，从今年5月初开始，深入该县茶镇、堰口镇、柳树镇，采取入户走访、座谈交流、发放调查问卷等方式进行调研，较深入地了解当前群众对脱贫工作的心态。

一、基本情况

本次调研活动，共发放调查问卷282户，（贫困户190户，非贫困户92户），其中走访调查170户（贫困户98户，非贫困户72户），不计名问卷调查112户（贫困户92户，非贫困户20户）。主要围绕群众对脱贫政策的知晓、干部帮扶、脱贫动力与信心、满意率等方面内容。通过调查发现，给了产业扶持资金和真正解决群众具体困难的贫困户都较为满意，多数群众希望干部帮扶解决水、电、路等基础设施和住房问题，多给项目资金，多提供种植养殖技术和销售信息。

二、存在问题及原因分析

1. 贫困户识别难界定

调研中，镇村普遍感到开展脱贫工作存在许多困惑，上面政策和识别标准不明朗、不稳定、变化快，从开始的“九条红线”到“九条参考”，再到现在的“九种情况”，村上难以操作与把握，贫困户识别难以界定，工作难度加大，变来变去群众对政策和干部都不信服。从户的层面看，贫困对象识别难，贫困程度难以鉴定。在贫困规模确定的条件下，由于缺乏刚性标准，农民收入渠道多且难以核算，要把贫困家庭贫困程度进行排列并作比较是一件较难的事情，尤其是处于中间夹层的贫困户，可留也可不留户难以取舍。同时，贫困户识别后矛盾增多。开展精准扶贫工作，实行差别扶持政策，使贫困户“贫困帽子”的含金量越来越大，贫困富裕程度相差不大的农民因利益问题互不相让，引发新的社会矛盾和不稳定因素。另外，业务部门结合实际和衔接不够，要求报的资料急、快，表册资料过多。与脱贫工作无关的其他业务部门也“凑热闹”，各种安排、检查、评比繁多，镇村疲于应付。

2. 贫困群众存在“等靠要”惰性思想，内生动力缺乏

调查中发现，部分贫困户自我发展意识不强，等待观望，等靠要和依赖政府扶持思想严重。部分群众脱贫动力不足，脱贫主动性、积极性不高。调查中，20%左右的贫困户无脱贫动力，更没信心。自然条件越差的村，贫困户越多，一些贫困户对贫困习以为常，不思进取，缺乏自力更生摆脱贫困的信心和勇气；有的贫困户习惯并乐于“被扶贫”，把获得政府和社会帮扶的资金、物资“理所当然”地视为“免费午餐”，不仅没有感恩之心，反而因期望值过高又未完全得以满足而抱怨；有的贫困户尽管经过扶持达到脱贫条件，但担心脱贫后无法享受政策，不断问调研人员脱贫后生活怎么办？心理上存在不愿脱贫的想法。一些贫困户等待观望，内生动力不足，脱贫愿望不强烈，存在等靠要思想。如柳树镇一贫困户，3个人，其妻子嫌弃他太懒，已离家多年，其20岁的儿子在外打工，住土坯危房1间，无产业发展，更无脱贫动力和信心。另一偏远镇村的贫困户，夫妻都才40多岁，无安全住房，帮扶部门送其100只鸡苗，还嫌不到位，要求再送鸡饲料。贫困户出现生产上的“懒”和生活上的“馋”，是一种极为不正常的现象，必须让他们抛弃等靠要的思想。

3. 少数贫困户不积极配合脱贫工作，产生被动局面

少数贫困户对来家里帮扶的干部很麻木，认为干部比自己更着急，因为县上有脱贫硬要求，自己不脱贫，干部交不了差，脱贫表上还要自己签字呢！一些贫困户理所应当地认为政府应该对自己的所有事情负责。一些贫困户不懂得感恩，一遇到自己不满意的事情就去找镇村领导干部闹，把所有的不顺心都归结于对方，更多的表现为对扶贫工作和扶贫干部不理解、不支持、不配合。如堰口镇熊某因年事已高，记忆力减退，家庭变故重大，心理承受压力剧增，加上其有时家中无人。该户曾向上级暗访组人员反映没有享受国家任何政策补助，没有镇村干部到其家中走访，没有关心其生活等情况，严重与事实不符。茶镇南沟村五组10多户危房户，守土意识强，不愿离开本地进行异地安置，只愿就地安置。

4. 贫困人口的素质和能力偏低，影响其脱贫进程

目前，农村中青人基本都外出务工，留在家中的几乎是老弱病残，大多缺乏科学技术，部分群众受发展传统农业根深蒂固思想影响，种植结构单一，规模小，收入渠道狭窄，增收困难。有些空巢老人、留守妇女认为自身年老体弱，应评定为贫困户，有畸形心理。在调查的282户农户中，10%左右的非贫困户因自己没评上贫困户而对镇村干部不满意，对部分好吃懒做的贫困户享受扶贫政策有怨言。

农村贫困人口的素质和能力是影响其脱贫的关键性因素。农村文化贫穷深，群众有

小富即安思想，贫困户的文化素质低下、技能缺乏成为阻碍他们摆脱贫困的深层原因。如堰口镇韩岭村，常年在家的年轻人不到20人，一部分年轻人还是因病返乡人员，何谈素质和能力？严重影响其脱贫进程。部分贫困户文化知识浅薄，对政策无法理解，内心没有正视自己的贫困原因和根源，多靠政府来救济，在上级的检查中不能公正地实事求是地说出情况。另外在开展贫困户经济、精神扶贫的同时，健康扶贫工作容易被忽视。如茶镇一贫困户，养了10多头牛、羊，但暂无住房，常年和牛羊住一起，容易引起传染病。

5. 少数群众缺乏孝道教育，人为产生贫困户

在调研中发现，近10%的农户抛弃中华传统文化的孝道底线，违法不愿赡养老人，因各种原因，子女与老人分户，让老人争当贫困户，把养老义务和责任扔给当地政府扶持，人为产生贫困户，造成极坏的社会影响。如柳树镇王某，家里4人，其夫妻、儿子、儿媳常年在外打工，家里留一75岁老母亲，户口单独分开，已经两三年不联系，把照顾、养老责任留给村上。茶镇刘某夫妻，都近70岁，双女户，2个女儿出嫁在外地10多年，已经2年多没有回来看望父母，仅仅是有时打个电话问候下，没有给父母养老费用，同样把养老责任推给社会和政府。

6. 部分群众争当贫困户心理严重

通过本次走访和调查，非贫困户群众对扶贫政策是支持的，但心理不平衡，认为自己没享受。“九种情况”把部分本就贫困的贫困户剔除在外，想当贫困户的群众有怨言。少数群众争穷、争当贫困户现象十分突出，不以贫困而可耻，反以贫困而光荣，没有主观脱贫意识，没有危机感，对摆脱贫困的信心和决心不大，部分被走访的群众存在“赖”的思想，总认为当上贫困户国家能给予钱物的无偿补助，思想消极保守，安于现状。如堰口镇一农户，其儿子在县城一中学当公办教师，属家中有公职人员，按“九种情况”在剔除贫困户时，其家人不理解，大闹村上干部，甚至鼓动其母亲去县上访。

7. 帮扶干部的工作方法单一，贫困户不够满意

调查的190户贫困户中，给了产业扶持资金和帮助解决了具体困难的140余户贫困户均对帮扶干部满意，近50户贫困户认为没给钱给物、没帮啥而对帮扶干部不满意。

由此看来，帮扶干部到底为贫困群众办了多少实实在在的事情，为贫困群众解决了多少困难问题，群众心里有杆秤。如果在平时能够多与群众沟通，准确掌握群众所思、所想、所盼，就能对症下药把好事办到群众的心坎里。如果只是一厢情愿地做，而没找准贫困户真正需要什么，“不满意”自然就在情理之中了。

8. 部分群众对扶贫和脱贫政策知晓不够

调查中发现，部分群众文化素质偏低，对扶贫和脱贫政策还了解不够，虽然镇村做了大量宣传，但对具体内容仍然不知晓，对脱贫攻坚中上学、看病、搬迁等政策宣传仍存在盲区，宣传普及率不高，偏向贫困户较多，而贫困户大多居住较偏远，非贫困户大多居住在公路沿线，容易在抽查中被选中。

三、几点建议

1. 科学制定扶贫政策，保持政策的稳定性和连续性

针对一些扶贫政策难界定问题，建议市、县有关部门及时向上级反映，在扶贫政策顶层制定时，广泛调研，充分论证，使政策更能符合实际，更接地气，并保持扶贫政策的科学性、稳定性、严肃性，以免增加基层工作量和群众困惑。建议政府在扶贫工作中着重解决农村的基础设施建设，做好社会兜底工作，抓好医疗保障和教育等公共服务，政府不能陷入大包大揽、面面俱到的误区，不能养懒汉，让更多的人通过勤劳达到致富。

2. 进一步强化镇村党组织领导核心作用

首先，坚持把脱贫攻坚作为贫困村党组织的核心任务，把动员和组织各方面力量推动脱贫攻坚作为衡量党支部战斗堡垒作用的重要标志。要加强村级党组织的战斗力、凝聚力、创造力，村支部一班人要凝成一股绳，劲往一处使，敢于开拓，善于运作，大力发展村集体经济，用集体的脱贫带动村民的脱贫，彻底消除“空壳村”。其次，要发挥好村支书“领头雁”作用。作为贫困村脱贫致富的带头人，村支书自己要积极响应党的号召，敢想敢干，敢闯新路，使自己先富起来，然后再无私地帮助村民致富，成为村民学习效仿的致富能手。再次，党员干部要充分发挥表率作用。要加强群众对脱贫攻坚的监督，每半年至少召开 1 次群众评议会，听取群众意见建议，对村党组织和党员作用发挥情况进行监督评议。落实“四议两公开”，通过集体评议、张榜公示等方式，让各项惠民政策举措公开透明。要优化村级党组织设置，推行村与企业、村与园区组建“联合支部”，有条件的地方，探索设立大党委、联合党委。推广“产业链支部”，把支部建在专业合作社、专业协会、家庭农场等农村新型经营主体上，坚持支部引路、党员带路、产业铺路，以“支部 + X + 贫困户”模式，带领贫困户发展产业。

3. 高度重视精神扶贫

如何打破“越穷越要、越要越懒、越懒越穷”的恶性循环，至关重要的是给贫困群众精神“补钙”，变“要我脱贫”为“我要脱贫”。贫困是一种可逆状态，通过外力可

以较快改变贫困，但仅仅依靠外力又会强化依赖性，从而弱化贫困地区的内生动力与活力。外力一旦改变，容易很快返贫。扶贫先扶志。摆脱贫困，放在第一位的就是精神扶贫精神脱贫。一是进一步抓好思想发动和政策宣传，让每一项扶贫政策进村、入户、上墙，特别要通过驻村工作队、第一书记和结对帮扶干部“一对一”“面对面”宣传，真正让贫困群众心热起来、手动起来，叫响“宁愿苦干、不愿苦熬”的脱贫攻坚主旋律。二是关注已脱贫群众的新诉求、新动向，建立“扶上马、送一程”的脱贫后续扶持机制，及时打消思想顾虑，跟进解决具体困难，营造精神脱贫正能量。三是针对贫困人口文化素质低、流动性大的情况，综合运用现身说法、参与项目管理、移动互联网等教育培训手段，努力提高贫困群众的参与能力。如何激发贫困户内心深处的脱贫动力，恢复自助脱贫的信心和勇气，促使他们自力更生、自强不息、去努力改变现状和拼搏奋斗，是党员干部在帮扶过程中最值得思考探索的问题。这就要求在帮扶过程中，找出贫困户“我贫困的原因是什么”“我脱贫的路子在哪里”“怎样才能脱贫致富”，并逐一分析，才能对症下药。

4. 坚持群众是脱贫致富的主体

脱贫摘帽拔穷根，自助才是出路。解决好了精神面貌，坚定了信心，激发出贫困群众的主动性、积极性和创造性，才可能化短处为长处，变劣势为优势，让“至贫”能致富。反之，如果扶贫变成了养懒人的政策，就算花很多精力和投入暂时搞上去，也不能持久。对贫困群众来说，扶贫当先扶志。有了志气，“输血”才有作用，“造血”才有可能。鼓励贫困群众通过双手苦干、巧干致富，树立“群众是脱贫致富的主体”观念，最好的办法，是让他们看见身边的榜样。在脱贫攻坚硬仗中，各级帮扶干部要在帮扶贫困户发展产业、易地搬迁、转移就业的同时，更要强化舆论引导，做好思想工作，让贫困户坚定脱贫决心，树立致富信心，积极找信息，主动学技术，多方跑市场，设法兴产业，通过自己的辛勤劳动，走出贫困。另一方面，动员那些身体健康、手脚健全的贫困户积极行动起来，树立劳动光荣、勤劳致富的荣辱观，克服等靠要的不良心态，脚踏实地，苦干实干，在脱贫致富的路上展现自己的能力，做名副其实的新型农民。有关部门和镇村要根据各村各户实际，帮助贫困户开展各类农村实用技术培训，大力推广长、中、短致富项目，拓宽增收渠道，发展龙头企业带动群众致富。

5. 建立健全扶贫激励机制

首先，扭转“懒汉”心态，要通过有效手段调动积极性、规避“等、靠、要”。要在一些政策的制定和工作落实上，建立健全激励机制，设置相关“门槛”，比如易地扶贫搬迁，何时动工可以得到全额补助；发展种养殖产业，做好何种准备可以获得最多贴息贷款；贫困较重者，参与何种帮扶可以得到生活费补助。除因“老弱病残”等客观困难外，但凡能够做事的都必须参与进来、向上向好，让贫困群众主动思考这些问题，让一些懒惯了穷惯了的人看到简单的付出换来的较大回报，看到相同情况的邻居、朋友或亲属有了改变，自己便也动起手来，而做好“眼前利”和“远长好”的结合，自然就能够聚合思想、分类扶助。同时，建立贫困户动态管理，对遭遇各种重大变故的户，应该及时纳入贫困户，以利于社会稳定。

其次，除了少数的确实需要低保兜底济困的群体，其他绝大部分贫困户，都应采取开发式、造血式的扶贫，协助他们用自己的努力，发挥自主性走出贫困。政府应该抛弃包办一切的心态，因为政府越是做得多，民众越容易养成坐等靠要的习性。政府应该懂得后退一步，善于充分利用社会资源，在扶贫资金等使用上，以购买服务的模式，利用社会组织的力量，更高效地利用这些扶贫资源，以开发式的辅助，替代简单的撒网式扶贫，诸如以公益性的小额信贷、互助资金等模式开展，让资金可以不断地循环并增长起来。同时还可以在政府的监管之外，依托社会公益进行第三方的评估与监督，以保证政策的落实与扶贫款的有效使用。

再次，建立脱贫光荣的正向能量导向激励机制。如探索实行一种普惠制的脱贫奖励，由政府每年拿出一部分财政资金，每个贫困户只要脱贫了，就可以在年底获得一定数额的奖金和证书。一是鼓励贫困户脱贫，形成脱贫光荣又得实惠的导向；二是解决了脱贫户不愿承认脱贫的矛盾。除了普惠制以外，还可以建立特惠制的小康奖，重奖那些脱了贫，向小康水平努力的农民群众，只要人均收入达到了小康标准，就可以享受政府小康建设优惠政策，这种政策应当比脱贫政策更实惠。还可以把一些无偿资金变成奖励补助资金，专门出台支持鼓励小康户的发展政策。这样既能实现脱贫不带水分，脱不脱贫群众说了算的目标，也能化解目前农村出现的突出矛盾。

最后，针对一些年轻人与老人分户，造成养老责任缺失，建议省、市、县出台有关措施，联合公安、民政、司法等部门，用行政、法律、经济等手段坚决刹住这股歪风，结合这次精准扶贫识别中的捆绑要求，让子女承担起应尽的养老责任，不能把包袱扔给政府。

6. 树立脱贫典型，弘扬社会正能量

及时总结宣传脱贫典型事例，组织开展“自力更生、主动脱贫”系列评选表彰活动，形成正向激励机制，树立“贫困可耻、脱贫光荣”的社会舆论，让苦干实干的不吃亏、得实惠、有荣誉。各镇村要深入挖掘脱贫典型事例和典型人物，宣传脱贫自立精神，为贫困户树立榜样和标杆，并通过一系列的宣传、引领和带动贫困户，使其对脱贫致富有更大的盼头，以事例激励贫困户增强脱贫主动意识，积极配合帮扶干部做好工作。要以镇、村、学校为阵地，开展脱贫励志宣讲、种养技术培训等活动，重点解决部分贫困群众“不想脱贫、不会脱贫”的问题。

7. 改进工作方式，提高群众素质

群众认识水平低、技能缺乏成为阻碍贫困户摆脱贫困的深层原因。教育是提高人口素质，增加人力资本的最重要途径，政府要充分认识到教育在反贫困中的重要作用，加大对农村教育的投资，改善贫困地区教育基础设施，提高师资力量，普及义务教育，降低贫困儿童辍学率。发展职业技术教育，财政要安排用于农民职业技能培训的专项资金，开展有针对性的技术技能培训，提高农民务农的水平和外出就业的能力，大力发展农村电商。逐步提高贫困人口的科学文化素质，改变落后保守的心态和观念，增强其脱贫和发展的能力。各级帮扶干部要改进工作方法、方式，深入找准各个贫困户真正需要什么，怎么做才满意，多做感情上的交流、思想上的沟通、观念上的引导，摸清问题根源，对症下药帮扶。继续发挥西乡县创新开展的“五讲五知”、道德讲堂等活动的积极作用，在全省、市、县加大感恩教育，从心理上解决文化贫穷的根源，让群众知道感恩；大力宣传中华传统文化的孝道文化，充分利用“七五”普法，落实好子女赡养老人的责任。开展政策法规、各类科技扶贫技术宣讲，送科技到贫困户家中，加大信息传播，让贫困户主动接受新的信息，引导和帮助培养良好生活习惯、卫生习惯，宣传防骗防盗防火等安全防护知识，避免上当受骗造成巨大损失而返贫。同时，减少与脱贫无关的其他业务工作安排、检查、评比活动，让县镇村有更多的时间、精力投身扶贫攻坚这场战役中，早日实现脱贫目标。

（2018 年 7 月获陕西省党校系统第 32 次理研会二等奖）

15. 西乡县“精神扶贫 123 工程”激发内生动力调查研究

党的十九大报告指出：“坚持大扶贫格局，注重扶贫同扶志、扶智相结合”。扶贫必先扶志，摆脱贫困，关键在于贫困者走出贫困的决心和意志。如何解决扶贫领域部分贫困群众“等、靠、要”思想突出问题，增强贫困户自我脱贫内生动力，如期打赢脱贫攻坚战。陕西省西乡县坚持以党的十九大精神为指引，以培育和践行社会主义核心价值观为总目标，以抓好贫困人口思想道德建设为抓手，在全县贫困村、贫困人口中深入实施“精神扶贫 123 工程”，加速了精神脱贫，收到良好效果，呈现出人人争当脱贫先进典型的大好局面。

一、“精神扶贫 123 工程”主要内容及成效

西乡县“精神扶贫 123 工程”的主要内容为，“1 个目标”：所有贫困人口“我要脱贫”意识增强，形成自力更生、勤劳致富行动自觉，按照全县脱贫滚动计划安排，如期实现贫困户稳定脱贫、贫困村顺利退出、贫困县成功摘帽。“2 个抓手”：以精神扶贫和科技扶贫为抓手，坚持“志智双扶”，智随志走、志以智强，突出扶智、扶技、扶能相结合，从根本上铲除滋生贫困的土壤，让贫困人口知荣辱、有自信，知进取、有技能，知感恩、真满意。“3 项活动”：“五讲五知”公民思想道德教育实践（“讲形势、知党恩，讲道德、知荣辱，讲文明、知礼仪，讲诚信、知敬畏，讲法治、知底线”），“明理·感恩·自强”主题教育和“美丽乡村·文明家园”建设。

产生的成效：首先，农村社会风气明显好转。通过成立全县镇村乡贤文化促进会，完善红白理事会、禁赌禁毒会、道德评议会、村民议事会等村民自治组织，修订村规民约，德治、村民自治、法治“三治融合”格局逐步形成，一些用法律手段难以解决的问题得到有效治理。其次，群众脱贫主体意识不断增强。全县设置精神扶贫公益广告牌 30 幅，手写墙体宣传标语 2800 条，发放精神扶贫折页 15000 份。不良风气得到有效遏制，知恩感恩、勤俭节约、自强励志、勤劳致富、孝敬老人等良好风气日益浓厚。在开展的脱贫攻坚数据清洗核实中，剔除 2700 户 7029 人，得到群众的普遍理解和支持，12 户群众主动退出贫困户。同时，先进典型不断涌现。通过开展“精神扶贫 123 工程”，全县先后有 4 人荣登中国好人榜、5 人荣登陕西好人榜、10 人入选汉中最美系列人物，20 人被评为“十大孝子”和提名奖，涌现出自强励志、孝老爱亲等六大类道德模范 34 人。共创建成文明村 36 个，评选“十星级文明户”6000 多户、“最美家庭”20 户。79 个文明单位参与“城乡互动共树新风”活动。命名表彰了 82 个信用村、1 个信用镇、7.4 万信用户、93 个重合同守信用企业。最后，加快了脱贫攻坚步伐。去年全县实现净脱贫 2036 户 6836 人，11 个村脱贫退出，圆满完成目标任务。同时，有 477 户 1114 名城镇贫困人口已成功“脱贫”，年人均可支配收入超过 8300 元，住房、教育、医疗实现全面保障。

二、主要做法

1. 将“五讲五知”公民思想道德教育实践融入脱贫攻坚之中

西乡县创新开展“五讲五知”公民思想道德教育实践，将脱贫攻坚与“五讲五知”深度融合，走出一条以“五讲五知”为载体，教育引导贫困群众增强荣辱意识、树立脱贫信心、提升自我发展潜力的新路子。“五讲五知”《实施方案》被陕西省文明办以文件形式转发并在全省推广，创新案例荣获汉中市宣传思想文化工作创新奖。

在全县开展“政策 + 文艺”宣讲。组织形式多样、喜闻乐见的歌舞、小品、快板等文艺节目，组织干部送政策，群众分享致富经验，让贫困群众“感党恩、听党话、跟党走”。集中时间开展脱贫攻坚进村入户“大宣讲”和全县百场宣讲明形势活动，由 31 名县级领导、122 个县级部门单位、215 名第一书记和 5387 名干部，组成 17 个扶贫团、117 个贫困村驻村工作队，按照“人到、情到、神到、心到、力到、效到”要求，驻村入户开展连心帮扶面对面宣讲、县文艺小分队随机到村开展文艺宣讲演出的理论政策宣讲格局。为全县 17 个镇（街道）进行脱贫攻坚宣讲 62 场，召开村组干部会、党员大会、群众代表大会、院坝会 1100 余场；编排文艺节目 14 个，开展精神扶贫文艺演出 19 场次。落实帮扶项目 680 余个、贫困户扶持项目 11082 个，完成投资 6730 余万元。

2. 注重抓系列创建，建设文明西乡

在全县农村推进实施“明理 · 感恩 · 自强”主题教育和“美丽乡村 · 文明家园”创建工作。通过教育，让贫困群众了解扶贫政策、明确自身责任义务，增强感恩意识，激发自立自强动力，达到明白事理、真心感恩、自强脱贫的目的。把群众性精神文明创建活动作为“讲文明 · 知礼仪”的重要载体，在农户中广泛开展“十星级文明户”“脱贫示范户”“最美家庭”“好媳妇好婆婆”评选表彰活动；在各村深入开展文明村、信用村创建活动，不断提升文明程度；坚持“精准定位、科学规划、抓点示范”；在文明单位中组织开展“城乡互动 · 共树新风”活动，号召有条件的各级文明单位，采取“一帮一、结对子”的方式，定点帮扶一个贫困村。利用建筑围挡、村居民舍、村级文化活动广场等户外场所建设“五讲五知”“核心价值观”“讲文明树新风”“脱贫争先”文化墙、脱贫光荣榜、设置大型户外宣传牌，对文明村、十星级文明示范户、脱贫示范户等先进典型事迹广泛宣传，让群众在身边人和身边事中真切地感受“因懒致贫可耻、勤劳致富光荣”。

3. 深入挖掘优秀传统文化，让贫困户学有榜样

一是实施“寻根铸魂”地域文化挖掘。西乡是历史人文之乡，文化底蕴深厚。用优秀传统文化和独具特色的地域文化涵养道德，深入实施“地域文化挖掘”工程是“讲道德、知荣辱”的有力抓手。该县深入挖掘镇村美丽传说、特色民谣、文化遗存、宗族历史、家规家训、乡贤文脉等地域文化资源，编印《地域文化汇编》，并让其中的精华闪亮起来，充分运用于景观规划、村规民约、家风家训、匾牌楹联中。二是实施脱贫典型选树工作。充分利用“道德模范”“身边好人”“十星级文明户”“最美家庭”“好媳妇、好婆婆”等评选活动，深入挖掘能力出众的致富能手、自立自强的脱贫典型，大张旗鼓地进行表彰奖励。三是实施尚德工程。在全县215个村级文化广场、移民安置点设立“善行义举榜”、脱贫争先光荣榜，办好“道德讲堂”。用典型的示范作用，引领形成自力更生、艰苦创业、勤劳致富、脱贫光荣的文明风尚。

4. 实施移风易俗工程，夯实新民风建设根基

完善村规民约，倡导婚事新办、喜事少办、丧失简办，切实减轻人情负担，减少铺张浪费，弘扬文明新风，把红白喜事流程、人情分子上线金额、宴请酒席桌数、烟酒最高标准等写入村规民约。把对农村暴露出来的各类酒席大操大办，高价礼金、彩礼，不赡养父母，不讲公德等陋习写入村规民约整治内容，让贫困群众熟知惩戒条款，对明知故犯的农户将采取“黑名单”制度，村（社区）依据村民自治相关文件进行惩戒。加强乡贤文化促进会建设，严格按照七个评选程序，从优秀基层干部、优秀企业家、致富能手、脱贫带头人、退休教师、退伍军人中挖掘树立一批有德行、有才学、有声望的乡贤典范，每个乡贤文化促进会人数5～7名，在全县17个镇（办）和所有村（社区）建立乡贤文化促进会，形成了镇有乡贤模范、村有道德标杆的工作格局。在镇深入开展“优秀家训润万家”活动。提炼“好家风”，展示“好家训”，鼓励群众在门楣、厅堂悬挂家风家训，让核心价值观在家庭里生根。在全县114个贫困村建立健全红白理事会、村民议事会、道德评议会、禁毒禁赌会和新乡贤促进会，教育群众破陋习、树新风，形成群众的事情“大家议、共同定、集体管”。

5. 靠“三强”帮助贫困户树立“自强”信心

一强信心。让贫困户理解困难中包含着胜利，艰苦中孕育着光荣。二强素质。充分调动贫困群众主动学习意识，依托农家书屋、道德讲堂、微信平台，学思维模式、学先进经验、学为人处事、学技术能力，不断提高贫困群众能力素质。三强本领。统筹开展农村贫困地区劳动力培训，帮助他们掌握劳动技能，不断提高自我发展能力；完善劳务输出对接机制，用好南通启东对口帮扶机遇，做到“培训一人、就业一人、脱贫一户、

带动一批”；依托西乡县职业技术高中，扩大贫困家庭和移民搬迁户子女免费免试进行学历教育覆盖面，让未升入普通高中的贫困家庭初中毕业生都能掌握一门实用技能。此外，还通过抓正反典型，建设诚信西乡，让干部群众感受到社会风气的上扬和法治氛围的优良，为脱贫攻坚营造良好社会环境。

三、几点经验

该县对贫困村按照“有舆论氛围、有自治组织、有志愿服务、有道德讲堂、有典型示范、有扶智学堂、有文明创建、有公益救助、有主题活动”的要求，将贫困村培育成精神脱贫亮点村，实现物质+精神双脱贫的目标，经验值得推广学习。

第一，充分发挥党组织的作用，开展思想发动和政策宣传。

抓好党建促扶贫，是贫困地区脱贫致富的重要经验。因贫困地区干部群众的精神状态如何，对脱贫致富具有至关重要的作用。群众精神状态如何，主要取决于领导班子的精神状态。“帮钱帮物，不如帮助建个好支部。”坚强的党支部、好的带头人对一个地方经济社会发展至关重要。因此，要把脱贫攻坚与加强基层党组织建设紧密结合起来，抓好以村党组织为核心的村级组织建设，选好配强村级领导班子。进一步抓好思想发动和政策宣传，让每一项扶贫政策进村、入户、上墙，特别要通过驻村工作队和结对帮扶干部“一对一”“面对面”宣传，真正让贫困群众心热起来、手动起来，叫响“宁愿苦干、不愿苦熬”的脱贫攻坚主旋律。及时总结宣传脱贫攻坚典型事例，组织开展“自力更生、主动脱贫”系列评选表彰活动，形成正向激励机制，让苦干实干的不吃亏、得实惠、有荣誉。可以依托团委、妇联、文化站等部门，在贫困地区开展一些群众喜闻乐见的活动，让人们精神振奋起来，思想凝聚起来，向生产深度与广度进军，主动进取、改革创新，增强战胜贫困的勇气。

第二，树立长远眼光和规划。

精准扶贫要先精神脱贫。习近平总书记说过，脱贫致富贵在立志，只要有志气、有信心，就没有迈不过去的坎。因此，精准脱贫不仅是帮助贫困人口改善生存条件，让他们经济上翻身，精神上也要翻身，即“口袋”与“脑袋”同时富起来。摆脱“越穷越要、越要越懒、越懒越穷”的恶性循环。既要着力解决贫困地区农民科学文化素质整体偏低、精神生活比较匮乏、经济落后等现实问题，又要放眼长远，从儿童教育抓起，阻断精神贫困的代际传递；既要注重产业扶贫，又要从提高农民的科学文化素质入手，注重信息、知识和技术等方面的输入，激发贫困群众用自己的双手摘掉贫困帽子的信心和决心。作为提升贫困户发展能力的重要途径和关键，贫困地区的文化教育既要重视基础教育，斩断贫困代际传递的链条，也要重视职业教育，让贫困户成长为有本领、懂技术、肯实干的劳动者，全面提高人力资源素质，增强自身造血能力。

第三，建好一个村级（社区）自治组织。

贫困村（社区）都要成立道德评议会、红白理事会、村民议事会、禁毒禁赌会等群众组织，认真开展教育宣传、创建评比、乡风评议活动，切实发挥“四会作用”。将孝老爱亲、自强自立、好吃懒做等内容融入村规民约，加强约束惩戒条款，明确贫困群众自身脱贫的责任义务。注重发挥红白理事会在红白喜事中的文明倡导作用，制定具体可操作的移风易俗管理办法或倡议书，改变宴请活动大操大办、过度随礼等不良习俗，切实减轻人情负担，减少铺张浪费。建立乡贤文化促进会，评选组建本地乡贤队伍，充分发挥乡贤的脱贫致富带头人、矛盾纠纷化解员、移风易俗推行人等模范作用。通过建立的自治组织开展一系列主题活动，让贫困户真心实意的感谢帮扶干部，感恩党的关怀和帮助。

第四，深化文明创建力度。

应在精准扶贫工作中，加大文明创建力度，使农民群众住上好房子、过上好日子、养成好习惯、形成好风气的目标得以同步实现；使文明村镇的环境美、风尚美、人文美、秩序美、产业美的标准，成为新农村建设的普遍追求；使扶贫奔康路上成长的一个个美丽新村，成为美丽乡村最生动形象的表达。

要持续强化民风建设，继续完善公共文化服务设施，建好管好用好农家书屋、广播室、文化活动室和文化活动广场，定期开展群众性文体活动，提高群众科学文化水平；评选培树表彰一批先进典型人物，以“道德模范”评选为主线，寻找最美系列人物；持续开展理论＋文艺宣讲，组织理论文艺宣讲小分队进村入户，用百姓语言进行宣讲，引导贫困群众知党恩、听党话，勤劳致富，脱贫摘帽；深入开展“优秀家训润万家”活动，提炼“好家风”，展示“好家训”，鼓励群众在门楣、厅堂悬挂家风家训，让核心价值观在家庭里生根；持续推进农村人居环境综合整治；开展诚信村民评选；建立诚信奖励基金，推动形成以诚实守信为荣、见利忘义为耻的社会风尚；开展一批志愿服务和公益救助活动等。

第五，培育脱贫引路能人。

典型示范是法宝，要优选脱贫示范项目，培育脱贫引路能人，推动群众“会脱贫”。榜样的力量是无穷的，典型示范、能人带动是长期以来行之有效的好方法。实施脱贫典型选树工作。深入挖掘能力出众的致富能手、自立自强的脱贫典型，大张旗鼓地进行表彰奖励。在脱贫攻坚中，要有针对性加大贫困地区致富带头人的培训和扶持力度，通过资金、项目、政策的支持，为典型成长创造条件，鼓励致富带头人发展因地制宜的脱贫项目，并通过这种示范和带动作用，让贫困群众能够学有目标、赶有方向；还要深入挖掘典型的精神内涵和脱贫经历，营造浓厚宣传氛围，进一步扩大典型的影响力，扩大示范引路效应。

第六，提高贫困群众的参与能力。

发动群众参与，需要尊重群众主体地位。让群众做主，而不是替群众做主，这在扶贫工作中尤为重要，因为最终脱贫致富要靠贫困群众自身的内生动力。针对贫困人口文化素质低、流动性大的情况，综合运用现身说法、参与项目管理、移动互联网等教育培训手段。激发贫困户内心深处的脱贫动力，恢复自助脱贫的信心和勇气，促使他们自力更生、自强不息、去努力改变现状和拼搏奋斗，是党员干部在帮扶过程中最值得思考探索的问题。这就要求在帮扶过程中，找出贫困户“我贫困的原因是什么”“我脱贫的路子在哪里”“怎样才能脱贫致富”，并逐一分析，才能对症下药。关注已脱贫群众的新诉求、新动向，建立“扶上马、送一程”的脱贫后续扶持机制，及时打消思想顾虑，跟进解决具体困难，营造精神脱贫正能量，以夯实贫困主体的发展基础，支撑群众“能脱贫”。

（发表在国务院扶贫开发领导小组办公室主办的《扶贫开发》2018 年第 6 期）

16. 漫谈精神脱贫

怪现象回顾：西乡县柳树镇一贫困户，家里 3 口人，其妻子嫌弃他太懒，已离家多年，其 20 岁的儿子在外打工，住土坯危房 1 间，无产业发展，更无脱贫动力和信心。相反，其堂弟，也是 3 人，妻子神经病，无劳动能力，一女儿上大学，家里危房，暂住他人房子，但积极参加脱贫，大搞种植、养殖，养鸡 60 多只，已经产生效益。另一贫困户，夫妻都才 40 多岁，无安全住房，帮扶部门送其 100 只鸡苗，还嫌不到位，要求再送鸡饲料。堰口镇一农户，其儿子在县城一中学当公办教师，属家中有公职人员，按“九种情况”在剔除贫困户时，其家人不理解，大闹村上干部，甚至鼓动其母亲去县城上访。该镇熊某因年事已高，记忆力减退，家庭变故重大，心理承受压力剧增，加上其有时家中无人，该户曾向上级暗访组人员反映没有享受国家任何政策补助，没有镇村干部到其家中走访，没有关心其生活等情况，严重与事实不符。茶镇南沟村五组 10 多户危房户，守土意识强，不愿离开本地进行异地安置，只愿就地安置。

以上这些不正常的现象就是我们常说的精神贫困，精神贫困表现为观念上安于现状、不求进取，“等、靠、要”思想严重，“你急他不急”“上动下不动”，认识上急功近利、短期行为和心理上社会参与心态较差，把扶贫帮扶当作“天上掉馅饼”“坐在门口晒太阳，等着政府送小康”。在目前的贫困人口中，除了一部分确因身体等原因无法自己脱贫之外，有相当一部分贫困户属于主观上缺乏脱贫动力的“精神贫困”，把贫困归咎于外因，一味“等、靠、要”。这种现象在短时间内难以扭转。这种精神状态成为贫困地区从根本上摆脱贫困的重大障碍。

从内因上看，主要是贫困群众自身条件较差；外部因素上，拼搏奋斗、向上向善的精神文化源泉始终无法滋养到一些贫困地区，导致这些地区形成了封闭落后的思想闭环。另外，一些扶贫措施不对症、风险高，也会引发贫困群众的反感甚至抵触。精神贫困比物质贫困更可怕，再多的资金，再好的政策，再好的措施，在懒惰面前，在不劳而获面前，在伸手就要面前，也显得苍白无力，变不成致富的动力。“人无精神不立，国无精神不强。”毛泽东同志说过，人总是要有一点精神的。“治穷先治愚，扶贫先扶志”，说的就是要重视精神扶贫。著名经济学家缪达尔曾强调：“不发达国家民众巨大的贫困至少部分是由于他们的宿命论、他们的麻木和他们对于改变观念和制度、推广现代技术、改善卫生条件等努力的冷漠。”可见，改变贫困地区的落后面貌，不仅需要经济层面的投入，也需要精神层面的帮扶。正如习近平同志在《摆脱贫困》一书的跋中所言：“摆脱贫困，其意义首先在于摆脱意识和思路的‘贫困’，只有首先‘摆脱’了我们头脑中的‘贫困’，才能使我们所主管的区域‘摆脱贫困’，才能使我们整个国家和民族‘摆脱贫困’，走上繁荣富裕之路。”

党的十九大报告指出：“坚持大扶贫格局，注重扶贫同扶志、扶智相结合”。扶贫必先扶志，摆脱贫困，关键在于贫困者走出贫困的决心和意志。习近平总书记强调：“要把扶贫同扶志结合起来，着力激发贫困群众发展生产、脱贫致富的主动性，着力培育贫困群众自力更生的意识和观念，引导广大群众依靠勤劳双手和顽强意志实现脱贫致富。”营造脱贫光荣的浓厚氛围，以精神鼓励推进精准扶贫，让贫困户长心气、长志气、有目标、有干头。

如何打破“越穷越要、越要越懒、越懒越穷”的恶性循环，至关重要的是给贫困群众精神“补钙”，变“要我脱贫”为“我要脱贫”。贫困是一种可逆状态，通过外力可以较快改变贫困，但仅仅依靠外力又会强化依赖性，从而弱化贫困地区的内生动力与活力。外力一旦改变，容易很快返贫。扶贫先扶志，摆脱贫困，放在第一位的就是精神扶贫精神脱贫。面对当前的困境，最应该做的就是从思想根源上斩断“穷根”，不仅要为贫困群众营造积极向上的精神文化氛围，更要厚植贫困地区精神文化沃土，精准对接贫困群众的精神和物质需求。去年下半年，青海格尔木郭勒木德镇22户贫困户写下自愿脱贫申请书，大家纷纷摁上自己的红手印，主动申请“脱贫摘帽”。从以往争戴“穷帽子”，到现在积极摆脱“贫困”标签，贫困户心态的变化值得思考。

实现精神脱贫，需要抓好思想发动和政策宣传。实行观念扶贫，真正让贫困群众心热起来、手动起来，叫响“宁愿苦干、不愿苦熬”的脱贫攻坚主旋律。在精神层面对贫困坚决说不，积极谋划脱贫出路，正是个体能成功脱贫的“渔技”。相反，思想里自足懈怠，难免缺乏脱贫动力。通过精神文明建设，加强村民的思想建设，让贫困村群众摆脱落后的思想观念，解放群众思想，拓宽群众发展思路，全面清除“等、靠、要”的落后思想，增强贫困村群众脱贫致富、勤劳致富的思想意识。在加强政策宣传之外，引导贫困村树立良好新风，建立符合脱贫需求的乡规民约，发挥已经建立的乡贤文化促进会的积极作用，让贫困户“富脑袋”。可以依托团委、妇联、文化站等部门，在贫困地区开展一些群众喜闻乐见的活动，以健康有益的活动引导人、教育人、鼓励人，引导农民树立艰苦创业、开拓进取的精神风貌，变依赖思想为自立创业思想，让人们精神振奋起来，思想凝聚起来，向生产深度与广度进军，主动进取、改革创新，增强战胜贫困的勇气。

实现精神脱贫，需要树立长远眼光和规划。既要着力解决贫困地区农民科学文化素质整体偏低、精神生活比较匮乏、经济落后等现实问题，又要放眼长远，从儿童教育抓起，阻断精神贫困的代际传递；既要注重产业扶贫，又要从提高农民的科学文化素质入手，注重信息、知识和技术等方面的输入，激发贫困群众用自己的双手摘掉贫困帽子的信心和决心。授人以鱼不如授人以渔。授人以鱼，只供一餐，授人以渔，可享一生。作为提升贫困户发展能力的重要途径和关键，贫困地区的文化教育既要重视基础教育，斩断贫困代际传递的链条；也要重视职业教育，让贫困户成长为有本领、懂技术、肯实干的劳动者，全面提高人力资源素质，增强自身造血能力。

实现精神脱贫，需要培育脱贫引路能人。典型示范是法宝，要优选脱贫示范项目，推动群众“会脱贫”。榜样的力量是无穷的，典型示范、能人带动是长期以来行之有效的好方法。在脱贫攻坚中，要有针对性地加大贫困地区致富带头人的培训和扶持力度，通过资金、项目、政策的支持，为典型成长创造条件，鼓励致富带头人发展因地制宜的脱贫项目，并通过这种示范和带动作用，让贫困群众能够学有目标、赶有方向；还要深入挖掘典型的精神内涵和脱贫经历，营造浓厚宣传氛围，进一步扩大典型的影响力，扩大示范引路效应。如西乡县堰口镇韩岭村一五保户韩富顺，62 岁，不等不靠，勤劳致富，养牛 2 头，养羊 8 头，养鸡 10 余只，其收入超过其他贫困户。柳树镇白杨村 5 组一 85 岁老太婆，家庭困难特殊，也不坐等政府扶持，每天去采茶增加收入，还准备养鸡。

实现精神脱贫，需要提高贫困群众的参与能力。针对贫困人口文化素质低、流动性大的情况，综合运用现身说法、参与项目管理、移动互联网等教育培训手段。激发贫困户内心深处的脱贫动力，恢复自助脱贫的信心和勇气，促使他们自力更生、自强不息、去努力改变现状和拼搏奋斗，是党员干部在帮扶过程中最值得思考探索的问题。这就要求在帮扶过程中，找出贫困户“我贫困的原因是什么”“我脱贫的路子在哪里”“怎样才能脱贫致富”，并逐一分析，才能对症下药。关注已脱贫群众的新诉求、新动向，建立“扶上马、送一程”的脱贫后续扶持机制，及时打消思想顾虑，跟进解决具体困难，营造精神脱贫正能量，以夯实贫困主体的发展基础，支撑群众“能脱贫”。

（发表在《十堰社会科学》2018 年第 4 期）

17. 发展乡村旅游助推脱贫攻坚

——对借鉴甘肃康县经验发展西乡县乡村旅游工作的思考

近年来，甘肃康县乡村旅游工作按照县委、县政府提出的“打造美丽乡村升级版、建设生态旅游大景区、发展乡村旅游大产业、开辟具有康县特色的脱贫之路”的发展战略，依托全县丰富的生态旅游资源，充分利用美丽乡村建设成果，坚持把生态旅游、乡村旅游与精准脱贫相结合，把发展乡村旅游作为助推精准脱贫工作的重要举措，实现了美丽乡村建设向乡村旅游转化的蝶变效应。为学习外地脱贫攻坚经验，促进西乡县扶贫工作，县委党校调研组赴甘肃省康县就乡村旅游助推脱贫攻坚发展情况进行了调研，深受启示。

一、康县基本情况

康县位于甘肃省东南部，东邻陕西，西接武都，东北与成县接壤，总面积2958.46平方公里，有耕地70.16万亩。辖8镇13乡，350个行政村，1640个村民小组，总人口20.24万人，其中农村人口18.36万人。该县坚持“统筹城乡一体发展、建设生态美丽康县”的发展战略，坚定不移走“保护绿水青山就是建设金山银山”的贫困山区生态旅游脱贫之路，旅游经济已成为助推精准脱贫的新兴力量。把发展乡村旅游作为带动建档立卡贫困户增收的重要抓手，创新完善了五种旅游扶贫模式，鼓励当地村民积极参与到旅游业的开发、建设中，使旅游业成为农村经济新的增长点，农民增收致富的新渠道。据了解，康县乡村旅游已带动863户建档立卡贫困户发展种养业，3200多名贫困人口实现了家门口就业，直接和间接从事乡村旅游的贫困户4659户，占全县建档立卡户的49.2%，户均增收1万元以上。在今年举办乡村旅游美食节至五一小长假期间，康县乡村旅游持续火爆。据统计，6天时间，全县共接待游客17.2万人次，实现旅游综合收入8271.74万元，较去年同期增长116%。其中，乡村旅游接待游客13.92万人次，乡村旅游综合收入5331.36万元，全县宾馆平均入住率90%以上。先后获得“中国最美绿色生态旅游名县”“中国最佳生态宜居旅游目的地”“全国休闲农业和乡村旅游示范县”“省级全域旅游示范区”等荣誉称号。2018年康县县委1号文件指出，2018年底，康县美丽乡村总数将达到317个。

二、康县乡村旅游主要做法

1. 乡村旅游发展水平快速提升。目前，该县9个村被列入国家乡村旅游重点扶贫村；一些镇村荣获“产业富裕奖”“文化遗传奖”、第二届“绚丽甘肃·十大美丽乡村”“全国生态文化村”、中国乡村旅游模范村、“2016中国最美村镇”生态奖和人文奖，全县共有4个中国最美乡村。一些村被评为国家3A级、4A级旅游景区。2017年，全县乡村旅游共接待游客109.36万人次，同比增长62.1%，乡村旅游综合收入21852万元，同比增长46%。

2. 乡村旅游基础不断夯实。坚持把全县作为生态旅游大景区来规划，把每个村作为景点来打造，全面推进乡村旅游建设的步伐。一是着力培育美丽乡村旅游版。持续推进美丽乡村建设，坚持全县350个村统一规划、整合资源，分年建设、整体推进，目前已建成美丽乡村262个。在建设过程中，注重保护乡村风貌和乡音乡愁，不搞大拆大建，不砍树、不埋泉、不挪石、不毁草，加强古村、古街、古楼、古坊的保护，复原醋坊、酒坊、豆腐坊、水磨坊等土制做法，为乡村旅游发展奠定了良好基础。二是加快乡村旅游示范点建设。集省市县镇村五级资源，着力打造乡村旅游培训基地、游客服务中心、房车营地和茶马古道上的重要节点，在全县已建成有代表性的旅游村50多个，分别成立了旅游公司或协会，进一步提升了全县乡村旅游的基础设施和标准，完善景区景点旅游公共服务设施、通信宽带等基础设施，推进4G网络与全域WiFi景区景点全覆盖。三是着力打造了三百里生态旅游文化风情线。按全域景区理念，坚持五年，春季栽、四季管，在境内三百里国、省、县道公路沿线统一规划，栽植竹子、银杏、杨柳、松柏等各类花卉绿化树木，建成了独具特色的生态景观风情线，建设具有历史沿革的亭、廊、小径、休闲健身广场等旅游重要节点28个，串联美丽乡村69个，形成了南北贯通的乡村旅游线路。四是着力增加乡村旅游文化内涵，根据不同的人文历史资源，建成乡村舞台260个、村级文化大院166处、村级文化小广场240多个，建设村史馆、家史馆39个，实现村级组织活动室、文化活动室、农家书屋达到了行政村全覆盖，着力推动乡村历史文化、红色文化、民俗文化、农耕文化、生态文化与旅游产业深度融合，如康南自然风光与男到女家民俗的融合、康中休闲观光养生与农业体验的融合、康北茶马古道与古村古街的融合等，推动文化旅游融合发展，丰富了乡村旅游的内涵，增强了乡村旅游的魅力。五是完善旅游产业要素。着眼提升旅游服务接待能力，2015年以来，在全县12个乡镇36个村实施了“十村百户千床”乡村旅游示范工程，实施了“十村百户千床”二期工程，共发展农家乐和农家客栈308户，有效解决了吃住等问题，全县乡村旅游接待能力水平得到了较大的提升。六是大力开发乡村旅游产品。已经形成规模的核桃、茶叶、蚕桑、花椒、黑木耳、天麻、中药材等绿色农特产品。七是开辟精品旅游线路。以262个美丽乡村为节点的五条乡村旅游精品线路。

3. 创新发展经营模式，促进旅游扶贫效益大提升。把发展乡村旅游作为带动建档立卡贫困户增收的重要抓手，创新完善了五种旅游扶贫经营模式。一是“政府引导＋公司运营＋农户（贫困户）联动”模式，二是“协会＋农家客栈＋农户（贫困户）”模式，三是“支部＋双联单位＋公司＋农户（贫困户）”模式，四是“能人大户＋企业＋贫困户”模式，五是“互联网＋电商＋乡村旅游＋产业开发”模式，全县乡村旅游已带动

863 户建档立卡贫困户、3200 名贫困人口、5350 劳动力就地就业，直接和间接从事乡村旅游的群众达 5176 户，户均增收 1 万元以上。

4. 探索乡村旅游扶贫途径，拓宽扶贫增收渠道。广泛探索乡村旅游扶贫途径，拓宽扶贫增收渠道：一是直接参与乡村旅游，如开办农家乐和农家客栈；二是参与乡村旅游的服务接待工作，如在农家乐和农家客栈务工，实现就近就地务工就业；三是加工制作出售旅游产品，大力发展种养殖，为农家乐、农家客栈提供农家商品，如给农家乐和农家客栈提供自养的土鸡、土猪、蔬菜、山野菜等；四是参加乡村旅游合作社、公司的土地流转获取租金，如把土地流转给企业发展农业采摘观光园等；五是通过资金、房屋、土地参与乡村旅游公司经营入股，获取年终入股分红。

康县通过乡村旅游产业开发工作的快速发展，助推了精准脱贫工作的步伐；促进了农村一、二、三产融合发展；整合了乡村生产生活、生态资源；有效地解决了农村空巢老人和留守儿童等社会问题，实现了群众离土不离乡、就业不离家、就地城镇化，真正使老百姓得到了实惠；有效地推动了农村精神文明和社会经济的快速发展。

三、对西乡县的几点启示

西乡县抢抓省、市加快培育旅游支柱产业机遇，以建设“中国最美丽的茶乡”为目标，以美丽西乡建设为抓手，深入实施“全域旅游”工程，挖掘地域人文特色，累计实施旅游项目 30 个，完成投资 15.3 亿元。现有国家 AAA 级景区 2 个（午子山、骆家坝），国家级农业旅游示范点 1 个（樱桃沟），省级文化旅游名镇 1 个（骆家坝镇），省级旅游特色名镇 2 个（骆家坝镇、堰口镇），省级乡村旅游示范村 3 个，全国休闲农业与乡村旅游示范点 1 个。据统计，目前接待游客 340.3 万人次，实现旅游综合收入达 16.65 亿元，同比分别增长 12.6% 和 20.3%。学习康县经验，有以下几点启示。

第一，把观光茶园建设作为全县乡村生态旅游的领头雁。西乡县的优势产业是茶叶，应大打“茶叶牌”，以脱贫攻坚为契机，在乡村旅游建设中，以茶园为主体，充分体现西乡茶的特色，做好观光茶园建设。将已经打造好的“四大茗园”作为样板，继续提升、优化，在硬件建设、服务接待、旅游讲解上再上新台阶。同时，茶园管理本身又是一门艺术工程，所以，要把西乡观光茶园建设和茶艺园建设结合起来。观光茶园的总体规划要合理，做到茶树树冠造型、建筑物设计、布局与环境协调一致。

第二，转变观念，实现特色化发展。党的十九大报告提出，实施乡村振兴战略，要坚持农业农村优先发展，按照产业兴旺、生态宜居、乡风文明、治理有效、生活富裕的总要求，建立健全城乡融合发展体制机制和政策体系，加快推进农业农村现代化。应转变观念，确立休闲让农村更美好的意识。充分依托西乡特色的自然环境、资源条件、民俗文化、农渔特产等优势，深入挖掘人文底蕴厚、旅游观光价值高的景点，提升休闲观光农业的品位内涵，实现特色化、多元化发展，避免低层次的雷同。注重项目的策划和创意，融西乡自然景观、民俗文化于休闲观光农业项目之中，不断挖掘和激发游客的消费潜力和体验兴趣，精心打造一批富有特色、反映山水特点、体现人文内涵的休闲观光农业产业品牌。学习康县经验，正确处理好开发与保护的关系，在充分挖掘西乡具有吸引力的乡村自然景观、深厚民俗文化的同时，也要充分考虑到当地的环境承载能力，防止破坏性地开发，确保观光旅游景点生态环境和文化资源的可持续发展，以保证乡村振兴战略的顺利实施。

第三，搞好乡村生态旅游的规划。结合西乡实际，在乡村生态旅游中可考虑开发以下产品和模式。（1）以茶叶产业为主线产品，重点打造“西乡—中国最美茶乡”旅游品牌。西乡县处处是好山好水好茶，名茶孕于灵水名山中，可以选择条件适宜的镇，专注发展茶乡山水生态旅游：设计多样的茶文化专题旅游产品；茶文化学习考察游，在一年四次的采茶季节中，让旅游者参与西乡茶叶的采摘与制作，让他们融入到茶农的日常生活中；茶文化夏令营，在活动过程中，请专家、学者讲授有关茶文化知识，如茶艺、茶礼等，并让他们到西乡各个茶场亲身体验采茶、制茶的过程。可以在茶园户外建设设施较为全面的休闲吧，满足人们节假日休闲旅游。（2）紧扣全县“山、水、茶、田园风光、生态农业”特色亮点，围绕“一山一沟一寺两镇四园”精品景区，各镇依据当地自然、人文优势，寻找、开发新的旅游产品，如骆家坝的天坑自然景观开发，已被中央电视台现场拍摄、对外播放介绍，可利用这一有利时机，加大开发力度。还有西乡的李家村文化的开发、保护，中国考古学会第一次年会将西乡李家村正式命名为“李家村文化”，李家村遗址作为新石器时代古遗址，被国务院批准列入第六批全国重点文物保护单位名单。要不断完善乡村旅游基础设施、景区景点、服务体系建设，全县现拥有准4星级酒店2家，3星级酒店2家，农家乐160余户，旅行社及驻县网点6个，直接和间接从事旅游6500余人，努力使乡村旅游接待能力和服务水平不断提升。（3）打造红色旅游文化产品。深入挖掘、开发大河、骆家坝红色旅游资源，如大河镇的红四方面军（曲江洞）总后医院旧址入选全国红色旅游经典景区二期名录。骆家坝是一个有着光荣革命传统的红色古镇，1932 年，徐向前领导的红四方面军曾在这里召开著名的钟家沟会议，西乡县青年陈浅伦在这里创建了红二十九军并开展工作。（4）创新乡村旅游经营模式。学习康县已经完善的五种旅游扶贫经营模式。把“政府引导 + 公司运营 + 农户（贫困户）联动”“协会 + 农家客栈 + 农户（贫困户）”“支部 + 双联单位 + 公司 + 农户（贫困户）”“能人大户 + 企业 + 贫困户”“互联网 + 电商 + 乡村旅游 + 产业开发”模式有机结合起来，实现把西乡乡村旅游作为带动建档立卡贫困户增收的重要抓手。

第四，强化培训，提高从业人员素质。建立西乡农家乐休闲旅游从业人员培训制度，深入开展多层次、多形式的培训。一是旅游知识的培训。大多数游客都希望同从业人员进行直接交流，了解一些旅游方面的基本情况。对旅游知识缺乏和不足，势必影响游客的整体感受。增强旅游知识培训，有利于旅游从业人员更好地了解当前旅游业发展的形势和趋势，进一步抓好日常管理和积累经验。二是强调服务，规范培训。像康县一样，直接参与乡村旅游，引导村民参与乡村旅游的服务接待工作，开办农家乐和农家客栈，或就近就地务工就业，以增加收入。三是加强对西乡民俗文化和风土人情的培训。要认真挖掘，总结西乡民俗文化和风土人情，并加强旅游从业人员在这方面的培训，使乡村旅游与当地民俗风情和乡土文化实现有机结合，提高西乡旅游文化品位和服务档次。

第五，整治环境卫生，打造美丽西乡。要科学编制建设规划、加快美丽乡村建设步伐、统筹推进专项治理、切实发挥群众主体作用。把各项任务落实到每个环节，把责任分解到个人，确保环境整治和美丽西乡建设顺利推进。抓好西乡城区市容环境整治、交通环境整治、农村环境卫生整治、旅游环境综合整治。利用县上的百场宣讲明形势教育和各村开设的道德讲堂，加大精神扶贫和乡村环境危机意识的宣传，不断提高村民素质，不再“等、靠、要”，提高对环境卫生与健康知识的知晓率，真正做到家喻户晓，人人皆知。发挥西乡各镇村乡贤文化促进会的积极作用，制定村规民约，约束规范村民行为，逐步养成自觉的健康卫生习惯，解决环境脏、乱、差问题。鼓励村民在房前屋后种植绿化，不仅提高经济收入，同时美化环境、减少污染，不能坐等政府给贫困户送盆景花篮。另外，在各村的公共场所、主要交通要道两侧更应加强绿化率，以取得脱贫与环境美化的双丰收。

18. 陕西省西乡县产业发展助推脱贫攻坚调查研究

党的十九大报告提出实施乡村振兴战略时，把发展产业排在五大要求之首。《习近平谈治国理政》第二卷指出，深度贫困地区要改善经济发展方式，重点发展贫困人口能够受益的产业，比如特色农业、劳动密集型的加工业和服务业等。要打赢脱贫攻坚战，就是要通过各种政策和措施千方百计增加贫困户收入，增收的主要手段要落脚在产业上。带着这样的思路，对陕西省西乡县产业扶贫进行了调研，该县以脱贫产业发展为重点，以贫困村贫困户增收为目标，围绕茶叶、油牡丹、黑木耳、生猪 + N 个特色产业的“两长两短”发展布局，产业脱贫取得积极成效，工作举措得到了贫困群众的认可。

一、产业发展基本情况

该县产业扶贫成效显著。去年以来，坚持“两长两短 + N 个特色产业”布局和“两个精准”原则，实施产业扶贫项目 848 个，投入资金 18787.99 万元。全县中长线产业扶贫户 10317 户，其中深度贫困村 971 户，覆盖率 100%。新建茶园 15259 亩，栽植油用牡丹 2 万亩、雷竹 3000 亩，发展黑木耳 561 万袋、中药材 3.2 万亩。出台《西乡县农村集体产权制度改革工作领导小组办公室“三变”改革示范和省级“千村试点”行动实施方案》，9 个省级试点村工作顺利推进，34 个脱贫村集体经济、互助资金组织全面达标，发放小额贴息贷款 10658.4 万元，受益贫困户 2403 户。建成贫困村电商服务站点 117 个，“电商企业 + X + 贫困户”带动 420 户贫困户增收，电商服务体系考评位居全汉中市第一。2018 年 7 月，该县成功创建为全国电子商务进农村综合示范县，产业扶贫工作得到陕西省、市及相关部门好评，全汉中市产业扶贫现场观摩团走进西乡，实地查看产业发展实绩，了解产业发展带动贫困户受益情况，对产业发展给予了充分肯定。全县产业扶贫经验还被陕西省产业脱贫简报推介宣传。

二、主要做法

1. 加强组织领导和工作指导

西乡县委、县政府高度重视产业扶贫工作，按照“县委常委管块、政府领导抓条、四大家共同参与、分块压实责任、分条无缝衔接、全面整体推进”，在明确全体县级领导脱贫攻坚职责分工的基础上，决定由 14 名县级领导分别负责一个领域脱贫工作。具体在产业脱贫方面，成立了产业发展（脱贫）推进领导小组及办公室，由县人大主要负责人总牵头，县人大、县政府分管领导抓落实，各涉农部门共同参与，同时抽调专门人员，直接负责产业发展、产业脱贫的综合协调工作，确保全县产业发展（脱贫）各项任务落到实处。另外，加强工作指导。成立产业发展（脱贫）“两个精准”工作指导组，抽调农、林、水、茶 4 个部门的业务骨干，深入各镇办对产业发展、产业脱贫项目编报情况进行现场指导，按期高质量完成。

2. 强化技术培训

围绕年度产业发展任务，分类制定了技术培训方案，有组织、有计划地开展产业技术培训，确保为每个镇、街道、企业培育 1－2 名技术能手，做到产业发展技术先行。尤其在黑木耳产业培训方面，成立了专门培训机构，从黑龙江省聘请 3 名技术顾问，全程进行技术指导，举行了两期黑木耳专题培训班，300 余名镇村业务人员接受了全封闭式培训。一是构建 110 技术服务机制。成立产业脱贫技术服务 110 指挥中心，确保产业脱贫户技术服务全覆盖。二是成立产业脱贫技术培训服务团队。三是落实农技人员包村联户责任。从各涉农部门组织农技人员 117 人，建立农技人员与贫困村一对一结对帮扶关系，农技人员每半个月进村入户指导一次。实施基层农技推广体系改革与建设补助项目，建立科技示范基地 11 个，落实农技指导员 107 人，指导科技示范户 814 户。

3. 创新建立贫困村“四个一”产业扶贫支持体系

坚持市场导向，大力培育新型经营主体，创新提出贫困村“四个一”产业扶贫支持体系。即：一个龙头企业。每个贫困村培育或引进一个固定投资在 100 万元、年产值 200 万元以上的龙头企业，增强脱贫致富基础。一个互助资金协会。围绕破解贫困户贷款贵、贷款难问题，县财政为每个贫困村投入 30 万元组建 1 个扶贫互助资金协会，实行入会、贷款额度限制，会员贷款自主选择生产项目，办理联保协议，有效解决了贫困户产业发展的短期融资困难。一个农民专业合作社。一个农产品电商网店。全县 117 个贫困村共培育、引进龙头企业97个，累计组建农民专业合作社517个，村级互助资金协会117个，建成县级电商中心1个、镇级电商服务站17个、贫困村电商服务点113个，实现电商销售68.97万单，销售总额4141万元，带动1190户贫困户户均增收865元。

4. 创新产业项目谋划“七步工作法”

一步抓研判明家底，围绕“两长两短”产业布局，结合资源禀赋和发展优势，研判本地产业规划，初步弄清发展目标、任务、路径和措施。二步抓动员明责任，以“四支队伍”为主开展动员宣传，形成共识，提出镇村任务，制定考核奖惩措施。三步抓规划明载体，逐村逐户制定产业发展规划，精准分解到组、落实到户，坚持一个合作社承载一项产业，讨论合作社具体带动贫困户方式。四步抓落实明要求，召开群众大会宣讲产业政策，动员群众逐项核实、认领个户产业项目，立好“军令状”。五步抓统筹明目标，建立贫困户、非贫困户每户长效产业和短效产业项目台账，实行跟踪管理。六步抓审核定任务，制定镇村两级三年发展规划。七步抓实施明监督。

5. 科学谋划定路径

坚持产业脱贫这个根本不动摇，以“一户一产业、一村一主业”为抓手，科学布局“两长（茶叶、油用牡丹）两短（食用菌、特色产业）+N个特色产业”项目，着力构建主导特色产业融合、长短产业接续有序的产业体系。突出“两个精准”，即每户贫困户发展1至2个长效和短效产业、非贫困户至少落实1个长效和1个短效产业项目，实现县有主导产业、战区有产业基地、村有专业合作社、户有致富项目和劳动技能的“四有”目标。制定了茶叶、油牡丹、黑木耳产业发展规划，决定用三年时间新发展茶园3万亩，到2020年全县茶园总面积达到35万亩；新栽植油用牡丹6万亩以上，到2020年达到8万亩；到2020年发展袋料黑木耳达到1亿袋。

6. 狠抓示范促带动

充分发挥典型示范引领作用，每个包联战区县级领导、包抓部门至少建立1个产业示范样板点；各产业主管部门，分山区、丘陵、平川各建立2个示范样板点；各镇、街道党政主要领导各建立1个示范样板点，引领全县产业发展。全县共确定13个农业产业扶贫示范园，推行“龙头企业+合作社+贫困户+非贫困户”的新型农业经营模式，形成“园区引领、龙头带动、农户参与，一镇一业、一村一品”的产业布局，产业发展带动贫困户10883户33235人，分别占全县贫困户和贫困人口的62.9%和72.7%。新培育新型经营主体190个、带动贫困户11041户，新型经营主体带动贫困户覆盖率达79%。

7. 强化责任抓落实

县委、县政府与各战区及相关部门签订了产业发展（脱贫）责任书，印发了考核细则，明确了各个示范点包抓责任人、工作职责、内容及要求，全程跟踪督导，并制定了督查警告制度，对工作完成不力的分三次进行警告，第一次被警告单位自行整改完善，纠错整改到位，并扣产业发展考核得分0.5分；第二次被警告的，责令被警告单位作书面检查，并扣产业发展考核得分1分；第三次警告，责令被警告单位党政主要领导主动辞职，产业发展考核为零分，通过强有力的督导考核，推进产业发展、产业脱贫工作真正落到实处。

三、几点启示

通过深入调研，西乡县依托产业发展，加快精准脱贫的成功实践和创新做法，为更扎实、更有力推进脱贫攻坚提供了有益的启示和借鉴。

第一，依靠思想大解放推动农村产业大发展。

思想解放是个大课题，农村产业革命首先要推动干部群众思想观念上的革命，要彻底摒弃陈旧的、不符合新时代发展要求的思想观念。长期的小农生产意识在很大程度上阻碍了市场化思维，不少人习惯于传统生产生活模式，在“吃得饱”的层面止步不前。因此，要领导重视，利用各级开展的思想大解放大讨论活动，先解决思想问题，重点要进一步转变观念，着力解决好脱贫产业中“种什么”“养什么”“怎么种、养”“如何销售”的问题，利用良好的自然生态，把绿色农产品做优做强，推动农村产业大发展，夯实农业的基础地位。

第二，抓住规划先行，明晰产业发展方向。

产业发展不能盲目，目前，全国各地都做了许多尝试，有很多成功典型，也有很多失败案例。产业扶贫是一项系统工程，必须坚持规划先行，注重规划的科学性、前瞻性和可操作性，引领和指导贫困地区产业发展壮大。一方面，要强化相关规划衔接。坚持“多规合一”理念；另一方面，要强化规划落地实施。产业扶贫规划应立足当地实际，突出地方特色，避免大而化之；强调规划的可操作性，明确产业扶贫的路线图、时间表和责任单位；提高产业扶贫规划的严肃性，坚持一张蓝图绘到底，确保贫困地区和贫困人口能够长期稳定受益。

第三，坚持市场导向，创新产业扶贫。

扶贫产业发展的成败最终取决于市场这支无形之手。要处理好政府与市场的关系，始终坚持市场导向，切实提高规避市场风险的能力。要充分利用互联网、大数据等现代信息技术手段，科学分析市场供需变化和产品价格走势，选准发展前景好、预期收益高和区域性、特色性显著的产业项目。要大力发展规模化、集约化、标准化生产，打造无公害、绿色、有机农产品，提高产品知名度和市场占有率。采取“电商 + 产业”扶贫模式，引导贫困户融入电商产业链条，着力解决贫困户农产品销售难题。一是建设扶贫产业产品直销平台；二是升级打造村级电商服务站，实现网店、村务、金融服务等多站合一，开设线下销售经营实体场所，委托专人经营，市场化运作，实现线上、线下销售同步走，让农产品走出大山，拓宽特色农产品的销售渠道。

第四，充分发挥龙头企业和合作组织的带动辐射作用。

龙头企业具有开拓市场、引导生产的功能。从一定意义上来说，“龙头”兴则产业兴，“龙头”衰则产业败。要加强龙头企业和农民经济合作组织建设，一是大力引进、培育、发展龙头企业，政府制定龙头企业发展规划，在财政、土地等政策和机制上不断扶持龙头企业，培育出一批对本地产业发展有较大带动的企业，特别是重点扶持市场潜力大、科技含量高、经营机制活、带动能力强的农产品生产、加工、流通领域的龙头企业。二是组织、引导龙头企业在农产品生产、储运、保鲜、精深加工、包装和资源开发利用等方面，与科研院所、大专院校密切合作，提高龙头企业的技术含量和新产品开发能力。

第五，建立产业市场防控机制。

目前，各地存在产业“短、小、散”格局，抗风险能力较弱。需要建立产业市场防控机制。一是针对农产品市场的变化规律建立“反周期”逆向调控机制，解决增产不增收、量丰价跌以及过剩滞销等问题，以缓冲市场波动风险；二是针对农产品产销不一致问题，建立市场风险预警机制，加强对农产品市场变化趋势的分析和预测，引导流通规模和结构，并对农产品种植提供科学指导，解决由于产需不对接、供求失衡等造成的卖难买难、价格暴跌等风险；三是建立农产品质量安全监督管理机制，成立独立的第三方农产品质量检测机构，形成质量安全风险预警体系，提高农产品质量安全保障能力。

第六，立足地方特色，优选产业项目。

地方特色是促使县域产业做大做强的首要前提。对县域经济来说，重在抓产业，也难在抓产业，为什么有的地方端着“金饭碗”要饭吃，就是没有找到自己的主导产业，没有把自身的特色和优势通过产业项目充分发挥出来。在把握产业发展方向、推进特色产业做大做强上，把精选产业项目放在首位，针对自身种植、养殖、电商、旅游等优势和特色，精选和育强一批产业发展项目，形成一些集特色、规模、效益和带动为一体的优质产业链、价值链。从西乡县精选产业项目、做大做强特色产业的实践中，应得到启示：县域经济发展潜力只有通过产业项目才能释放出来，从要饭"金饭碗"到经济新实力的转变，也只有通过产业项目的精选实施才能达成。

第七，整合涉农资金，精准输送产业"血液"。

资金是产业发展的"血液"，要落实惠农政策，搭建财政资金整合平台，充分整合各项资金，精准施策，最大限度发挥财政资金在扶贫方面的作用。扶贫资金要更多用于"投资"而不是"消费"，更多用于项目建设、产业发展上，更多投入在看得见的、有长远产出上。产业扶贫正是这样一个项目，各地要根据确定的产业扶贫项目，在"产"上给予投入保障，"购"上给予适当补贴，实现扶贫资金精准投入、精准使用。坚持产业扶贫与乡村振兴战略相结合，依托各类建设项目资金，发展富民产业，辐射带动贫困村、贫困户发展产业。对吸纳贫困户参股、带动增收效果好的市场主体给予项目资金、扶贫贴息贷款、税收优惠政策等方面的扶持。

第八，强化利益联结，提升产业组织水平。

产业的做大做强离不开新型经营主体带动贫困户和非贫困户共同参与，培育壮大新型农业经营主体。围绕产业链整合、价值链提升，促进扶贫产业集群化发展，探索多种形式的利益联结机制，实现精准扶贫到户，有效提升贫困群众参与市场竞争和抵御市场风险的能力。突出抓优产业发展载体，充分发挥村级集体经营公司、农民专业合作组织、农业龙头企业等市场主体的作用，采取劳务派遣、土地流转经营、股份合作帮扶等方式，让贫困户对接产业、联结企业，在确保贫困人口稳定脱贫的同时，增强其自我"造血"能力，实现互利共赢。建立多方利益联结共享机制。密切贫困户与扶贫带动主体、扶贫政策权益、农村产权改革的有效衔接。鼓励贫困村开展集体经营性资产量化折股，采取入股、租赁、联营等方式发展企业经营，让贫困户长久分享改革红利。

（发表在国务院扶贫开发领导小组办公室主办的《扶贫开发》2019 年第 3 期）

后 记

经过几年的准备工作，在不断超越中，《超越》终于出版了。在文章编著过程中，参阅了大量的资料，借鉴了众多领导、专家、学者的研究成果，在此一并表示感谢。同时感谢对本书出版做了相关支持的单位、公司、个人，也感谢家人、亲朋好友、出版社，因为有你们的大力支持，才使《超越》顺利出版。因时间紧、本人水平有限，难免出现许多失误和不足，诚请各位批评指正，我不胜感激。

2019 年 8 月于中国最美丽的茶乡——西乡县